信息组织与存储

史田华　李晓鹏　颜端武　曹海峰　编著

东南大学出版社
·南京·

内容简介

本书系统阐述了信息组织与存储的基本概念、原理和方法等内容，包括信息组织的含义及基本内容；分类法与分类语言；主题法与主题语言；标引与著录；信息组织自动化技术；数字化信息的组织与发现；信息组织的数据库方法；数字图书馆信息组织；信息存储概述；计算机信息存储介质和网络环境下信息存储技术等。

本书可用作高等院校信息管理与信息系统和电子商务各相关专业本科生的教材，也可作成人教育、函授教育、高职高专相关专业的教材；并可供各种与信息资源组织有关的机构或部门（包括各类信息机构、网络公司以及企业信息资源管理部门）的工作人员学习参考。

图书在版编目(CIP)数据

信息组织与存储/史田华等编著.—南京:东南大学出版社,2003.7(2010.8重印)

ISBN 978-7-81089-073-1

Ⅰ.信… Ⅱ.史 Ⅲ.①信息管理—高等学校—教材②信息存储—高等学校—教材 Ⅳ.①G203②TP333

中国版本图书馆CIP数据核字(2003)第056357号

东南大学出版社出版发行
(南京四牌楼2号 邮编210096)
出版人:江 汉
江苏省新华书店经销 南京京新印刷厂印刷
开本:B5 印张:20 字数:437千字
2003年8月第1版 2010年8月第3次印刷
ISBN 978-7-81089-073-1/TP·7
印数:5001-6000册 定价:28.00元

面向 21 世纪信息管理与信息系统专业
核心课程教材建设委员会

前　言

信息是社会发展的重要前提和主要资源，是人类的宝贵财富。信息资源是现代社会最重要的战略资源之一，它的开发利用水平是国家综合国力的体现。信息组织与存储就是根据人类社会发展的需求，以各类信息源为对象，通过对其内容特征等的分析、选择、标引、处理，使其成为有序化集合的信息增值活动，是信息资源开发利用的重要环节。

《信息组织与存储》课程教材是编著者在长期从事信息管理教学、科研和实际工作的基础上，按教育必须三个面向和与时俱进的要求撰写而成的。在内容取材上，它立足现实，放眼未来，注重可持续发展和理论联系实际，广泛汲取了国内外的最新研究成果。全书共分11章和附录，第一章、第六章、第七章和附录由李晓鹏撰写；第二章、第三章和第四章由史田华撰写；第五章、第八章和第九章由颜端武撰写；第十章和第十一章由曹海峰撰写。每章末及附录末均有习题。全书由史田华统稿，颜端武统排。

本书的出版得到了东南大学出版社的大力支持。我们在编写过程中，还参考了国内外许多专家与学者的研究成果，并借鉴了一些网上资料，在此一并表示最诚挚的感谢。

由于本书涉及知识面宽，内容广泛，尽管编著者作了极大努力，不足之处仍在所难免，恳请专家、读者批评指正。

编著者

2003年5月

目　录

1 信息组织引论

● 信息组织的含义与历史发展 ● 信息组织的理论与方法基础
● 信息组织的基本方法 ● 信息组织的一般过程和原则

1.1 信息组织的含义与历史发展

信息组织属于信息资源管理的基本范畴，是信息资源建设的中心环节，是建立信息系统的重要条件，是信息检索与咨询的基础，是开展用户服务的有力保证。因此，探讨信息组织的理论和方法是构架和完善信息资源管理体系的迫切要求。

1.1.1 信息组织的含义

信息组织是随着社会信息化而出现的一个趋于规范的术语。人类的生存与发展离不开信息，早期的信息获取主要靠人与人之间的直接交往。有了文字记载以后，主要靠文献获取信息。随着文献的大量出现和急剧增长，便有了文献的整理加工——国内习惯称作情报组织，它为人们索取特定文献信息提供了方便。

信息组织，即信息序化或信息整序，也就是利用一定的科学规则和方法，通过对信息外在特征和内容特征的表征和序化，实现无序信息流向有序信息流的转换，从而保证用户对信息的有效获取和利用及信息的有效流通和组合。信息组织是信息管理的重要环节和基本工作，是信息资源开发利用的主要手段，是信息传播的前期准备。通过信息组织可以达到甄别信息、精化信息、重组信息的目的。信息组织是信息活动的必然要求，其起源在于信息本身的自然无序状态。序是事物的一种结构形式，是指事物或系统的各个结构要素之间的相互关系以及这种关系在时间和空间中的表现，即事物发展中的时间序列及排列组合、聚类状态，结构层次等空间序列。当事物结构要素具有某种约束性，且在时间序列和空间序列呈现某种规律性时，这一事物就处于有序状态。反之，则处于无序状态。

信息的无序状态可以从两个角度来认识：

(1) 从信息个体单元来看，组成信息的各个语言要素，如字、词、句、段落、章节等处于一种杂乱无章的状态；或组成信息的各个内容要素，如命题、观点、认识、推理等处于一种错误矛盾的状态；或组成信息的各个载体要素处于一种零散错位的状态，这样，就无法准确、科学地表述信息内涵，形成信息实体，也就无法被信息用户理解和应用。

(2) 从信息集合即信息流来看，不同信息个体处于彼此毫无关联的自然状态，缺乏科学稳定的框架体系，没有信息的深层次加工，无法融合成一个可以科学地把握其信息内容、有效地查检其信息内容、完善地维护其信息形态、良好地排列其信息形态、充分地实现其信息价值的有序的信息集合体。

显然，对于我们来说，信息组织所要解决的信息无序问题主要是第二种情形，第一种情形主要是通过信息生产和信息搜集工作来予以解决的。也就是说，信息组织是在信息搜集基础之上进行的信息系统的信息整理和序化工作。一般地讲，信息处于有序状态或是无序状态是就一定参考系而言的。第一种情形的信息无序在信息生产过程中得以解决了，信息生产过程中没有完成的信息序化实际上提供给我们的是一种信息“次品”或“废品”。我们可以通过搜集工作中的选择性评价作为一种社会栅栏或滤化装置将这些信息“次品”或“废品”排除在信息系统之外。

1.1.2 信息组织在信息资源建设中的地位与作用

信息资源建设的基本内容与环节包括信息的采集、组织、开发和利用。信息组织在其中属于关键因素，处于关节点的地位。它既是一个相对独立的环节，又广泛渗透到其他环节，即信息采集中有信息的优选，信息的开发与利用中有对信息的分析、比较、信息重组等。现代社会信息的基本特征是庞杂性和分散性，人们对信息需求的特点是专业的高度选择性、内容的精良性、时间的紧迫性。两者之间的联系及其矛盾的调解就靠信息组织。

信息组织是一个信息增值过程。在这个过程中，杂乱无章的原始信息变成一个有序精良的信息系统。一个相对“粗放”型的信息贫集转化为一个“集约”型的信息富集，并为信息的进一步增值（如信息的分析研究）打下基础。

信息像其他产品一样，也有自己的生命周期。信息组织是信息生命周期管理思想的最积极、最活跃的因素。做好信息组织工作，会促进信息流通，发挥信息效用，使信息流形成良性循环，使信息在时间上更快速地传播；在空间上更广泛地传播，满足人们尽快、尽早地获得“地球村”各处的信息。

信息组织是信息检索利用的基础。没有它，就不会有信息检索系统，也不会有信息检索，从而也就谈不上信息的有效利用。信息组织为人们获取信息提供了方法和工具。

1.1.3 信息组织的历史发展

信息组织的发展主要是与信息管理整体发展和信息组织理论方法发展及信息技术发展紧密联系的，因此，在发展阶段上，大致与信息管理发展阶段保持基本的一致性。由于在原始信息管理时期几乎谈不上任何形式的信息组织活动，信息的传递通常是不正规的、多为自发性的。因此，我们仅把信息组织的发展区分为三个阶段：清册职能时期、查检职能时期和组织职能时期，主要与古代信息管理时期、近代信息管理时期和现代信息管理时期相对应。必须明确指出的是，信息组织发展阶段的演化并不是一个阶段对一个阶段的全面否定，而是一种扬弃，一种理论和方法的完善和扩展，即使是最早的清册职能也并未在现代信息管理时期被彻底废止，而是融入了一种更为综合的组织职能之中。

1）清册职能时期

在古代信息管理时期，信息管理的着眼点不在于“用”而在于“管”，信息管理活动并不要求完备、科学的信息组织给予支持。这一时期的信息组织活动主要体现为一种清册职能(inventory function),它主要通过对信息的记录和登载,如同“信息账房先生”,告诉人们有什么信息而已。当然,这时的信息主要是指图书、档案等文献信息。偶尔人们也使用“catch word”等方式进行最粗浅的主题揭示,分类法的使用本身也多在为信息编排之用,中国古代目录学家们的提要或提要式文字也并未改变总体的清册职能。显而易见,这种财产登记式信息组织活动非常简单而不规范,手工方式和信息交流匮乏也决定了其发展的不成熟性。图书馆目录虽然还远远不能与今天的图书馆目录相比,却已成为这一时期的代表成果,围绕图书馆目录展开的初步研究中已初步显露了现代信息组织思想和方法的萌芽,在某种意义上“辨章学术,考镜源流”是现代信息组织中主题揭示和内容分析的滥觞。

2) **查检职能时期**

一切信息机构存在的目的都不可能是单纯的收藏和保管,利用才是终极目的。要促进信息的利用就必须有完备、科学的信息组织活动作基础。图书馆等文献信息机构的发展,特别是管理思想、技术和方法的发展也为信息组织的发展创造了有利条件。因此,信息组织活动不仅告诉人们有什么信息,而且告诉人们怎样找到信息,构成这一时期的信息组织活动的主要职能就是查检职能(finding list function),“信息账房先生”摇身一变成了“信息药房先生”。但仍然可以发现,这里的信息还没有冲破文献信息的巢窠,现代意义上的信息还缺乏有效的、有意识的控制活动。但是,信息组织的理论、技术和方法已经不可同日而语了。信息组织已经不再是一种记簿式处理,对信息的外在特征和内容特征的描述和揭示都得到不同程度的重视,尽管对信息的概念单元分析仍然存在不足。信息组织不仅能够为用户提供更多的检索点(access points),同时,索引和文摘的出现使二次信息体系中书目形式一统天下的局面被彻底打破。信息组织的纯手工操作方式也不复存在,机械化、半机械化手段开始导入信息组织中,出现了穿孔卡片系统和缩微胶片系统等新的信息组织技术手段。不仅信息描述内容丰富化、信息揭示方法多样化,而且信息组织从载体单元到内涵单元的重点倾斜具有里程碑意义。无序信息向有序信息的转换使信息的利用有更多的方法和途径,在近代信息管理时期,信息组织确立了“用户中心论”,并在检索点的形成和排列、整序成果的推广和应用,传统技术的更新和演化等方面得以充分体现。在这一时期,信息组织的发展可以用主题揭示语言对分类揭示语言的冲击、文摘和索引型序化成果对书目型序化成果的冲击、机械化和半机械技术手段对手工技术手段的冲击,给予充分地概括,这些变化特征为信息组织由查检职能为主导向完整意义的组织职能发展奠定了坚实的基础。

3) **组织职能时期**

以电子计算机为代表的现代信息技术的导入,把信息管理推上一个新的发展水平。也把信息组织引入一个新境界,使信息组织过去连想也未曾想到的新概念和新设想变成了现实。信息组织在最完整的意义上实现了整序信息、科学分流、促进选择、保证利用的组织职能(organizing function)。这种组织职能已经绝对不满足于告诉人们有什么信息和怎样找到信息,它不仅可以告诉人们我们这里有什么信息,而且还可告诉人们其他地方有什么信息;人们不仅可以找到最需要的信息,而且还可以知道什么信息适合于自己；人们不仅可以利用一种途径获得信息，而且可以多途径、多角度地查检信息。在这里，信息的概念被高度扩充，它不仅是文献信息，而且是非文献信息；不仅是文字信息，而且是声音、图形或动感信息；不仅是知识信息，而且是满足非学习研究型需求的其他信息；不仅是提供线索的二次信息，而且是直接满足要求的一次信息和三次信息；不仅是被动接收的信息，而且是人们参与生成和选择的信息……所有这一切，反映了现代信息组织的超前性和现实性、精细化和普及化、协作性和专业性、标准化和多样化、体系化和特色化、市场性和调控性、自动化和智能化的有机结合。信息组织融信息描述、信息揭示、信息分析、信息贮存于一体，现代信息管理时期中信息组织活动的联合化、信息组织产品的商品化、信息组织方式的专营化、信息组织成果的媒体化、信息组织基础的需求化成为这一时期最明显的标志。在未来发展的道路上，信息组织的功能不会弱化，而且会进一步强化。信息组织、信息搜集和信息传播甚至于信息生产的连接会更加紧密，一体化趋向会更加明显，但其中的信息组织的功能将依然存在并得到充分体现。

1.2　信息组织的理论与方法基础

1.2.1　信息组织的理论基础

信息组织是由来已久的一种人类社会实践活动，在其发展过程中，不断从相关学科的理论和方法中汲取营养，使自身逐渐得到充实和完善。系统论、耗散结构理论和协同论使信息组织有了理论基础。

系统论认为，系统内部各要素是相互关联地有机地结合在一起的，它们之间的关系不是一种简单的结合，正是由于系统要素间这种有机的相互关联关系，系统的整体功能才产生了质的飞跃，远远超出各单个要素的功能之总和。这就是系统论的“整体大于部分之和”的原理。在信息组织中，如果将大量的、分散的、杂乱的信息组织成一个系统，建立起内在的关联性，那么，信息系统的整体功能将大于各个信息单元的功能之总和。也就是说，这将能充分发挥信息资源的价值与作用。基于这一原理，信息组织的目标是要建立信息系统。

20世纪60年代，比利时学者I.普里高津提出了一个著名论断：在开放系统中，系统不断与外界进行物质和能量的交换，熵趋于最小值，能量远离平衡，混乱度最小，从原来无序结构转为一种时间、空间和功能上的有序结构。这就是适于一切开放系统的耗散结构理论。普里高津找到了非平衡、开放系统是有序之源。这一原理给信息组织的启迪是：所要建立的信息系统应该是一个开放系统。现实存在的包括信息组织和信息检索在内的信息系统正是这样一个开放系统，它与外界进行着信息的交换，既采集信息，也输出信息。

一个信息系统是由多个子系统构成的，建立各子系统之间的协同作用机制是非常重要的，这正是来自协同论的指导思想：无论什么系统从无序向有序的演化，都是大量子系统之间相互作用而又协同一致的结果。

1.2.2 信息组织的方法基础

语言学、逻辑学、知识分类是信息组织的方法基础。

要把庞杂分散的信息组织成有序优化的整体，就必须建立符号系统。有了这种符号系统，信息系统的有序特征才能体现，信息单元的个体特征才能被揭示出来，各种信息单元才能对号入座，纳入到这种符号系统的框架之中，形成一个便于检索的序化信息集合。尽管各种信息组织符号系统的形式不同，但都和自然语言一样，有着共同特征：有语词、有词汇、有语法，这就是信息组织的语言学基础。

形式逻辑是关于思维规律的科学，信息组织是一种思维活动，它必须遵循科学的思维方法。也就是说，进行信息组织工作必然用到形式逻辑的一些方法，信息组织的行为只有符合逻辑思维规律，才能保证信息组织的优化序化质量。

分类是人们认识事物的一种最为基本的方法。知识分类是一门研究知识体系结构的学问。信息的主体是知识，信息组织活动必须建立在人们对知识体系认识的基础之上。

1.3 信息组织的基本方法

在谈及信息组织的基本方法前，我们必须先介绍两个基本概念——信息的外在特征和内容特征，它们是信息组织的基本对象和管理依据。所谓信息的外在特征就是指信息的物质载体所直接反映的特征，构成信息载体的外在的、形式的特征，如信息的物理形态、题名和责任者及信息的类型、信息生产和流通状况等方面的特征。所谓信息的内容特征就是信息所包含和承载的具体内容，即通过信息载体传递和交流的具体内容，两者共同统一于信息本身。

信息的序化和优化是信息组织的结果和目标。信息的序化就是按照一定的方法将无序的信息组织成有序信息的过程。经序化过的信息会变得一目了然，便于管理和利用。信息的优化则是在序化的基础上，按照结构功能优化的目的对信息进行再序化的过程。通过序化和优化可以使原始信息转化为一种有序精良的信息系统或集约化信息系统，这为人们快速、准确、方便地获得所需要的信息提供了有利条件。因此，信息组织的基本方法就可以概括为，以信息外在特征和内容特征为基础的信息序化方法和信息优化方法。

1.3.1 信息序化的基本方法

信息序化靠的是符号系统。从符号学的理论来认识各种符号系统所能表达的信息有语法信息、语义信息和语用信息。它们是信息序化的三种基本类型。

1) 语法信息序化法

语言学中的语法学(grammar)是研究语言符号之间的结构规则的，主要包括词的构成和变化、词组和句子的组织，研究的语言内容属于形式的范畴。信息组织借用了“语法”二字，表征的是从形式特征方面进行组织的信息。即根据信息的外在特征，使用一套形式化的符号系统来组织信息的方法，序化符号不揭示所组织信息的内容特征。这类序化法有号码法、物名法、专门代码法、引证关系法、时序法、地序法等。

(1) 号码法

如用邮政编码组织信件，用身份证号、学号组织人群信息，用地址码(门牌号)组织住户信息等等。文献编号，如专利号、报告号、标准号、档号，在组织各类文献信息中有着重要作用。号码法一般具有明确、简便、惟一、标准的特点。

(2) 物名法

是利用事物名称的字顺特征来序化信息。用这一方法组织的信息系统多种多样，如人名录、机构名录、地名词典、产品目录、货物清单等。在文献工作方面有题名系统、著者名系统、机构名系统等。任何事物总有其名，所以这是一种常用的信息序化组织法。

(3) 专门代码法

是指在某一专业领域采用的有一定专业含义又形式化了的编码系统，如化合物的分子式、环状化合物的环状代码等。利用这类代码组织信息，形成专用的信息系统，如分子式索引、环系索引。这类序化法在特定的专业领域是专业信息组织的重要方法。

(4) 引证关系法

是利用信息之间的引证与被引证关系来组织信息。例如，利用法院判案之间的引证关系所组织的《谢泼德引文》系统；利用文献之间的引证关系所组织的各种引文索引系统。引证关系序化法不仅是组织信息的一种独特方法，而且还是进行各种评价研究的基础。

(5) 时序法

以信息的形成时间为序化符号，按时间顺序组织信息。大事记、传记资料、生平事迹多以时间为线索组织信息。这种方法能揭示信息内容的发展变化过程。

(6) 地序法

以信息的形成地区或信息内容所反映的地区为序化符号，按行政区划排列法来组织信息。这种方法能反映有隶属关系和横向联系地区的信息。

2) 语义信息序化法

任何信息除了外在特征之外，更重要的是其内在特征。语义信息中的“语义”取之于语义学(semantics)，研究语言符号与它代表的对象之间结构关系之义，是为研究信息的内容特性而对信息进行表征的。即根据信息的内容特征，使用一套含有语义的符号系统来组织信息。信息的内在特征表现为信息的知识范畴、主题内容、概念属性。所以，语义信息序化法有分类法和主题法两种基本类型(概念属性归于主题法)。

人们的分类对象可概括为三种：一是实物，如商品；二是概念，如知识；三是概念与实物的结合体，如文献。于是有三种不同的分类方法，在信息组织的实践中，它们可以结合使用。知识分类是人类认识客观世界的科学方法，对其他两种分类有着指导意义。文献分类以知识分类为基础，结合文献实体属性和信息利用的实际。实物分类带有更多的专业(或行业)特性和效用原则。

主题法是建立在自然语言基础上的一类方法，它用自然语词作符号系统，并在某种控制下使用。从某种角度看，主题法的发展走过了自然语言—规范语言—自然语言的历史过程，似乎存在着有控制与无控制之别，实际上只是有着前控与后控之分。规范与自然语言指的是检索语言是否受控，规范语言如：主题词(标题词、单元词、叙词、关键词)和某些代码(有固定含义的各类型分类法类号、统一书号、ISBN号、ISSN号、国内统一刊号、邮发代号、语义代码、化学代码等)等种类；自然语言如文献题名、责任者、自由词(非控字、词)、某些代码(随机性的文献登录号、标准号、专利号、报告号等)。而前控和后控则指的是检索语言的受控方式，前控语言如标题词、单元词、叙词、体系分类法类号、ISSN号、国内统一刊号、邮发代码、语义代码、化学代码等；后控语言如关键词、文献题名、责任者、随机性代码等。

主题组织法的具体排序方法是按语词的字顺，但从组织符号的性质上看，则完全不同于物名法。主题法的语词是信息内涵的揭示，物名法的事物名称是信息的外在表象。

3）语用信息序化法

语用信息是借助于语用学〔pragmatics〕的特有含义来研究随环境与使用者的不同而不断变化的这样一些信息群。因而，语用信息序化法就是指根据信息的实用价值来组织信息的方法，主要有权值序化法和逻辑序化法。

(1) 权值序化法

就是按信息的重要性来组织信息。比如，报纸在版面安排上，总是把最重要的信息放在头版头条的位置。电视节目的安排，总是把重要节目放在黄金时间播出。

(2) 逻辑序化法

就是按某种逻辑关系来组织信息。比如，一部书在内容编排上，或从总论到分论，或从绪论到正论，都是根据各章节的逻辑关系。体育比赛中，各种球队阵容的组织，都是根据各队员的职责及相互关系。

上述两种序化法的特点是没有明确的序化符号，信息个体之间没有十分明确的排列次序，是一种模糊序化法。

此外，前述的语法信息序化法和语义信息序化法都具有语用信息序化之功效。因为，从信息传播的角度来看，语法信息、语义信息、语用信息是信息的三个层次。同一事物的状态与变异可以从这三个层次来揭示其信息。语法信息是事物状态与变异的形式化表征，语义信息是事物状态与变异的意义，语用信息是事物状态与变异对传播对象来说所具有的效用。所以，语法信息是语义信息和语用信息的基础。语法信息是形式化的，但又是承载着语义的。语法信息对理解者来说是语义信息，语义信息对特定传播对象来说是语用信息。

1.3.2 信息优化的基本方法

信息的优化主要包括信息的优选、浓缩、重新表述及三者的综合运用。

1）信息的优选正是实现社会信息由相对贫集向信息富集转化的优化过程

优选活动是文明社会的一种必然产物。因为人类社会本身就是一个大系统，人们需要高质量的信息，随之便有信息的优选活动。特别是随着信息数量的迅猛增长，出现“信息爆炸”之后，信息优选更显得必要。当代社会存在着多种形式、多种层次的优选体系：征文优选、演讲比赛、文艺大奖赛、物品展评、成果评奖、民间评优、政府部门审评等等。

2）信息的浓缩是使社会信息由博而约、由粗而精的一个信息加工过程

信息浓缩的主要形式有文摘、题录、目录、词条。文摘是对原始文献信息的主要内容简略而准确的摘述。题录是对原始文献外部特征的记录，通常由文献题名、著者名称、原文出处等项组成。目录是对单独出版物外部特征的系统化记载及内容提要。词条则是对文献形式以外的原有事物信息或概念信息的简要描述或表述。信息浓缩将一次信息转化为二次信息。

3）信息的重新表述是使某些信息由不便利用向便于利用转化的加工过程

信息的重新表述有改写、编译、翻译等方式。改写主要是文体形式的转换，比如把广告稿改写成经济信息，以使人们由小见大、由局部见全局、由表及里地认识客观事物。编译是一种语言转换和语义加工（诠释、提炼、阐发等）的综合过程，它不仅可跨跃信息传播中的语言障碍，还可跨跃思维障碍。翻译则是用不同语言文字进行信息交流的桥梁，它是一种跨时空、联异族的信息通道。

信息的综合优化是前述三种基本优化方法的结合运用，其主要形式是信息综述和信息述评。信息综述是对某一领域或课题一定时期的有关信息进行归纳、整理、分析、加工后所形成的一种信息产品，它可以使信息用户用较少的精力和较短的时间对有关领域或课题的内容、意义、历史、现状及发展趋势有一个完整、系统、明确的了解。信息述评是针对某一领域、研究课题或成果的水平、现状、发展动向及影响进行全面而系统的分析评价或明确提出建议，它能帮助研究人员确定研究方向，提供完成既定任务的合理方案。质量高的述评，常常是决策管理部门制定方针政策的重要依据。信息的综合优化过程，既是信息的加工过程，又是信息的分析研究过程。所以，综述和述评虽常被看做三次信息，实际上它们有着一次信息的属性。

应当指出，信息的序化方法和优化方法并没有明显的界限，优化中有序化，序化中有优化。这里分开论述只是就其方法的侧重点来说的。各种方法都是信息组织方法。

1.4 信息组织的一般过程和原则

1.4.1 信息组织的一般过程

信息组织的一般过程包括信息替代和信息序化两部分。信息的替代过程(亦可成为信息揭示过程)实际上是对原始信息的外表特征(包括题名、著者、出处等)和内容特征(包括分类号、主题词、摘要等)进行描述的过程,这项工作通常称为著录。著录的结果是将原始信息制成它的替代信息——二次信息;信息序化是对替代信息给出信息标识(如分类号、主题词等)的过程,这项工作通常称为标引。将所有替代信息按其标识进行有规律的组织排列,再编制出各种类型的索引,这样就形成了检索工具。因此,我们可以说信息组织是为信息检索服务的,具体而言,信息著录是为检索利用信息,从而揭示信息的一种重要方法,是对信息特征进行分析、选择和记录的一个过程。而标引就是在此之后,为信息配上相关检索标识(检索词)的过程。

所以说,信息组织与信息检索在实际操作中是两个互逆的过程,具体如图 1.1 所示。

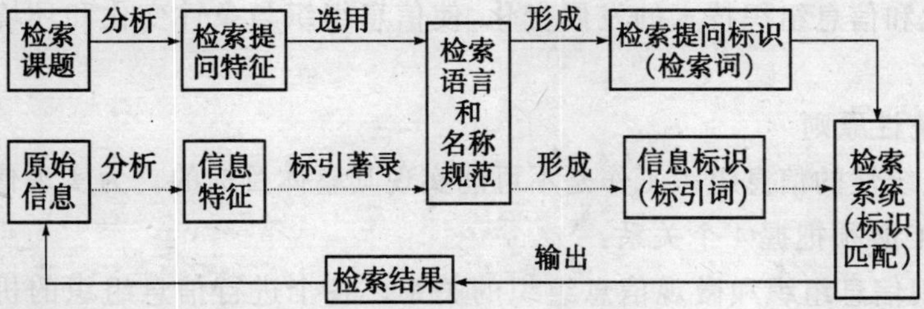

注:虚线指示信息组织的流程,实线指示信息检索的流程。

图 1.1 信息组织与检索的关系

检索者在查找所需信息时,只要以该系统所用的标识作为提问标识,与系统中的信息特征标识进行比较,并将信息特征标识与提问标识一致的信息线索从检索系统中检出,检出的部分就是检索的结果,通过检索结果的指示,便能找到原始信息。由于信息检索是信息组织的逆向过程,所以,通过信息检索可以进行信息组织质量的评价,通常我们在进行评价时惯用的两个指标是,查准率和查全率。查准率(Precision ratio,简写为 P),是指所检出的相关信息占所有检出信息的比率,即:查准率=检出相关信息量/检出信息的总量;查全率(Recall ratio,简写为 R),是系统在进行某一检索时,检出的相关信息量与系统信息库中相关信息总量的比率,即:查全率=检出相关信息量/信息库内相关信息总量。

1.4.2 信息组织的基本原则

信息组织的对象、方法、机构和过程都不是简单划一的,这种复杂性和变易性要求我们,必须在一定的科学原则的指导下进行信息组织,切实避免随意性、无计划性和盲目性等现象，从而使信息组织真正发挥整序信息、科学分流、促进选择、保证利用的功能和作用，形成健全完善的信息组织体系和顺畅通达的信息组织流程。因此，在信息组织中，我们必须坚持以下四项基本原则。

1）客观性原则

信息组织中进行描述和揭示的基本依据就是信息本身（the item obtained），因此，我们描述和揭示信息的外在特征和内容特征必须客观而准确，要根据信息本身所反映的各种特征加以科学地反映和序化，形成相应的信息组织的成果。客观性原则率先确定了信息描述和揭示的数据来源必须是客观存在的信息本身。在文献信息描述中，客观性原则得到了充分的体现，所有的著录依据，都以文献本身为基础。同时，客观性原则也为我们具体进行信息组织工作提出了相应的要求。在信息组织中，我们不能损害信息的本来效用，不歪曲信息本身，也不肢解信息本身。我们不能毫无根据地、人为地添加一些不准确的思想和观点，要完整地、全面地、精确地反映信息的客观特征。在信息揭示中，我们对网罗度和专指度的把握就体现了这一思想。网罗度反映了我们在信息揭示的主题分析中对信息中论述的主题范围和数量的表征程度，即信息本身是多主题还是单主题，各主题具体包容了哪些主题因素。无论是网罗度还是专指度的分析和标引都必须建立在对信息本身客观地了解和判断的基础上。另外，信息组织的客观性原则还要求我们不断跟踪信息源的发展变化和信息组织技术的发展变化，使信息组织与条件变化和环境变化保持客观一致性。

2）系统性原则

没有系统性的信息组织工作是不可能实现其整体目标的。为实现信息组织的系统性，我们必须把握 4 个关系：

① 宏观信息组织和微观信息组织的关系。各个进行信息组织的机构不仅要立足自身的实际状况，而且要考虑更大范围内信息组织的市场分占和分工协作，从而形成一个完善的宏观信息组织工作体系。

② 信息组织部门与其他部门的关系。信息机构中信息组织并不是工作的全部，因此，要注意信息机构内部的各个部门之间的协作关系，特别要注意与从事信息搜集和信息传播的两类部门以及进行机构日常管理的行政部门的关系，以便在信息机构良好运行的环境下保证“信息搜集—信息组织—信息传播”一条龙工作流程的顺畅通达。

③ 信息组织工作的各个环节之间的关系。信息组织工作本身也具有多个环节，保持各个环节的正常联系有助于使信息组织工作一环紧扣一环，其中特别要注意信息描述的基础性地位，它是信息揭示、信息分析和信息存储的必要准备。

④ 不同信息处理方法之间的关系。由于信息本身的特殊性，在具体进行某一类信息的组织时必须充分满足于这种特殊性，但也必须全面把握各种信息处理方法的极大相似性，尽可能采用统一而规范的处理方法。用系统的观点和方法来进行信息组织工作的协调管理，有助于发挥信息组织的整体优势，也有助于实现信息组织的整体功能。

3）**目的性原则**

信息组织具有鲜明的目的性，必须充分围绕用户的信息需求开展工作，必须充分注意信息机构的目标市场的需求状态及其变化特征。信息组织在一般情况下并不直接与用户联系，处于一般信息管理流程的中间位置，但信息管理的一切环节都必须以“用户第一”为宗旨，信息传播及其效果如何在很大程度上是由信息组织的水平所决定的。同时，从现代信息管理发展来看，信息组织和信息传播具有趋于融合的发展态势。因此，信息组织工作也必须积极开展用户研究，充分了解用户需求，使信息组织成果能极大地方便用户选择和利用。然而，我们要努力采用用户认可和习惯的方式进行信息组织，但不要束缚我们不断改良和采用新的方法。这种新的方法仍然要通过用户教育等一系列手段最终得到用户的认可。信息组织的目的性原则同时要求我们，为了实现信息组织的目标必须注意信息工作的计划性和长期性，以及信息机构本身的性质、特点和能力。

4）**现代化原则**

信息组织的现代化主要表现在两个方面：一是信息组织的思想观念现代化；二是信息组织的技术手段现代化。信息组织的思想观念现代化集中体现在信息组织的标准化上。信息组织的标准化主要体现在信息组织工作的统一性、信息组织方法的规范性、信息组织系统的兼容性和信息组织成果的通用性方面。信息组织的标准化是整个信息交流和管理的标准化的重要组成部分，主要包括：① 基本术语标准；② 有关信息技术标准（如信息交换格式、程序设计与数据库语言、网络标准与协议等）；③ 信息组织技术标准（如信息描述规则、信息代码、信息标引规则、信息组织成果编排规则等）；④ 其他相关标准。为此，信息领域的若干国际性和国家性标准组织已经制定和实施了一系列有关信息组织工作的标准，为促进信息组织的整体化、科学化发展创造了良好的条件。信息组织的技术手段现代化已经充分证明，现代信息技术在信息组织中的广泛推广和应用形成了不可逆转的信息组织自动化方向，自动标引、二次信息自动生成和数据库建设成为目前已经比较成熟的信息组织自动化成果。信息组织的技术手段现代化改变了传统的手工方式，不仅极大地提高了工作效率，而且极大地提高了工作质量；不仅与信息管理发展大趋势相协调，而且能更好地满足用户的多样化信息需求。以自动标引为例，自动标引是指计算机根据文献的标题或文摘中的自然语言，自动地选定标引该篇文献的主题词，它与手工标引相比有三大优点：① 标引速度快；② 标引一致性好；③ 检索效率高。由于中西文语言的差别，中文自动标引比西文自动标引要困难得多，但随着自动标引技术及支持性技术的发展，自动标引的优越性将进一步得到发挥。

习题 1

1. 试述信息组织的含义及其在信息资源建设中的地位和作用。
2. 信息组织的历史发展经历了哪三个阶段？各发展阶段的特征是什么？
3. 信息组织的理论基础是什么？

4. 信息组织的方法基础是什么？
5. 什么叫信息的外在特征和内容特征？
6. 信息的序化和优化指的是什么？
7. 列举几种信息序化的基本方法。
8. 列举集中信息优化的基本方法。
9. 信息组织的一般过程是什么？
10. 信息组织的基本原则是什么？

2 分类法与分类语言

- 分类法
- 分类语言
- 中国图书馆分类法
- 国际十进分类法

分类法是以知识属性来描述和表达信息内容的一种信息处理方法。分类语言是指以数字、字母或字母与数字结合作为基本字符,采用字符直接连接并以圆点(或其他符号)作为隔离的书写法,以基本类目作为基本词汇,以类目的从属关系来表达复杂概念的一类检索语言。

传统的分类体系以枚举方式为特征,即将可能遇到的主题概念一一列举,并按概念间的等级从属关系分别赋予相应的分类号,将其编入分类表中。标引时,严格按分类表中的号码选用分类号。这种体系分类法是一种直接体现知识分类的等级制概念标识系统,它是由对概括信息内容及其某些外表特征的概念进行逻辑分类(划分与概括)和系统排列而构成的。其基本体系结构是按知识门类的逻辑序列,从总到分,从一般到特殊,从低级到高级,从简单到复杂,逐级展开的层累号码制或顺序号码制。其特点是以科学分类为基础,较能集中体现学科的系统性,反映事物之间的学科从属关系,便于按学科门类进行族性检索。

现代分类理论则把重点放在组面的分析与综合上,即分析主题并拆散成若干组元,然后根据信息所表达的概念重新组配这些组元。现代分类理论认为分类表应该对每门学科均列举其主题的基本组元,或者说,罗列按一定特征或组面划分出的各大类的基本概念或基本元素,以代替将所有主题按等级结构进行列举。另外还要有复分功能,比如信息载体类型、地区分类及时代分类被单独列出,供所有类目使用。使用这样一种分类表,分类活动实质上主要由"综合"组成。就是说,识别和组配待分类信息主题的组元,各组元根据预先确定的次序进行组配。根据这种原理建立起来的分类体系称作组面分类法或分析—综合分类法。目前国内外的主要分类表均按等级式的体系分类语言组织。

2.1 分类法

2.1.1 分类法的类型

单一的起源是分类的理论原则,横的分支是奠定分类的基础,纵的发展是分类的基本依据,这就是事物发展的基本规律。

众所周知,现今主要有两种类型分类法:一种是体系型分类法;一种是体系—组配分类法。前者是传统的分类法,它的特点是:直线型的序列,层累制的结构,列举式的类目,码号式的语言。为了增加分类法的组配特点,在传统的分类法上,发展起来一种体系—组配型分类法，它的基本特点仍然有体系型分类法的特点，但它增加了复分组配能力。《中国图书馆分类法——中图法》是典型的体系型分类法，而《国际十进分类法——UDC》是典型的体系—组配型分类法。

分类法通常由类目、号码、正表、附表、说明和索引等六个部分组成。现分别叙述如下。

2.1.2 类目

1) 什么是类

类是一组在某一点上彼此相同或相似的许多事物的总称。图书分类表的类就是一组在某一点上彼此相同的许多图书的总称。每一个类必须给予相应的名称，这就是类目，或称类名。类目从形式逻辑上说就是概念，我们知道概念有其内涵和外延。所谓类目的内涵，是指这个类目所反映的图书有关本质属性，也即是类目的含义。例如"人类"这个类目的内涵是指能思维、能说话、能制造生产工具的这些属性。类目的外延则是指这个类目的适用范围，也就是这个类目所能包括的范围。例如"人类"这个类目的外延就包括古今中外的一切个别人。

2) 类目间关系

(1) 从属关系

凡具有共性与个性、全局与局部、总论与分论关系的类目都可以看做从属关系。

① 用上位类和下位类表示

如：生物物理学与生物学；化学与有机化学。

② 用注释表示

如：应用化学、工程化学。在"科学院图书馆图书分类法——科图法"中"54.7 应用化学"的注释是"总论入此，具体应用宜入有关各类"。"71.214 工程化学"的注释为"如有需要，可集中此处"。

③ 用详表和附表表示

一般说来，详表是主，附表是从。详表的类目与附表的类目关系也可看做是从属关系，因此使用分类法时，先使用详表，后使用附表；或只使用详表，不使用附表，但不能单独使用附表。

(2) 同一关系

即两个或两个以上的类目反映的是同一内容，它们有着同一的外延，但类名可以相同也可以相异。

① 同义词

即一个类目有两个或两个以上的同义词。

如：51.7 概率论(几率论、或然论)

54.9 晶体学(结晶学)

55.7 射电天文学(无线电天文学)

59.115 动物胚胎学(动物胎生学、动物发生学)

② 边缘科学

这是一种介于两门科学之间的学科，如宇宙医学。

[64.95]宇宙医学

宜入 87.974

③ 一个类目涉及几个方面

如：工业经济。

29.2 工业经济

[71.1]工业经济

“关于工业经济的图书宜入 29.2，如需要集中此处，可仿 29.2 的类目细分”。

(3) 交叉关系

交叉关系又称交错关系，凡是相关类目都具有这种关系。相关类目有两种情况：一种是两个不同的类目的内涵和外延有一部分是重合的、相同的，而其他一部分则是不相同的。还有一种相关类目是由于共同研究一种对象，但由于研究的角度不同，分属于不同的学科。

(4) 并列关系

所谓并列关系即两个或两个以上的类目所反映的内容性质，同为某一类的下位类；彼此外延、内涵互异，但不含有互相反对或矛盾之意。

例如《科图法》关于

66.8 刺激作物

.81 茶

.82

.83 可可

.84 可拉

.85 烟草

.89 其他

(5) 对立关系

这种关系又称为反对关系，即两个类目所反映的图书内容彼此极端相反，但相加并不等于全体。例如“无产阶级”和“资产阶级”两个对立的阶级，但是相加并不等于“阶级”的全部。

又如“无机肥料”和“有机肥料”也是两种对立的肥料，但相加也不等于“肥料”的全部。

(6) 矛盾关系

两个类目所反映的图书内容互相排斥，但相加等于全体，即等于它的上位类。

例如“脊椎动物”和“无脊椎动物”两个类目是互相排斥的，但它们相加等于“动物”的全部。又如“黑色金属冶金学”和“有色金属冶金学”也是矛盾关系，但它们相加也等于“冶金学”的全部。

类目间关系如图 2.1 所示。

- 类目间的关系
  - 可比较的
    - 相容的
      - 同一的:如晶体学与结晶学
      - 从属的:如化学与有机化学
      - 交叉的:如大学与共青团员
    - 不相容的
      - 并列的:如原始社会制度、奴隶社会制度、封建制度、资本主义制度、共产主义制度
      - 对立的:如无产阶级与资产阶级
      - 矛盾的:如脊椎动物与无脊椎动物
  - 不可比较的——如风与马、道德与物理等等。

图 2.1　类目间关系图例

2.1.3　号码(标记符号)

1) 号码

号码又称类号,即类目的代号,或称分类标识,它是代表各级类目的标记。各级类目按照一定的学科体系排列起来之后,虽然有了一定的先后次序,但实际上还是不能处理日常排书、取书、排卡的工作,因而要有一种符号来代表类目,作为先后排列的次序和表示类目在分类表体系中的位置。

有关号码的要求主要是:

(1) 逻辑性

号码的逻辑性是指该逻辑系统必须与类目的分类体系一致,使各级类号能够显示出类目在分类体系中的位置。也就是说,号码本身具有一定的自然顺序,能反映类目的逻辑性。

(2) 简易性

号码的简易性是指号码必须简短易写并便于使用。也即是要求号码简单、明了、易认、易读、易记、易写、易于打字、易于输入计算机、易于排列和检索。

(3) 伸缩性

号码编制必须具有一定的伸缩性,也即是便于类目的增减。伸缩性也称弹性,它既要求在一定的地点、时间、条件下有它的相对稳定性,又要求随着地点、时间、条件的变化要有扩充发展或削减压缩的可能性。

2) 号码的类型及其编制方式

(1) 号码类型

号码可分为单纯号码和混合号码两种类型,如果完全用数字或完全用字母或其他单一符号组成的号码,称为单纯号码。如果用字母和数字,或其他任何两种或几种符号组成号码,称为混合号码。

① 单纯的数字号码

在单纯的数字号码中，以阿拉伯数字最为通用，由于它与其他数字比较有着容易辨认、念读、记忆、书写、排列、检索的优点，因而拥有世界广泛的群众基础。但数字和字母相比，则不容易满足简短的要求，因为数字的基数只有 10 个，只能编成数量很少的简单号码。

a) 2 个数字排列组合，$10^2=100$ 个。

b) 3 个数字排列组合，$10^3=1\ 000$ 个。

c) 4 个数字排列组合，$10^4=10\ 000$ 个。

d) 5 个数字排列组合，$10^5=100\ 000$ 个。

由此可见，由于科学技术的发展，加上相互渗透交叉，对于类目较多而又必须留出适当号码待以后使用的分类表来说，采用单纯的数字号码，就会导致号码较长的结果。

② 单纯的字母号码

单纯的字母号码，由于它的基数较大，因而最大的优点是能组合较多的号码，而号码并不会太长。例如英文字母和汉语拼音字母其基数是 26 个。

a) 2 个字母排列组合，$26^2=676$ 个。

b) 3 个字母排列组合，$26^3=17\ 576$ 个。

c) 4 个字母排列组合，$26^4=456\ 976$ 个。

由此可见，仅从组合号码这一点来说，字母可以编排出又短而且又多的号码，能适应科学技术发展对分类表类目的设置需要。但它的最大缺点是不易认、不易读、不易记、不易写，使用时常常会发生差错。因此，世界各国的分类采用单纯字母为号码的并不多。

③ 混合号码

由于数字号码和字母号码各有其一定的优缺点，单纯的数字号码优点正好是单纯的字母号码的缺点，而单纯的字母号码的优点恰好又是单纯的数字号码的缺点。因此，取这两种号码的优点，正好达到了避免缺点的目的，这就是产生混合号码的原因。

在混合号码中，通常使用的是以少量字母(一个至两个，最多三个)和大量的数字的混合。这种配合方法，既能缩短一系列的分类号码，而又能使它易认、易读、易记、易写、易排、易检。

(2) 号码的编制方式

号码的编制方式也称号码的编制制度，它决定号码的组合和排列方法。由于编制方式的不同，而产生各种不同制度的号码。通常使用的有三种，即“顺序制”，“层累制”和“混合制”。

① 顺序制

顺序制又称数序制，不难看出，它是根据号码的自然顺序排列的方式。即把分类体系中的一切大小类目，不问其是上位类、同位类或是下位类，都按照顺序每类给予一个分类号码。由此可见，它是一种不问类目的等级、不显示类表结构、只反映类目排列的相对位置的一种标记制度。它是利用标记符号本身固有的顺序来标记全部类目。因此，它既可以按整数固有的顺序，也可以按小数或字母固有的顺序来为类目配备标记符号。

a）整数顺序制

1、2、3、4、5、6、7、8、9、10、11、12、13、14、15、16、17、18...

b）字母顺序制

AA、AC、AE、AF、AJ、Al、A0、AQ、AT、BA、BD、BF、BH、BK、BP、CA...

c）小数顺序制

11、12、13、14、151、152、16、18、191、102、21、221、223、225、23、24、31...

例如：《中国图书馆分类法》的“Q959.3”

Q959.3　脊椎动物门

Q959.4　鱼纲

Q959.6　爬行纲

Q959.7　鸟纲

Q959.8　哺乳纲

从类目等级看，Q959.4，Q959.6，Q959.7，Q959.8 均属于 Q959.3 脊椎动物门，但号码的位次并不反映类目的级位。

② 层累制

层累制又称等级制，它的组合和排列方法是利用号码的基数和次序将一个个的号码层层展开出来。即根据类目的不同等级，给予相应的不同位数的号码，一级类用一个号码表示，二级类用两个号码表示，三级类用三个号码表示，依此类推。缺点是类目越细号码越长。由此可见层累制是一种与类目等级相适应的层次分明的标记制度，一般下位类要包括其上位的类号，同位类号的前几位相同，从类号上可以看出类与类之间的关系，反映了类表的结构特点。

顺序制按整数排列，如：1、2、13、31、351、509、1123、2456 等。

层累制按小数制排列，如：1、1123、13、2、2456、31、351、509 等。

反映在分类表中，如《中国图书馆分类法》：

A　马克思主义、列宁主义、毛泽东思想

1　马克思、恩格斯著作

2　列宁著作

21　选集、文集

219　单行著作

22　...

23　...

25　...

26　...

从上面例子可以看出，A 是第一级，A1、A2 是第二级，A21 是第三级，…总之，一个号码代表一级，在它后面加上一个号，就表示是它的下位类。等级清楚，层次分明，同时它们的从属关系也十分明显，2 是 21、22、23、25、26 的上位类，而 21 又是

219的上位类。因此这种方式，基本上能够反映出图书分类表的逻辑体系。

层累制也并不一定要按照小数层累制，它还可以按字母制或整数制排列。这样就成了字母层累制或整数层累标记制。如：

3	情报和文献工作活动	A
3.1	总论	AA
3.2	目录和编目	AB
…		
…		
3.8	概念、术语和类目的关系	AL
3.9	分类法的元素和原理	AM
3.10	档记和号码	AN
3.11	分类法的类型	AP
3.11.1	分析分类法	APA
3.11.2	分析—综合分类法	APB
3.11.3	粗分分类法	APC
3.11.4	细分分类法	APD
…		
…		
3.11.10	列举分类法	APK
3.11.11	展开分类法	APM

③ 混合制

指既采用顺序制，又采用层累制的一种编号方式。正好互相补充对方的不足，而且比较灵活，有些类目用顺序制编号，有些类目用层累制反映，既能反映某些类目的等级，又能缩短号码，我国现有分类法，除"人大法"外，大都采用这种方式。例如《中图法》：

例1

O 数理科学和化学

1 数学

17 数学分析

171 分析基础

172 微积分

172.1 微分学

172.2 积分学

…

此例是层累制，类号均由其上位类号加上一位号码所构成，类号能反映出类目的等级层次关系。

例2

K23 封建社会

K235　三国、晋、南北朝

K236　三国

.1　　魏

.2　　蜀

.3　　吴

此例 K236 并非由其上位类 K235 加上一位号码所构成，从类号不能看出此二类为上下位类，不是层累制，实际是层累、顺序混合制，但两例都按小数制排列。

由以上叙述可知，根据类号与类目之间关系，可将分类表的编号制度分为三种，即顺序制、层累制和层累顺序混合制（即一部分类目遵从层累制，而另一部分类目属于顺序制）。目前，国内外的图书分类法一般都不单独采用顺序制。大多数分类表，采用层累顺序混合制。如果根据类号的排列方式，可将分类表的编号制度分为三种，即小数制、整数制和小数整数混合制（即号码一段按小数制排列，而另一段按整数制排列）。目前，国内外图书分类表一般不采用整数制，而采用小数制。如“LC”则是小数整数混合制，其字母部分按小数制排列，阿拉伯数字部分则采用整数制。例

TS　制造

1　普通期刊和会社

5　会议

7　选集

9　百科全书和辞典

15　历史

21～124 国家区分用附表——（Table 1 ）

可见“LC”它的细目类号的阿拉伯数字部分就是按整数制排列的典型例子。

3）号码的编制方法

号码的编制，必须使号码符合灵活运用于分类体系类目设置的要求，由于符号数量有限（阿拉伯数字仅 10 个，汉语拼音、英文字母也只 26 个），如果同级类目超过这些符号，就需要在号码编制技术上加以研究，找出一些特殊的编制方法适应科学发展和分类表类目的需求。

（1）间接编号法

间接编号法也称留空位。主要为了满足某些学科会从两个学科之间产生出来，留出一些备用的号码，给将来增订分类表时使用。如果连续编号不留空号，或把所有号码都用完了，或者用完了前半部的号码，一旦类号中间需要插入新的号码就得移动其他号码，这势必影响分类表使用的稳定性，给用户分类排架、组织目录带来麻烦。其编号方法如下：

①　1、3、5、7、9…

②　A、B、D、F、H…

（2）扩展编号法

扩展编号法也称八分法。指在某一个号码的后面，多伸展一些号码，以表示同位类。其目的主要解决阿拉伯数字号码不能适应 10 个以上并列类目时使用。所

谓八分法就是用前面8个数字表示前8个类目,从第9个类目开始,则在9的后面进行扩展,因此也叫扩九编号法。

第9个类目用　"91"

第10个类目用　"92"

第11个类目用"93"

第16个类目用"98",

如果同位类超过16个,那么第17个类目用"991"。第18个类目用"992",依此类推下去,直到满足需要为止。缺点是扩展一次增加一个数字,因而扩展次数越多,其类号越长。如:

第1—8类用1、2、3、4、5、6、7、8

第9—16类用91、92、93、94…98

第17—24类用991、992、993…998

第25—32类用9991、9992、9993…9998

(3) 双位编号法

所谓双位编号法,主要目的是在同位类并列类目过多时使用。如果并列类目远远不止10个时,第1类不用1,而用11;第2类不用2,而用12;第2类不用3,而用13;同理,第9类不用9,而用19;从第10类开始使用21,从第11类就是22,从第12类就是23,一直可编到第81类使用99。根据科学发展和现代分类体系,有81号码足够并列类目使用。这种办法也适用字母编号,其号码不仅整齐而且简短,但分类表现一般只作为混合号中的大类分配。第1类不用A,而用AA,第2类不用B,而用AB,…。这种编号适用并列类超过26个时使用,不过分类表采用这种纯字母编号的不多。

(4) 借位编号法

借位编号法,简称借号。一个目的是为了缩短号码或需要分配较大的号码时,借用上位的类号码。例如"科学院图书馆图书分类法"中"74.93贵金属矿"、"74.94铜矿"、"74.95锡矿"等都是借上位类的号码。

74.9　金属矿

.91　黑色金属矿、铁矿

.92　有色金属矿

.93　贵金属矿

.94　铜矿

.95　锡矿

.96　铅矿

.97　镍矿

.98　铝矿

另一个目的是为了适应并列类目超过9个以上,而又要求合理使用号码时,借用下位类的号码。即在并列的1、2、3、4、5、6、7、8、9号码中,选择其中的一个或几个多扩展一位数字;以便容纳10个以上的并列类目。如《科图法》中的"55.38天体化学”和“55.39 天体生物学”就是借“55.3 天体物理学”的下位号码。

55　　天文学

.1　　天体测量学及时间、历法

.2　　天体力学(理论天文学)

.3　　天体物理学

.38　　天体化学

[.39]　　天体生物学

.4　　恒星

.5　　太阳系

.6　　银河系、银河外星系、宇宙学

.7　　射电天文学(无线电天文学)

.8　　空间天文学

.9　　天文台、天文仪器、观测资料与图表

不过,这两种借号方法,以不妨碍原来类目的扩展为标准。

(5)起讫编号法

起讫编号又称扩充编号。主要目的是用来表示类号的范围,一般用斜线“/”或短横“—”来连接一组连贯号码之中的最前和最后的两个号码,从而表示两个号码之间所有的各个类目。如《中图法》:

TM5　　电器

50　　一般性问题

501　　理论

.1　　电器学(电器原理)

.2　　电弧

中频、高频电弧、天弧等

.3　　电接触

.4　　电器计算

502　　设计

503　　结构

.1　　电磁结构(电磁铁)

.2　　非线性元件

.3　　双金属片

.4　　铁心线圈及电路

.5　　插接件

接线板、连接器、触头等

[504]　　材料

505　　制造工艺、安装

506　　试验、运行

507　　维护、检修

以下 TM51/59 可仿 TM50 分。

例：高压电器的维护为 TM510.7

51　高压电器(总论)

52　低压电器(总论)

53　电容器

54　电阻器、电位器

55　电感器、传感器、线圈、扼流圈

56　开关电器、断路器

57　控制器、接触器、起动器、电磁铁

58　继电器

59　成套电器

这就是说，“TM51/59 可仿 TM50 分”的含义即是从“51 高压电器(总论)”～“59 成套电器”中 192 个大小类目，如有需要都可仿 TM50 的 17 个类细分。

(6) 连接编号法

连接编号法也称组配法，一般是利用冒号“:”，目的是连接原有两个相关类目的号码，重新构成另一个类目的号码。对这种编号，有的分类表详细列出，有的分类表则只作原则性的说明，留待具体分类时再编出，还有的分类表不予使用。如《中图法》的“TM52 低压电器(总论)”下面的注释：

以下各种电器有必要按上列观点区分时，可用组配方法组合。例如：高压熔断器为 TM51:TM563。

这就是说，“高压熔断器”可利用“TM51 高压电器”和“TM563 熔断器，保险丝装置”这两个类目组配而成“TM51:TM563”，其含义即“高压熔断器”。组配特别适用于编制边缘学科的号码。例如，可以用“O29 应用数学”和“TB11 工程数学”组成“O29:TB11 工程数学”。通过这种组配，可将和应用数学有关的边缘学科都集中放在“O29 应用数学”类目之下。

(7) 辅助编号法

辅助编号法的目的是为了使类目号码清楚醒目、易于辨认、易于扩充。例如《中图法》。

① “a”推荐符号只供马、恩、列、斯和毛泽东的著作在各类重复反映时使用，排在其他类号之前，如“F2a”排在“F2”之前。

② “—”总论复分号

这是一种适合主表任何类目的复分表，其类号排法，如排在“0”之前是，“F23—53”排在“F230”之前。

③ “[ ]”交替符号

用以标志供选择使用的类目。

④ “+”联合符号

用于两个学科概念并列组合时使用，如：“计算机科学与统计学”的编号为：TP3 + C8

⑤“(　)”国家区分符号

用于区分国别时使用，包括世界地区和中国行政区划。如“日本钢铁工业概况”的编号为 TF4(313)

⑥“=”时代区分符号

用于区分时代时使用，包括国际时代和中国时代，如“前清名人传记”的编号为 K82=49

⑦“〈 〉”通用时间、地点区分符号

用于区分国家、地区和时代以外的时间、地点概念，如“国外作物育种工作概况”的编号为 S33〈332〉

⑧“《》”民族区分符号

用于区分民族时使用，如“高山族的风俗习惯”的编号为 K892《84》。

2.1.4　正表

正表是整个文献分类表的主体，是分类体系的具体表现。它是根据图书分类的基本原则区分的许多大小门类，编排成一个有层次的逐级展开的排列表。它的形式一般有：基本部类表、基本大类表、主要类目表和详细类目表等。

1）基本部类表

基本部类表由基本部类组成，基本部类又称为大部，或称为基本序列。我国现行图书分类表的基本部类，大都是“五分法”，也即是说分为：(1)马克思列宁主义、毛泽东思想；(2)哲学；(3)社会科学；(4)自然科学；(5)综合性图书。它是根据毛泽东关于知识分类为依据的。在《整顿党的作风》一文中，毛泽东指出：“什么是知识，自从有阶级的社会存在以来；世界上的知识只有两门。一门叫做生产斗争知识，一门叫做阶级斗争知识。自然科学、社会科学就是这两门知识的结晶，哲学则是关于自然知识和社会知识的概括和总结”。这就是确定分类法基本结构的理论根据。为此，分类法将知识门类分为“哲学”、“社会科学”、“自然科学”三大部类。

马克思主义、列宁主义、毛泽东思想是指导思想的理论基础，必须作为一个基本部类，列于首位。此外，考虑到图书资料本身的特点，对于一些内容庞杂，类无专属，无法按某一学科内容性质分类的图书资料，概括为“综合性图书”，作为一个基本部类，置于最后。

2）基本大类表

基本大类表又称为大纲，是在基本序列的基础上进一步展开而成。基本大类是整个分类表的第一级概括性的类目。基本大类的特点首先是由具有独立性的学科组成，其次为了减少基本大类的数目，也可以由某些内容性质相近的学科或者历来关系就比较密切的学科组合而成。因此，究竟基本大类应有多少，必须符合各学科之间的发展状况和客观联系。

3）主要类目表

主要类目表又称基本类目表，或称简表。它是由基本大类区分出来的类目及若干重要的三级类目共同组成的。通常包括的类目有几百个，从这个表中可以看出一部分类表的概貌。

主要类目在整个分类表中起着承上启下的作用。因为这个表可经缩小为基本大类表，也可以扩大为详细类目表。其特点是古今中外各科知识和各种形式体裁的文献，都应在这些主要类目中；类目设置科学，号码配置长短差不多；并且由主要类目到详细类目，可以逐级展开。

4）**详细类目表**

详细类目表又简称详表。它是由一切不同等级类目所组成，是分类标引的依据。要求全面、概括、详细、实际、完整、系统。这是一部综合性大型图书分类表对详细类目表的要求。正表结构详见图 2.2。

基本部类	基本大类	主要类目	详细类目		
马列主义、毛泽东思想…	A马列主义、毛泽东思想				
哲学……	B哲学				
社会科学…	C社会科学总论				
	D政治、法律				
	E军事				
	F经济				
	G文化、科学、教育体育	01 数学	0631 高分子化学基础理论	0633.1 链上含氧的聚合物	
	H 语言、文化	03 力学	0632 碳链聚合物	0633.2 链上含氮的聚合物	0633.21 聚胺
	I 文学	04 物理	0633 杂链聚合物	0633.3 链上含硫的聚合物	0633.22 聚酰胺
	J 艺术	06 化学	0634 元素有机聚合物	0633.4 链上含两个或多个异原子的聚合物	
	K 历史、地理	07 晶体学	0635 无机高分子化合物（高聚物）	0633.5 杂环链聚合物（链上含有杂环的聚合物）	
自然科学……	N 自然科学总论		0636 天然高分子化合物（高聚物）		
	O 数理科学和化学				
	P 天文学、地球科学	061 无机化学			
	Q 生物科学	062 有机化学			
	R 医学、卫生	063 高分子化学（高聚物）			
	S 农业科学	064 物理化学 化学物理学			
	T 工业技术	065 分析化学			
	U 交通运输	069 应用化学			
	V 航空、航天				
	X 环境科学				
综合性图书……	Z 综合性图书				

图 2.2　图书分类法正表结构

2.1.5　附表

附表又称辅助表或复分表。主要目的是为了节省篇幅和帮助记忆，于是把一些相同或相似的细目集合起来，配以号码，编排成表，附于正表之后。其主要功能是为了辅助正表的不足，便于正表各类目的扩充和展开。

1）**通用附表**

通用附表是一种具有普遍意义的细分表。它可作为许多门类图书在内容或形式上的共同区分的根据。

(1) 总论复分表

总论复分表亦称总类复分表，是适用于一切类目的一个综合性附表。但使用时，必须注意几点：

① 可结合本馆、本所具体情况斟酌使用。例如可在部分类目下重点使用，或者选择该表的部分类目使用。

② 使用该表时，将所用的复分号加在主表分类号码之后即可。例如：《哲学辞典》的号码是 B—61，其中“B”为哲学类，“—61”为“名词、词典、百科全书(类书)”。

③ 在主表中如已列有专类者，即不再使用本表的相应类目复分。

④ 具有该复分表中两种以上形式特征的文献资料，一般只能选择其中主要的一种加以复分。

(2) 地域区分表

地域区分表主要是根据自然区划编列的，以便于处理世界各个地区和各个国家的文献。一般可分为世界地区表和中国地区表两种。世界地区表，不仅要列出现代国家的名称，而且还要列出各个自然区域的名称。使用该表时要注意：

① 凡主表中已注明“依世界地区表分”的，才得以表复分。

② 凡正表中原来已表示地区意义的类号则不需要用此表复分。

③ 同表中所列的非行政区域(如亚洲、东南亚、东非、西非等)，如果需要采用其他标准(如学科、问题等)继续进行细分，而所分的号码与所属的国家号码冲突时，必须在非行政区域号码的后面加“0”。例如：《北美洲地理》号码为 K971.02

(3) 时代区分表

时代区分表是根据图书涉及的时代而编制的。可分为国际时代区分表和中国时代区分表。

(4) 民族区分表

民族区分表是根据图书涉及的民族名称而编制的一种附表。无论时代区分表还是民族区分表，只有在主表类目注明依这些表复分时方可使用。

2) 专类附表

专类附表是在详表中的某一类里面，所附的专用复分表。它只供该类的有关下位类使用。有的分类表没设这种附表，而借助于“仿××分”的办法细分；有的专设有这类专用复分表。

2.1.6 说明与索引

1) 说明

说明也是图书分类表的一个不可分割的组成部分。它是对分类表的编制目的、结构原理和使用方法等的揭示，其中包括序论说明、大类说明和类目注释等。

序论说明又称总的说明，或简称序和序论。通常被置于正表的前面。例如《中国图书资料分类法》1999 年第四版的“编制说明”，对该分类表的编制原则、体系结构、标记符号、注释、分类基本规则等作了较详细的举例说明，这对于了解该分类表大有裨益。

大类说明也称类叙，通常置于每个大类详表的前面。例如《中图法》有关"T工业技术"大类的说明如下：

"工业技术的内容十分广泛，学科之间相互交叉渗透，新的边缘学科和新技术不断涌现，学科内容也相当庞大。依照工业技术部门的内容性质和它们之间的相互联系，编列了16个二级类目，其序列为：

TB　一般工业技术

TD　矿业工程

TE　石油、天然气工业

TF　冶金工业

TG　金属学、金属工艺

TH　机械、仪表工业

TJ　武器工业

TK　动力工业

TL　原子能技术

TM　电工技术

TN　无线电电子学、电信技术

TP　自动化技术、计算技术

TQ　化学工业

TS　轻工业、手工业

TU　建筑科学

TV　水利工程

本类有关分类方法的规定：

(1)"T工业技术"这个概括类目，主要依总论复分表序列复分，以处理工业技术中总论性的问题。

(2)在工业技术各部门类目下，属于生产的各个方面具有共性的问题，主要按照下列分类系统进行序列。

理论

设计、计算、制图

结构、零部件、装置

制造用材料

制造用设备

制造工艺

产品、副产品及其分析、检验、应用

工厂、车间

综合利用

(3)在工业技术各类中，设有若干专用复分表，以供各专类仿照复分。

由此可见，大类说明阐述了每个大类的内容性质、收书范围、编制原则、类目体系以及一些特殊的分类方法等；它能帮助人们进一步了解和掌握每一个大类的特点。

2）**索引**

图书分类表的索引是按标题字顺方式利用分类表的工具。其作用是帮助图书标引工作者正确使用分类表，同时也是读者利用文献的工具。

索引可分为直接索引和相关索引。

直接索引又称单一索引，它将分类表中的所有类目，按照一定的字顺排列起来，并在每个类目后面标明它的号码。

相关索引又称双关索引，它除了将分类表中的类目、注释、实例归纳成标题外，还将许多与这个标题有关的类目也集中在一起。也就是说，相关索引是把同一主题分散在分类表的各个方面集合在一起。编排时，它首先组成标题的方式，然后按照一定的字顺次序排列起来。对每一个标题，均在其后注明所属类号。例如《科图法》相关索引，以力学为例：

Li　力学　52

　　波动　53.36

　　材料　71.221

　　地质　56.541

　　工程　71.212

　　机械　78.11

　　建筑　86.21

　　…

2.2　国际十进分类法——UDC

国外分类法，从体系的结构上看，可归纳为三个系统。

（1）十进法系统

属于这个系统的有：《杜威十进分类法》和《日本十进分类法》等。

（2）展开法系统

属于这个系统的有：克特《展开制图书分类法》，《美国国会图书馆图书分类法》、布里斯《书目用图书分类法》和《苏联图书馆书目分类法》等。

（3）主题法系统

属于这个系统的有：布朗的《主题图书分类法》、阮冈纳赞的《冒号制图书分类法》等。

如果从分类法的编制方式看，则可以归纳为另外三种类型。

（1）列举式分类法

列举式又称枚举式，是把所有类目组成一个按等级展开的系统，并且采取尽量列举所有类目的方式。例如，杜威《十进分类法》、《美国国会图书馆图书分类法》、《日本十进分类法》、《苏联图书馆书目分类法》等。

（2）组配式分类法

组配式即用简单概念组成复合类目的方式，在类表里只分别列出不同范畴的单独概念，用组配方法表达具体类目，因而又称为组配式的分面体系。例如，布朗的《主题图书分类法》和阮冈纳赞的《冒号制图书分类法》。

(3)列举式和组配式混合使用的分类法

这种分类法，一般是在按等级列举类目的基础上，再运用组配式的分面原理扩大分类体系和扩充分类号码。例如，《国际十进分类法》和布里斯的《书目用图书分类法》等。

2.2.1 UDC 体系结构

1) UDC 简介

国际十进分类法——UDC(Universal Decimal Classification)又名《通用十进分类法》。法文简称 CDU，德文简称 DK。

《国际十进分类法》是世界流行的一部文献分类法，UDC 最初发表于 1905 年，是由比利时目录学家保罗·奥特勒(Paul Otlet)和亨利·拉芳丹(Henri La Fantaine)在杜威《十进分类法》的基础上编制的。1905 年，第一国际版(法文版)类目为 33 000 条，当时名称为《国际文献目录手册》，第二版仍用法文于 1927～1933 年出齐，有 7 万个类目，改名为《国际十进分类法》。而 1933 年用德文出第三版，有类目表七卷，字顺索引三卷，是 UDC 最完整的一版。1936 年用英文出了第四版。1940 年以后英国标准学会承担了英文版的出版，统一抽印科技有关部分类表，并以 BS1000 作标准代号。

UDC 除有详表外，还有简表，其简表有中、英、德、法、日、荷兰、意大利、波兰、葡萄牙、罗马尼亚、瑞典、西班牙、捷克等国文字版本，中文简表是根据 1957 年的英文版简表选择的，只包括 UDC 十大类中的 5(自然科学)和 6(应用科学)两大类表。

随着科学技术的不断发展，分类法必须作相应的补充和修订。UDC 并非始终固定不变，而是逐年有所增补。类目从最初的 33 000 条增加到 1964 年的 150 000 条。UDC 修订出版的决策机构是国际十进分类法委员会。该委员会规定一个修改的总原则是：一个号码的含义可以扩充，也可以缩小，但不能完全改变。已经陈旧的类号可以取消，取消的这个类目的号码变成空号，这个空号在 10 年以后才能作为新的类目的号码，其目的是让使用者有足够的时间改变文献类号。

UDC 是一个包罗万象、并且有普遍适应性的分类体系。包括所有知识领域，是当前世界分类法中列举最为详细的一个分类系统。详表有 15～20 万类目，其中科技部分最详细，类目总数达 11 万个之多；比较适应现代科技文献高度专门化的特点。

2) 体系结构

UDC 是以杜威《十进分类法》(Dewey Decimal Classification，简称 DC 或 DDC)为基础改进而编成的。杜威选取十进分类法的原理，首先将人类的全部科学知识分成十个大类，用数字 0—9 加以分类，而这些大类的每一类又可以添加新的数字 0—9，并以此再进行细分，这样能使分类无限地进行下去。这种无限的细分扩充能力是这种分类法的一个十分实用的特点，显然对于类目的展开是有利的。今天已成为世界闻名的杜威《十进分类法》，已再版了18次，估计被100个国家的25000个图书信息单位所采用。

UDC的大类和杜威《十进分类法》的大类是一样的，序列也相同。UDC采用杜威《十进分类法》的一、二、三级类目（即1000个主要类目）作为固定的骨架。

UDC的基本大类共十个，现列表如下：

0　总论
1　哲学、心理学
2　宗教、神学
3　社会科学、法律、管理
4
5　数学、自然科学
6　应用科学（医学、工程学、农学）
7　美术、文艺、体育运动
8　语言学*、文学
9　地理、历史

“*”语言学的号码原为4，最近决定将语言学合并到8，与文学组成一个类组，而将4空出来，以便将来使用。

UDC十个大类的划分是符合其划分时的世界概况的，但如用今天的观点去看待我们生活的整个领域，可能是不完全正确的。对于“应用科学、医学、技术”的领域来说，今天完全可以当作大类编排，而“哲学”、“宗教”、“神学”也许要排在一个大类内了。但在几十年内人们会对今天做出的类目划分做出论断：“它符合当时的观念，而从今天的观点来看，可能则是不完全正确的。”

UDC以十大类为基础，按照整体到部分，从一般到特殊这个原则，在每个大类下划分为大纲，纲下划分为目，目下划分为分目，这样一层层划分下去，形成一个有隶属关系的分类体系。例如，以主类“3社会科学、法律、管理”作为主表细分的例子加以说明：

3　社会科学、法律、管理
30　社会科学、社会问题、社会哲学
31　统计学
32　政治
33　国民经济
34　法律、法律学
35　公共管理
36　救济、国民经济、保险、社会公益的联合
37　教育、培训、授训、业余教育
38　未确定
39　人类文化学、民族学、风俗、习惯、国民生活、民俗学

在这个大类内的上位类“33 国民经济”，又可按下面进一步细分：

33 国民经济

330 经济学一般

331 劳动、雇主、雇员、劳动学、劳动经济、劳动的组织

332 地产、不动产

333 未确定

334 经济活动的组织形式和组合方式、团体

335 未确定

336 财政、国家财政、税务、银行和金融事务

337 未确定

338 经济形势、经济政策、经济管理、经济计划、生产、效力、价格

339 贸易、国际经济关系

如果对“331”进行细分，还可得到以下列类：

331 劳动、雇主、雇员、劳动学、劳动经济、劳动的组织

331.1 企业与劳工之间的关系

331.2 工资、薪金、酬金、补助金

331.3 未确定

331.4 未确定

331.5 劳动市场、职业

331.6 未确定

331.7 未确定

331.8/9 其他劳动问题

由此可知，通过每一次细分，得到的分类号，可以确定一个比较详细的准确的主题。它是通过上位类的概念对各下位类的概念及类目的不断细分得到的。例如，通过对“在劳动学观点下的徒工教育”这类目的分类途径，可得到其他的“331.861.2”类。

3 社会科学、法律、管理

33 国民经济

331 劳动、雇主、雇员、劳动学、劳动经济、劳动的组织

331.8/9 其他劳动问题

331.86 教育问题、专门教育、青少年教育

331.861 徒工教育、基础教育

331.861.2 徒工教育

不难看出，进行分类的每一下位类，同时也就是随后要进行分类的上位类。

再如，“5 数学、自然科学”展开如下：

5 数学、自然科学

50 自然科学一般问题

51 数学

52　　天文学、大地测量学、测时学

53　　物理学

54　　化学、晶体学、矿物学

55　　地质学、气象学

56　　古生物学

57　　生物科学

58　　植物学

59　　动物学

每一类再分为若干小类如：

53　　物理学

530　　物理学的基础理论

531　　普通力学

532　　流体力学、液体力学、水力学

533　　气体力学

534　　声学、振动学

535　　光学

536　　热学、热力学

537　　电学

538　　磁学、电磁学

539　　物质的结构、物性论

UDC 每个小类都可继续再分下去，每细分一次，就在原号码之后加上一位号码。例如：

6　应用科学

62　工业技术总类

621　　一般机械工程、电气工程

621.3　　电气工程

621.39　　电信技术

621.396　　无线电通信学

621.396.9　　无线电通信的应用、雷达

621.396.96　　雷达

621.396.969　　雷达的应用

621.396.969.3　　车辆、船舶、飞机、导弹用雷达

UDC 的号码和 DC 号码一样，是采用阿拉伯数字为主表号码，同时 UDC 也采用多种符号和数字组成复分号和辅助号，这一点和 DC 又不一样。

UDC 的号码配制原则是尽可能的用号码的级位反映类目隶属关系。一级类目标以一位数字，二级类目标以二位数字，三级类目标以三位数字，依此类推。

UDC 整个号码是小数制，在类号里没有小数点，只有圆点“.”，每三位数打小圆点以示醒目。

由于数字只有10个，而类目细分后同位超过10时，数字不够用，就得用其他不同级位的号码，这个号码不能反映类目的隶属关系，也就不是严格的层累制，有时是夹杂顺序制以缩短类目号码。如：

596　　脊椎动物门

597　　鱼纲

598　　龙形动物

599　　哺乳纲

上例中的597，598，599均属脊椎动物门，但标记的位次并不反映类目的级位。采用这种顺序制，目的在于缩短标记符号。

2.2.2　UDC号码组配

杜威《十进分类法》采取列举式，而《国际十进分类法》则是采取列举—组配混合式，即一方面根据事物或知识的整体概念，经过逐层分析，得出特定的概念，然后根据这些特定概念立类，列类。另一方面又将不同的特定概念进行组配，得出新的概念，派生出新的主题，构成新的类目，组成新的类号。也就是说，一种列举的方式和一种组配的方式，便构成了《国际十进分类法》的体系。

1) UDC组配符号

一篇文献需要分类，只涉及"比较简单"的事物，那么应用有关的号就够了。但在多数情况下，所涉及的是复杂的事物，就需要用几个号，如：

628.976:621.941　　车床照明

628.976　　照明工程范围(限于工作台的照明)

621.941　　车床

简单的号就是一种不用相关类号细分的号。

复杂的号就是一种通过相关类号细分的号，复杂的号就是好几个简单的或复合号利用连接号组配起来的号。

符号	名称	应用
+	加号	并列符号
/	斜杠	表示彼此相互排列的十进分类号的连续扩充符号
'	撇号	组配符号(也称合成符号)
:	冒号	关联符号

2) UDC组配符号的使用

(1) 并列符号"+"

并列连接符号，是用以连接两个或两个以上的不连贯的类号，连接后，比哪个类的概念范围都大。例如：

① 54+66　　化学和化工

② 622+669　　采矿和冶金

③ 621.911+621.914　　刨削和铣刨

④ 664.91+664.93　　肉罐头与鱼罐头

当然，对于一个需分类的事物，也可以将相关符号与并列符号进行联合运用，例如：

① 31:656.1.08+566.7.08　　事故统计(公路交通和航空)

② 621.892.096:621.434+621.436　　用于汽化器发动机和柴油发动机的润滑油

(2)关联符号":"

关联符号又名冒号，可用来表明两个或两个以上的主题之间所具有的关系，因而可以把主类的范围制约于某个类目有关的范围之内，表示类目之间的交叉、相互制约的关系。用此号连接后，其概念比原来的哪个概念范围都小，例如：

① 001.4:533.6　　空气动力学的术语

② 016:620.179.16　　超声波检验法(材料检验)的专业书目

③ 31:656.1.08　　事故统计(公路交通)

④ 621.892.096:621.436.13　　二冲程柴油发动机用润滑油

⑤ 338:669.1　　炼铁工业经济

当两个类号中的一个类号处于比较次要的从属地位时，可用括号把组合类号中的一部分括起来加以区别。并且也不必为这个概念进行编目，就可用方括号[ ]代替联号，例如：

① 31:63　　农业统计

31统计学，63农业。以统计为重点的农业统计，表达为:31[63]

② 620.1:669.14　　一般钢材试验，可改为620.1[669.14]

关联号是一种非常有用的符号，例如，"31统计学"与"63农业"相连接，其后一类号起到细分前一类号的作用。由于这个符号的使用，当一篇文献的作者，无论从什么角度来阐述它的主题或者把它的主题任意和别的主题联系起来的时候，都可以应用这个方法编成新的类号。这样就使得整部分类法具有灵活、详分的特点，使用范围可以说无限制地增加了。但在使用这种符号时，必须注意不要与详表已列出的类号重复。例如，"工业化学"不是"2:54"也不是"54:62"，而应是"66"。

(3) 扩充符号"/"

扩充符号又名总括符号(斜杠)，运用总括符号可将几个直接彼此并列的分类号组合成一个上位概念或总的概念。是表示从…到…，用以连接一组相连贯类号的最前和最后两个号码。

例如：

① 592/598　　动物分类学

② 534.83/.84　建筑声学

③ 539.411/.415

表示从 539.411　　抗压强度

　　　539.412　　抗拉强度

　　　539.413　　抗弯强度

539.414　抗扭强度

到 539.415　抗切强度

即:抗压/抗拉/抗弯/抗扭/抗切强度

④ 616.1/5　陆上交通

包括以下各类:

656.1　公路交通

656.2　铁路交通

656.3　专用铁路,工业铁路,工厂铁路的交通

656.4　窄轨铁路交通

656.5　其他陆地运输

假如对陆上交通进行总的分类而不用连续扩充符号的话,那么,这个分类号就要连写:

656.1＋656.2＋656.3＋656.4＋656.5

⑤ 可用 323.22/.28 内政活动的概述

323.22　严格控制国家人口

323.23　政治影响,政治鼓动

323.25　非暴力的消极反抗,比如:绝食、罢市、静坐抗议

323.26　积极的斗争方式

323.27　革命、颠覆

323.28　政治迫害、恐怖活动

这是一个可以说明构成一个上位概念的例子。

(4) 合成复分号"'"

合成复分号又名复合组配号(撇号),能准确地反映任何类目合成的类号,如下列方面及某些方面的应用。

329　政党

546　无机化学

547　有机化学

629.7　飞机

669　冶金学(对合金的分类)

681.3　数据处理机和数据处理设备

792　戏剧,戏剧知识

① 一个组配合成的类号的每一个单独成份,照例都有着相同的起始类号,因为它们都属于同一个部分。在这样的一种组配类号的结构中,以起始号来表示第一部分,随后就把相同的部分省略掉,并代之以撇号表示,例如:

329.23'12　共和—自由党

是由"329.23 共和党"和"329.12 自由党"组成的。

② 由于化学上的某些化合物,可视为由其他两种化合物互相化合而成(例如,盐类是由酸类和盐基类互相化合而成)的缘故,因而可用合成复分号来代表某些化

合物。取号时，各种化合物的类号由其组成化合的类号组配而成。在表示二元化合物时，先列金属类号，再加酸的类号，而将后者的前三位数字“546”省略，以合成复分号“'”代替。例如：

a) 546.32　　钾

546.32'131　　氯化钾 KCl

546.32'151　　碘化钾 KI

546.32'157　　硝酸钾 KNO_3

b) 546.33'131　　氯化钠(食盐)

是由“546.33 钠”和“546.131 氯化物”组成的。

③ 在表示含有多种金属和多种酸的化合物时，先取最后那一种金属的类号，再加上其余有关金属的类号，最后加上各类酸的类号。例如：

a) 546.623'32'226 硫酸钾铝 $KAl(SO_4)_2$

这种化合物的类号是由 546.623 三价铝、546.32 钾和 546.226 硫酸盐所组成。

b) 669,35'5'6 铜—锌—锡合金

它是由“669.35 铜”、“669.5 锌”、“669.6 锡”组成。

2.2.3　UDC 辅助表和辅助类号

UDC 的辅助表有 10 个，实际上有的不是表，只是说明这个符号的用法。

在“人类知识”领域内有着一系列概念组，就关系而论，这些概念组可能与很多其他概念相关，辅助表就是为它们建立的。辅助表的名称是根据某一主题的详细确定而依附于该主题的主类号。对于辅助类号所表示的每一个不同类组，需应用特殊的符号，作为识别它的标志。UDC 各公用辅助号列于辅助表内。

1) 通用语言辅助号“＝”(等号)

用来表明主类号所代表的主题的语言表达形式的特征，即表示文献所用语言文种的符号。

(1) 61(03)＝20　　英文医学百科全书

(2) 669.35＝30　　德文铜合金文献

(3) 801.323.2＝30＝20　　德、英双解词典

(4) 820＝30　　英语文献的德译本

若需要按语言集中文献，可将语言符号放在前。

2) 通用类型辅助号“(0...)”(零加圆括号)”

类型辅助号也称形式复分号或体裁复分号，这种类号用来表达文献外部或印刷方式的特征以及有关主类号所代表的事物的加工类型的特征，即用来表示一种著作物的类型和体裁。使用时，将类型复分号加在主要类号后面即可。UDC 对于类型的细分更有专门附表，其大纲如下：

(02)系统编排的书籍、一般图书、手册等

(03)字顺编排的书籍、字典、百科全书等

(04)小册子、演讲记录、学位论文等

(05)期刊、杂志、评论、年鉴
(06)学术团体、学会、协会出版物
(07)教科书、读本、初学或入门书籍
(08)著作集、选集、图表、杂集
(09)历史性与法律性著作、史料等
每类之下又加以细分，例如：
(08)著作集、图表
(084)图样资料、草图、设计图
(084.1)插图、图画、相片、胶卷
(084.2)图式资料、图表、图解
(084.3)各种地图、天体图、设计图
(084.4)地图集
(084.5)广告画
例如，主类号加上通用类型辅助号后：
(1) 51(03)　数学字典
(2) 53(05)　物理期刊
(3) 58(02)　植物学手册
(4) 31(058)　统计年鉴
(5) 676.815(093.73)　手工穿孔卡片的缩写符号
(6) 001.4:676.815(083.74)　手工穿孔卡片的术语，标准

3) 通用地区辅助号"(1/9)"，(1/9 数字加圆括号)

这种类号用来表达主类号所表明概念的空间位置的特征。即表示文献主题所论述的地点或地区，使用时，将地域复分号加在主要类号后面即可。UDC 对于地区复分号也列有专表，其大纲如下：
(1)　一般性地区
(2)　自然地理代号
(3)　古代世界
(31)　古代中国与日本
(4/9)　现代世界
(4)　欧洲
(5)　亚洲
(51)　中国及其邻邦
(510)　中华人民共和国
(515)　西藏
……
(6)　非洲
(7)　北美洲
(73)　美国

(8)　　南美洲

(9)　　大洋洲、两极地区

UDC 主类号加上通用地区辅助号，可能由下列几种组成：

(1) 某个自然区域(—92)

(2) 地球上的某些地方(16)

(3) 以地文地理学观点划分的区域(2)

(4) 按政治观点划分的国家(4/9)

文献分类后的类号

(1) 629.113(73) 美国汽车

(2) 347.77(520) 日本专利法

(3) 55(51)中国地质

(4) 55(515)西藏地质

(5) 为了依地区排列文献，或集中一个地区的文献，也可将地区符号作为冠号。如：

(5) 9　　亚洲历史

(51) 9　　中国历史

(515) 9　　西藏地方史

(6) 9　　非洲历史

(6) 也可先排地区，后排学科

(73)385　　美国铁路系统

(73)63　　美国农业

(73)9　　美国历史

(73)91　　美国地理

这样，就可将有关美国的文献集中一处了。

(7) 地区与地区之间的组合，还可用并列符号、扩充符号和关联符号的方法连接起来。

① 德国与法国的关系(43:44)　　② 南北美洲(7/8)

③ 英国与美国(41＋73)

4) 通用民族与种族复分号"(＝)"，(等号加圆括号)

这种号是用来表达主类号概念所涉及的种族与民族的特征。即文献内容所涉及的种族或民族。它们是以通用语言符号为基础的，因为语言符号是依据民族区分的。

(＝9)　　一般东方民族，有色人种

(＝95)　　亚洲种族、蒙古人

(＝956)　　日本人

UDC 主类号加上这种辅助号，例如：

(1) 568.9(＝951)　　古代中国人的化石

(2) 392.51(＝956)　　日本人的结婚仪式

(3) 398(＝515)　　　藏族人的风俗习惯

5) **通用时间辅助号"…"(引号)**

可以用来辅助主表从时间的观点作进一步的细分。凡是文献主题涉及时间时即在引号内写出日期或时代的号码。各种写法都列有表。例如：

"1958.10.18"＝1958 年 10 月 18 日

"1970.05.18"＝1970 年 5 月 18 日

"03"第四世纪(300～399)

"19"20 世纪(1900～1999)

"197"20 世纪 70 年代(1970～1979)

主类号加上这种复分号，如：

(1) 63"19"　　20 世纪的农业

(2) 330.522.4"363"　　谷物储存已到危机时刻

(3) 658.51"3744"　　生产中企业损失的时间

包括几个世纪或几个时代的号码也可用扩充符号"/"表示起止的时间。例如"18/19 即表示自 19 世纪至 20 世纪；"198"即表示 20 世纪 80 年代，等等。

6) **通用观点辅助号".00"(点零零)**

这种符号是用来表达最普通观点的特征，即表示文献中不同观点或表示文献中某一特殊方面的问题，以辅助主表作进一步的细分，把它附加在主类号的后面即可。

观点复分号设有专表，其大纲如下：

.001　　理论观点、目的、试验、研究与发展

.002　　实践观点、实现、执行、生产、材料、设备、产品

.003　　经济、财务及商业观点

.004　　使用、运行及养护等观点

.005　　装置、设备观点

.006　　厂房、场所、设施观点

.007　　职工、人力观点

.008　　组织、行政观点

.009　　社会关系、社会观点

每个观点之下又可细分，例如：

.002　　实践观点

.002.1　　准备与开始阶段

.002.2　　制造、生产、加工、装配等

.002.3　　原料、主要原料、主要成分

.002.4　　辅助或附加的材料或成分

.002.5　　生产设备与机器

.002.6　　产品、副产品、废料、代用品

.002.7　　辅助工作

每一细类里还可以进一步区分，至第三级为止。例如：

.004　使用、运行及养护等观点

……

.004.8　废物利用、回收

　.82　废物收集及利用

　.86　回收、再生

这些号码必须附加在主要类号之后，不能单独使用。例如：

622　矿业

.001　规划、研究与发展

.002　生产、设备

.003　经济、财务

.004　养护、检修

.005　设备、安全

.006　矿井位置与条件

.007　劳动力与职工

.008　组织、管理

UDC 主类号加上这些符号后：

(1) 625.2.001　铁路车辆的理论与研究

(2) 629.12.001.33　船舶的分类

(3) 621.941.004.53　按维修保养观点要求的车床

注：(.001.33 分类、配置、排序的理论观点；.004.53 维修保养观点)

(4) 用来表达编著者的立场和考虑分析的方式。如：

33.861.2　徒工教育

331.881　工会

331.861.2.000.331.881　工会对徒工教育的意见

又如：

342.4　宪法

329.61　非法活动

342.4.000.329.61　从非法活动观点来理解宪法

(5) 带有观点符号的类号仍可以附加地区、时间、形式或语言复分号。如：

622.008(51)"193"(09)　中国 20 世纪 30 年代矿山管理状况

(6) 还可以用关联符号作进一步的细分，如：

622.007:331.69　矿山劳动力的缺乏

7) 专用复分号

专用复分号又称特殊辅助号或特有辅助分类号。在 UDC 的许多地方都被用，并且适用于专业领域细分的分类，它们的含义首先与有关专业范围的 UDC 主表类号有关。其作用与用法与通用复分号相同，不同的是，通用复分号适用于 UDC 的全部类表，而专用复分号则仅适用于某一部分类表(某一学科或专业)。专用复分号符号有两种:“.0”(点零)和 “—”(短划)。

(1)“.0”专用复分号

① 以“.013.6”说明以下几种含义

a) 533.6　　　空气动力学

533.6.013.6 飞行状态

b) 66　　工艺、化学工程

66.013.6　化工厂的动力供应

c) 621.43　　内燃机

621.43.013.6　涡流

② 629.12　水运交通工具、船舶工程类下有“.0”的专用复分号

.01　船舶构造(动力机械除外)

.011　船体、船壳

.011.1　船体形状、船体构造

11　按甲板构造分

.111　单甲板船

.112　上甲板船

.113　遮阳甲板船

.114　防护甲板船

例如:

① 629.123.3　　　远洋轮船

629.123.3.011　　远洋轮船的船体

② 629.123.4　　　货轮

629.123.4.011　　货轮的船体

③ 629.124.2　　　拖轮

629.124.2　　　拖轮的船体

(2)“—” 专用复分号

621 普通机械工程类下有这种复分号

621—06 机械与器械

—1　一般特征、型式

—2　固定部分与活动部分—3　阀操纵、阀机构

—4　产品、半成品及待加工面的外形

—5　机械的操纵、调节、控制

—6　动力机械

—7　机械的维护、检修和保养

……

这些复分号适用于一切机械,并可推广到整个“6 应用科学”类,例如:

① 621.438—7　　　燃气轮机的维护、检修和保养

② 621.914.7—7　　　螺纹铣床的维护、检修和保养

③ 623.438.7—7　　　　两栖装甲车的维护、检修和保养

“—” 专用复分号，在科技类用得较多，“.0”在人文科学类用得多。“.0”在科学技术范围，一般较“—”符号狭窄，只能适用于其所在主类之下的各属类。如上例“629.12”的专用复分。

8）通用材料辅助号“—03”（短划零 3）

这类辅助号用来表达组成某一物体的材料或部件的特性。假如这些材料问题是按照事物的顺序排列的话，则它们在整个范围内都可以应用。例如，复合材料的类号可利用分类号的相互序列由—3 来构成，其中从—3 的第二位号开始可以采取省略符：

—036.674　聚酯塑料

—037.52　　玻璃纤维

组成：

—036.674’752　　聚酯塑料和玻璃纤维组成的材料

9）通用人称辅助号“—05”（短划零 5）

这类辅助号是用来表达人物本身的特征或者是它们的个人特性或性格。当人物的外表特征是按照前面类号所表达的事实编排时，这类辅助号可应用于 UDC 的整个范围内。

例如：

002.6—057.1　　文献员

002.7—057.1　　一个文献机构的领导

10）字母及非十进数辅助号“A/Z”和“NO”

这种符号又称个体排列号或字母分类及作为排序类号的数码。采用这种方法复分，目的是为了集中或细分某一个方面或某一著者的文献。“A/Z”主要是用于某类按事物名称字顺细分时用的。如人名、地名、星期名、机器及其部件名称等等。例如：

(1) 061.5AEG　德国通用电气公司

(2) 061.5MAN　即 Ausgsburg—Nurnburg　奥格斯堡—纽堡机器厂

(3) 061.2FID:002　国际文献联合会

“NO”的用法与 A/Z 相似，它只是应用于某些类目有必要按其特殊编码排列的时候用以区别于 UDC 的各种号码，才加上此区分号。如：

656(421).132.022NO.53d　伦敦第 53d 路公共汽车

这种辅助号排列时则依照字母（文字）或其他符号的自然顺序。例如：

19(42)Bacon　　　　英国哲学家培根

626.114.6Beijing　　　　北京牌轿车

629.114.6Shanghai　　　　上海牌轿车

这种符号它们以缩写或非缩写的方式直接地附加在各自的主类号后面。除加在任何主类号后以外，还可以加在以上各辅助表区分号内进行必要的区分；但都应在分类表中注明，以求前后一致。一篇文献给一个分类号。

习题 2

1. 何谓分类法？何谓分类语言？
2. 分类法的类型有哪两种？它们的特点如何？
3. 类的含义是什么？类目间有哪几种关系？
4. 号码的类型有哪几种？号码的编制方式有哪几种？
5. 何谓“中图法”？它的分类思想是什么？
6. UDC 是何含义？它的体系结构与中图法有何不同？

3 主题法与主题语言

● 主题法　● 主题词　● 标题法
● 关键词　● 叙词　● 分类主题一体化

主题法是以主题语言为基础描述和表达信息内容的一种信息处理方法。所谓主题语言，是指以自然语言的字符为字符，以名词术语为基本词汇，用一组名词术语作为检索标识的一类检索语言。

主题语言的发展经历了一个由严格规范到自由组配再到适当规范的过程。最早的主题语言是标题语言，在标引时这种语言的灵活性差，难以表达新出现的主题概念。由于像分类法一样要将可能遇到的主题概念一一列举，所以标题表的体积也大。为了克服这些缺点，以 M. Taube 为代表的一些信息学家提倡使用元词法。元词法属散组型后组式检索语言。纯粹形式的元词系统没存在多久就出现了后退，也就是说对那种完全不受控的办法做出了改进。第一次改进是采用一定数量的定组词，第二次改进是采用适当先组原理，第三次改进是采用概念组配。到这一步已使元词法产生了质的飞跃，上升到目前各信息机构普遍采用的叙词法了。计算机在信息加工中的广泛应用，使自动标引和计算机抽词的方法不断增多，其中有代表性的各种信息语言也在广泛应用，除前面所介绍的几种外，还有主要由计算机实现的关键词法，保持上下文主题法(PRECIS)等。

3.1 标题法

主题法是文献检索工作中两大检索方法之一，它是一种文献主题标识和查找文献的依据。它具有直观性，就是说以词语为标识，较容易直观理解；它具有专指性，就是说从文献论述问题和研究具体对象出发，不论主题如何专深，学科性质如何交叉渗透，只要有明确表达问题的词语，一般可依需要直接选取，或通过组配方法予以表达；它具有灵活性，就是说主题表可随事物发展而调整，对不断出现的新学科、新事物、新观念能及时增补。标题法属于主题法的一种，下面就标题法的含义、实例和存在问题简述如下。

3.1.1 标题法含义

这是主题法的最早类型，也称传统式主题法，又称字顺主题分类法语言。文献主题的内容是用规范化了的词或词组来标识，这个词或词组就是所谓文献的标题，把它们按字顺排列起来就成为标题表。在标题语言中，任何一个标题，都是一个完整的标识，可以独立地标引一个文献主题。单个词和词组，分别表示单纯概念和复杂概念。在标题表中把表示事物的自身概念的词称为“主标题”，如“金属”就可做为主标题。而表示该事物各个方面的词，则称为“副标题”，如“冶炼”、“加工”、“热处理”、“防腐”等。这种主标题和副标题在编表时是预先固定好的，所以它是一种先组式定组型的检索语言。可以在标引和检索时直接使用，不易混乱。

3.1.2 标题词实例

下面以美国“工程索引—Ei”，一篇题为“亚声速叶片的噪声”为例说明主标题和副标题及其参见的相关主标题和副标题。这篇文献主要讨论利用直升飞机转子的噪声理论，来断定由于转子而产生空气动力进气流畸变所造成的亚音速叶片的噪声。

该文献可用作主标题和副标题的词：

HELICOPTERS—Noise，Acoustic

直升飞机—噪声，声响

其相关概念的标识利用 See Also 作指引。

(1) AERODYAMICS—Acoustic Effects

空气动力学(主标题)—声响效应(副标题)

See Also HELICOPTERS—Noise，Acoustic

参见(指引词)，直升飞机(主标题)，—噪声，声响(副标题)

(2) HELICOPTERS—Rotors

直升飞机(主标题)—转子(副标题)

See Also HELICOPTERS—Noise，Acousitc

参见(指引词)，直升飞机(主标题)，—噪声，声响(副标题)

(3) NOISE，ACOUSTIC

声响，噪声(主题词)

See Also HELICOPUSTICS—Rotors

参见(指引词)，直升飞机(主标题)—转子(副标题)

See Also HELICOPTERS—Noise，Acoustic

参见(指引词)，直升飞机(主标题)—噪声，声响(副标题)

(4) NOISE，POLLUTION

噪声污染(主题词)

See Also HELICOPTERS—Noise，Acoustic

参见(指引词)，直升飞机(主标题)—噪声，声响(副标题)

(5) ROTORS—Balacing

转子(主标题)—平衡(副标题)

See Also HELICOPTERS—Rotors

参见(指引词)，直升飞机(主标题)—转子(副标题)

See Also HELICOPTERS—Noise，Acoustic

参见(指引词)，直升飞机(主标题)—噪声，声响(副标题)

(6) ROTORS—Noise，Acoustic

转子(主标题)—声响,噪声(副标题)
See Also HELICOPTERS—Noise,Acoustic
参见(指引词),直升飞机(主标题)—噪声,声响(副标题)
(7) ROTORS—Stability
转子(主标题)—稳定性(副标题)
See Also HELICOPTERS—Rotors
参见(指引词),直升飞机(主标题)—转子(副标题)
See Also HELICOPTERS—Noise,Acoustic
参见(指引词),直升飞机(主标题)—噪声,声响(副标题)

3.1.3 标题词词组语法

1) 正叙式

所谓正叙式,即是将事物的名称或过程的名词和术语直接作为主题词,如:

PETROLEUM FINING 石油精炼
DIESEL ENGINES 柴油机
RADAR 雷达
GUNS 枪炮

2) 倒叙式

所谓倒叙式,即是将事物的名称或过程的名词放在前面,后面加表示特性的修饰性定语,中间用逗号分开的方式构成的主题词。如:

PIPE,ALUMINIUM 铝管
PIPE,COPPTER 铜管
AIRCRAFT,MILITARY 军用飞机
LASERS,SOLIDSTATE 固体激光器

3) 并列式

所谓并列式,即是将两种相互有联系而又各自独立的事物或概念名词以并列的方式构造成主题词。如,

BOLTS AND NUTS 螺栓和螺帽
PARACHUTES AND PARACHUTING 降落伞和降落
ROADS AND STREETS 道路和街道
ROCKETS AND MISSLIES 火箭和导弹

4) 形容词+名词

Optical Properties 光学性质

5) 动词+名词

Amplitude Modulation 调幅

6) 名词+名词

Electron Beams 电子束

7) 名词+介词+名词

Flow of Fluids 流体

8）**复合名词＋动名词**

Coal mines and Mining　煤矿与采矿

3.1.4　标题词语言的缺点

标题词语言具有下述缺点：

（1）缺乏按学科专业概念进行族性检索的能力。

（2）缺乏描述复杂概念较高专指度的能力，只能一般标引它的主题内容特征，并未深入描述文献所包含的复杂的主题概念。因为它是先组式定组型语言，不能通过任意组合达到充分反映事物复杂概念的可能性。

（3）缺乏具有多种途径检索和自由扩检的能力，它的扩检和缩检的能力，主要是通过增加副标题或删去副标题词，以及大量设置参照系统来实现的。

3.2　叙词法

3.2.1　叙词性质

1）**叙词含义**

叙词语言是以规范化科学名词作为基础的一种主题法检索语言。以主题词（叙词）作为文献内容标识和查找的依据，它是从自然语言中优选出来的经过规范化处理的名词术语。如，“铌基超导合金”其主题词为“铌基合金”和“超导合金”。它吸收了多种检索语言的原理和方法，虽然叙词语言是发展较晚的一种语言，但现在已占据了主题语言的主导地位。由于它具有较优越的检索功能，因而是现代检索语言中发展最快、运用最广的一种检索语言。它可根据检索需要，按照组配规则临时进行组配，它是一种后组式语言。

2）**叙词性能**

叙词的优异检索性能，首先在于它是一种后组式检索语言，可以自由地进行广泛的组配，形成各种专指标识，扩大或缩小检索范围，以及进行多维性、多途径检索等。

（1）保留了单元词组配的基本原理

叙词的组配性能是吸收了单元词法，用规范化的科技单词进行自由组配的原理与方法，又吸收了组配分类法的概念组配的原理与方法。与单元词相比，主要在于它更着重于表达一个较完整的概念，以概念组配代替单元词的字面组配，因而具有组配严密性的优点。与组配分类相比，叙词是一种后组式的以规范化的科技名词进行概念组配的语言，而组配分类法是一种先组式的以号码标记进行概念组配的语言，因而具有灵活性和直观性的优点。

（2）采用了标题法对语词进行严格规范化的方法，以保证词与概念的一一对应

叙词采用了标题法利用经过严格规范的科技名词术语，保证叙词与概念一一

对应，它具有直接标引文献内容的特征，以及利用标题词的参照系统显示叙词之间的概念逻辑关系等优点。但又克服了标题词的参照系统不够完善，特别是标题词的固定组配，缺乏描述复杂概念高专指度和多途径检索能力的缺点。

(3) 采用了体系分类法的基本原理，编制叙词分类索引（范畴索引）和等级索引（词族索引）

叙词还吸收体系分类法的原理，编制了具有满足族性检索的范畴索引和词族索引。克服了体系分类法的间接性、单维性和缺乏标识高指专度复杂概念与多途径进行检索的能力，以及不适应现代科学技术发展等缺点。从多方面显示叙词之间的相互关系，从而保证全面、准确地选用叙词进行标引和检索，这是由于叙词采用了与关键词法类似的编制叙词轮排索引。

叙词是一种具有一定句法功能的语言，通过附加职能符号、联系符号等标识，对叙词作进一步说明或限定，就可赋予标识中不同叙词的不同地位和作用的语法功能。

由于叙词法的众多优点和它应用的普遍性，人们往往把叙词法称为主题法，把叙词称为主题词。

叙词与标题词相比，优越性主要体现在计算机检索上，应用手工检索难于适应复杂概念组配，检索效率并不比标题词高。

叙词与体系分类法相比，它按学科进行族性检索的功能，不及体系分类法，至于组织文献和排架功能更是不能企及的。

叙词与组配分类法相比，概念组配在系统性方面不及组配分类法。

叙词与关键词相比，利用计算机进行目录、索引编制自动化是叙词难以达到的。

叙词表比较复杂，编制工作难度较大，组配较为复杂，标引和检索人员需要有较高的专业科技水平。

3）叙词的作用

(1) 直观性

它以科技人员所熟悉的科技专业名词，直接标识文献的主题概念。

(2) 单义性

一个叙词与一个概念严格对应，保证了表达概念的惟一性。

(3) 组配性

这是它的主要特性，叙词优异的检索功能，主要来自组配这一特性。按组配规则，任意组配检索概念，既可扩大也可缩小检索范围，这样就克服了体系分类法，标题法的先组式定组型、列举类目或词类的缺点。

(4) 网罗性和专指性

一个叙词表达一个泛指的概念，若干个叙词的合乎逻辑的组配则可形成高度专指的概念。在标引文献的主题概念时，既可达到概念的网罗性，以保证查全率的提高，又可达到高度的概念专指性，以保证查准率的提高。

(5) 多维检索性

同一主题概念的文献，可以从多个途径、多个角度检索到。组配的概念单元词愈多，提高检索途径也就愈多。

(6) 语义关联性

词表通过比较严密的参照系统，指引叙词之间的同义关系、属分关系、相关关系，用以明确叙词的含义和相互间的关系。通过范畴索引、词族索引、轮排索引、对照索引，从更多的方面来反映叙词的语义关联性。

(7) 计算机检索与手工检索的兼容性

由于它是一种后组式概念组配语言，适用于计算机进行信息检索。使用布尔代数的逻辑运算和计算机的高速性能，使叙词的优异检索功能得以充分发挥。用于手工检索，这时叙词后组式检索语言可以当作先组式检索语言使用，即文献主题概念在标引时组配成固定的标识串，成为先组式散组型语言。

(8) 现代科学技术的适应性

叙词可不断删修改，定期更新技术。

3.2.2 叙词表

检索语言的核心是词表，包括分类表、标题表、叙词表等。

1) 叙词表体系结构

叙词表包括以下几个部分：

(1) 叙词字顺表，又称叙词表的主表。它给出叙词表收录的全部叙词(又称为正式主题词)和非叙词(非正式主题词)，并有标注事项和显示词间关系的参照系统。其中叙词是系统正式使用的主题词，非叙词则是用户使用而系统不使用的主题词。

(2) 分类索引，又称范畴索引。它是将叙词按其概念所属学科或范畴分成若干大类，在大类之下再分小类，在小类之下则将叙词按字顺排列，形成一个类似体系分类表的概念分类系统。

(3) 等级索引，又称词族索引。它是利用概念的属分关系，将具有属分关系的叙词汇集在一起成为一族，构成一个从泛指叙词到专指叙词的等级系统。利用等级索引，可以从一族中外延最广的叙词(族首词)出发，找到一系列同族的叙词，并且可以明确它们之间的层层隶属关系，可弥补族性检索功能差的缺点。

(4) 双语种对照索引。它提供了从另一种语言字顺入手查词的途径。

(5) 附表。它是主表的一种特殊形式，是主表主题词的组成部分。主表主题词和附表主题词结合起来，构成主题词总数之和，附表中的主题词是各学科领域中的专有名词。

2) 主题词款目实例

(1) 主题词款目著录各项含义

① 款目主题词

一种是正式主题词形成的款目主题词，另一种是非正式主题词形成的款目主题词(同义词或近义词)。

② 范畴号

它是字顺表中的主题词与范畴索引相互对照的标识。

③ 用代项和组代项

是非正式主题词与其相对应的正式主题词之间的指引关系。检索频率较低而在组配中易于发生错误组配的词,用规定的组配方式固定在词表中,叫做组代项。

④ 属分项

上位概念主题词之下,表示出其下位概念的主题词,叫做分项。与此对应,下位概念主题词之下表示出其上位概念的主题词,叫做属项,(属分关系又叫种属关系)。见图 3.1。

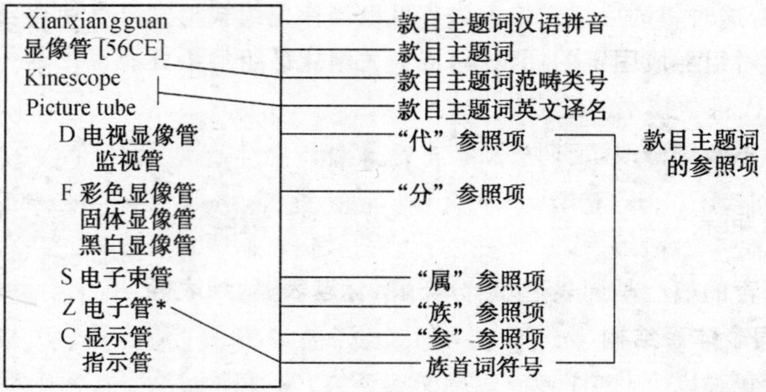

图 3.1 属分关系图

⑤ 参项

是不能构成属分关系而又关系密切的正式主题词之间的指引关系,这种关系又叫做相关关系。

⑥ 族首词项

是主题词与词族索引的对照指引。

⑦ 词义注释

对于字面形式相同而含义不同或含义易于引起误解的词,加此项予以注释。

⑧ 范围注释

对包括范围易于引起误解的词,加此项予以注释。就工程词汇而言,主要是用于注释各种参数的范围等等。

(2) 主题词排检规则

① 所有主题词严格按汉语拼音字母音序排列。拼音皆以商务印书馆《新华字典》拼写为准,不标 4 音。

② 主题词一般以单词为单位拼音。如:

Dianzi jisuanji　　电子计算机

Dianzi huixuanjiasuqi　　电子回旋加速器

③ 拉丁字母主题词和主题词中出现的拉丁字母,一律与汉语拼音字母混排,俄文字母排在汉语拼音字母之后。

④ 主题词中出现的括号"( )"、连字符"—"、逗号","及其他符号排列不予考

虑。如：

Qing jiguangqi　　氰激光器

Qing(ji)luohewu　　氰(基)络合物

Qingjingfensanji　　清净分散剂

⑤ 主题词中出现的希腊字母，一律按其拼读的汉语拼音字母音序排列。希腊字母的汉语拼音见希腊字母表。如：

Alfa shu　　α束

Beita Shexian　　β射线

Bei tianjia hejin　　钡添加合金

⑥ 主题词中出现的数字，一律按个位数字的汉语拼音字母顺序排列。如：

Tongliu　　通流

Tongliuba　　铜68

Tongliu bufen　　通流部分

3）叙词表作用

叙词表的作用是把款目主题词、款目主题词的汉语拼音、英文译名、范围分类号、注释和参照项等项目组成款目结构。把全部主题词款目集中起来，依据款目主题词的汉语拼音顺序排列组织的表就是主表。使主表的主题词的字顺排列变成了一个有机的整体，形成一种暗含的语义网络系统。用这种结构，从而反映了主题词之间的内在逻辑联系，限定了词义，在很大程度上弥补了字顺排列中语义关系揭示不足和词与词之间相互割裂的缺点，同时也提高了词表的族性检索效果，扩大了检索途径。

检索语言或词表的主要作用在于：控制标引与检索用语，使用同一主题或相关主题的文献集中，并通过系统化组织文献。

3.2.3　范畴索引

范畴索引是将主表的全部主题词按照主题词的学科和词义范畴，划分为若干大类、二级类或三级类，每类之下再依主题词的汉语拼音字顺排列的一种索引。

1）类目的设置

如“汉语主题词表”，根据主题词表的专业特点、主题词的数量和实际需要，范畴索引总共设置了五大部58个大类，674个二级类，1080个三级类。其中社会科学15个大类，173个二级类，311个三级类；自然科学43个大类，502个二级类，769个三级类。现把58个大类列表如下：

01　　马克思主义、列宁主义、毛泽东思想

02　　哲学

03　　政治

04　　国际关系

05　　经济

06　　军事

07　文化事业
08　教育
09　体育
10　语言文字
11　文学艺术
12　历史
13　民族
15　心理学
20　社会科学一般概念
30　数学
31　力学
32　物理学、晶体学
34　化学
35　天文学
36　自然地理学
37　地质学
39　测绘学
41　地球物理学\地震学
43　气象学
44　海洋学
45　生物科学
47　医药科学
49　农村科学
51　工程物理学
52　核技术
53　能源、动力工程
54　电力工程、电机工程
56　电子技术
57　通信技术、邮政技术
58　自动化技术、计算技术、计算机
60　导航技术、探测技术
61　轻工业
62　化学工业
63　石油、天然气工业
64　矿业工程
65　冶金工业
66　金属学、金属加工与设备
67　机械工程

68　　土木建筑工程、城市建设

69　　水力工程

70　　交通运输工程

72　　车辆工程

73　　舰船工程

74　　航空、航天技术

75　　武器、军事技术装备

81　　计量学、计量技术、仪器仪表

82　　实验方法、试验技术与设备

83　　通用技术

87　　材料科学

91　　环境科学

92　　自然科学一般概念

从上面的58个大类可见，范畴索引的分类原则还是以学科为主，词义为辅，把学科性质和概念性质相近的主题词归并在一起而形成各个大类。在范畴索引中，首先对许多类无专属的主题词，分别设立了“社会科学一般概念”和“自然科学一般概念”两个大类。

如查找“齿轮”按学科分类其方法如下表：

67　　机械工程

67A　　机械工程基础

67B　　机械传动

67D　　液压传动、液压元件与气力传动、气动元件

67E　　电力传动、电力传动控制单元

67F　　泵

67G　　阀门

67M　　压缩机

67N　　鼓风机、通风机

67P　　空气分离设备

67Q　　制冷机械

67R　　起重运输机械

67S　　工程建筑机械

67T　　一般通用机械

- 67C 机械零部件
  - 67CA 机械元件
  - 67CB 联合器
    制动器
    联轴器
  - 67CC 通流元件
  - 67CD 齿轮
    - （叙词名词）
    - 摆线齿轮
    - 背靠背
    - 变齿厚蜗杆
    - 变位齿轮
    - 表面坡度
    - 标准齿轮
    - 倒隙
    - 差动齿轮
    - 齿根
    - 齿厚误差
    - 齿距
    - 齿距误差
    - 齿廓
    - 齿轮
    - 齿轮副
    - …
    - （共 77 个叙词）
  - 67CE 轴承

检索者只要从 67CD 范畴号下关于齿轮的 77 个叙词中选用最能准确表述检索主题概念的叙词即可。倘若还要了解该叙词相关关系的叙词，只要按该叙词的字顺从字顺表查找即可获得。可见，范畴索引不仅从分类角度指引查找所需叙词，并且提供了一批与检索概念具有属分关系的叙词，满足了属性检索要求。

2）类目的标记符号

“范畴索引”类目的标记符号一般可分为三种：

（1）双位数字方法。即前两位数字代表大类，后两位数字代表小类。大小类各能容纳 01～99 个类目。如《工业发展术语叙词表》。

（2）双位字母方法。即指前两位字母代表大类，后两位字母代表小类。这种号码容量最大可容 676 个类目。

（3）字母与数字相结合的方法。这种方法又可分为两种：一种是双位字母在前，双位数字在后的标记方法。如，日本的《科学技术用语叙词表》。另一种就是双位数字在前，双位字母在后的标记方法。如，我国的《汉语主题词表》。

《汉语主题词表》采用数字和字母结合的方法，即大类用两位数字表示，二、三级类目分别用汉语拼音字母表示，如“56EB”这个类号，“56”代表“电子技术”大类，“56E”代表电子技术大类下的二级类目“半导体技术”，“56EB”代表三级类目“半导体器件”。

3）范畴索引的作用

范畴索引是从分类的角度来查找主题词和确定主题词的类属。范畴索引和主表的联系是主题词的汉语拼音，而主表与范畴索引的联系是通过主题词的范畴号。其作用主要体现在三个方面：

（1）分类的角度查找主题词，作为标引和检索图书资料起属性作用的一种辅助工具。

（2）对图书资料进行分门别类编辑、通报、交流、发行和组织手检分类主题目录工具。

（3）范畴索引又可以作为一种编制主题词表的辅助工具。对选词、编制参照等工作能起到分工协调和检查遗漏的作用。

3.2.4 词族索引

1）词族索引含义

词族索引又称族系索引、等级索引、词族表。它是主表中具有种族关系、部分与整体关系和包含关系的正式主题词，按其本质族性展开全显示的一种词族系统。在同一词族中，主题词的族分语义关系是该词族的主体部分，其中只具有参照项“分(F)”，没有参照项“族(S)”的主题词，即这一词族中概念最大的主题词，叫做族首词，或叫做顶端主题词(TOP term)。一个词族就是一种以属首词为中心的、结合它的所有下位主题词以及它们的同义词和相关概念的主题词，逐级向下，向左右展开的完整的词义系统。

2）词族索引的款目结构

将全部词族索引以族首词作款目的字顺和等级相结合的方法表示的称为词族索引。《汉语主题词表》的词族索引则是排除了同义和相关语义关系，只反映属分语义关系的一种字顺和阶梯式的词族索引。

族首词就是指能概括一族主题词的最上位概念的词，它列在一族之首，并在其右上角标有“ * ”号。

在词族索引中，每个词族都作为该索引的一个基本款目。族首词作为款目词，是一个独立的查找单位。族首之间的次序按汉语拼音顺序排列。族首词下的主题词按其概念等级阶梯式排列，其等级关系是用(.)的数目来表示，即族首词以下一个点(.)为第二级，两个点 (..)为第三级，三个点(...)为第四级，依次类推。同级概念的主题词按其汉语拼音顺序排列如下：

JiCheng dianlu

集成电路 *

· 半导体集成电路

· 薄膜集成电路
· 超大规模集成电路
· 大规模集成电路
· 单片电路
· 多片电路
· 光集成电路
· 厚膜集成电路
· 混合集成电路
· 逻辑集成电路
· MOS 集成电路
· · 互补 MOS 集成电路
· · N 沟 MOS 集成电路
· · P 沟 MOS 集成电路
· · 增强—耗尽型 MOS 电路
· · 自对准 MOS 集成电路
· · · 硅栅 MOS 集成电路
· · · 离子注入 MOS 集成电路
· · · V 型槽 MOS 集成电路
· 双极集成电路
· · 集成注入逻辑电路
· · 阈值逻辑电路
· 数字集成电路
· · 非线性集成电路
· · 模拟集成电路
· · 线性集成电路
· 微波集成电路
· 微功耗集成电路

3）**词族索引的作用**

(1)满足族性检索需要;(2)起自动扩检和缩检的作用;(3)限定词义,提高标引和检索时选词的准确性、专指性。例如,关于“磨床”主题词的文献,如果确定“磨床”为族首词,查不到该词,这时可把磨床的概念外延扩大到“机床”,即可查到。再如,查找“集成电路”,如果先以“电路”为族首词,查不到该词,这时可把电路的概念外延缩小为“集成电路”,即可查到。

4）**词族确定的几条原则**

词族中的全部主题词,必须具有明确的属分语义关系,否则不得成族。其中整体与部分关系,仅限于学科及其分支、人体和动物的各种系统与器官、行政区划和地理等方面,其他整体与部分的关系一般不得成族;包含关系,是指事物及其所包含的诸方面问题之间的一种语义关系。具有这种关系的主题词一般不必成族;少

数具有专业研究和检索需要的主题词,也可以考虑成族。例如:

炮兵火力运用

F　炮火反击

　炮火封锁

　炮火假转移

　炮火准确

　…

在词族中,族首词必须是具有一定专业范围的族性检索意义的主题词。而那些类无专属的主题,如:学派、方法、设计、工艺、性质、设备等不能选作族首词。

已确定为族首词的主题词,不得再在其他词族中出现。

3.2.5　英汉对照索引

英汉对照索引,就是将英文与汉语主题词互相对应,并按英文字母顺序排列的一种索引。作为标引和检索人员从英语角度查找汉语主题词之参考。《汉语主题词表》的英汉对照索引分六大块,即:主表主题词的英汉对照索引(社会科学和自然科学各一块)和附表主题词英汉对照索引(四个附表各一块)。

英汉对照索引的编制规则:

1) 同义词的处理

(1) 如果一个英译名对应几个汉语正式主题词的,在英译名后按汉语拼音顺序列出所有对应的汉语主题词。如:

Hardware

建筑五金

硬件

(2) 如果一个英文词对应一个汉语非正式主题词时,在汉语非正式主题词下列出正式主题词并用"Y"来表示,而不再列英文译名。如:

Amplitude resolution　幅度分辨率

　Y　能量分辨率

Analytical reagents　分析试剂

　Y　化学试剂

(3) 如果一个英文词同时对应一个汉语正式主题词和一个以上非正式主题词时,为了节省篇幅只列正式主题词,不列非正式主题词。如:

Lift engines

升力发动机

(4) 如果一个汉语主题词对应几个英译名时,同时译出,排在有关字顺位置。如:

Fused Salts

熔盐

Molten Salts

熔盐

(5) 英译名如遇缩写、简称和全称时，一般同时列出，作为两个英文款目词对待。

United Nations Industrial Development Organization

联合国工业发展组织

UNIDO

联合国工业发展组织

American Society of Testing and Materials

美国材料与试验协会

ASTM

美国材料与试验协会

(6)外国人物名称的英文译名，一律采取姓在前、名在后的形式，名一般只取第一个大写字母。如：

Morgan　Thomas Hunt

摩尔根　T.H.

Marx　Jenny

马克思　J.

2) **单数复数**

(1) 科学及科技名称、专业工艺名称、人名、地名、国别专用名称等均用单数。如：

Chemistry　化学

Temperature　温度

Programming　程序设计

Viscosity　粘性

(2) 其他科技名词，一般采用复数形式。如：

Decoders　译码机

Neutrinos　中微子

Phase distancementers　相位式测距仪

(3) 拉丁译名的单复数形式，也按习惯办法处理。如，单数形式：

Quantum　量子

Trichodesmium　束毛藻属

复数形式：

Fungi　真菌

Algae　藻类

3) **排列方法**

(1) 所有英译名，拉丁译名和少数德、法、意译名等均混合排列。

(2) 所有英文词，先按单词为单位，逐词对比排列，再按单词的字母顺序排列。连字符"—"连接的词按两个词排列。如：

Corner　　　　　　　角接
Corner Flow　　　　拐角流动
Corner—joint　　　　转角接缝
Corner reflectors　　角反射器
Corner waveguide　　弯角波导
Corun bubali　　　　水牛角
Cornu cervi　　　　鹿角

(3) 希腊字母按英文读音拼写排列。如：

Alopecia　　　　　　　　　　秃病
Alopiidae　　　　　　　　　长尾签科
Alpha　beams　　　　　　　α束
Alpha　decay　radioisotopes　α衰变放射性同位素
Alpha　detection　　　　　α探测
Alpha　dosimetry　　　　　α剂量学

(4) 带数字的英文词，排在字母的最后，并按0,1,2,…,9的顺序排列。

四个附表的英汉对照索引分别附在第三卷后，按主题词的英文译名字母顺序逐字母对比排列。其款目由英译名和汉语名称构成。在非正式主题词后，用括号指明规定所用的正式主题。如：FIAT

菲亚特汽车公司（Y 菲亚特财团）

FIAT Interest Group

菲亚特财团 1

FIAT　of　Turin

意大利都灵汽车制造厂（Y 菲亚特财团）

Fiber　Glass　Ltd.

玻璃纤维有限公司(英)

英汉对照索引的作用，主要是为了标引和检索英文文献而编制的。借助这个索引，既便于标引人员准确地选用汉语主题来表达英文文献的主题，又便于用户从英文的角度准确地选择汉语主题词来检索文献。

3.2.6　附表

附表是主表的一种特殊形式，是主表主题词的组成部分。《汉语主题词表》的附表，是各学科领域中共同使用的一些具有单独概念性质的、有较强的检索意义或组配使用的主题词，按照一定的范围分别按字顺排列而成的表。这样可以减少主表的篇幅，方便使用。

附表一:《世界各国政区名称》

包括世界各个国家、地区及其所属的重要城市名称。中国政区名称，包括省、自治区、直辖市、部分重要城市和地区名称。县一级地区名称未加收录，需要时可根据《中华人民共和国行政区划》(最新版)标引使用。县以下的个别重要城镇、村落，按专业研究需要，已分别收入主表。如考古学选收了“周口店”、“半坡”等考古地名。其次古代中外政区和地名、革命纪念地和场所、名胜古迹等均被收入主表。此外，为了适应主题词的族性关系，将自然地理区划中的世界五大洲名称，收入了附表一。

附表二：《自然地理区划名称》

包括世界重要自然地理区划名称，如山、川、湖、洋、海、岛、屿…等名称。但不包括世界五大洲名称。

附表三：《组织机构》

包括各专业中具有研究价值和文献论述的重要机构团体名称。但政党、派别、军队和中外历史上的机构团体名称，均已收入主表。

附表四：《人物》

包括古今中外具有研究价值和文献论述的人物对象。

以上四个附表主题词款目的排列方法同主表一样，款目的注释和参照也与主表相同。

《汉语主题词表》收录主题词 108 000 个，比世界上几部著名的大型词表都多。如美国的 DDC，收录主题词 52 000 个，日本的 JICST 收录主题词仅 33 998 个。

主表词量＋附表词量＝范畴索引词量＋附表词量。

词族索引共收 2 821 个词族，包括主题词约 57 500 个，其中跨两族者约 2 680 个，跨三族者约 570 个。

范畴索引包括正式主题词和非正式主题词，二级或三级类下直接列出主题词。它共设 5 大部 58 个大类，670 个二级类，1 080 个三级类，与《中图法》大类相吻合。

《世界各国政区名称》收录主题词 1 100 个。

《组织机构名称》收录主题词 1 900 个。

《自然地理区划名称》收录主题词 361 个。

《人名》收录主题词 4 765 个。

附表共计收录主题词 8 200 个。

因此在选用主题词时，应特别注意对“附表”主题的查找使用。不要因为一查“主表”没有某词，就马上确定是漏选而当作新词给予补充。《汉语主题词表》共三卷 10 个分册。

3.3 关键词

3.3.1 关键词含义

1）什么是关键词

所谓关键词，是从文献资料的正文、摘要或书名、篇名中抽出的并在表达文献内容主题方面具有实在意义起关键性作用的词汇。因为这些具有实质意义的词汇，对能否检索到这篇文献起着关键性的作用，所以称为关键词。

例如，主要从篇名中抽出的表示文献主题的关键词“电火花淬火”、“软化退火”、“轧管机”等。

再如，题名为“电子计算机在信息工作中的应用”，可抽的关键词有“电子计算机”、“信息工作”、“应用”三个未经规范化的关键词。

如“原子能”，这是一个关键词，它具备了主题词的三大特点：用文字符号表示，从特性的角度反映事物，按字顺排列在检索体系中。同时它仅仅只有文献关键词的功能，未经规范化处理。如果它经过了规范化的处理，那么“原子能”这个词，可能是“核能”。

2）**关键词的性质**

关键词与标题词、单元词、叙词同属主题法系统的检索语言，而标题词、单元词和叙词都对自然语言的语词加以严格的规范化处理，关键词法则基本上不作规范化处理，或仅作极少的规范化处理。其明显不同是：标题词、单元词和叙词都需要词表，关键词则不存在所谓的词表。

如关键词与主题词（叙词）比较，主题词是由标引员根据一定的词表选出的控制词汇，即经过规范化的词汇，它可以不同于文献作者在文献题目或正文中所用的词汇。同时，主题词表有一定专指度的限制，不是每一个概念都能找到相应的主题词，有时细小的概念需要上溯到较广的概念，才能找到相应的主题词。而关键词是文献中现成的词汇，这是文献作者所用的语言，是一种自然语言。因而，关键词能够达到任意的专指度和泛指度。

利用词表或分类表控制的检索语言标引文献，必须根据文献的主题概念，从词表或分类表中选用最能确切反映文献主题概念的语言进行标引，因此标引工作必须由人工进行。由于关键词是一种非控制的语言，因而能用计算机进行自动抽词标引，这样可大大加速文献的标引过程，缩短检索工具出版的周期。关键词的这一独特作用，使关键词在信息检索计算机化中得到广泛的应用。例如，《美国政府报告通报与索引》（GRA&I）的年度索引，由原来的主题索引改为关键词索引；美国《化学文摘》（CA）的期索引以及美国《化学题录》（Chemical Titles），《生物学文摘》（B、A、S、I、C）的主题索引和某些专题书目如“激光书目”（Laser Bibliography）等等，都采用了关键词索引。由于这种索引的广泛应用，使文献检索刊物的出版周期大大缩短，文献信息的传播大大加快，获得了信息用户的欢迎。

3）**关键词的规范**

关键词方法的基本原理，是把信息的主题分拆为单位概念，然后对这些概念加以组配，以实现信息的存储和检索。如“肺癌的治疗”这个复合概念，可分为“肺”、“癌”和“治疗”三个单概念。

一般说来，关键词法不需要编制规范化的词表，对每个关键词没有统一的规范，如对“肺癌的治疗”可抽三个关键词那样。但实际使用计算机文献的标题中，自动抽出有实际检索意义的关键词时，必须先告诉计算机哪些是属于不具有检索意义的非关键词。也即是说，要为计算机列出一份“非关键词表”，作为控制抽词的范围，以及其他的关键词的规范。

(1) 对非关键词进行规范,编制非关键词表

所谓非关键词,是指那些没有实在意义和没有专业独立检索意义的词。主要包括:① 冠词;② 介词;③ 连词;④ 感叹词;⑤ 助动词;⑥ 代词;⑦ 某些形容词;⑧ 某些副词;⑨ 通用词(如设计、方法、分析、报告等);⑩ 某些缺乏检索意义的词(如技术、应用等)。非关键词表包括的词从几百个到一千多个不等,以作为抽取关键词的一种依据,实质上是对关键词的一种规范。

(2) 对文献题名作必要修改

在标引与检索时,根据实际需要,有时对文献题名进行必要的修改。在题目意义不完全时,常加入适当的词。

(3) 对一些词和符号进行改写

为了避免混乱,往往对一些词和符号进行改写。如希腊字母、数字符号、元素、原子团和化合物的名称,一律拼成完整的词。如将"NaCl"改写成"Sodium Chloride",将"I131"改写成"Iodine—131"。

(4) 缩略与拆词

为了扩大检索途径,有些常用词,如果太长,可将其规范为一定的缩写形式,编制全称与缩写表,供用户对照使用。还可将一些合词拆开成几个关键词。如将Hypoglycemia(低血糖),拆成 Hypo glycemia。

4) 关键词的缺点

关键词的标引网罗度或引得深度,取决于文献题目中包含有多少个关键词。有五个关键词,就可以从五个途径检索到它;只有一个关键词,就只能从一个途径进行检索。而关键词的主要缺点是:

(1) 同义词与近义词的问题。对关键词概念之间的同义、等级和相关语义关系没有显示、没有参照措施。因而不具有随时扩大和缩小检索范围的性能。在计算机检索中,解决这一问题的方法是记录每次检索中的同义词与近义词,经过一定使用实施,由计算机把它们打印出来,供以后检索与参考。

(2) 同一主题的文献可能分散在不同的关键词名下,因而可能产生漏检,影响查全的效果。

(3) 表达主题的专题性、准确性较差,因而容易产生误检,影响查准的效果。

(4) 计算机检索时,需要扫描(浏览)的款目较多,因此,关键词索引比较适用于数量不太多的文献。关键词一般只用来作为检索刊物的期索引,很少用来作为年度或多年度的累积索引。

3.3.2 题内关键词

1) 题内关键词的含义

什么是题内关键词?简单说来,就是从文献篇名中抽取的关键词为题内关键词。这种索引的英文名称为:Keyword in Context Index,意即上下文关键词索引,简称 KWIC。称它为题内关键词,因为所有用来作为检索的关键词都是从文章标题抽出来的;称它为上下文关键词,因为这种关键词索引的编排方式分为左、中、右

三栏，从文章标题抽出来的关键词，轮流排在中栏第一个词的位置上，标题中的其他所有关键词和非关键词按原来的词序排列。这样作为检索入口的关键词就处在上下文的位置上。

2）题内关键词的特点

题内关键词索引是最近几十年来出现的一种借助电子计算机编制而成的检索工具。目前有代表性的文献索引，如美国的《化学题录》(Chemical Titles)、《生物学文摘》中的主题索引(B、A、S、I、C)等等。这种题内关键词索引的主要特点是：

(1) 在列出关键词时，同时保留了题目中的非关键词，而且词序不变。因而便于明确关键词在文章标题中的主题含义，使检索者对题目中的各个关键词之间语法关系有一个清晰的了解，帮助检索者更好地理解文献的中心内容。

(2) 由于这种索引便于采用计算机编排，因而编制容易，速度快，报道传播信息及时。

主要缺点是：

(1) 同义词、单复数无法规范。原文标题用什么词，就用什么词作为检索标识。因而使同一主题的文献，因关键词的词形不同而被分散，影响查全的性能。

(2) 揭示文献的专指性、准确性受到影响。由于抽词主要取决于文章题目，因此可能使许多重要信息得不到充分的反映。

本例摘自美国《化学题录》(Chemical Titles)1982 年第 22 期。

(1)该篇文献的著录格式

CHLSAC①Chem. Listy②76，No. 9(1982) ③0897④Jech C⑤ Applications of Plasma Chemistry Techniques in Microelectronics and Waveguide Optics. =⑥ 897—910⑦

注：① 期刊代号

② 缩写刊名(化学杂志)

③ 该刊卷号、期号和出版年号

④ 该刊登载文献的代号

⑤ 该文作者姓名

⑥ 文献题名(等离子化学技术在微电子学与导波光学中的应用)

⑦ 该文所在的页次

(2) 该文题名中的没有检索意义的词

① 介词和连词。如 of，in，and。

② 无实质检索意义词。如，Applications(应用)，Techniques(技术)，Chemistry(化学)。

(3) 题内关键词

Microelectronics (微电子学)、Optics (光学)、Plasma (等离子)、Waveguide (波导) 四个词，均具有实质检索意义的题内关键词。科技人员只要使用四个中的任何一个词，按照字序从索引的中栏第一个词查找，即可查获该关键词所处的上下文所组成的文献标题或标题的概貌，由此即可判断该文献是否合乎检索需要。如果合乎需要，则从中栏的第一个词(检索入口)，即上述四个词的任何一个，查到该词右栏所列的"CHLSAC—0076—0897"的标记符号编号，再从题录中查找该文的著录，即，CHLSAC—0076

[见下面 3)中题内关键词著录格式]

0897 文章标题是"Application of Plasma Chemistry Techniques in Mircoelectronics and Waveguide Optics"，作者是"Jech C"，刊载于"Chem. Listy" 1982 年第 76 卷第 9 期第 897～910 页上。

(4) 题内关键词索引排法

其排列方法：关键词居中，上下文排在其两侧。关键词后的词排不下时，可往前栏的空白处接着排；关键词前的词排不下时，可往中栏的空白处接着排。后栏则排文献编号。由于目前的上下文关键词索引每行只有 60 格(包括字母和空格)，在标题比较长时，排不下的词就被舍去。所以每行两端可能只有词的片段。但是，两端的词虽可能残缺不全，但对于了解题目含义无大妨碍。在索引中，文献题目的最后一词用".＝"表示。如 3)的第 2 例中，中栏第一词为关键词"microlectronics"，最后一词为"optics"，".＝"符号表示标题内的最后一词完整地排入索引。排不下而舍去的词和字母用"＋"表示。如 3)的第 5 例中，中栏第一词为关键词"optics"，因为它是标题最后一词，跟有".＝"符号。由于中栏有空余，接排"optics"前所有标题的词，但因打印设备和编排格式的限制，标题中开头的三词"Application of Plasma"略去不排，以"＋"符号表示标题开头有词被略去。中栏最后两个字母为"mi"，其后因排不下转排至左栏，因而形成了"microelectronics"一词分排在两栏。

3) 题内关键词著录格式

ive chromogenics regent for microdetermination of palladium(11). ＝ JC-CTAC－0029－0201

* ma chemistry techniques in microelectronics and waveguide optics. ＝ CHLSLC－0076－0897

ase progressions in fire－4＋ microemulsion phase behavior four－ph JPC-CHAX－0086－3917

e for direct use in a spet＋ optically transpacent thinlayer electod ANCHAM －0054－2122

* croelectronics and waveguide optics. ＝ ＋ chemistry techniques in mi CHLSAC－0076－0897

Waves in nonlinear optics. ＝ elliptically polarized normal PHBCDQ－0114－0251

uterium and tritium－assistea plasma characteristics. ＝＋catalyzed de NT-NUDQ－0002－0590

* ctronics a＋ application of plasma chemistry techniques in microele CHL-SAC－0076－0897

tus, and prospect of applid plasma chemistry. ＝ ＋ture, current sta KINSTF

—1982—0181

optimal electrode design for waveguide modulators. =+ibution and JAPIAU—0053—6681

* ques in microelectronics and waveguide optics. = + chemistry techni CHLISAC—0076—0897

ation from a planar optical waveguide under condition for the none ZTEFA3—0052—1902

3.3.3 题外关键词

1) 题外关键词的含义

什么是题外关键词？除题名外，从文献正文中抽取的关键词，称为题外关键词。这种索引的英文名称为"Keyword out of Context"，简称"KWOC"。

题内关键词索引的优点在于有上下文作参照；每个关键词具有语法结构，因而含义明确，便于判断是否合乎检索需要；缺点是关键词完全从文献标题内抽取，然而科技文献标题不能充分表达主题内容的还占有相当大的比例。此外，由于采用上下文编排方式，因而索引的篇幅较大。

题外关键词索引是为了克服题内关键词索引存在缺点而编制的一种索引。其最大特点是关键词的抽词不局限于文章的标题，包括从文摘甚至正文中抽取最能反映文献主题内容的关键词。抽出的几个关键词也采取轮流编排，但没有上下文结构，节省了索引的篇幅。

2) 题外关键词索引

美国《化学文摘》(Chemical Abstracts)，每期中就有这种关键词索引，英语称"Keyword index"，或称"Keyword Subject Index"，简称为"KWSI"。

如一篇题为《非线性导波光学应用》方面的资料，通过其"关键词索引(Keyword index)"，可抽取 5 个词，而每个关键词，都可把这篇文献检索出来。

题外关键词的每条索引一般包括 4 个关键词，本例包括 5 个关键词，它们是"waveguide"(波导)、"nonlinear"(非线性)，"optical"(光学)、"fiber"(纤维)、"Raman"(拉曼)。从这 5 个关键词可以看出，抽词的来源不仅仅限于文章的标题。每个关键词按字序轮流排在首位作为检索的款目词，其他关键词和用来对关键词含义进行限定的非关键词排在该检索词后面作为限定词或说明语。检索词与限定词构成的关键词短语，用来表述文献的主题内容。

例如：

Waveguide
nonlinear optics　　14775t
Nonlinear
waveguide optics　　14775t
Optical
fiber Raman stimulated effect　　14775t

Fiber

optical Raman stimulated effect　　14775t

Raman

stimulated effect optical fiber　　14775t

检索者只要选用上述 5 个关键词中的任何一个，就能按照关键词词序，从索引中查获该文献的关键词短语构成的主题标识，从中判定是否合乎检索需要。如果初步合乎需要，就根据文摘号查找文摘，通过文献标题和内容摘要可以进一步了解该文是否合乎检索要求。上例是关于"非线性波导光学的应用"的文献，是否满足了科研课题要求，通过文摘号 "14775t"查出该文题名、内容摘要以及原始文献来源等信息：

102:14775t①**Two application of nonlinear waveguide optics.** ②Desurvire E., Pocholl J. P., Raffy J., Papuchon M. ③(Lab. cent. Rech.; Thomson — CSF, Fr.) ④*Rev. Tech. Thomson — CSF* ⑤**1983**, ⑥15(3) ⑦809—63. ⑧(Fr) ⑨After presenting the various…⑩

说明：

① 文摘号(黑体字母)，位于文摘的首位，每条文摘只有一个文摘号。每卷从 000001 号开始同卷中的每条文摘是连续编号的。文摘号后的那个英文字母，为计算机编排时所用的核对字母。这和 CA1966 年第 65 卷以前文摘中所用来表示栏目位置的字母是不同的。从第 84 卷起，每条文摘号前加上了卷数号码。如，84: 5048h。其中"84"即为第 84 卷。

② 论文标题，用黑体字印刷，一律采用英语，其他文种的标题按原意转译成英语。

③ 著者姓名，以姓在前，名在后的顺序排列，如超过 10 个著者则列出前 9 个，然后加上"et al"(等等)。中国、苏联和日本等非拉丁语系著者，均以拉丁字母音译。在原始文献中，著者的姓名如果是中国汉字，则 CA 根据汉语拼音转译成拉丁字母；如果是日本汉字或假名，采用"日英字母音译表"转译成拉丁字母拼写；如果是俄文时，采用"俄英字母音译表"转译成对应的英文字母。

④ 著者工作单位或论文寄发单位(圆括号内)，有的还包括单位地址，一般紧跟着著者姓名之后，用缩写字表示。

⑤ 文献所在刊物名称，用斜体缩写。日、苏等国期刊杂志用拉丁文拼音表示，通过 CA 的 CASSI(资料来源索引)，可将缩写刊名还原成全称。

⑥ 杂志出版年份，用黑体字表示。

⑦ 刊物的卷期数，不打括号代表卷数，打括号表示期数。有的期刊有期无卷，有的则有卷无期，都按原期刊的编号为准。

⑧ 原文在期刊上的起讫页数。

⑨ 原始论文文种，以缩写置于括号内，如 Eng(英文)、Russ(俄文)、Neth(荷兰文)等。

⑩ 论文内容摘要。

3.3.4 单元词

单元词语言是在标题语言基础上发展起来的，目的是为了改革标题词法的先组式标识，是主题法系统中最早出现的一种后组式语言。在文献检索中，根据检索提问临时选择单元词表规定的单元词进行组配，所以它是一种后组式的检索语言。而现在实际上它已被叙词法取而代之，已很少应用。

1）单元词的含义

单元词法也称元词法，以单元词作为文献内容标识和查找的依据。所谓单元词，是指从自然语言中选取的，经过规范化处理的，具有独立概念的最基本的词汇单元，即在字面上不能再分的名词术语。也就是说，在概念上不能再分的词作为一个单元，以此来标识文献内容的方法。对于复杂的概念，则用单元词进行组配解决。在词表中，各个单元词都是独立的，可以自由地与别的单元词组配。概念上不能再分解的是最小词汇单位，如："火柴"，不能分为"火"和"柴"；"信息"不能分为"信"和"息"。相反，"数学分析"、"信息理论"不是单元词，它们可分为"数学"、"分析"、"信息"、"理论"等词。

2）单元词的特点

单元词法同标题法比较，它具有以下特点：

(1) 词表篇幅小。

(2) 检索时可以自由组配，随需要增减单元词，就能达到扩大、缩小或改变检索范围的要求，具有很大的灵活性。

(3) 因为是字面组配，不是概念组配，所以不够严密，有时会出现组配不统一或组配错误的情况，造成检索效果不理想。

(4) 对文献的标引深度大。

(5)较容易向机器检索的方向发展。

3.4 参照系统

在科技文献的标引和检索中，常常会遇到有关"See"（见）、"See Also"（参见）、"Note"（注释）、"Annotation"（简介）等一类的词，以及汉语拼音和英文符号。如"Y"（用）、"D"（代）、"S"（属）、"F"（分）、"Z"（族）、"C"（参）；"USE"（Use）、"UF"（Use for）、"BT"（Broad term）、"NT"（Narrow term）、"TT"（Top term）、"RT"（Rdated term）。所有这些都是参照系统的符号。

3.4.1 See 和 See Also

1）参照系统的含义

简单说来，"See"就是把不是主题词的词，通过它引见到作为主题词的词。"See Also"用它来联系相关的主题词，进一步扩大检索的范围。而"D、F、S、Z、C"等等，都是参照系统所使用的符号。参照系统把字顺表中的全部叙词与非叙词连接成一个网络，使每个叙词表述的概念与其他叙词和非叙词所表述的概念，形成概念之间逻辑关系。这样，标引或检索所选的叙词，即使开始时选得不确切，但通过参照系统的指引仍可查获准确概念的叙词。因此，主表所提供的参照系统，可获得准确选用主题词的作用。

2）"See"的实例

（1）同义词

Hallways　See　Corridors

过道　见　走廊

（2）反义词

Instability　See　Stability

不稳定性　见　稳定性

（3）拼写变形

Colour　See　Color

颜色　见　颜色

（4）缩写词

Adreno cortico tropic　hormone　See　ACTH

促肾上腺皮质激素　见　ACTH

（5）专指到泛指

FORTRAN　See　Programming　Languages

FORTRAN　见　程序设计语言

（6）泛指到专指

Programming languages　See　FORTRAN；ALGOL；COBOL；PL/1

（7）同形异义词（含义不确定的词）

Lead See Electrical Connections；Metallic lead，

Lead（可对应多种汉译，无上下文不能确定其含义）　见　电导线，金属铅

3）See、See Also 查找实例

例如以美国"工程索引（The Engineering Index—Ei）"为例，在其一级主题词和二级主题词后面，常有"见"（See）和"参见"（See also）出现，Ei 利用"见"（See）将习惯使用的词（自由词）引见到《工程索引》采用的主题词（规范的正式主题词）。

（1）一级主题词下的"见"（See）

① METAL FORMING MACHINES　See　METAL FIN—ISHING—Deburring.

② OIL WELLCASING See OIL WELL DRILLING—Federal Republic of Bermany；OIL WELL　PUMPING —"Equipment；OIL WELL DIRLLING—Drill pipe；OIL WELL COMPLETION — Offshore Operations.

（2）二级主题词下的"见"（See）

例如在"MATHEMATICA　MODELS"这个一级主题词下的二级主题词：

① Evaluation See MATHEMATICAL TECHNIQUES—Fuzzy Sets

② Fuzzy Sets See PATTERN RECOGNITION—Mathematical Models.

③ Medical Applications See BIOMEDICAL ENGINEERING —Electrophysiology.

“参见”(See also)为 Ei 用以指引检索者从一单个主题词扩大到相关的其他主题词,这种 “相关主题词”最多达一百多个。因而在扩大检索范围的同时,必须准确地选取切合课题要求的相关主题词。例如,

(3)一级主题词下的“参见”(See also)相关主题词,检索文献。

如果检索有关“燃烧”(combustion)方面的文献,利用“See also”的查找步骤如下:

如果使用“工程索引月刊”(The Engineering Index Monthly)查找。

第一步先用“Combustion”主题词进行检索,得:

COMBUSTION See Also FLAME RESEARCH

在“Combustion”主题词下有文摘号 001143～001152 共计 10 篇文献,如其中“001152”名叫“TOWARD A THEORY OF LAYERED COMBUSTION”发表在“Combust Explos Shock Waves V20 n2 Mar～Apr 1984p133～141.”杂志上。

如果用户还需检索,就可利用“相关主题词查找,即可进行追踪扩大检索的第二步。

FLAME RESEARCH See Also MATERIALS—Combustion; ShockWAVESMeaurements.

在该主题词下检索到文献的文摘号从 002899～002909 共计 11 篇,其中“002909”号,名叫“EFFECT OF REACTIVE INTERMEDIATES ON THE PROPAGATION OFTURBULENT PREMIXED FLAMES:COMPARISON OF EXPERIMENT AND THEORY。”该文献发表在“Combust Flame V63 n1,1986 P165～176”杂志上。

如果尚不能满足用户需求,可选择两个相关主题词中一个继续查找,例如第三步使用感兴趣的“Shock WAVES—Measurements”这个主题词。

Shock WAVES See Also AERODYNAMICS — Hypersonic; FLOW OF FLUIDS—FLOW Interactions;FLOW OF FLUIDS—Dixing;FLOW OF FLUIDS — Supersonic;SOLIDS—Defect.

在这个主题词下可检索到文献 4 篇,其文摘号 007221～007224,如文摘号“007222”名叫“CERTAIN LAWS OF THE EVOLUTIOIN OF PLANE AND SPHERKCAL SHOCK WAVES IN GASEOUS SUSPENSIONS。”该文发表在“High Temp V23 n3 May～Jun 1985 p408～414”杂志上。

显然进行三次检索共得文献 25 篇,如果需要还可利用“参见”(See Also)后的相关主题词进行查找。

(4)二级主题词下的“参见”(See Also)相关主题词。例如,

COMPUTER SOFTWARE 下的二级主题词:

① Applications See Also COMPUTER AIDED MANUFACTURING — Design; ENGINEERING—Project Management; ORGANIC COMPOUNDS—Computer Simulation.

② Performance See Also DATABASE SYSTEMS.

③ Software Engineering See Also DATA PROCESSING, BUSINESS—Financial Applications; DATABASE SYSTEMS—Relational.

二级主题词后的"参见"(See Also)的相关主题词，都是一级主题词。如果用户需要，可利用它们进行检索，其查找方法和步骤和上例的一级主题的检索方法和步骤完全一样。

如何识别 Ei 的一级主题词和二级主题词呢？主题词的每个字母全部大写的是一级主题词，只第一个字母大写其余小写的是二级主题词。

由上述例，不难看出美国"工程索引"使用"See"(见)和"See Also"(参见)，使相关的一级主题词和二级主题词得到了联系，读者在检索文献中，可以通过它们追踪、扩大检索范围，以满足需要为止。因此，Ei 的"See"(见)与"See Also"(参见)、组成一个交叉的检索网络，大大方便了用户对"工程索引"的利用。这是该索引的一大特点。

3.4.2 叙词与叙词、非叙词间概念逻辑关系

参照系统对叙词与叙词以及非叙词间存在的三方面的概念逻辑关系作了指引。

1) 同义关系

为使叙词概念一一对应，凡具有同义关系的词中必须优选其中之一为叙词，其他为非叙词。

具有同义关系的叙词与非叙词，是用"用"和"代"两个参照符号表示。"用"的作用是从非叙词指引到叙词，"代"的作用是指明叙词所替代的非叙词。

(1) 同义词

① 真同义词，如：

盲肠炎	剪接	自行车
阑尾炎	蒙太奇	单车
		脚踏车
		线车

② 学名和俗名，如：

电子计算机	马铃薯
电　脑	土　豆
	洋山芋

③ 意译和音译，如　激　光
　　　　　　　　　莱　塞

④ 全称与简称，如：

国防工业办公厅	国防工办

塑性形变与弹塑性形变　　弹　性

⑤ 拼音与缩写，如：

EPR

电子旋转共振

⑥ 复合概念表示，如：

复合概念用两个以上的主题词表示，该两个主题词都是标引和检索词。如：

Y 射线治疗法

Y 射线＋放射线治疗法

（2）近义词，如

试　验	设　备	癌
实　验	装　置	肿瘤

反义词，如：

可压缩流

不可压缩硫

（3）多义词，如：

同形异义词，可以用范围注释对其语义限定，如下列几组主题词：

疲劳（材料）	补气（病理）
疲劳（生理）	补气（机械）
模型（数学）	上层建筑（船舶）
模型（铸造）	上层建筑（政治经济学）

2）**等级关系**

等级关系又称属分参照，这是一种揭示具有上位概念（属概念）与下位概念（分概念）的叙词之间语义关系的参照措施，是一种等级性质的参照。其参照符号一般为"属（S）"，"分 （F）"、"族（z）"，以此加以联系和反映。主题词之间的等级的关系，英语符号采用"BT（属）"、"NT（分）"

例如，"计算机诊断，既属于族首词为"诊断"的等级关系，同时又属于"计算机应用"的等级关系。

诊断

代　诊断法　　　　　　　　　　　　计算机应用

分　计算机诊断　　　　　　　　　　分　计算机诊断

　　超声波诊断法

　　放射线诊断法

　　X 射线诊断法

又如：

应用程序

F　分时系统　　　　　　　　　　分时系统

　　工程计算程序　　　　　　　　S　应用程序

　　　　　　　　　　　　　　　　　　工程计算程序

科学计算程序	S	应用程序
		科学计算程序
事物计算程序	S	应用程序
		事物计算程序
统计程序	S	应用程序
		统计程序

S、F是叙词中两个常用的参照符号，它们明确地显示了叙词之间存在的上下位关系，使标引或检索可以根据主题概念的泛指、专指程度做出恰如其分的准确选择，从而避免标引或检索过泛和过窄，保证较高的查全率或查准率。

3）相关关系

相关关系又称相关参照，这是一种揭示具有相关关系的几个叙词之间的参照措施。是指除了等同关系和属分关系以外的叙词之间相关的关系。诸如概念和交叉关系、因果关系、对立关系、矛盾关系、并列关系等等。

具有相关概念的叙词关系，是用“参(C)”这一参照符号来表示，英语符号为“RT”，它的作用是从一个叙词，指引到与其概念相关的叙词。如：

压力管
C　反应堆结构材料
　　反应堆冷却系统
　　排管容器

反应堆结构材料
C　安全壳(反应堆)
　　压力管
　　压力容器

又如：

太平天国
C　洪秀全

洪秀全
C　太平天国

此外，编制的范畴索引、词族索引加以显示叙词法的语义关系。

3.4.3　注释

在科学技术领域内，存在着数量不少的同义词、多义词、近义词、反义词、简称词、旧称词、俗称词、复合词等。例如“铁”的文献，在这个主题之下，既有作为化学元素的“铁”，又有作为冶金中的“铁”的资料，还可作为材料研究中的“铁”的资料。通过参照系统可以把它们连接起来，便于检索与利用。然而要达到这一目的，必须对同义词进行统一，对近义词进行合并，对反义词进行联系，对多义词进行注释，对简称词进行补全，对旧称词进行引见，对俗称词进行更正，对复合词进行倒置，并制定参照系统。其中注释也是参照系统中一个重要部分。有关注释方式的内容举例如下：

1）主题词注释

例1　如美国工程索引(The Engineering Index)主题词注释放在主题词后的括号内，是对主题词的意义、用法和所属学科范围进行说明。

枪炮(Guns),包括火炮和轻兵器、军用枪炮和民用枪炮(运动项目用枪)。

例 2　如美国《化学文摘》(Chemical Abstracts)的"索引指南"(Index Guide)的主题词注释。

"青霉素,又名盘尼西林"(Penicillin)。作为青霉素类属,或未定名的青霉素,均列入青霉素这个标目之下;对于个别特殊的青霉素,则应见它们各自的名称。因此,我们知道,如果泛泛地查它,则用"青霉素"作标题词;若专指地查它,查找某种特定的青霉素,则应选用它本身的叫法作标题词。此注释主要说明了在某个标题词下所罗列的资料类型和范围,指明主题词的含义和界限。

2) 类目注释

类目注释就是对类目的解释。其作用在于阐明有关类目的意义和沟通它们相互之间的关系,以指导分类工作和适应各种专业单位的具体需要。注释内容有以下几种:

(1) 阐明类目的意义

对一些不易理解的类目或一些科学新名词,在可能条件下,予以简明的注释,对标引人员正确地理解类目的含义是有帮助的。

如"X2　人与环境的关系"。下面注释为"总论人类与社会、人类与自然的关系。如环境与政治、环境与经济,人类利用自然、人类改造自然等"。

(2) 规定了类目的内容

如注明"×××,×××等入此",或注明"×××,×××等"。例如"TF835 修井机械设备",下面的注释为"清蜡机、通井机、洗井机等"。

(3) 限定类目范围

为了使分类标引统一,对某些类目的分类范围必须做出规定。如"总论入此,专论入有　关各类。……",如"X37 自然资源合理开发与保护"下面注释为"总论入此,专论入有关各类。例:动力资源入 TK01、矿产资源入 TD8、土地资源入 F301.2,生物资料入 Q—9、水利资源入 TV213 等等"。

(4) 规定了进一步细分的方法

如"依×××……分",或仿"××类细分"。例如"TE 石油天然气工业"下面注释为"依总论复分表分"。

(5) 指明交替类目

如"宜入×××…"。如"[TE9]石油、天然气工业环境保护与综合利用",这个类目下的注释为"宜入 X74"。

(6)指明参见类目

如"TP13 控制论"下面注释为"参见 O231",该类为数学"控制论(控制论的数学理论)"。

3) 范围注释

(1) 学科范围注释

如美国《化学文摘》,每期收集的文献,分成五大部 80 类,对每类文献及其相关类都有一个注释。

例如第四类“Toxicology”(毒物学),其注释为“本类收载化学药品、动物毒液以及毒素对植物、非哺乳动物和动物的毒性作用,包括亚细胞的研究。涉及范围有:实际或潜在环境污染,法医及辨证研究,毒物学分析,非目标生物体内农用化学药品毒性。药物、激素、农用化学品(对目标生物)、食品及化妆品的毒性和毒物学分别在第1、2、5、17和62类;以解释毒素结构为重点的研究收载在第6类;重点研究微生物感染的毒素或毒素形成生物学,载入所研究生物体的对应类;当作研究手段的毒性物质,收入所研究生物体或过程的对应类中”。

又如第59类“Air Pollution and Industrial Hygine”(大气污染和工业卫生),其注释为“本类包括大气中的污染物质和它们之间的相互反应,以及它们与自然界存在物质之间的反应。从大气中除掉污染物或把污染射源在释放污染物之前除掉的方法收载在本类。但是由于通过更新燃料或改造发动机而防止汽车污染物排出气方法的资料收载在第51类;自然界大气现象列入第53或第61类;大气更新在第9类;生物系统中放射性流出液影响的测定在第4或第8类;化工或非化工的工业安全研究在本类中,但污染物毒性的控制研究在第4类”。

(2) 词范围注释

主要是对同形异义词,在其词尾括号中加上适当的限定词,限定该词的概念范围。它应以最能确切限定该词的实际范围为准绳。一般可以从时间、地域、学科事物和特征等任何一个方面加以控制。

如:法(法律)

法(宗教)

黑旗军(广西)

黑旗军(山东)

红巾军(北宋末年)

红巾军(元末)

后蜀(405~414)

后蜀(925~965)

3.5 分类主题一体化词表

3.5.1 分类主题一体化词表的发展及原理

1) 分类主题一体化词表的由来及发展

人们对分类法和主题法的长期研究表明,分类法与主题法两种检索语言在形式、结构等方面有着很大的差别,在功能上也各有所长,各有所短,因而它们不能互相取代,应当互相取长补短,互相辅助。

分类法和主题法的发展清楚地说明了两者在相互渗透和相互融合。分类法采用了一系列主题法的技术和手段,诸如编制分类表字顺索引,在分类表中按主题事物集中列类,对类名的词形或词义的控制等。同时,主题法也引进了一系列分类法的技术和措施，诸如在标题表中设置副标题和倒置标题，设置“隐蔽的分类体系”——参照系统，在主题词表中引入概念成族和字面成族的方法，编制范畴索引、词族索引和轮排索引等。这些方法使分类检索语言和主题检索语言各自的功能得到了改善，但它们仍不能实现两种检索语言的有机结合，即分类主题一体化，都只具有单一的分类标引或主题标引的功能。

为了寻找分类法和主题法之间的共同点，20 世纪 60 年代中期以后，国外对分类表和主题词表进行了大量的抽样调查和试验，并在此基础上开始了分类主题一体化的理论研究。比较著名的调查包括：1969 年维克里（Vickery B. C.）等用 TEST（工程和科学技术叙词表）与 UDC 等分类法的抽样比较，1971 年斯图亚特（Steuart R. D.）用 EURATOM（欧洲原子能联营叙词表）与 UDC 原子能专业分类表的比较以及韦立西（Wellisch H. H.）等学者进行的 UDC 与 MeSH（医学主题词表）、TEST 等著名主题词表进行的对比调查等。这一系列的调查表明，这些专业词表中 90%以上的主题词皆可以用 UDC 类号（包括组配的类号）表示。1972 年美国威廉姆斯（Williams J. G.）等人在计算机辅助下编制了《分类的美国国会图书馆标题表》，并以此为基础对美国国会图书馆编制的分类法（LCC）和标题表（LCSH）进行了抽样分析，发现“几乎可以为每一个类目找到对应的标题”。总之，这些调查分析表明，分类表和主题词表之间有着非常密切的对应关系，在此基础上可以实现分类语言和主题语言之间的兼容和互换。

计算机在图书馆和信息工作的广泛应用和信息语言学研究的进展，使分类主题一体化词表的产生成为可能。1969 年英国艾奇逊（AItchison J.）等研制成世界上第一部分类主题一体化词表——《分面叙词表》，在它的影响下，英美等国陆续出版了一批分类主题一体化词表，如《伦敦教育分类法（第二版）》、《建筑工业叙词表》、《基础叙词表》（我国译作《标准主题词表》）等。另外，在印度、前苏联、日本、德国、比利时、丹麦及拉丁美洲的一些国家都开展了分类主题一体化检索语言的研究和试验，取得了可喜的成就。

20 世纪 80 年代以来，国内一批学者先后发表了百余篇评介、研究一体化词表，探讨分类法与主题法结合的理论和技术的论文，一体化词表已经成为国内信息检索语言研究的一个热点。在理论研究的沃土上，终于结出了丰硕的果实。1983 年和 1987 年以英国艾奇逊等的《分面叙词表》为楷模，用手工和计算机先后编成《常规武器工业分面叙词表》和《教育分面叙词表》，这是我国图书信息界编制一体化词表的最早尝试。此后我国陆续编制、出版了十余部一体化词表，其中包括了三部大型词表——《中国分类主题词表》、《农业科学叙词表》、《社会科学检索词表》和七部中型词表。其中作为国家哲学社会科学“七五”规划重点项目——《中国分类主题词表》的编制和出版，对汉语一体化词表的发展起到了推波助澜的作用，产生了广泛而深远的影响。一体化词表已经无可争辩地成为一种新颖的、受到广大用户欢迎的信息检索语言。这些一体化词表的出现，标志着我国信息检索语言的研究和编制进入了一个新的阶段。

2）分类主题一体化词表的类型和性能

随着联机、联网检索和文献数据库的迅速发展，数以千计的分类表和主题词表问世，给信息检索增添了新的困难和麻烦。人们检索某一课题往往要检索多个数据库，分别使用多种不同的信息检索语言。解决这一问题的关键措施之一是实现多种信息检索语言之间的兼容与互换，使不同信息检索系统的标引数据可以互相转换，一个检索式可以适用于多个实现了检索语言兼容的系统。分类主题一体化词表实质上就是一种实现了分类语言和主题语言兼容互换的系统。具体地说，是指在一个检索语言系统中（或由两种原来独立的检索语言合成的系统），对它们的分类表部分与主题词表部分的术语、参照、标识、索引四部分实施统一的控制，从而能够满足分类标引与主题标引的需要，简称一体化检索语言或一体化词表，国外称为分类法/叙词表系统。

分类主题一体化词表大致可以分为以下三种类型：

(1) 分面叙词表。如《教育主题词表》、《社会科学检索词表》、《音像资料叙词表》等，这可以说是最典型的一体化词表。它通常由一部分面或半分面的分类表和一部字顺叙词表组成，有的还附有轮排索引及英汉对照索引。这两部分的类目和主题词一一对应（分类表中少数聚类词除外，聚类词不出现在字顺主题词表中，不用于标引）。字顺主题词表起着分类表字顺索引的作用，分类表起着传统主题词表范畴索引和词族索引的作用，可以直接用于主题标引与分类标引。这种一体化词表结构新颖、性能优异、适应性广。

(2) 分类主题词表。又称为分类法—主题词表双向对照索引，如《中国分类主题词表》、《中国教育专业分类法》等。我国最早的分类表—叙词表对照索引是为了调查《中图法》与《汉表》之间的对应关系，寻求实现分类语言和主题语言之间的兼容及互换而编制的。这些对照索引通常由分类号与主题词对应表、主题词与分类号对应表两部分组成。前者为每个类目列出其对应的一个或多个主题词或词串（即主题词的组配形式）；后者为每个主题词列出其对应的一个或多个分类号。这种对照索引好似一部体系分类表与一部字顺主题词表的合璧，但加上互相对应的部分以后，它的功能就超过了这两部分功能总和。从兼容水平来看，双向对照索引不如分面叙词表。但是，从其实际的工作和影响来看，前者已远远超过了后者，更受到图书信息界的欢迎。

(3) 集成词表。它是“将某些特定主题领域的若干叙词表和分类法汇编成一种集成词表”，用于联合分类标引和主题标引，实现分类语言与主题词语言之间的兼容及互换。例如，中国医学科学院编制的《中图法 R 类与 MeSH、中医药学主题词表对照表》就是以一部分类表（《中图法》的医学类）为主干，与两部主题词表（国际医学界通用的《医学主题词表》和我国的《中医药学主题词表》）进行对应标引而形成的集成词表。用户在用《中图法》分类标引之后，通过该对照表可以很快地找到相应的主题词。这种集成词表是前述双向对照索引的发展，规模和功能也超过前者。山西省图书馆主持研制开发的，包括《中图法》、《科图法》、《人大法》及《汉表》在内的“标引对照系统”，也属于此类一体化词表，实际上是一种机读版的集成词表。

一体化词表的主要组成部分是分类表和主题词表，它们是一个统一的系统中相互配合，又相互独立的两个子系统。这两个子系统通过术语的统一、词间关系显示的互补以及用同一的标记作为连接件或转换器而有机地结合为一个整体。

在一体化词表中，分类表不但能从学科分类角度揭示主题概念的系统关系和等级关系，而且借助主题词表部分充分揭示主题概念的多重等级关系和相关关系，其功能优于单一的分类表；主题词表不但能揭示主题概念的相关关系、同一关系及组配关系，借助分类表部分还能充分揭示主题概念之间的系统关系和等级关系，其功能优于单一的主题词表。由于在这种结合中通过内部的协调，分类表和主题词表各自提高了自己的特性和功能，使得一体化词表的整体功能高于它的各个部分（分类表、主题词表）功能的总和。

20 多年的实践证明，这种分类主题一体化检索语言具有下列多种优点，主要是：

（1）用户可以在一个检索系统中同时进行字顺主题查询和系统分类查询，可以提高检索效率；

（2）标引人员可以同时完成文献的分类标引和主题标引，两种标引数据可以互相转换，从而节省人力和物力；

（3）用分面分析的方法编制分类输入数据表，可以保证编表选词的全面性和均匀性，保证构造词间关系（即各种参照）的完整性和准确性；

（4）用手工拟定的分类表通过计算机自动生成字顺主题词表，可以提高编表的速度和质量；

（5）检索语言的管理工作可由一个机构统一进行，而不再需要由二、三个机构来分别维护；

（6）成为不同检索语言之间兼容互换的工具。

3）分类主题一体化词表的原理

如前所述，分类法和主题法在其外部形态、组织方式、标引方法等方面有着种种差异，但是它们在原理上却有着许多相同之处。

首先，从认识论来看，两者都使用了分类的方法。美国图书馆学家谢拉（Shera J.）等指出："分类法和主题法都要求一个基本的步骤——分类，两者的区别仅在于类的排列上"（The Cassified Catalog，Chicago，ALA，1956）。分类是把事物纳入一个知识分类体系，是一种对千差万别的事物作系统研究的重要方法，是从本质上把握事物之间的区别和联系的重要手段。无论是分类表和词表的编制，还是主题分析和文献标引，都离不开分类方法的运用。差别仅仅在于文献分类法是公开地采用分类方法，而主题法在其标题表阶段主要是采用隐蔽的分类体系——参照系统，到了主题词表阶段设置范畴索引（又名分类索引）和词族索引，可以说分类方法的运用已由地下转入公开。

其次，从定义的演变来看，两者已越来越接近。早期的分类法（体系分类法）和早期的主题法（标题法）两者可以说是"河水不犯井水"，两者的定义相距甚远，泾渭分明。但是随着分类法和主题法的互相渗透、互相融合，两者的定义已十分接近。20 世纪 60 年代英国学者福斯克特（Foskett A. C.）和维克里等认为主题词表"是某一学术领域所包括的各种不同主题的一种系统化而已”。1971 年联邦德国学者索格尔(Sorgel D.)指出,可以将分类法看成是“存在各种联系的内容的术语或概念的一览表”,“各种研究因素一方面可以按照科学体系排列,另一方面可以按照研究对象排列”。后者显然是就分面分类法或半分面分类法而言。以上对两者的定义已经几乎完全一致了。那种认为分类法面向学科、主题法面向事物(即研究对象)的差异已随着分类表及词表的发展而消失。1964 年第二次国际分类法研究会议对“分类法”这一概念作了新的解释,即认为分类法是“任何一种在各个语义单元之间建立属种或其他联系的方法,不问该系统具有何种等级性”。这个分类法的新定义已经把主题法和分类法全部涵盖了。

第三,从两者的基本构件来看,它们的实质是相同的。分类法的基本构件——类号(或类名)和主题法的基本构件——检索词没有什么本质的区别,都是代表一组相同主题文献的 类集,是文献所论述的事物(即主题概念)的字面形式。主题法和分类法两者皆是“立类”,其中主题法可以说是“以名立类”;也可以说两者皆是“赋名”、“起‘翻译’主题的作用”,其中分类法可以说是“以类立名”。

分类法和主题法类集的内容是相同的,基本上都是主题概念,或者正如分类法的新定义所指出的,它们的处理对象都是语义单元,两者的差异只是在于类集的方式不同和采用的标识不同而已。实践表明,采取有效的控制措施,可以在承认两者差异的基础上,促进两者的融合和兼容互换。正如捷克学者托曼(Toman I.)所指出的:“对字顺主题和分类系统的研究表明,任何一种系统只不过是对同一组织原则进行另一种组合而已”,“当这些系统用于电子计算机时,所有差别都消失了。”

综上所述,分类法和主题法在原理上的一致性和结构、形式上的差异性,正是实现分类法主题法一体化的基础。

3.5.2 分面叙词表

1) 分面叙词表的由来及发展

英国艾奇逊(Aitchison J.)和戈默索尔(Gomersall A.)等首次将一部分面分类法(《英国电气分面分类法》)改造为一种新颖的检索语言,并别出心裁地把它命名为《分面叙词表:工程及相关学科的叙词表及分面分类法》。从艾奇逊自己创造的、用以命名的新词 Thesaurofacet 可以看出《分面叙词表》包括分类表和叙词表两大部分,每个叙词(即类目)同时出现在这两部分之中,两部分之间用分类号相联系,真正做到了分类法和主题法的一体化。在这种词表中,叙词表实际上成了分类表的字顺索引,分类表则成了叙词表的范畴索引和词族索引。这种词表具有多种功能,可以用于手工检索和计算机检索,可以同时用于分类标引和主题标引,因而受到图书馆和信息界的重视和好评。

此后艾奇逊主持编制或指导编制了多部分类主题一体化词表,诸如:《老年人福利分类表与叙词表》(1972 年)、《联合国教科文组织叙词表》(1977 年)、《青年叙词表》(1981 年)《教育课程与职业叙词表》(1982 年)、《卫生与社会安全数据叙词表》(1985 年)。这一批词表的问世产生了广泛的影响,被视为一种新型的检索语言。“分面叙词表”已成为这种新型检索语言的名称。

2）**分面叙词表的宏观结构**

传统的叙词表通常包括字顺表、附表、范畴索引、词族索引、轮排索引及不同语种的对照索引等部分。分面叙词表革新了这种结构，大胆地在词表中直接引入了一个详细分类表。从《分面叙词表》开始，几乎每一部这种新型词表都由一部详细的分类表和一部字顺叙词表组成。有些还附有轮排索引、专有叙词表（附表）等辅助工具。我国最早的一部机编分面叙词表——《教育主题词表》包括了分类表部和字顺叙词表部两大部分，另外还附加了轮排索引、英汉对照索引及两个专有名词一览表（学科名称表及教育人物表）。

分面叙词表的宏观结构，具有下列不同于传统主题词表的特点：

（1）用一部详细的分类表替代以往的范畴索引和词族索引，简化了词表的结构，强化了分类显示。

（2）由于在分类表中实施了严格的词汇控制（详见下文），在每一个类目中包含了主题词的全部信息，分类表已成为一体化词表的主体。字顺表成了分类表的派生物，是用字顺方式显示分类表中包含的主题词信息。

（3）分类表中的类目与字顺表中的主题词一一对应，用分类号和词与相联系，分类表和字顺表两者融为一体，相互辅助。

（4）分类表的上位类不仅显示等级属分关系，而且还显示了非等级关系，如整体/部分关系、行动/施动者关系、事物/方面关系或其他相关关系。

（5）改以往一组词设一范畴号的办法为每一类目（主题词）配备一个分类号，使分类标记个别化，便于检索。

把分类表引入主题词表，加之对分类表类目的严格词汇控制，可以全面、系统地显示词汇之间的复杂联系。一体化词表的分类表展示的不仅仅是一条条类链、一个个词族或局部的学科或专业，而且提供了广阔的主题领域的全貌，克服了范畴索引、词族索引在分类显示功能上的不足。引入分类表的好处也是很显然的，诸如结构简明，以简驭繁；整体优化，功能多样；便于检索，便于标引（包括分类标引和主题标引）；提高兼容性，便于标引数据的互换；便于词表的计算机辅助编制和管理等。

3）**分面叙词表微观结构的改造——词汇控制**

词表的微观结构是指词表的组成单元——款目，即分面叙词表分类表部分的类目和叙词表部分的叙词款目。分类表部分和叙词表部分相互配合形成的宏观整体功能，要通过其微观结构——类目和叙词款目的内部协调。这样“内部协调”就是对它们施加统一严格的词汇控制，从而真正实现分类表和叙词表的兼容和互换。

分面叙词表对其微观结构主要进行了下列词汇控制，现以《教育主题词表》为例说明。

（1）词表构件的改造

分面叙词表由分类表部分和叙词表部分组成，这两部分的构造已不同于一般的分类表和叙词表。一般叙词表款目由款目词、标记项、注释项及参照项组成。分面叙词表基本保留了一般叙词表的款目形式，并作了以下几项改造(实例见表3.1)：

① 增设了词号。按叙词表的汉语拼音字母顺序给表中每个叙词和非叙词逐一配备流水序号，以提高查词的速度。

② 给每个叙词添加详细的分类号，以代替以往粗略的范畴号。

③ 为注释增设专用符号"J"。以往叙词款目中的注释直接写在叙词下，不使用专用符　号，不便于识别。

④ 在属项、分项、参项参照之后逐一配备了词语，并为非本类的，即分散在其他类的上位词、下位词和相关词逐一配备相应的分类号。

一般分类表通常由类号、类名和注释三部分组成。在注释中，即有类目的同义词、含义注释、内容范围注释和标引方法注释，又有各种分类参照，统统混在一起。这既妨碍词间关系的显示，也不利于分类表与字顺表的对应。另外，在一般分类表中往往很少设置分类参照，即系使设置参照也不区分它们所显示词间关系的种类。分面叙词表对一般分类表的构件进行了下列改造(实例见表3.1)：

① 新增类级，用圆点直观地表示类目在分类体系中的层次。

② 在类名下设置D项，存放该类目的同义词、准同义词或过于专指的下位词(类目含义注释入J项)。

③ 把类目各种注释(包括定义注释、内容范围注释、用法注释等)纳人新设置的J项，原注释中的类目参照不入J项。

④ 在类名下设置S项、F项和C项参照，安放出现在类表其他地方的上位词、下位词和相关词。

⑤ 在类名后附加相应的词号，并在S项、F项和C项后也附加相应的分类号和词号，以便迅速转查字顺表和分类表的其他类目。

⑥ 大量设置分面标头(通常是"按...分")，说明类目划分时采用的分类特征。

改造后的分类表增设了D项、S项、F项、C项等参照项，有助于用户理解类目含义。词号和类号的附加，使分类表与字顺表之间、分类表类目之间等方面的联系大大加强，提高了分类表内主题概念之间的网络性，也为与字顺的对应和转换创造了条件。

(2) 类目名称叙词化

一般分类法比较重视分类体系的构造，不大重视类目名称的规范。为了实现由分类表向字顺表的对应和转换，必须把类名名称叙词化。分面叙词表通常实行"一个主题一个位置"及"一个主题一个语词"两条原则。

如果同一个主题在两个学科出现，其含义完全相同，一般分类法对这种具有多重等级关系的主题采用设置交替类目的办法来解决。分面叙词表则采用设置分类参照的办法。如《教育主题词表》处理"职业师范教育"这一主题，在分类表的"师范教育"类下设置正式类目，在分类表"职业教育"类下则不设置类目。与此同时，在"FA6 职业师范教育"类下，设置一个S项参照("职业师范教育S职业教育")，这样就可把"职业师范教育"同时从属于两个类的多重等级关系显示出来(见表3.1)这种做法与分类表设置交替类目的做法异曲同工。

为了实现类目与叙词的对应转换，分面叙词表在分类表部还设置了一些被组代词和聚类词。

表 3.1 《教育主题词表》多重等级关系的显示

《教育主题词表》分面分类表	《教育主题词表》字顺叙词表
F.各类教育 00554	师范教育 FA 01754
C 教育事业	Teacher educatbn
FA..师范教育 01754	S 各类教育 00554
C 教师培训 JQ7 00867	F 高等师范教育 00510
进修课程 NT7 01208	……
（按师范教育特殊性分）	职业师范教育 02667
FA6...职业师范教育 02667	C 教师培训 00867
D 职业技术师范教育	进修课程 01208
S 职业教育 FB 02663	
C 职业学校 GP 02668	职业教育 FB 02663
	Vocation education
	D 技术教育
	职业技术教育
	S 各类教育 00554
	F 职业师范教育 02667
	职业师范教育 FA6 02667
	Vocational teacher education
	D 职业技术师范教育
	S 师范教育 01754
	职业教育 02663
	D 技术教育
	职业技术教育
	S 各类教育 00554
	C……

4）分面叙词表的编制

（1）编制方式的选择

由于分面叙词表是在分类语言和主题语言的基础上发展起来的，现有的各种检索语言是分面叙词表编制的重要词汇来源或背景材料。因此，在编制之前要对词表的编制方式做出选择。通常采用以下几种方式：

① 编制新的分面叙词表

当现有的检索语言不能满足特定检索系统对检索语盲功能的需要时，就要考虑新编一部词表。新编词表可以完全从检索系统的要求出发进行设计，采用最新的理论和技术，因而能获得较好的效果。要注意充分利用现有检索语言提供的词汇和词间关系资料，有条件的还可以利用词库。另外，还要充分考虑与相关检索语言之间的兼容和互换。

② 为主题词表引入严格的分类体系

如果检索系统原编有（或正在使用）一部主题词表，可在原有主题词表的基础上通过引入一个详细的分类体系，进行分类主题一体化改造。具体做法可以把原有的范畴索引和词族索引合并、改造为一个严格的分类体系；也可以直接引入一个分面分类表或半分面分类表。

③ 把分类表改造成为分面叙词表

这种改造一般使用全分面分类表或半分面分类表才容易实现。如《分面叙词表》是在《英国电力分面分类法》基础上改造的，《伦敦教育分类法；英国教育词汇的叙词表/分类表》的前身就是一部典型的分面分类法。把体系分类法改造成一体化词表较为困难，因为它的先组度太高，往往要“动大手术”。改造中要对分面分类法进行分面分析和词汇控制。当然还得利用计算机及机编词表软件，自动生成对应的字顺叙词表。

（2）编制程序和方法

传统的主题词表编制方法存在着以下几个缺点：① 头绪多，必须分别完成字顺表及几个辅助索引，耗费的人力、物力较多，而且难以保持一致；② 收词、选词及确定词间关系，除了查看一些参考材料外，全凭编表者个人的知识和经验，冥思苦想；③ 孤立地逐个审词，零敲碎打地构造参照；④ 用手工编制参照和进行编排，事务性工作量大，而且难以对错漏进行反馈、修改，出错率较高。

与这种手工、经验式的编表方法相反，分面叙词表采用了系统方法控制编表的过程。分面叙词表的编制流程包括：① 词表总体设计；② 输入数据的搜集和加工；③ 计算机自动生成分类表、字顺表及轮排索引等；④ 试标引和修改；⑤ 编辑定稿、激光照排和复印。从编制流程可以看出，输入数据表是自动生成词表的基础，也是计算机辅助编辑排版、词表维护和管理的重要工具。

输入数据表的加工，除了搜词、选词外，就是进行词汇的分面分析和词汇控制，在此基础上构造一份呈分类表状的输入数据表（亦称分类输入数据表）。其中的输入数据包括：分面标头、类级、类号、类名及其英译名、类目注释及参照（包括 D 项、S 项、F 项、C 项等）。

① 在类号前增加类级，日后可以生成显示类目层次的级点（小圆点），一级类用一个圆点，二级类用两个圆点，三级类用三个圆点…，并用以控制分类表的版机格式。

② 在类目名称后添加英文译名，日后英译名移至字顺表的汉语主题词及非主题词之后，并用以生成英汉对照索引。

③ 对类名进行切分，即在类名的词素之间添加分词符号，以便日后生成轮排

索引。如果有专业关键词词典及词素词典(或称部件词典),也可对类名进行自动分词或计算机辅助切分。

④ 设置上位类性质项。此项数据用于识别本类与上位类之间的关系,以便生成相应的参照。在生成必要的参照后,表示上位类性质的代码自动消除,不出现在生成的分类表中。这里所进行的上、下位类关系的识别和标注,实际上就是一个词间关系控制的过程,为日后生成各类参照做准备。

一般主题词表的编制是在搜词、选词和审词的基础上为每个主题词分别制作"主题词登录卡",为什么分面叙词表的输入数据要采取一种详细分类表的形式呢?这实际上是用一种系统的编表方法来取代以往孤立的、零敲碎打的构造叙词款目的方法。构造一个完整的分类输入数据,实际上是建立一个完整、详细的分类体系。有了这样一个全分面或半分面的分类体系,有助于发现搜词、选词和等级关系显示中的遗漏,发现词汇的多重等级关系,还有助于辨别同义词和建立有用的相关关系等。构造分类数据表的过程是一个分面分析和词汇控制的过程,虽然要花费较多的力气,但还是值得的。

3.5.3 分类主题词表

1) 分类主题词表的由来及发展

分类主题词表,又称为分类表—主题词表双向对照索引、分类表—主题词表对应表,可以说是最早的分类主题一体化词表。早在70年代初,英美等国曾经编制、出版过一些分类表与标题表的对照索引。如1972年威廉斯编制的《分类的国会图书馆标题表》,1981年鲍克公司根据美国国会图书馆180万种藏书的主题目录出版的《主题标准档》等。后者为三卷本,分别为DDC与LCSH,LCC与LCSH,LCSH与DDC、LCC的对照索引。这可以说是分类表和主题词表双向对照索引的起源之一。

在调查加UDC与主题词表之间关系的过程中,西方学者设计、研制了一批分类表与主题词表的对照索引。这方面影响较大的是UDC专业表与Unesco所编主题词表之间的对照索引。这种对照索引通常包括:① 英文主题词与UDC类号对照表;② UDC类号与英文、法文主题词对照表(不列任何参照项);③ 法文主题词与UDC类号对照表。

20世纪80年代初,我国学者为《中图法》和《汉表》的文化教育、艺术、生物学、公路运输等类编制了一批汉语分类表—主题词表双向对照索引,在此基础上于1987～1993年完成了《中图法》与《汉表》的双向对照索引——《中国分类主题词表》的编制。这部词表在功能上已经超过了美国的《分类的国会图书馆标题表》和《主题标准档》。它不仅可以用于选类和选词,而且可以同时用于分类主题标引和检索。这种对照索引已经成为分类检索语言和主题检索语言兼容、互换的工具。

2) 分类主题词表的原理和结构

分类主题词表和分面叙词表一样,都是基于分类表和主题词表之间的兼容性,两者实质上都是一种分类表与主题词表之间的转换系统。两者的差别在于分面叙词表的分类号与主题词之间一般存在着等值兼容(或者说等值对应)的关系,而分类主题词表的分类号与主题词之间只有一部分是等值兼容关系,还有相当一部分是在不同程度上的兼容(对应)关系(包括近似兼容和包容兼容),还有一小部分尚无法兼容互换。这主要是因为前者是编制一部新词表,可以根据需要对分类表和主题词表实施统一的词汇控制;而后者则在两部已经出版的分类表和主题词表之间寻找并揭示其兼容关系,从而为分类标引数据与主题标引数据之间的转换提供一座桥梁。

现在以《中国分类主题词表》为例来剖析分类主题词表的结构。

《中国分类主题词表》是一部《中图法》(含《资料法》第三版)与《汉表》的双向对应表,共 2 卷 6 册。两卷皆可以用于分类标引和主题标引。

第一卷为分类号—主题词对应表,是把《汉表》的全部主题词纳入了《中图法》的分类体系,等于是一部按照《中图法》分类体系组织的一部体系分类式的《汉表》范畴索引。它分为左右两栏。左栏的内容与《中图法》第 3 版的详表(包括附表)完全相同。右栏则是类目(包括注释)对应的主题词和主题词串。这些对应主题词和主题词串起着类目注释的作用,可以更充分、清晰地揭示《中图法》各级类目的含义,包括类目暗含的各种概念。加上在《中国分类主题词表》编制过程中对《中图法》第 3 版 500 多处的增补修订,因此,第一卷又可以看成是一部新版的《中图法》(或《资料法》);也可以说是一部用《汉表》主题词对类目进行详细注释的新版《中图法》。具体格式详见表 3.2。

表 3.2 《中国分类主题词表》分类—主题词对应表样例

分 类	主题词
F84 保险	保险
	保险业
F840 保险理论	保险—经济理论
	保险学
F840.3 保险组织和管理	保险业—组织 保险业—经济管理
	保险公司
F840.4 保险业务	保险业务
	保险时;保险费;保险合同;保险金额;理赔
F840.6 各种类型保险	保险—类型
F840.61 劳动保险	劳动保险
	劳动保险费用;[退休金];失业保险
F840.62 人身保险	人身保险
	人身保险金;旅游保险;人寿保险

第二卷为主题词—分类号对应表。它看起来像是一部《汉表》,实际上从内容

到形式都为之一新。首先,《汉语主题词表》自问世以来未进行全面修订。这次在对应表编制的过程中,增加了14 000个反映新学科、新事物的主题词,调正了一些主题词的参照关系。其次,在每个正式主题词后都用对应的《中图法》分类号代替了以往的范畴号;另外还编入了大量的与类目对应的主题词串(即主题词的组配形式),这一卷相当于一部主题词表的分类表索引。第三,主题词款目的显示方式发生了变化。第四,改变了《汉表》中的主题词按逐字母或逐词排列的做法,按照主题词汉语拼音音节排序,并使相同汉字起始的主题词集中在一起,从而为用户查词提供了方便。

《中国分类主题词表》主题词—分类号对应表

保鲜剂
　　TQ459
保险
　F84
　.保证保险
　..保障和赔偿保险
　..信用保险
　..人身保险
　..健康保险
　...医疗保险
　....养老医疗保险
　..旅游保险
　..人寿保险
　Z部门经济
保险—国际组织
　F841.4
保险—经济理论
　F840
保险—类型
　F840.6

《中国分类主题词表》与国外出版的分类法——主题词表对照索引有着一个重大的区别,后者除分类号和主题词外不带其他任何成分,而前者在分类号之下还附带类名、注释;在主题词之下还附带注释和各种参照。这样,后者虽然具有节省篇幅的优点,但仍然只是一个查词查类的索引;而前者却已成为一个结构完整、可用于分类及主题标引的分类表和主题词表了。

与分面叙词表一样,《中国分类主题词表》的整体功能强于《中图法》和《汉语主题词表》之和,其原因在于通过对应标引和编辑加工,使两者实现了先组式语言和后组式语言之间的兼容,分类语言与主题语言在结构、语义等方面的兼容。

《中国分类主题词表》的编制和出版,不仅加快了文献标引的速度,提高了标引的质量,而且逐渐形成了一个以《中国分类主题词表》为核心的汉语检索语言的兼容体系。它对检索语言及其兼容工具的编制产生了直接影响,其中包括用这种模式编制专业分类表及主题表的范畴索引，甚至建立集成词表，形成了《中国分类主题词表》的系列产品。国内一些学者还在它的基础上研究、开发了自动分类系统和后控制词表系统。

3）分类主题词表的编制

分类主题词表是将一部分类法和一部主题词表通过"主题词—类目"的多重对应联系，形成一个有机的整体，实现两种检索语言兼容及互换。我国建国后编制的分类法绝大多数是体系分类法，属先组式的，如何与后组式的主题词表实现对应，是关键性的技术，主要是解决类目与主题词的对应标引；至于主题词与类目(类号)对应，则可通过词表编制软件自动生成。现以《中国分类主题词表》为例介绍有关的手工对应标引技术。

(1) 一般类目与主题词的对应。在分析类目及其注释含义和外延范围的基础上，根据主题词标引规则，使用主题词和主题词词串(主题词的组配形式)加以描述，并将属于该类号范畴时的全部主题词对应在该类号之下。例如：

TL24　核燃料后处理	辐照过的核燃料—核燃料后处理 核燃料后处理，辐照过的核燃料储存； Butex 法；Neptex 法； ......裂变产物—分离法

在对应时根据主题词与类目的联系程度采用不同的对应方法。如果依分类法类目内容　划分规则能判定某主题词的主要学科属性，则将该词对应于主要隶属的类目，而在其他类下以[×××]的形式对应。例如，"过电压保护"主要对应在 TM86 类下，在 TM07 等类下则对应为[过电压保护]；如果某主题词是几个按不同分类标准划分形成的类目的共同研究对象，则该主题词同时对应于这些类目之下。例如，"羟基化合物"同时对应在 TQ623.5 和 TQ623.67 类下。

凡具有相同组配形式的主题词词串，用注释的方法加以说明，以节省篇幅。例如：

TP701　理论(遥感技术)	遥感技术—理论 地面实相：地物光谱特性；航空磁学； 遥感光谱段；遥感数据 注：以下主题词均应组配标引，如， 遥感技术—电磁辐射—理论 大地辐射；大气传输特性；电磁辐射

(2) 特殊类目与主题词的对应。类目与主题词一个很大不同点是，它往往不仅表达一个独立的主题，还可以表达几个并列的主题，或只起构造类目体系作用而没有实质的主题意义，对此种类目均需采用特殊对应的方法。凡类组性类目，用主题词分别与其包含的主题概念加以对应；"其他"类目，用其上位类对应的主题词和其本身主题对应的主题词一并加以对应；"一般性问题"本身不予对应，但其下位类则对应相应的主题词；"各种×"、"按××分"之类的类目，使用主题词加自然语言

修饰的方法加以对应，如："各种体制的雷达"，用"雷达，各种体制的"对应；带起止符号的类目，一般采用主题词加自然语言修饰的方法对应，如"K281/288 各民族史志"，用"中华民族—民族志"对应。凡涉及应用、影响、比较等关系的复杂主题，则采用规定的模式标引，如属某一学科或事物在其他领域应用的类目，根据不同的情况分别对应为"××—应用"，或"××—应用—××"，或"××应用××"；属某学科与其他学科关系的类目，根据不同的情况分别对应为"××—关系"，或"××—关系—××"，或"××—影响—××"，或"××—作用—××"，等等。

(3) 复分表类目与主题词的对应。复分表（包括总论复分表、专类复分类）中的子目只起对主类号细分的作用，不能单独使用；与主题词的对应只需对应其自身的主题概念，而不必与其所处的位置相联系，这种对应法有助于相关主题词组配时选词参考。例如：

总论复分表

—24　研究机构	研究机构 学术机构；研究所；科学院
—4　教育与普及	教育；普及教育

(4) 类目注释与主题词的对应。类目注释中属补充说明该类目内容范围的，用主题词加以对应；属说明分类方法的，可转换为主题词标引方法注释；属说明参见关系的，对应时转换为参见相应的主题词；属说明类目内容划分范围的，对应时转换为指示用某类下对应的主题词标引。例如：

(5) 交替类目与主题词的对应。凡交替类目对应时，均将对应的主题词用方括号围起来，同时注明"见×××类对应的主题词"。

(6) 通用词的对应。主题词中有不少是用于组配的通用概念，如设计、制造、作用、运行等，它们不能独立表达一个文献主题，因此在分类表中也无相应的类目与之对应。解决的方法是在总论复分表中增设"通用概念"一类，对应类无所属的通用主题词。

049—09　物理学史 依世界地区表分。	物理学史 注：可用该主题与世界地区表对应的主题词组配标引。如 049—093.13 可对应标引为：物理学史—日本。
R517.3　破伤风 参见 633。	破伤风 注：参见 R633 对应的主题词。
TS956　灯具制造 电灯泡制造入 TM923.3。	灯具—制造；灯具 注：电灯泡制造用 TM923.3 下对应的主题词标引。

(7) 专用主题词的对应。对于大量的专用主题词，如机构名称、人名、设备及

产品名称等，可采用编制附表的方法加以对应，以减少主表的篇幅。

通过上述对应技术，就可以把分类表与主题词表有机地连接成为一个整体，达到两种检索语言兼容互换的目的。

除了上述基本上用人工对应标引的方法以外，还可以用计算机来编制这种分类主题词表。即利用现有的书目数据库中众多的机读书目记录，把书目记录中实际存在的分类号与主题词之间的对应关系拍取出来。也就是通过浏览、统计、分析和处理大量的机读数据，自动地建立一个差错率较低的分类表与主题词表之间的转换系统。当然仍需采用统计学和语料库的方法，加上人工判别，来剔除书目记录中的错误数据。这样生产出来的分类主题词表不仅具有坚实的文献保证基础，而且可以克服以往基本上用手工编制《中国分类主题词表》产生的一些缺点，诸如：①人工对应标引的随意性和不一致性；② 对应标引的主题词有时过于粗略，往往不能标引较深层次的类目含义或隐含主题；③ 对应标引的主题词有时过少，有时过多，甚至造成主题词冗余；④ 编制费工费时，旷日持久，维护更新周期太长等。

采用计算机编制分类主题词表可以大大缩短工期，提高对应标引质量，而且还可以直接联通书目数据库进行文献检索，真正实现多种检索语言之间的互换；并必将推动自动标引、自动分类以及文献数据库的建设，促进我国信息检索系统的发展和计算机网络信息资源的开发和利用。

习题 3

1. 何谓主题法？何谓主题语言？

2. 何谓标题法？它的特点是什么？标题词词组语法有哪几种？

3. 何谓叙词法？它的作用有哪些？

4. 何谓款目主题词？

5. 何谓范畴索引？何谓词族索引？

6. 何谓关键词？它有哪几种类型？

7. KWIC 是什么意思？它的特点是什么？

8. KWOC 是什么意思？它的特点是什么？

9. See、See Also、Y、D、S、F、Z、C、USE、UF、BT、NT、TT 和 RT 各是什么含义？

10. 类主题一体化思想是如何发展的？分类主题一体化词表的类型有哪些？

4 标引与著录

● 标引 ● 主题标引 ● 分类标引 ● 著录

标引，是对文献进行主题分析，从自然语言转换成规范化的检索语言的过程，即对主题分析结果赋予检索标识的过程。文献标引包括分类标引和主题标引，其过程是分析知识记录中的信息内容，并用标引系统的语言表示信息内容，即选择文献中标引的概念和用标引系统的语言表示这些概念。

用来标引的标识符号有多种，其中分类号和主题词叫做标引语言。标引语言又叫检索语言，因为它在检索的两个基本过程中，既是文献存入检索系统的主要依据，又是从检索系统中查出文献的主要依据。

4.1 分类标引

4.1.1 分类标引的任务与作用

1）什么是分类标引

分类标引，就是将文献主题的自然语言形态，转换成分类语言形态的一种标引，也就是将文献主题转换成分类号的一种标引。因此，分类标引是一种直接对文献主题，采用某种号码标识的标引。这种标引是建立分类检索系统的依据。

分类标引包括分类和归类两个概念。

所谓分类，就是将大量的图书信息，根据它们的内容性质、形式体裁、立场观点和读者用途上的异同，按照图书分类体系，由上而下，由大到小，由整体到部分，由一般到特殊，由总论到分论的层层划分，这样就可以把相同的图书集中在一起，相近的连接在一起，不同的则区别开来，整理成为有条、有理的系统，在进行时须运用概念的缩小。

归类，即是指运用这个体系来分类图书；它是由下而上，由小到大，由部分到整体，由特殊到一般，由分论到总论的集合过程，在进行时须运用概念的扩大。

2）分类标引的任务与作用

分类标引的主要优点在于它具有达到较高查全率的族性检索性能，有利于从学科或专业范围角度进行全面检索。另一独特的优越功能，就是组织图书资料的排架，其他检索语言就没有这种可能，这是体系分类法在信息部门广泛应用的一个重要原因。

图书经过分类标引后，本来是先后出版，陆续进馆所，彼此原来毫无关系的图书，就变为一个有组织、有条理的藏书体系。它是图书信息部门有组织作用的基础工作，因此，必须达到质量要求。其任务主要是：

（1）揭示每种书、每篇文献的内容性质，形式体裁，立场观点和读者用途，只有这样才能针对不同用户提供所需的不同文献。

（2）把相同的文献聚集在一起，把不同的文献区分开来，只有这样才可以使用户因类以求。

（3）根据各类文献之间的关系组成一个系统，只有这样才能科学地组织、管理文献。

为了较好地完成上述任务，对文献分类标引的要求是：

（1）充分性，即是充分揭示文献的内容、性质、形式和用途。

（2）针对性，即是文献分类标引必须有的放矢。

（3）准确性，即要求分类标引做到迅速、及时、不积压。

（4）一致性，即是说同性质的文献，必须归到一类；同一种文献的不同复本、版本或卷次必须归到一处。

4.1.2　分类标引的几个问题

分类标引和主题标引工作都是具有思想性、科学性和实践性的工作，因此标引人员必须具备一定的政治觉悟、熟练的业务技能、广博的科学知识、较高的语文水平和严谨的工作作风。标引人员应遵循文献分类标引的共同原则和方法。

1）一般分类原则

（1）科技图书根据内容性质和形式体裁归类

例如《化学手册》，其内容性质是化学，其形式体裁是手册。

O6—62

化学 手册

（2）文艺作品根据文艺形式体裁归类

周立波的《暴风骤雨》、《铁水奔流》、《山乡巨变》三本书，尽管主题不同，历史背景不同、人物不同，但都是小说，归入小说类。其类号为：I247.5；44.5728　注：（前者中图法号，后者科图法号）

（3）综合性图书根据编制形式体裁归类

例如《大英百科全书》，依形式体裁归入“百科全书”类，其类号为 Z2；92，然后再依国分，其完整类号为：Z256.1；92.511

（4）揭示图书内容的政治方向

例如，《论对资产阶级的全面专政》，除按内容性质归入有关类目外，还应加特殊区分号，《中图法》为 C08，加“—8”，含义是“备用”；《科图法》加“0396，”，含义是“资产阶级路线、修正主义的理论和路线”。

（5）根据作者写作目的和书中主要意旨归类

例如《物理游戏》为 O4，还应加的特殊复分号为“—49；059”。

又如《工程数学》，如果本馆（所）是搞工程技术的，应归入“工程基础科学”类，其类号为：TB11；72.211。如果本馆（所）是搞数学专业的，应归入“应用数学”类，其类号为：O29：TB11；51.9971。

(6) 要遵循图书分类法本身的逻辑性和系统性

例如《兽医内科学》,不能入“R5 内科学”;“63.8 内科”。而应入“兽医内科学”,其类号为:S856;69.382。

(7) 必须保持分类与编目的一致性

例如,丛书有综合著录,应以整套丛书归类,如果分散著录应以每种书归类。

(8) 先归入主要类,必要时互见其他类或作分析

例如《现代遗传学与现代育种学》,应先入“Q3 遗传学”,同时要互见到“S33 良种与良种繁育”,作为该书的分类互见号。

(9) 先按学科性质归类,后按地域、时代归类

例如,秦仁昌的《中国蕨类之研究》,应入“蕨类植物门”,其类号为:Q949.36;58.887,不应归入“中国植物分布”,其类号为:Q948.5;58.862。

(10) 一书的研究、评论、解说应随原书归类

例如,马列主义经典著作除外,而其他图书要遵循分类法的规定。

(11) 不要单凭书名归类或按临时需要归类

例如,文学书和科学通俗读物,常常以文艺的形式取书名,因此特别要注意。

2) 归类的几个问题

(1) 基础理论与应用技术的分类问题

凡属物质结构、性质等方面的理论研究和实验著作,分到基础理论中去;凡属于生产技术的,分到相应的科学技术中去。

例如《催化原理》分入“化学”,其类号为:O643.3;而《催化剂的制备》,分入“化学工业”类,其类号为:TQ426.6。

(2) 基础理论广泛应用到有关学科,产生了很多边缘学科时,就分到被应用学科去。

例如《优选法》,应用到纺织工业中,应入“纺织数学”类,其类号为:TS101.1。

(3) 一门学科的内容应用到另一门学科,并已成为另一门学科的理论方法时,就分到被应用的学科中。

例如,化学科学应用到生物科学,产生了“生物化学”,就应分到生物科学中去。“生物化学”,其类号为:Q5。

(4) 一个题材从不同的角度来论述,则按所论述内容的学科性质进行归类。

例如,煤是一种原料,但不一定就归入燃化工业中。如果论述的是煤田地质,应入“地质”类,P5;如果论述的是煤的开采,应入“采矿工业”类,TD8;如果论述的是煤的化学加工及综合利用,应入“燃化工业”类,TQ51。

(5) 从几门学科来研究一个题材时,应根据文献资料的内容比重、单位的性质任务、编者的意图等进行归类。

例如,谈冶金工厂的《环境卫生》,就应归入“冶金工厂的生产卫生”类,其类号为:TF08。如果谈的是医学院,就应归入“环境卫生”类,其类号为:R12。如果从编者意图看,考虑的是城市规划,应归入“公共卫生工程”类,其类号为:TU993。

(6) 从一定目的出发,汇编某一问题的各种材料作为参考材料,则应按编者意

图进行归类。

例如,《机修手册》,是××汽车厂编的,应分到“汽车保养与修理”类,其类号为:U472;而不宜分入“机械修理”类中,其类号为:TH17。

(7) 通用机械设备与仪表以及专用机械设备与仪表的归类

其归类方法是:凡属通用的机械设备与仪表,归入“机械、仪表工业”类,其类号为:TH。凡属专用的机械设备与仪表,分别归入有关各类之中。例如,“采油机械设备”、“冶金机械”等,其类号分别为:TE83 和 TF3。

(8) 共同性问题与专业性问题的分类

例如,以“焊接”为例。如果一般地谈焊接的种类、方法等,分入“焊接金属切削及粘接”类,其类号为:TG4。如果只谈某一专业的焊接问题,则应分入该专业类中。例如,论述的是飞机制造焊接问题,应分入“飞机制造工艺中的‘焊’(包括切割、堆焊)”类中,其类号为 V261.3。

(9) 分类表中还没有的“新概念”的分类

例如,“机器人”,在“自动化技术中”还无明确的类目。但根据“凡能入下位类的也定能入它的上位类”这一分类原则,可归入自动化技术大类中的“系统理论”类中,在该类下有注释:“系统科学、人机系统、联机系统、人机智能研究等”。所以该文献的类号应为:TP1 1。

(10) 科技成果汇编,原则上各专业的成果分入各专业

例如:《石油化工业科技成果汇编》其类号为:TE—1;综合性的科技成果入“自然科学总论”类,其类号为:N1。

4.1.3 分类标引的依据

1) 单个主题分类标引

(1) 依研究的学科性质归类

例如,棉花可以分别从植物学(S4)、农业(S5)、纺织工业(TS102.2)、贸易(F326)等各个不同方面去研究它。如果研究“棉花纤维”的,应入“纺织原材料”类,其类号为:TS102.2;85.1221。

(2) 依本书的主旨和用途归类

例如,赫卿孙著的《无线电原理及应用》,应入“无线电技术”类,其类号为:TN014;73.45,不入“无线电物理学”类,其类号为:O45;53.659。

(3) 依据研究的事物、问题或生活现象的性质归类

例如,利用同位素方法研究植物,应入“植物学”类,其类号为:Q94;58.8。但综合研究同位素方法在各个方面的利用,则归入“原子能工程”类下的“同位素”类,其类号为: TL26;72.324。

(4) 依著者赞成的学科性质归类

凡论及两个对立或对比的主题,一般依著者所阐述或赞同的主题学科性质归类。例如:梁寒冰编著的:《唯物论与唯心论》,入“唯物论”其类号为:B02;11.2。

(5) 按切合主题性质归类

例如，《植物生理学的现状及发展趋势》，入“植物生理学”类，其类号为：Q945；58.843，不入上位类“植物学”或“生物学”类，其类号分别为：Q94；58.8 或 Q58。

(6) 按问题或学科性质归类

例如，萨比宁著的《植物营养生理学原理》，应入“植物营养生理学”类，其类号为：Q945.1 ；58.843。

(7) 除取主要分类号外，还可取互见分类号

例如，《铝的开采和冶炼》，其主要分类号为：TD862.5；74.987；互见分类号为：TF821；76.81。

(8) 一般依重点归类

例如，《人参》一书，既谈人参的生理、生态、又谈人参的栽培技术，还谈人参的用途。但侧重点是阐述人参的采集、加工、贮藏、鉴定和用途，因此归入“药材学”类，其类号为：R931.71；63.352。

2) 两个主题分类标引

(1) 并列关系

例如，霍尔登的《动物与植物》，依前者“动物”归类；其类号为：Q95；59.1；必要时，再互见于“植物”类，其类号为：Q94；58.8。如果两个并列主题外延相同，共同属于一个学科或一个大类，可直接归入其上位类。如，湖南农学院编的《水稻小麦论文选集》，可归入“禾谷类作物”，其类号为：S51；66.1。

(2) 从属关系

其中一个主题是另一个主题的一部分，依较大的归类。例如，库里曼的《物理化学及胶体化学》，按“物理化学”分，其类号为：O64；54.2。

(3) 因果关系

两个主题，其中一个主题为原因，另一个为结果，应依结果分。例如；黄铭新等的《血吸虫及血吸虫病》，依“血吸虫病”分，其类号为：R533.1；63.，887。

(4) 影响关系

一个主题对另一个主题发生影响，依被影响者分。例如，叶尔密洛夫著的《植物与光》，以“植物”分，而不依“光学”归类。应归入“植物生物物理学”下的“物理因素对植物的作用”类，其类号为：Q947.8；58.841。

(5) 比较关系

即书中将两个主题进行相互比较，目的在于发现或阐明它们之间有什么共同点，有什么相异点，以显示其中一个主题的优越性。因此以书中意旨或著者目的分。例如，《资本主义和社会主义制度的婚姻道德》，应入“道德哲学”类下的“共产主义道德”类，其类号为：B821；

(6) 应用关系

书中所讨论的两个主题，其中一个主题被应用到另一个主题去，依应用到的主题归类。 例如，《优选法在金属切削中的应用》，应归入“金属切削”类，其类号为：TG501；77.91。

3) 多个主题分类标引

所谓多个主题，就是文献讨论的主题在三个以上者。

(1) 直接归入它们的上位类

例如:(美)阿西摩夫著的《宇宙、地球和大气》入其上位类,类号为:P1—49;55.059。

(2) 如果主题不能包括在它们的上位类里,就按内容重点归类

例如:李四光著的《天文、地质、古生物资料摘要》共有三个主题。但作者是从探讨地质理论问题出发来研究天文学和古生物学的;因此,按其重点归入“地质学”;其类号为:P5;56.5。其他主题可作互见。

(3) 如果论述其中一个主题对其余各个主题的关系,就按发生关系的主题归类

例如:伏洛比也夫著的《放射性同位索在医学和生物学的应用》,就按“放射同位素”归类,其类号为:TL26;72.324。

(4) 如果论述一个主题在多个主题上的应用,就依被应用的主题归类

例如:《优选法及其应用》,主要是论述优选法的原理及其在各个方面的应用。所以归入“优选法”类,其类号为:O224;51.913。

(5) 如果论述的几个主题是互不相容,或者是比较其异同、优劣的,就依书中意旨和著者目的或所赞同的主题归类

例如:《三种经济制度的比较》一书,著者的意图是全面阐述社会主义经济制度,因此归入“社会主义经济形态及经济规律”类,其类号为:F04;27.27

4) 地域、时代分类标引

文献论述某一地区的某种情况或某一时代的某种情况,其分类方法都是先按学科性质归类,然后再分别按地区或历史时期分。

例 1.《中国自然地理》,先按“区域自然地理”类分,其类号为:P94;57.1,再按“中国地区分”,其类号为:P942; 57.182。

例 2.《古代经济思想史》,先按“经济思想史”分,其类号为:F091;27.4,再按“古代”分,其类号为:F091.1;27.42。

例 3.《中国近代政治思想史》,先分入“政治思想史”,其类号为:D09;3l.4.,再分入“中国政治思想史”,其类号为:D092;31.42;最后分入“中国近代政治思想史”,其类号为:D092=5; 31.527。

如果文献涉及的不止一个国家或地区时,可以分入能够包括这些区的较大区域,或分入侧重论述的区域。

如果文献涉及不止一个时代,可分入能够包括这些时代的较概括的时代中去。如果分类表没有表明包括这些时代的类目,则可分入其中最前的时代或侧重叙述的时代。

此外,图书形式体裁是多种多样的,例如目录、索引、百科全书、类书、词典、年鉴、手册、多卷书、论文集、丛书等等。其分类标引一般说来以“综合性”或“专科性”来归类,综合性的分入“综合性图书’’中的有关各类,专科性的分入有关学科之中。

4.1.4 组配分类标引

分类法的缺点之一是同一主题的文献往往被分割在不同的学科和类目之中,

而组配法在分类标引中的使用，能在一定程度上解决图书分类集中与分散的矛盾，并且能比较合适地处理学科、主题间交叉渗透的关系。其原因在于：

(1) 不受类号和类目的限制，可以进行任意级别的类目组配（当然一般以不超过四级类目为宜），也可进行任意角度的组配。

(2) 在不破坏学科体系结构的基础上能按学科、按主题相对地集中资料，既便于进行系统的族性检索，又可用于细小专题的特性检索。

(3) 包罗各种主题概念的能力较大，能迅速及时地反映新出现的问题，能把边缘、交叉学科及其主题摆在适当的地方，具有极大的容纳性和灵活性。

(4) 可以达到较深的专指度，使类目加深加细，能比较充分地揭示文献的内容，有利于科技工作者的深入研究。

(5) 可以突破类表中主题概念数量的限制，可以无限地扩增类表的使用能力，延长类表的使用寿命。

(6) 组配法方便简单、灵活机动、易于掌握、使用方便。

(7) 可以增加检索途径，能多方面反映同一资料，能满足用户多元检索的需要，使得从不同角度寻找资料的人都能找到它。

(8) 能使不同的信息部门对同一文献标引达到较好的统一，从而有利于馆际交流和流通，同时对国际文献资料的交流逐步达到标引统一也有一定的作用。

如荷兰阿伯特等人创立的《计算水力学》，而分类表无此门新学科，倘若用“TV13 水力学”与“O24 计算数学”组配，就可以得到“TV13:O24 计算水力学”。

又如《船体铸造》这篇文献，无论用“TG24 铸造工艺”，还是标引“U671 船体建造工艺”都不能完整地反映该文献，只有采用“U671:TG24”或“TG24:U671”才能达到既使分类标识基本统一，又有确切地揭示文献内容，还能实现分别从船体建造和铸造两个途径都能检索的目的。

信息部门在使用组配分类标引时，可选择分类表中已注释的类目使用。例如《中图法》的“TM32 电动机(总论)”类下的注释“以下各类电机，有必要按上列观点区分时，用组配方法表示。例:直流电动机为 TM33:TM32，异步发电机的制造为 TM343:TM310.5”。又如“TM52 低压电器(总论)类下的注释:以下各种电器有必要按上列观点区分时，可用组配方法组合。例:高压熔断器为 TM51:TM563”等等。如果还要使用那些类目，应选择并一贯使用。例如《中图法》的“O29 应用数学”类下注释“总论入此，具体应用入有关各类。”例:工程数学入 TB11。如愿将各种应用数学集中于此者，可用组配方法按本表序列排。工程数学为“O29:TB11”。又如“TH6 专用机械”类下的注释为“总论入此，专论入有关各类”。例:农业机械入 S21、化工机械入 TQ05。如愿集中于此者，可用组配编号法，按本分类法序列排。例“化工通用机械为 TH6:TQ05”。再如“O39 应用力学”类下注释“总论人此，专论在某方面的应用入有关各类。例:工程力学入 TB12。如愿将力学在各方面应用的著作集中于此者，可用组配方法按本表序列排”。即为下列排序：

天体力学为 O39:P13

地质力学为 O39:P55

生物力学为 O39:Q66

工程力学为 O39:TB12

工程材料力学为 O39:TB301

结构力学为 O39:TU311

4.1.5 专业信息部门分类标引

信息机构的任务和性质是互不相同的,因此在所搜集文献的内容和类型上也有区别,所以在分类处理上也不相同。特别是专业信息机构,它主要是为本专业或本单位的科研、生产或其业务工作服务,服务面窄、重点明确,因此文献分类主要是以满足本专业或本单位的科研、生产需要为原则,以处理本专业文献为重点,这是专业信息部门的共同特点。

为了解决集中与分散的矛盾和学科、主题间的交叉渗透关系,采用了复分、仿分、互见、参见、交替类目等一系列措施,起到了一定的作用。但复分和仿分只能解决各类或某类一些带有共性的问题,进行概念限定,却无法处理大量的主题概念之间的相交和连接;互见一般只用于经典著作,参见虽然在形式上指示了具有交叉关系的类目,但在实际上并不解决集中与分散的矛盾,同一主题的文献仍然散见于各类;交替类目在一定程度上可解决相关学科和边缘学科的有关问题,但必须配以非用类目的参照,否则也不能从不同的方面查检同一文献,从而造成漏检。

针对分类表和本信息机构的特点,在文献处理上应采取如下措施:

1) 在不违背科学性的基本前提下,尽量进行专业集中

(1) 选用列于本专业类下的交替类目

凡在本类下的交替类号"[ ]"都可以去掉。例如,电工材料专业信息机构可将半导体材料分入"TM23";将[ ]去掉,把该类的注释改为"仿 TN304 分",在 TN304 类号上加[ ],并加注释:"宜入 TM23",同时将 TN304 下的子目都用红线框起来表示不使用。又如"古生物学"是地质科学与生物科学的交替类目。地质研究所应把它分入"地质"'类,而生物研究所则应把它集中于"生物"类。

(2) 结合本单位需要,对某些类的分类规定进行适当的修改

例如,一个激光器研究或者制造单位信息机构,可将"TN249 激光的应用"类下的注释 "总论入此,专论入有关各类"改为"专论激光在某一方面的应用者,可用有关类号与本号组配。例如:激光在机械制造中的应用为:TN249:TH16。再如,一个专用机械制造厂的信息机构,可能搜集很多其他专用机械零件制造工艺的文献。按照一般规定,这些文献都要分入有关专用机械类。但这样分散入各类就不便使用。因此,该信息单位可将各种专用机械零件铸造的文献全部集中分入 TG2;将各种专用机械零件的锻造文献全部集中分入 TG31,等等。这样比较适应单位的实际需要。

正像论述各种专业机械设计制造的著作可以分入各该专业类一样,论述某些产品原材料生产的文献,也可集中到该产品制造的类目。例如,啤酒花是制造啤酒的原料,一个啤酒厂的信息部门,可能也要搜集一些啤酒花栽培方面的文献,这些

文献就可以分入啤酒原料类，而不必归入农业类。专论某种工厂建筑的文献，可以全部归入生产该种产品的专业类目而不必归入建筑工程类。例如，半导体器件厂信息部门设计施工的著作，在半导体器件厂信息部门就可分入半导体技术类，而不入建筑工程类。

当集中到本专业的文献无专类可归或需要突出，并且是多处出现，类号需要有助记性时，可利用总论复分号的空号"—8"或"—9"，加上适当类号后，并规定其意义，即可构成新类目，如：

TQ63—8　　涂料的应用

TQ637.4—8　　夜光漆的应用

TQ637.5—8　　变色漆的应用

2）尽量对有关本专业的资料进行细分

专业信息机构搜集专业文献数量较多，且在生产或科研上的需要又较专，因此要求对文献可能进行细分，使分类号达到较高的专指度，以提高查准率。如果分类表类目不够细，可用下列办法加细：

（1）补充子目

例如一个半导体专业研究或生产单位的信息部门，可将"TN304.21 氧化物半导体"类细分为：

TN304.21　　氧化物半导体

.211　　氧化亚铜

.212　　氧化铝

.213　　二氧化铝

.214　　氧化锌

.215　　二氧化锡

.216　　氧化亚锡

.217　　氧化铋

又如：化纤厂可将"TQ346.27 特种纤维"细分为：

TQ346.27　　特种纤维

.271　　聚四氟乙烯纤维

.272　　聚酰亚胺纤维

.273　　石墨纤维

.274　　超细纤维

（2）采取仿分的办法细分

例如：一个金属材料研究所或生产机构的信息部门，可在 TH142 和 TH145 类下注："仿 TH140 分"。

又如专门生产聚氯乙烯的工厂，在 TQ325.3 聚氯乙烯这个类目下加注："仿 TQ320 分。即

TQ325.3　　聚氯乙烯

.31　　基础理论

.32　　化学反应过程
.33　　原料和助剂
.34　　机械与设备
.341　　聚合与缩聚设备
.342　　制品加工成型设备
.345　　仪器、仪表
.347　　自动化技术
.35　　合成树脂与塑料生产过程
.351　　聚合工艺
.352　　缩聚工艺

(3) 使用组配复分号"："、联合号"＋"、国家区分号"（ ）"、时代区分号"＝"、通用时间地点区分号"＜ ＞"进行细分。例如：

U2:TP34　　模拟计算机在铁路运输中的应用
O29:G35　　情报数学
TP3＋C8　　计算机科学与统计学
TF(313)　　日本钢铁工业概况
TD87(2)　　中国非金属矿的开采
TB＝5　　20世纪的摄影技术
U46—9＜332＞　　国外汽车工业发展史

(4) 增加专用复分表

有的类下没有专用复分表，也没有临近类目可仿分时，可根据本单位的情况，仿照科学技术专用复分表的一般形式，增设专用复分表。例如搞真空技术研究的单位可为"TB75 真空获得技术及设备"类，编制一个专用复分表。

3) 尽量将与本专业有关的一切文献资料在本专业类目下完全揭示出来

与本专业有关的文献资料，有的是一本书，有的是期刊上一篇文章，报纸上的一篇报导，或某文献中的一节一章，甚至只是一张照片、一份图表；有的文献同时涉及本专业的几个类目等等，专业信息机构可进行细致的处理工作，尽量将一切有价值的资料在本专业的有关类目下完全揭示出来，以达到在检索时能查全有关文献、减少漏检的目的。其办法有：

(1) 充分利用分析著录和分析分类的方法

就是将属于整本文献中的一篇、一章一节等可以独立的并且有价值的部分予以集中和积累。这时，应针对被分析出来的那篇文章或一章一节的内容给分类号，而不是针对整本文献给分类号。

(2) 充分利用互见的方法从多方面将一种资料的内容揭示出来

例如：一个农业信息部门"花生与大豆杂交"这篇文献，可以给出三个分类号：

S334.3　　远缘杂交
S565.13　　大豆育种
S565.23　　花生育种

4) **分类法的特殊因素与后天缺陷**

分类贵在同类集中，切忌分散。古代图书分类学家郑据说："一类之书，当集在一起不可有所间也"。美国图书馆学家杜威说："分类法...最紧要的是要把同类的书籍，放在同一个地方"。我国当代著名图书馆学家刘国钧也说："在同一图书馆中，绝对不能将同一性质的书或两部内容同一的书分归不同的类，绝对不容许在分类上有自相矛盾、前后不同的现象"。但有碍同类集中的分类法的特殊因素有：

(1) 纵向横向矛盾

列举式分类法的特性之一是按纵向等级单线次序排列，而难以横向集中，故同一主题而各有性质不同的文献不能集中于一处。

(2) 有限与无限矛盾

分类法类目与号码，原则上要求固定，要求相对地稳定。因而其类目与位置必然是凝固而有限的。

(3) 渗透性的矛盾

对复杂主题的多概念多属性的文献，或一主题从多方面论述的，以分类法处理，往往顾此失彼，疑难颇多，检索不易。

(4) 集中与分散的矛盾

任何事物都不是孤立存在，事物之间都有千丝万缕的联系，分类法中的交叉类目层出不穷，集中与分散之矛盾普遍存在，优劣同原，此合彼分，难以兼顾。

(5) 类序的矛盾

类序的矛盾也是分类法的特殊性因素，而不是人为的努力所能根本改变的，往往顾此失彼，不得两全。

至于分类法的后天缺陷，其具体表现如下：

(1) 类目重复

分类法的类目设置不当，即可能出现雷同与重复。若干类目中都涉及同一主题，这就势必导致同类文献分散各处。如《中图法》中的"政治思想教育"类目满天飞。

(2) 注释不清

类自注释应说明特定范围、区分、特点。注释不明，最易混淆，影响归类集中，而导致分散。如《中图法》的"N49 自然科学总论—科普读物"，"—49 总论复分号—普及读物"，"Z228　综合普及读物"等。

(3) 依人设类

依人列类，古今有之，争论点是否依人设类？如"马克思、恩格斯、列宁、斯大林、毛泽东等"。

(4) 分散设类

杜威曾说："分类法各种方法的好坏，惟一的标准，就在于能否有助于使用的人"。如《中图法》将"摄影艺术与摄影技术"分开，使用起来就不方便。

(5) 含义不清

有些类目，界线不清，含义不明、模棱两可，也会影响类目集中。如"党和国家领导人传"标准不明，处理困难。

(6) 类目混淆

对问题认识的矛盾,会造成同类文献分散处理。如“回忆录”是文学作品,还是史料体例?

(7) 类目臃肿

由于类目包罗太多,庞杂臃肿,检索不便。如“N 1 自然科学现状、概况”一类,归入“科学技术成果报告”、“出国参观考察报告”等,内容繁多,无所不包。

(8) 设类失误

往往受社会思潮影响或政治形势之制约,如《中图法》曾把“社会学、优生学”等列入资产阶级学术范畴。

4.2 主题标引

主题标引是对文献进行主题分析,并给予主题词标识的过程。它以文献篇名和文摘为依据,必要时参考全文的内容,考虑检索途径的全面性和表达主题的专指性,充分利用词表提供的各种辅助选词手段,充分反映馆藏特点和各类用户的要求。

4.2.1 主题标引规则与类型

1) 标引规则的意义

标引规则是保证标引质量的依据,因此文献标引必须保证质量。标引质量要求是:

(1) 标引的准确性

是指用恰当的主题词来表达文献的主题,也就是说分析抽取的几个主题词能概括某篇文献的中心内容,无论含义和专指性都是适宜的。

(2) 标引深度

也称引得深度或专指度,是指对一篇(种)文献所给予的全部检索标识的数量。即对该文献中具有检索意义的内容特征和外表特征,进行分析描述所达到的深度。包括主题标识、分类标识、著者标识和书名(篇名)标识等。对主题标引来说,则是对该文献所给予的主题词数量的多少。

(3) 标引的一致性

是指同一个标引人员对同一篇文献在不同时间的标引是否一致。国外一个名叫 P. Zunde 的文献学家,曾对人工标引的一致性做了两次试验:

一篇文献同时由几个标引人员标引和选词。

一篇文献由同一个标引人员在不同时间选择检索词。

其结果是:6 名标引人员参加的情况下,一致率为 0.158。2 名标引人员参加的情况下,一致率为 0.543。个人标引一致率为 0.66 l(完全一致时定为 1.0)。

因此,怎样才能保证众多的标引者和检索者遵循共同的规律?这就要靠标引规则。标引规则是联系标引者和检索者之间的桥梁,按规则把文献存入检索系统,就必须按同样的规则才能全面、准确、及时地把文献从系统中查找出来。事实证明，标引误差主要来源于不遵守标引规则，而检索误差在很大程度上也是由于不了解标引规则。主题标引可分为一般规则、专指性标引规则、组配标引规则、上位词标引规则、近义词和增词标引规则等。

2）标引规则

这里所说规则，是主题标引的一般规则：

(1) 要客观地反映文献所论述的事物或研究对象，不考虑作者立场和观点。

(2) 不能用非正式主题词标引，所使用的主题词，必须是词表中规定的正式主题词。

(3) 以主题分析为依据，不能只依篇名。应抓住文献的主题中心与主题要素，当仅从题名或文摘中分析达不到这一目的时，应进一步审读原文。对文献中心内容进行分析的目的是了解写作的目的，研究内容与范围，选定有关的主题词。

(4) 应满足一定的标引深度，手工标引一般应标识 2～5 个主题词，平均引得深度不少于 1.5。机检标引，一般应标识 3～8 个主题词，平均引得深度不少于 3。

(5) 优先选择专指度最符合于标引概念的主题词标引，不得随意用上位词或下位词替代标引。如果可使用下位词标引时，一般不能使用上位词标引。

(6) 当没有专指主题词时，应选用最相关的主题词组配标引。当无法进行组配时，应选用最近一级的上位词标引。可采用组配或可采用上位词标引时，只能采用组配标引。

(7) 当无法进行组配又无法用上位词标引时，应选用含义最接近的主题词标引。

(8) 标引合金钢和合金材料，在找不到相应深度的主题词时，只能用上位词标引，不允许组配。

(9) 标引有机化合物，无主题词时只能用上位词标引，不允许组配。标引无机物时，可以组配。

① 酸性化合物用“某金属化合物”与“某酸盐”组配。

② 一般化合物用“某化合物”(表示正价元素)与“某化合物”(表示负价元素)组配。

(10) 选择主题词时要参考词表中主题词下的参照项和注释项所确定的概念和含义，然后决定取舍，切忌随意按字面形式选用主题词。

(11) 要着重反映提出的新论点、新技术、新工艺以及与之相关的重点技术的主题词。

(12) 需要时可增补主题词进行标引，即增词标引。

(13) 标引结果应按规定著录。

(14) 组配标引、增词标引、上位词标引、下位词标引、靠词标引、化合物标引、钢铁及合金标引等等以及标引结果著录，都应分别遵守各自的规则。

3）标引类型

标引类型，主要有几组不同角度的区分标准，每一组标引的类型，都反映了某种特征属性的划分要求。主题标引类型表如表 4.1 所示。

不同性质的图书信息部门，有着不同的任务和服务对象，以及不同的条件，因而采用哪些文献标引类型，应根据各自的情况和实际需要来选择。

表 4.1　主题标引类型表

序号	类　　型	织别	区分角度
1	主题标引		
2	分类标引	1	从文献的不同检索方法
3	人工标引		
4	自动标引	2	从标引的不同动作者
5	受控标引		
6	自由标引	3	从使用的检索标识的规范与否
7	混合标引		
8	一维标引		
9	多维标引	4	从不同数量的特征角度
10	组配标引		
11	分组标引		
12	集中标引		
13	个别标引	5	从标引不同的组织形式
14	过度标引		
15	过粗标引	6	从标引深浅程度是否得当
16	适度标引		
17	上位标引		
18	靠词标引	7	从标引的不同用词
19	增词标引		
20	整体标引		
21	全面标引		
22	部分标引	8	从标引的内容范围
23	综合标引		
24	分散标引		
25	分拆标引		

4）标引前提与方案

（1）标引方案

标引主题词有两种情况：一是主题词表中已有对应于标引概念的主题词，另一种情况是主题表中没有选录与标引概念对应的主题词。而这一般要占 40%～

50%。主题标引，总共只有两种前提条件和三种标引方案，如表 4.2 所示。

表 4.2　标引前提与方案

<table>
<tr><th>标 引 的 前 提 条 件</th><th colspan="3">标 引 方 案</th></tr>
<tr><td rowspan="2">主题表中有对应标引概念的主题词</td><td colspan="3">直 接 标 引</td></tr>
<tr><td colspan="3">间 接 标 引</td></tr>
<tr><td rowspan="2">主题表中没有对应标引概念的主题词</td><td colspan="3">增 词 标 引</td></tr>
<tr><td>组配标引</td><td>上位标引</td><td>近义标引</td></tr>
</table>

（2）标引方案次序选择

① 专指性标引

专指性标引又称直接标引，是指在转换反映文献主题的标引概念时，要用专指度最相符的主题词来标引。只要词表中有相应的专指度的主题词，就不允许用其上位词或下位词来标引，也不允许采取组配或其他标引方案。例如：

a）数控车床

如词表中已有主题词“数控车床”，按本规则，不能用其上位词“数控机床”或“车床”标引，也不能用此两词组配标引。

b）硬质合金刀具

如果词表中已有主题词“硬质合金刀具”，说明应当用此词标引，而不能用其上位词“刀具”标引，也不能用下位词“硬质合金车刀”标引，更不能用“硬质合金”与“刀具”组配标引。

② 组配标引

当主题表中找不到与标引的概念对应的主题词时，如能找到组配此标引概念的主题词，应进行组配标引。例如：

a）大模数螺旋锥齿轮

主题表中如果没有主题词“大模数螺旋锥齿轮”，但有主题词“大模数齿轮”与“螺旋锥齿轮”，应采用此两词组配标引。

b）柴油机曲轴

主题表中如果没有主题词“柴油机曲轴”，但有主题词“柴油机”与“曲轴”，应采用此两词组配标引。

c）切削性能试验

主题表中如果没有主题词“切削性能试验”，但有主题词“切削性”与“切削试验”，应采用此两词组配标引，而不能用“切削”、“性能”与“试验”组配标引。

③ 上位词标引

在主题表中找不到与标引概念对应的主题词，又不能进行组配标引时，可采用最近一级的上位词标引。

例如：某机床展览会展出了各种数控机床，重点展出了数控车床与数控磨床。

第一标引方案，用上位词标引，标引结果：

"数控机床"、"展览会"

第二标引方案，用上下位词同时标引，标引结果：

第一组："数控机床"、"展览会"

第二组："数控车床"、"展览会"

第三组："数控磨床"、"展览会"

④ 近义词标引

近义词标引又称靠词标引，在主题表中找不到与标引概念对应的主题词，而且既不能用组配方式标引又不能用上位词标引时，可标引含义相近的主题词。

例如：导棱位置对刀具寿命的影响

在主题表中找不到与标引概念"导棱"对应的主题词，又不能组配，也没有上位词，考虑到导棱位置对刀具主要是影响其受力状态，因此用含义接近的主题词"切削力"标引。

⑤ 增词标引

当主题表中没有选录与标引概念对应的主题词，而需要增加某一主题词时，可以增词进行标引。

例如：复合冷挤压的变形分析

此例中，"复合冷挤压"的主题概念在主题表中找不到对应的主题词，可以考虑增补主题词"复合挤压"，与词表中已有主题词"冷挤压"组配标引"复合冷挤压"这一概念。

4.2.2 主题标引实例分析

1) 正确析出文献主题

掌握文献中究竟包含了哪些具有检索意义的主题概念。

(1) 析出的主题必须确切地反映文献内容，不能以大代小或以偏概全

例如，"电动汽车的发展"，不能概括为"汽车的发展"。

(2) 析出的主题不能只依据题名

例如，"大型机床铸铁件裂纹"，而文章具体论述的是一台大型单臂刨床立柱铸件的裂纹，那么标引主题概念应是"单臂刨床立柱铸件的裂纹"。

(3) 正确析出文献主题词

例如，"用皱纹铝护套代替铅护套，以改进敷设在石棉水泥管内的 2.6/9.5 毫米 12 芯同轴电缆的屏蔽系数"。那么可标引的主题词有"同轴电缆"、"屏蔽系数"、"铝护套代替铅护套"等。

2) 避免标引分散

标引分散是造成检索率低的原因之一，下面以实例说明。

(1) 不同标引员使用同一词表

例如，对"有关量子产率"一词进行标引，有的标引为"量子产量"，有的标引为"量子产额"。

(2) 标引员对学科术语不熟悉

例如,“光谱增感剂”一词,由于对感光化学领域中的术语不熟悉,而直接采用了原文献标题的用词“增感染料”加以组配标引。有的将“光谱增感剂”标上位词“增感剂”。“非银感光材料”,标为“感光材料”等。这种越级标引,造成专指度不够,造成查准失误。

(3) 标引词不恰当

例如,“联吡啶”一词,本是词表上的原有主题词,而有人却标为“吡啶”这一不恰当的主题词。

3) 标引实例分析

(1)“石墨炉原子吸收光谱分析的基本理论与最新进展”一文

这篇综述性文献的主题是原子吸收光谱分析法的理论以及进展的水平。

原标引:

石墨 } 组配
炉 }

原子吸收光谱分析

基本理论

发展——注:标引不妥

修改后的标引:

原子吸收光谱分析

基本理论

石墨

电炉

发展趋势

以上原标引,主要是主题词选用得不恰当,石墨炉不应用“石墨”与“炉”来组配标引,而应在词表中选用“石墨”与“电炉”组配。“进展”可用“发展趋势”来标引。

(2)“隔氧进样装置——NP—1型X光电子能谱仪附件”一文

这篇文献的主题是讲作为X光电子能谱仪附件的隔氧进样装置。

原标引:

氧

隔离

取样器

修改后的标引:

氧

隔离

取样器

X射线能谱仪——注:漏标

配件——注:漏标

理论——注:漏标

性能——注:漏标

以上原标引，由于漏标了几个重要的主题词，所以查全率降低，查准率也会受到影响。

(3)“介绍两种启动低压汞灯的直流稳流器电路”一文

这篇文献的主题是用直流稳流电源的低压汞灯。

原标引：

启动装置

低压

汞灯

直流稳流器

修改后的标引：

起动

设备

低压

水银灯

直流电流

稳流器

电路

(4)“荧光镓试剂离子选择电极作动力学分析测定痕量镓”一文。

这篇文献的主题是用离子选择电极测镓以及作动力学分析。

原标引：

荧光镓——注：自由词

离子选择电极

动态法

痕量元素

修改后的标引：

荧光

镓

离子选择电极

动力学分析

痕量元素

4.2.3 文摘与全文标引

对文摘或文献全文标引，是指标引前需要对文摘或文献全文的内容分析，只有掌握了主题中心，才能标引准确，下面介绍的就是关于这方面的一些标引方法和技巧。

1) 文摘的分析和标引

文摘分析，应着眼于论文的以下几个方面：

(1) 理论基础

理论基础是文章的精华，在科学上没有正确的理论，同样不会有正确的实践。

例如："Load redistributed under failures in distributed systems"注：引自"IEEE Trans on computers l983，V. C—32，No. 9"。

该文著者明确指出，文章主要是介绍用已研制的模型分析分布式系统故障的几种算法。如果不看文摘是很难这样明确指出该文的主旨的。

(2) 技术特点

如上文的技术特点是用计算机模拟出故障系统的重新分配信息的装载问题。当然，理论基础和技术特点，有时是不易区别开的。一般说来，理论基础应着眼于计算技术的原理；技术特点应着眼于工艺技术，为了叙述方便才将两者分开。

(3) 理论、技术实现方式方法

著者往往在摘要中扼要提到理论和技术的实现方式方法，标引人员应善于从文摘中抽取这种信息。上例中用计算机模拟计算系统，这是本文介绍的理论和技术实现方法。就在原文附带的关键词中有"Computer system modeling"和"Fault toler computing"两词的原因，当然技术实现方法和技术特点也有不易分隔的地方。

(4) 技术应用方向

论文的技术应用方向千差万别，有的用于逻辑设计，有的用于计算机辅助设计；有的有学术价值，有的有理论价值等等。

例如"Automatical design of multiple—valued logic circuits by automatic theorerm proving"，注：引自"IEEE Trans on computers V. C—32，No. 9. 1983"。

该文从标题看不出使用方向，经过分析文摘和浏览全文，著者是为大规模集成电路提供了实现方法。

(5) 对简要结论的分析

应注意著者对自已论文的评价，如实用阶段、推广的可能性，实验的协同者和支持者。即使从结论中吸收不了什么标引词，但可增加对全文的理解。

2) 对全文分析和标引

(1) 为了使标引结果正确而恰当，往往必须浏览全文或读重点章节。在给出标引词(或关键词)的文献中，评定标引词时，浏览全文是全面评价每篇文章标引方案的必要手段。有的标引词从文摘看不出加标的意义，必须在了解全文中心主题后，才能看出标引词的作用和意义。

例如："Hierarchical dialogue structure in interactive computer system; human computer interaction; Man—machine interaction; computer aided design"，注：引自"software and experience"Vol. 3. No. 9. 1983。

这篇论文有 7 个专指性很强的主题词。但可能对该文标题的"Hierarchical dialogue structure"一词感到生疏，如果不弄清其含义，就很难着手标引，或者也难于调整原文已给出的主题词。根据原文的解释，"层次对话"是从"命令对话"演化而来；它不仅解决了文摘和标题中遇到的问题，同时也取得了接受原文所附带的关键词的根据，并对原标引方案做了适当而必要的补充。

又如论文“A 24 bit microprocessor for data communication systems designed on the basis of general cell library”，注：引自“IEEE journal of solid state circuits”v. SC—18，No. 5。

该文标题中的“cell library”，对我们是个新概念。而著者解释“cell library”包括56个单元（细胞）陈列，其中大多数电路相当于标准的TTL—MSl逻辑功能的门、多路转换器、编码及译码器、移位寄存器、奇偶校验器、触发器、闭锁电路寄存器和计数器的功能器件，此外也还包括LSI单元功能，如8位时序器位片、8位ALU位片、适当的PLA和256×9位RAM，以及相关的各种MOS/TTL驱动器等等。因此，是否可以把“Cell library”直译为“逻辑单元库”。如果不阅读全文和浏览重点章节是解决不了问题的。

(2) 浏览全文是克服过度标引和欠缺标引的依据

如上例仅从标题进行标引，充其量只能标出“Hierarchical dialogue structures”（层次对话结构）和“Interactive computer systems”（交互作用计算机系统）两词，看了全文后才弄清几个疑难词的意义，标出其余四词。

(3) 浏览全文是全面摄取有关信息资源的惟一方法

还以上例为例，“A 24 bit ...cell library”该文内容除cell library外还谈到了technology；CAD system；system architecture；VLSI；logic design等内容。只从标题和文摘看不出本文是讲述大规模集成电路的技术问题。

(4) 阅读文章全文方可判定关键词的轻重缓急

例如上例“Automated... proving techniques”（IEEE trans on computer；V. C—32，No. 9，1983）。在该文中的附带标引词有“Automated design”，而所编主题表只有“Computer aided design”一词，可以用后者代替前者。而“数据通信系统用以通用细胞逻辑单元库为基础的24位微处理器”一文中关于“数据通信系统”只字未提，不宜作关键词，而该文在线路叙述一节中则大讲微处理机的结构设计、VLSI处理机芯片、逻辑设计、方案设计等内容。这些都应列入本文标引的主题词。

4.2.4 分组标引

把同一文献中没有直接限定关系的主题词分在不同的组中，这种处理技术称为分组。具体地说，具有逻辑和关系，即并列组配的主题词应分在不同的组内。或者说，可以认为分组就是把一篇文献当成了两个或多个主题。这种把同一文献中的几个并列主题，分解成几个单元主题，然后再分组进行的主要手段，其目的是为了避免组配元之间产生错误的逻辑判读，即防止虚假组配所造成的误检。尤其是在机检文档中，由于文献的标引词是散列式的，若对一篇多主题文献的标引不加以分组就很容易产生虚假组配。例如：

(1)“不锈钢的抗拉性能与镍钢的硬度”一文

标引词：不锈钢，抗拉性能，镍钢，硬度

分组：第一组　不锈钢——抗拉性能

　　　第二组　镍 钢——硬 度

分析：此文献在标引时有以上四个叙词同时出现，如果不事先将其分组并指定词间预定的逻辑关系，检索时就会出现假组配，即用“不锈钢”和“抗拉性能”组配能检索该文献，用“镍钢”和“抗拉性能”组配也能检索出该文献。前一检索结果是正确的，而后一检索结果就属于误检。因为该文献根本没有讨论“镍钢的抗拉性能”。如果在标引时分了组，把不同的主题分别分入有关的组里，这就会避免由假组配而造成的误检。

(2) 请看两篇标引词相同而主题完全不同的文献，区分它们的手段就是分组

① 如某文献的主题是论述凸轮机构与槽轮机构的设计。

标引词：凸轮机构，槽轮机构，设计

分组：第一组　凸轮机构——设计

　　　第二组　槽轮机构——设计

② 如某文献的主题是论述一种凸轮槽轮复合机构的设计。

标引词：凸轮机构，槽轮机构，设计

分组：不应分组

分析：这两篇文献主题不同，但得到的标引词相同，如果前一篇文献不经过分组处理，则两篇文献的标引结果无法区分。前一篇文献分成两组，表明“凸轮机构”与“槽轮机构”是并列组配的关系，而后一篇不分组则是交叉组配关系，形成“凸轮槽轮复合机构”的逻辑判读。

(3) 有的文献同时标引上位词与下位词，应当分组

例如：某文献报道一个展览会展出的机床，重点报道了数控磨床与数控铣床。

标引词：机床，数控磨床，数控铣床，展览会

分组：第一组　机床——展览会

　　　第二组　数控磨床——展览会

　　　第三组　数控铣床——展览会

(4) 有的文献得到的若干个标引词之间的不构成直接的限定关系，也可以分组

例如：某一标引概念为“发动机气门的滚压”。

标引词：发动机，气门，滚压

分组：第一组　发动机——气门

　　　第二组　气门——滚压

分析：从专业含义上讲，“发动机”是一种机器，是不能对它进行“滚压”加工的，因此分成两组。但是，有的检索系统规定对此情况不予分组，因为，专业人员对这样的所谓错误逻辑关系很容易判断。

上述实例说明，并不是所有的情况都要分组，只有需要分组时才予分组。此外，机读式检索工具的顺排文档在标引时不分组，但在检索策略中，应当分组时亦应分组。机检系统还需用连符把具有逻辑关系的叙词联系起来，以便在数据库中分别建立起独立的叙词组。

例如：

不锈钢　　[1]

抗拉性能　[1]

镍钢　　　[2]

硬度　　　[2]

4.2.5　上位词标引

上位词标引是对某些文献主题，在词表中既无专指概念，又无法组配表达时，采取用最近一级直接上位概念来进行标引。

上位词标引是标引文献实践中经常采用的一种技术。其原因是：

(1) 词表中不可能设置任意专指度的下位概念叙词。

(2) 设置检索频率过低的下位概念叙词，会直接影响检索系统的查全率。

(3) 词表是一种规范化检索语言，它所描述表达主题的能力是有限度的。因此，必要时应采用上位词标引技术。

然而，上位词标引应注意的是：

第一，必须用最直接的上位叙词标引。

例 1　如"粪肥"，可用"有机肥料"标引，但不能用"肥料"越级标引。

例 2　如"个人微处理机"，用"微处理机"标引，而不能用"处理机"或"微型计算机"越级标引。

例 3　如"无环流可控硅调速"

分析：主题词表中没有主题词"无环流可控硅调速"，按组配规则，此主题概念又不能组配标引。在以"调速"为族首词的词族中查得，对应此标引概念的最近一级上位主题词是"可控硅调整"，按照上位标引规则，可用此词标引。但要特别注意的是不能用"调整"标引，"调整"尽管是"无环流可控硅调速"的上位词，但不是它的最近一级的上位词。

例 4　再如"扫雪车"

分析：主题词表中没有主题词"扫雪车"，此概念又无法组配，查得对应于此概念的最近一级的上位词是"清洁车"，即用此词标引。但应注意的是不能用越级的上位词"汽车"标引。

第二，对直接上位词标引的主题，应与直接上位概念叙词建立参照关系，并分别作为非正式叙词和非正式标题列入词表和主题目录。如上例"个人微处理机"所用的标引词"微处理机"要在词表的有关部分（如主表、范畴表）中建立"Y(用)"、"D(代)"关系。现以"汉语主题词表"为例：

微处理机　　[58CF]

D　单片处理机

　　个人微处理机

S　处理机

　　微型计算机

z　电子计算机 *

C　中央处理机

个人微处理机　[58CF]

Y　微处理机

第三,及时做好上位词标引记录。

其目的是:

(1) 保证标引的一致性;

(2) 统计使用频率;

(3) 当用上位词标引文献频率较高时,便可改为增词标引。

4.2.6　适度标引

适度标引,是指标引出的叙词与原文献主题概念基本一致,既不过度,也不过粗的标引技术。

文献主题的适度标引是保证主题标引质量的重要前提。影响主题标引的质量的因素有两个,即标引的叙词是否具有全面性与专指性。所谓全面性是指在对文献主题概念分析透彻的基础上选择数量相当的叙词最完善地反映文献内容。一般情况下,文献主题标引得越全面,提供的检索入口就越多,检索系统的查全率就越高。所谓专指性是指标引能恰如其分地表达文献的主题概念。专指性越强,表达文献的主题就越准确,检索系统的查准率就越高。要做到标引的全面性和专指性,就应避免过度标引和过粗标引。

过度标引,是指标引时,不切合文献主题的实际需要,不根据文献内容的实际要求,标引了一些专指性过深或者无实际信息价值的叙词,即是说标引过多、过深的主题词,甚至是一些多余的、不反映文献主题的主题词。过度标引,一是造成人力、物力和时间的浪费;二是影响检索系统,使主题目录、主题索引的款目卡片增多,体积或篇幅庞大,对计算机资料档来讲,则使其容量增加,耗费内存或外存空间,同时也耗费机时;三是给检索带来困难和错误,造成误检,降低文献检索的查准率。

过粗标引,是指标引时,所标引的主题概念,大于原来文献的实际主题概念。也就是标引过于泛指性的主题概念;或者是少标了具有重要概念的叙词。过粗标引的弊病也是降低文献检索的查准率。

例如,有一篇"快速检验致癌物质"的文献,假如有三个标引员对其进行标引,通过对文献主题的分析,各自分别标引出了下列主题词。

甲的标引词:

致肿瘤病毒,氧电极,快速分析,枯草菌,微生物检定,化学分析,电流,致癌因素

乙的标引词:

致肿瘤病毒,快速分析,微生物检定,电化学分析,致癌因素

丙的标引词:

致癌因素,快速分析,微生物检定,分析方法

分析：甲标引了8个主题词，就字面而言，他比乙、丙标引得要全面，但其实不然，他却犯了过度标引的毛病，过标了“枯草菌”、“氧电极”和“电流”三个原文献中没有专门论述的次要概念。

丙标引了4个主题词，看起来比较简练，但却犯了过粗标引的毛病。因为他不仅少标了“致肿瘤病毒”这个概念，而且还把“电化学分析”这个专指概念采用“分析方法”这个泛指概念进行了标引。

乙标引了5个主题词，只有他所标引的主题词基本上描述和表达了原文献“快速检验致癌物质”的主题内容，可以说达到了适度标引这一要求。

由此可知，适度标引是在具体标引时，每篇文献选用主题词的数目要根据文献中含有的有用知识或事实来决定；对于一个主题概念能够确切地选用若干个主题词与相匹配。即不能选用过多，否则检出无关文献，造成误检；选用主题词的专指性也不能过深，否则漏检。

适度标引是比较难以掌握的技术，除需掌握有关标引规则之外，还要熟悉专业，并根据具体单位、部门的性质任务和要求来适当掌握标引的深度。

4.2.7　靠词标引

靠词标引又称近义标引，是在词表中既无专指概念，也不能组配表达和用上位词标引的情况下，采用在含义上相近的主题词来表达文献主题的一种标引技术。

例如，“主题标引规则与类型”中的“近义词标引”所示“导棱位置对刀具寿命的影响”一例，就是因为在主题词表中找不到与标引概念对应的主题词“导棱”，而且“导棱”这一概念又不能组配，也没有上位词。因此，决定用含义接近的主题词“切削力”标引。

又例如，“天敌保护”这个主题词，也可使用“天敌利用”这个相近的主题词来标引。

采用靠词标引的主题，要与所靠的主题词建立“Y(用)”、“D(代)”参照关系。并分别作为非正式叙词和非正式标题列入词表和主题目录。如上例：

天敌利用　［49LC］
D　天敌保护
S　生物防治
Z　病虫害防止方法
天敌保护　［49LC］
Y　天敌利用

为了避免前后标引不一致，要做好靠词标引记录，当靠词的文献标引频率较高时，应改为增词标引。

4.2.8　增词标引

当主题表中查不到与标引概念对应的主题词，又需要增加某一主题词时，用新增的主题词标引的方案，称为增词标引。

增词标引，是解决由于新学科、新事物和新概念的不断涌现所造成的许多文献主题标引无词可选的矛盾，以及增补编表阶段由于某种原因而遗漏的许多重要概念而采用的一种标引技术。

在用新词标引文献时，要注意所增主题词，必须具备下列条件之一者，方可作为新词增补。

(1) 新增主题词要反映新学科、新技术和新工艺等概念，具有专业检索意义。

(2) 新增主题词，在现有词表中，标引时无相应的专指词，也无法用组配标引和上位词或靠词标引表达的重要概念。

(3) 新增主题词，要有较高使用频率，虽可通过组配或上位词、靠词标引，但为了减少组配级别，便于标引和检索，以及提高查准率。

(4) 新增主题词，虽无专业检索意义，但具有广泛的组配能力。

那么哪些方面的情况，可以使用新增主题词呢？

(1) 主题表上明显漏选的词应当增新词。

例如："技术预测"、"气功马达"、"节能"等等，在标引中经常涉及这些主题，而词表上却没有。这是在编制主题表时，由于编表者的经验不足和疏忽造成的。

(2) 有发展趋势的新工艺、新产品、新材料等方面的主题词可以增新词。

例如"球墨铸铁"、"复合热处理"等主题词，因为在编表时，当时用得还较少，但近期有关这方面的文献增加了，应当增新词。

(3) 虽然可以找到相应的词进行组配标引、上位标引、靠词标引，但考虑到检索的实际需要，不进行组配标引、上位标引、靠词标引而增补新词。之所以要这样做，是因为组配标引、上位标引、靠词标引都只能间接地反映标引概念，为了减少主题词表的体积对一些不经常出现的主题概念也采用间接标引方案的话，那么不仅会给标引工作者增加困难，也会给检索者造成麻烦，因此，应当考虑增加新词。

例 1　欲标引"真空淬火"，主题表中没有主题词"真空淬火"；虽然有主题词"淬火"和"真空热处理"可以组配标引，但考虑到此主题词用得越来越多，不采用组配标引而增词"真空淬火"进行标引。

例 2　欲标引"软包装机械"，主题表中没有主题词"软包装机械"。虽有主题词"包装机械"可进行上位标引，但考虑到此主题概念用得越来越多，所以决定增词"软包装机械"进行标引。

例 3　欲标引"工质"，主题表中无主题词"工质"，虽可用近义主题词"介质"进行标引，但考虑到此主题概念用得较多，不用近义标引而增词"工质"进行标引。

(4) 有归类或组配作用的词应当增新词

例如，某文献论述轮胎式车辆的特性，主题表中只有"轮胎式挖掘机"、"轮胎式压路机"等主题词，不好标引。可以考虑增新词"轮胎式车辆"。

(5) 某些组配标引、上位标引、靠词标引可能造成错误逻辑判断的主题概念，可以考虑增补新词。

上述 5 种情况可以增补新词，这个原则就是标引频率。当标引频率可能较低时，应当考虑间接标引方案；当标引频率可能较高时，应当考虑增词标引方案。

例如："无氰镀锌"，词表中无专有主题词，虽可用"镀锌"与"无氰镀"组配标引，但考虑到此主题的文献较多，因此决定不采用组配标引而增新词"无氰镀锌"进行标引。

总之，增词必须严格遵守增词规则。

4.2.9 组配标引技术

所谓组配，就是把几个主题词按一定的组合方式合理地组合在一起，用来表示达到更专指的主题。

组配是主题词法的重要方法，是提高检索效率的重要措施之一。采用组配可以控制主题词的数量，能比较及时反映新事物和新科学，可以自由扩大和缩小检索范围，可以对同一信息进行多途径检索，能使文献集中而不分散和提高概念的专指性。

1) 组配规则

组配是标引复合概念的基本手段，但不是所有的复合概念都可以任意组配。它应遵守一定的规则。例如"青年"与"工人"可以组配成"青年工人"，但不能用"机械"与"工人"去组配成"机械工人"。组配规则是标引规则的核心内容。

(1) 组配必须具有实际检索意义，是概念组配，而不是字面组配

组配的目的是用较为单一的概念去复合更为专指的概念。为什么不能用"香蕉"和"苹果"进行组配，得到"香蕉苹果"呢？因为对于检索"香蕉苹果"而言，"香蕉"没有任何检索意义。为什么又可以用"青年"与"工人"去组配"青年工人"呢？因为"青年工人"是"青年"，而"青年工人"也是"工人"，它符合交叉组配的规定。

实践中，很多组配错误是由于采用字面组配造成的。所谓字面组配，就是把一个需要组配的概念在字面上分为两部分。

例如：用"变压器"与"油"，组配成"变压器油"。

用"金属"与"物理"，组配成"金属物理"。

不难看出，这与"香蕉苹果"一样，组配的一方已经失去了检索意义，是不正确的。当然字面组配是可以采用的，例如方面组配很多都是字面组配。如用"不锈钢"与"齿轮"组配"不锈钢齿轮"就可以。因为其在字面上的分割正好与其在意义上的分割相一致。

(2) 能进行交叉组配时，不要使用方面组配

例如：对"硬质合金不重磨刀具"的概念，可按方面组配法"硬质合金"与"不重磨刀具"进行组配。可视"不重磨刀具"为事物主体，而"硬质合金"为材料，即另一方面。如果词表中有"硬质合金刀具"，就不能用"硬质合金"去组配。

(3) 表中已有复合概念的叙词时，不能使用组成这个复合概念单元叙词进行组配

例如："超音速边界层"这一复合概念已定为叙词，则不能再用"超音速"与"边界层"这两个概念进行组配。

(4) 组配时应用最恰当的概念，而不能越级组配。能用下位概念，就不用上位

概念组配

所谓越级组配，就是采用了概念级别不恰当的方法进行组配；或者说在组配时，只能采用与被组配的概念最接近的概念，采用其上位概念或下位概念去组配都是错误的。

例 1　主题表中有“叶片”、“腐蚀”、“试验”，又有“腐蚀试验”。如果组配“叶片腐蚀试验”的话，那么只能用“叶片”与“腐蚀试验”，而不能用“叶片”、“腐蚀”、“试验”组配。

例 2　“超音速飞机的飞行训练”，不能用“超音速”、“飞机”、“飞行”、“训练”组配。而应用“超音速飞机”、“飞行训练”这两个下位概念组配。否则就是越级组配。因为越级组配会造成多标识组配的误差，不加限定就会出现多种组配的标识，其结果使同一主题的文献被分散，影响查全和查准。

例 3　组配“硬质合金螺纹车刀”，如果主题表中已有“硬质合金刀具”、“硬质合金车刀”、“螺纹车刀”、“螺纹刀具”、“车刀”等主题词，这就可能产生几种不同的组配结果：

① 用“硬质合金刀具”与“螺纹车刀”组配；

② 用“硬质合金车刀”与“螺纹刀具”组配；

③ 用“硬质合金车刀”与“螺纹车刀”组配；

④ 用“硬质合金刀具”与“车刀”组配。

这 4 种组配中，显然只有第三种组配结果才是正确的，因为第一、二、四方案的组配都选用了越级词。

(5) 避免一种组配多种含义

组配只能表示一种含义，但有少数组配可能出现多种含义。

例如：“塑料”与“耐蚀性”的组配，结果可能表示“塑料的耐蚀性”，也可能表示“耐蚀性塑料”，前者是一种性质，后者是一种材料。

又如：用“锌”和“涂复”组配，可以理解为“锌被涂复”，也可以理解为“在别的金属上的涂锌”。

再如：“化学”和“分析”组配，结果可以是“化学分析”，也可以是“分析化学”。这样的组配容易产生误检，为避免这种情况出现，只有对主题词进行修改，或在主题词卡做出组配说明，也可采用下列办法：

① 增加新的复合概念的叙词，如增加“化学分析”和“分析化学”两个叙词。不过这个办法会增加叙词表的词量。

② 采取加职能符号的办法。如，以符号 A 表示学科，B 表示方法，则“化学”与“分析 B”的组配，必定是“化学分析”；如果“分析 A”与“化学”组配，必定是“分析化学”。

③ 采用加中介叙词进行多级组配限定的方法。例如：“化学分析”这一主题，其组配方法为：“化学”+“方法”+“分析”。

(6) 当主题概念没有专指性叙词的情况下，既可以用上位概念的叙词，又可用泛指叙词组配加以标引时，应以后者，而不用前者例如：讨论“拉齿”的文章，应以“齿轮加工”和“拉削”两个叙词组配，而不应只用一个上位概念词“齿轮加工”或“拉削”标引。否则，在检索时用组配标识就检索不到，单用其中一个上位概念的标识，也有可能漏检。

(7) 组配结果要防止虚假组配或虚假联系的产生

所谓虚假组配，是指在标引时一篇文献的几组并列主题之间的虚假联系新形成的一种组配。这也是造成检索误差、影响查准率的重要原因。例如：“钢的抗拉强度和铝的硬度”，若以“钢”、“抗拉强度”、“铝”、“硬度”4 个主题词组配标引，如果采取全面的轮排组合则可以组配出 24 种标题的形式，若按两元组配(即两个主题词之间的组配)，也能组配出 12 种标题的形式。例如，“钢的硬度”和“铝的抗拉强度”等的虚假联系。其防止方法：

① 把“钢的抗拉强度”和“铝的硬度”这两个概念，分别作为两个主题加以组配标。

② 在叙词组配中，附加一种专门的表示联系的符号。假设符号为：1、2、3、4。上述文献组配应为：“钢 1”、“抗拉强度 1”、“铝 2”、“硬度 2”。

(8) 在手工检索中，对文献并列概念主题的组配，应当作两个主题，分别予以组配，在组配中允许同一叙词重复使用

例如：“法国的飞机和坦克”，可分别为：

① 飞机——法国

② 坦克——法国

(9) 组代组配

组代组配，是对非正式主题词进行组配的一种特殊情况。在进行组代组配时，只能按词表中规定的词进行组配。

例如：要组配“锌压铸”的概念，只能用主题词表中规定的参照关系“锌合金”与“压铸”组配。而不能用“锌”与“压铸”组配。

又如：“绕组排列”的概念，只能用“绕组”与“设计”组配，而不能用“绕组”与“排列”组配。

(10) 化合物、合金等的组配

很多学科的文献标引要涉及化合物及钢铁与合金等，由于它们的品种千变万化，不可能都作为主题词收入主题词表之中，因此，大多数化合物及合金等的标引要进行组配。

① 无机化合物的组配

凡在无机化合物中可形成正价的元素，词表中均相应地设置主题词“X 化合物”，例如：“氢化合物”、“钠化合物”等。

凡在无机化合物中可形成负价的元素，词表中均相应地设置主题词“X 化物”，例如“氧化物”、“硫化物”等，还列入了“硫酸盐”、“碳酸盐”等酸盐方面的主题词。

组配方法是按化合物中的元素选取相应的组配词。例如：“硫化钠”的主题概念应采用“硫化物”与“钠化合物”组配；“硫酸钠”的主题概念应采用“硫酸盐”与“钠化合物”组配。如果主题词表中已选有“氯化钠”，就不能再用“钠化合物”与“氯化

物”组配。

② 合金与钢铁的组配

一般情况下，主题词表均针对某一金属元素设置三个主题词：“X合金”、“X基合金”、“X添加合金”。“X合金”是泛指。“X基合金”是指这种金属在合金中的含量小于1%。例如，“Cr—Mo—0.5Ti合金”这一主题概念应采用“铬基合金”、“铂合金”与“钛添加合金”组配。如果主题词表中已有主题词“镍铬合金”，不能再用“镍基合金”与“铬合金”组配。

钢与铁都是合金的特殊情况。钢铁的主题概念一般用钢铁的主题词直接组配。例如：“镍铬奥氏体不锈钢”的主题词概念应采用“镍铬钢”、“奥氏体钢”和“不锈钢”组配。

2）组配选词与符号

（1）组配选词

① 正确选用主题词

当一篇文献可分析成几个主题词时，正确选用主题词组配是很重要的。例如，“有关水的化学处理”，如果从词表中选词有下述标题：

a）水，化学，处理

b）水化学，处理

c）水，化学处理

d）水处理，化学处理

显然，在众多的标题下，其中“水处理、化学处理”是应采用的组配主题词。

② 剔除多余的词

在主题标引中，除了作多余的款目外，还有一种是给多余的词，即标引用词的堆砌现象，从而造成累赘。标引员主观上要完整地表达文献主题，实际却反而造成标题不通顺，致使主题概念不能简单明白地表达出来。例如：

a）红四方面军，革命回忆录，中国

b）大足石窟，中国，四川

c）供应学派，现代资产阶级政治经济学，基本知识

d）文献检索，主题法，应用

e）方法论，《费尔巴哈论》，恩格斯著作研究

在上述实例中：

a）“中国”一词是多余的；

b）“中国”和“四川”两词是多余的；

c）“现代资产阶级政治经济学”一词是多余的；

d）“应用”一词是多余的；

e）“恩格斯著作研究”一词是多余的。

分析，其理由如下：

“红四方面军”一词就肯定了是指中国工农红军的一部分，用不着再用“中国”来定或细分了。“大足石窟”世界上只有一个，它不可能再分为中国的或中国四川

的以及其他的了。“现代资产阶级政治经济学”是“供应学派”的上属词，标出该词是多余的。主题法本来就是文献检索的一种方法，所以“文献检索”与“主题法”两词连在一起，概念已经很清楚，如果再加上“应用”一词来细分或限定，借以说明它在文献检索中的应用，就是不必要的了；“《费尔巴哈论》”一词，放在方法论之后，已说明被标引的文献是讨论恩格斯的名著《费尔巴哈论》中的方法的意思已清楚，故“恩格斯著作研究”一词也属冗词。

究竟如何识别标题中多余的词呢？这里有一条规律，即前一词如果已很专指，其后的词若不能起到更专指的表达主题概念的作用，则属冗词。

(2) 组配符号

① 同级词组配，用“:”号

例如，“轰炸机:超音速飞机”。

② 整体与其部分词组配：

a) 自然词序用“——”号

例如，“电子计算机——存储器”。

b) 倒置词序用“,”号

例如，“存储器，电子计算机”

③ 事物与其方面词组配：

a) 自然词序用“——”号

例如：“曲轴——锻造”。

b) 倒置词序用“,”号

例如，“锻造，曲轴”。

④ 事物与其特征词组配，用“,”号

例如，“电子计算机，台式”。

⑤ 事物主题词与说明语组配，用“,”号并加“#”号

例如，“高速柴油机，12150 型#”，“#”号是表示非词表所列主题词。之所以要加“#”号，是为了与其他情况使用“,”号有所区别。

⑥ 国名和地名的整体词与部分词连用时，用“,”号隔开，之所以不用“——”号，是因为这样更紧凑，此时“,”号前后的词不倒读。

例如，“瓷器——中国，景德镇”。

⑦ 国名、地名主题词与时代、年代主题词连用时，用“,”号隔开。之所以不用“——”号是因为这样更紧凑，“,”号前后词，也不倒读。

例如，“小说史——中国，清代”。

⑧ 表示文献类型和文种的主题词置于“( )”号中，若两者连用，则用“,”号隔开。之所以不用“——”号，是因为这样更醒目，与一般主题词有别，同时也可与作为研究对象的文献类型主题词区别开来。

例如，(1)“物理学(手册)”，“(手册)物理学”

例如，(2)“物理学(词典:英.中)”，“手册——编纂法”。

⑨ 族首词与族内词并用时，将族内词置于“[ ]”号中。

例如，“航标[灯塔]”

⑩ 范畴词与范畴内词并用时，用“:”号连接。

例如，“齿轮——工艺:焊接”

3）**字面组配**

字面组配，指的是单纯字面组配。所谓单纯字面组配，这是指那些单纯从字面的拼合形式出发，而不考虑概念之间的逻辑关系和语法关系的组配。这是造成误差和分歧的一个重要原因。

概念组配与字面组配在形式上有时相同，有时不同；而从性质上来说，则两者区别甚大。字面组配，其实质是词的分析与组合（拆词）；概念组配，其实质是概念的分析与综合（拆义），两者的检索效果是有很大差异的。

采用概念限定组配标引时，很容易与纯字面组配相混淆，因为概念限定组配标引一般都是表示事物及其零部件、材料、特性、工艺过程、理论、方法、设计等方面关系的。这当中有许多构词方法与概念逻辑在字面上是相同的。

例如：字面组配

(1)“脑　肿瘤”　“脑肿瘤”

(2)“河北　梆子”　“河北梆子”

(3)“香蕉　苹果”　“香蕉苹果”

(4)“熊猫　蚊香”　“熊猫蚊香”

以上第一例，无论是字面组配还是概念组配，其结果都是“脑肿瘤”。脑肿瘤既是脑的下位概念（一个方面问题），也是肿瘤的下位概念（种概念）。所以，如果用单个词来检索的话，无论是用脑还是用肿瘤，脑肿瘤的文献都是不会漏检或误检的。用两个词组配检索，也不会产生误差。

第二例，“河北”和“梆子”两词的组配，情况也差不多。但如果用河北一词检索，范围就太广泛，不如用“河北地方剧”一词更符合概念组配原理，也更切合实际的族性检索要求。

第三例，“香蕉”和“苹果”两词的组配则不然。根据字面组配原理，“香蕉”和“苹果”的组配是“香蕉苹果”；而根据概念组配原理，那两个词的组配结果应是指“一种香蕉和苹果的杂交品种”，而这样的品种是不存在的。也就是说不符合概念逻辑。所谓香蕉苹果，实际上是一种“有香蕉味的苹果”，按照概念组配原理，这个概念应当用“香蕉味水果（或香蕉味食品）”和“苹果”两个词来组配表达，才符合概念逻辑。无论用哪两个词分别检索还是组配检索，都不会产生误差。

第四例，“熊猫”、“蚊香”两词组配，所表达的概念与所要表达的概念在含义上就不同了：二者在概念上没有任何的内在联系，“熊猫”在这里是指一种商标，与动物“熊猫”这一概念无关。因此，这种组配不仅使含义混乱，而且这样标引和检索出来的文献，就把有关“熊猫”这种动物的文献与“蚊香”的文献混杂在一起，影响查准率，因此要避免纯字面组配。

例如：概念组配

(1)“脑　肿瘤”　脑肿瘤

(2)“河北地方剧　梆子”　　河北梆子

(3)“香蕉味水果　苹果”　　香蕉苹果

(4)“熊猫牌商标　蚊香”　　熊猫蚊香

以上参加组配的叙词与所表达的概念字面上是相同的,但并非是纯字面组配,因为它们从概念上都是有着某种逻辑关系的,不会造成组配概念上的含义上的混乱。

4) **概念组配**

主题法的主要特点之一,是组配灵活,能够比较方便地表达专指性较强的主题。在标引工作中,用单个叙词表达文献主题的情况是不多见的,往往需要几个叙词的组配形式,才能表达出文献的主题。因此,组配技术是主题标引工作中使用得最多的一项基本技术。

所谓组配标引是指采用几个叙词的组合形式,对文献内容特征进行的标引。但组配的叙词之间必须具有概念上的某种逻辑关系。

(1) 概念交叉组配

当用组配方式标引词表中未收录的复合词时,要优先考虑使用交叉组配,只有在词表中找不到相应的叙词进行交叉组配时,才选用限定组配。

交叉组配,是指参加组配的概念,属于限定组配的性质,而又有共同的上位概念的组配,称为交叉组配。

两个或两个以上具有概念交叉关系的同级叙词之间的组配,结果可以形成一个新的概念。

例 1　用“喷气式飞机”与“垂直起落飞机”组配“喷气式垂直起落飞机”。

例 2　用“永磁电机”与“同步电机”组配“永磁同步电机”。

例 3　用“硬质合金刀具”,“不重磨刀具”和“机夹刀具”组配“硬质合金不重磨机夹刀具”。

例 4　用“药物分析”与“定量分析”组配“药物定量分析”。

(2) 概念限定组配

限定组配是指参加组配的概念在内涵上不同,而外延有部分重叠的组配,称为概念限定组配。这是一个表示事物的叙词与另一个表示事物某一方面的叙词之间概念限定的组配,即方面词组配。组配结果可以形成该事物的某一方面的新概念。常见的方面组配有:

a) 事物及其理论、设计等

例如,可用“汽车”与“理论”组配“汽车理论”。

又如,可用“高等教育”与“教育理论”组配“高等教育理论”。

b) 事物及其性质、性能等

例如,可用“汽车”与“可靠性”组配“汽车可靠性”。

又如,可用“铝”与“导电性”组配“铝的导电性”。

c) 事物及其状态、过程与现象等

例如,可用“叶片”与“腐蚀”组配“叶片腐蚀”。

又如,可用“种子”与“休眠”组配“种子的休眠过程”。

d）事物及其工艺方法、测试方法等

例如，可用“铬钢”与“电渣焊”组配“铬钢的电渣焊”；可用“变压器”与“高压试验”组配“变压器的高压试验”。

又如，可用“高强度钢”与“铸造”组配“高强度钢的铸造方法”；可用“刀具”与“热处理”组配“刀具的热处理工艺”。

e）事物及其材料等

例如，可用“曲轴”与“球墨铸铁”组配“球墨铸铁曲轴”。

又如，可用“阀门”与“铁合金”组配“铁合金阀门”。

f）事物及其设备等

例如，可用“汽车”与“齿轮”组配“汽车齿轮”；可用“热喷涂”与“设备”组配“热喷涂设备”。

又如，可用“矿井”与“电动机”组配“矿井用电动机”。

g）事物及国家、地域、年代等

例如，可用“汽车”与“日本”组配“日本的汽车”；可用“汽车”与“90 年代”组配“90 年代的汽车”

又如，可用“彩色电视接收机”与“中国”组配“中国的彩色电视接收机”；可用“电子计算机”与“2005”组配“2005 年的电子计算机”。

h）事物及其文献体裁等

例如，可用“手册”与“汽车”组配“汽车手册”。

又如，可用“情报科学”与“年鉴”组配“情报科学年鉴”。

i）事物整体与部分

例如，可用“电子计算机”与“存储器”组配“电子计算机存储器”。

j）事物与其研究方法和手段

例如，可用“水污染”与“化学分析”组配“水污染的化学分析”。

k）事物与学科门类

例如，可用“航海”与“气象学”组配“航海气象学”。

l）事物与其人物

例如，可用“毛泽东”与“军事原则”组配“毛泽东的军事原则”。

m）事物与其机关团体

例如，可用“党史”与“中国共产党”组配“中国共产党党史”。

n）事物与其一般通用概念

例如，可用“考古”与“调查报告”组配“考古调查报告”。

概念交叉组配与概念限定组配的区别在于前者参加组配的叙词之间具有概念上的交叉关系，组配后的专指新概念是组配者的共有种概念。而后者参加组配的叙词之间不具有概念上的交叉关系，只是用一个概念作为缩小另一个概念外延的加深其内涵的条件，组配后的专指新概念是组配者中某一个概念的种概念。

如，“药物定量分析”，既是“药物分析”的种概念，又是“定量分析”的种概念。

再如，“飞机起落架”，是“起落架”的种概念；“飞机结构设计”是“结构设计”的种概念。

(3) 概念并列组配

概念并列组配，是指两个或两个以上具有概念并列关系的同级叙词之间的组配，组配结果形成一个属概念，即原来用以组配的两个或两个以上概念的上位概念。也即是说，参加组配的概念在内涵上与外延上都不相同的组配，这种组配称为概念并列组配。

例 1 可用"汽车"，"拖拉机"，组配出"汽车与拖拉机"。

例 2 可用"飞机"，"坦克"，组配出"飞机和坦克"。

4.3 著录

对信息进行标引之后，还必须对信息实行有序化组织，以组成可利用的检索工具，这就需要对信息进行著录。

4.3.1 著录的定义

文献信息著录的目的，在于组织某种类型的目录，在这个意义上，文献信息著录可定义为：在编制文献目录时，对文献信息的各种特征进行分析、选择和记录的过程。也就是说，按照一定的条例或标准，将文献的内容特征(分类、主题)、外表特征(题名、著者、来源出处、出版地、出版者、出版时间等)和物质特征(文献类型、页册数、图表、开本、装订、价格等)加以描述，并记载于目录载体上的工作称文献信息著录。

4.3.2 文献信息著录总则

为了建立和健全我国统一的文献报道、检索体系，开展国际目录信息交流，更好地开发和利用文献资源，国家标准局批准了 20 多项有关文献标引、著录等标准。诸如"GB2901－82"文献目录信息交换用磁带格式，"GB3792.1－83"文献著录总则，"GB3792.2－85"普通图书著录规则，"GB3792.3－85"连续出版物著录规则，"GB3792.4－85"非书资料著录规则，"GB3792.5－85"档案著录规则等等。

1) 名词、术语

(1) 文献：记录有知识的一切载体。

(2) 款目：著录的结果，是反映文献内容和形式特征的著录项目的组合。

(3) 目录：将一批款目按照一定的次序编排而成的一种文献报道和检索工具。

2) 著录项目

(1)题名与责任者项

① 正题名

② 并列题名

③ 副题名及说明题名文字

④ 文献类型标识

⑤ 第一责任者

⑥ 其他责任者

(2)版本项

① 版次及其他版本形式

② 与本版有关的责任者

(3) 文献特殊细节项

(4)出版发行项

① 出版地或发行地

② 出版者或发行者

③ 出版日期或发行日期

④ 印制地、印制者、印制日期

(5)载体形态项

① 数量及其单位

② 图及其他形态

③ 尺寸或开本

④ 附件

(6)丛编项

① 正丛编名

② 并列丛编名

③ 副丛编名及说明丛编名文字

④ 丛编责任者

⑤ 国际标准连续出版物编号(ISSN)

⑥ 丛编编号

⑦ 附属丛编

(7) 附注项

(8)文献标准编号及有关记载项

① 国际文献标准编号

② 中国文献标准编号

③ 装订

④ 价格

(9) 提要项

3) 著录项目标识符和著录内容识别符

(1) 著录项目标识符

a 本标准规定在各大小著录项目之前冠以一定的标识符。

, — 各大项(题名与责任者项、提要项除外)。

= 并列题名,并列丛编名。

: 副题名及说明题名文字、出版者或发行者、图及其他形态、副丛编名、价格。

/ 第一责任者、与本版有关的第一责任者。

；　不同著作方式的责任者、同一责任者的第二合订题名、第二出版地或发行地、尺寸或开本、丛编编号。

，　相同著作方式的其他责任者、出版日期或发行日期、国际标准连续出版物编号、分段页码。

·　附属丛编。

＋　附件

//　析出文献的出处。

(2) 著录内容识别符

()　责任者所属机构名称、中国责任者时代、外国责任者国别及姓名原文、印制地、印制者、印制日期、载体形态的补充说明、丛编项等。

[ ]　文献类型标识、自拟著录内容。

…　省略著录内容。

?　推测附注及不能确定年代(与“[ ]”结合使用)。

·　大项目结尾、第一合订题名与责任者结尾、外文缩写。

～　起止连接。

4) 著录格式

(1) 著录格式是构成款目的各个项目在载体(物质形态)上的排列顺序,其表达方式如下:

正题名＝并列题名:副题名及说明题名文字[文献类型标识]/第一责任者;其他责任者.—版次及其他版本形式/与本版有关的责任者.—文献特殊细节.—出版地或发行地:出版者或发行者,出版日期或发行日期(印制地:印制者,印制日期).—数量及其单位:图及其他形态;尺寸或开本＋附件.—(丛编名/责任者,国际标准连续出版物编号;丛编编号·附属丛编).—附注.—国际文献标准编号;中国文献标准编号(装订):价格　提要

(2) 各类型文献的著录格式,可结合不同目录载体的要求,根据本标准的段落符号式原则另行制定。

5) 著录详简级次

(1) 著录项目,区分为主要项目和选择项目

① 主要项目:题名与责任者项的正题名、第一责任者;版本项;出版发行项的出版地或发行地、出版者或发行者、出版日期或发行日期;载体形态项。

② 选择项目:并列题名、副题名及说明题名文字、文献类型标识、其他责任者;文献特殊细节项;印制地、印制者、印制日期;丛编项;附注项;文献标准编号及有关记载项;提要项。

(2) 著录详简级次,区分为简要级次、基本级次和详细级次

① 凡款目仅著录主要项目的称为简要级次或第一著录级次。

② 凡款目除著录主要项目外,还著录部分选择项目的称为基本级次或第二著录级次。

③ 凡款目著录主要项目和全部选择项目的称为详细级次或第三著录级次。

(3) 国家书目及全国集中编目必须采用详细级次，其他类型目录的详简级次自行选择。

6）著录用文字

(1) 著录用文字必须规范化。

(2) 题名与责任者项、版本项、文献特殊细节项、出版发行项、载体形态项、丛编项、附注项、提要项均用文献本身的文字著录。

(3) 版次、出版日期或发行日期、卷(册)数、载体形态数量、尺寸或开本、价格等数字，一律用阿拉伯数字。

(4) 各少数民族文字的文献采用本标准时，需按其文字的书写规则著录。

(5) 文献本身的文字出现错误，仍需照录，同时将考证所得的正确文字，在其后加“[]”校正，或者在附注项说明。

7）普通图书的著录格式

□ 书名：说明书名文字/第一责任者；其他责任者. —版次及其他版本形式/与本版有关的责任者. —出版发行地：出版发行者，出版发行年、月(印制地：印制者，印制年)

□ 页数或卷(册)数：图；尺寸或开本＋附件. —(丛书名/编者，国标准连续出版物编号；丛书编号)

□□□□□□□□□□□□□□□□□□□□

□ 附注

□ 国际标准书号(装订)：价格

□ 提要

□□□□□□□□□□□□□□□□□□□□

□ Ⅰ.书名　Ⅱ. 责任者　Ⅲ.主题　Ⅳ.分类号

8）著录项目标识符说明

(1) 除“. —”占两格外(不应移行)，其他符号占一格，在它们的前后均不再空格。

(2) 各类型文献采用著录项目标识符时，如有特殊需要可适当增减。

(3) 题名与责任者项以外的各个大项如回行，可省略“. —”，但其前一项目的结尾需用“.”。各个大项中的小项回行均不应省略标识符。

(4) 凡重复著录一个项目，需重复添加该项目的标识符，但其重复著录的项目属于大项的第一小项时，则应按 3)① a 规定标识。

例：. —上海：商务：中华，1937

. —上海；北京：商务

(5) 不进行著录的大小项目，其符号连同项目一并省略。

9）**是我校图书馆的一张图书目录卡**

51.8162	使用 ANSYS 6.0 进行有限元分析/谭建国编著.—
3116	北京：北京大学出版社，2002
(O242.21)	428 页；26cm
	北大宏博
	ISBN 7—301—05608—7：CNY42.00
	闭架：0853023 短期：0853024/2；

4.4 MARC

MARC(Machine Readable Catalog)是机读目录的简称，指以代码形式和特定结构记录在计算机存储载体上的，用计算机识别与处理的目录。它是随着计算机在图书馆的使用而发展起来的，是目录载体发展到 20 世纪 60 年代出现的一种新型的目录。

4.4.1 MARC 的产生和发展

机读目录的问世，可谓是文献信息资源组织工作上的一次划时代的变革。它促使传统的手工编目向计算机编目转化，加强了文献信息的可检性，并且随着机读目录的标准化和计算机编目网络的建设，在很大程度上实现了信息资源的共享。

1）**初步成果——MARC I**

美国国会图书馆在 20 世纪 50 年代后期，就开始对它的内部业务实现自动化的可能性进行了调查研究，并得到了美国图书馆资源委员会(American Library Resource Committee)的大力支持。1963 年开始了图书馆自动化的研究，进一步肯定了计算机在图书采访、编目、编制书目索引和检索等方面应用的广阔前景。1964 年，该委员会委托美国 Informatics 公司，设法把国会图书馆的目录卡片信息转换为机读目录形式，以达到计算机印刷目录的目的。1965 年 1 月，在美国国会图书馆举行了机读目录样本第一次会议，与会者认为：国会图书馆应继续进行受编文献机读格式的研制工作，并指派 3 名国会图书馆工作人员负责从机编角度进行编目数据的研制。1965 年 6 月，此三人提出了题为《第三号计划备忘录：标准机读目录记录推荐格式》的报告。1965 年 11 月，在第二次会议上讨论了这一报告，并形成决议，即国会图书馆应实施一项试验计划，测试美国国会图书馆向用户馆发行机读目录的可行性。1965 年 12 月，在得到美国图书馆资源委员会的资助后，美国国会图书馆正式启动了 MARC 试验计划，并选定 16 个图书馆为试验参加馆。1966 年 2 月，召集试验参加馆商讨，决定每周定期以磁带形式向它们寄送机读目录数据。到同年 11 月共输入、发送了 5 万条记录。这次试验的结果产生了 MARC I 格式。

MARC I 的应用,并未产生人们预想的效果。首先,原计划 MARC I 要涵盖美国国会图书馆的全部单行本英文图书,但由于进书量的激增,这一目标未能实现;其次,美国国会图书馆原计划向各试验参加馆提供机读目录运行程序,由于程序是由一个合同户编制的,从未正常工作过,各试验参加馆需修改原有程序方可投入使用等不尽如人意之处,给编目工作造成了许多麻烦,最终导致这一格式并未得到应用和推广。

2) **成功改进——**MARC II

1967 年 1 月,美国国会图书馆宣布延长 MARC 试验计划,重新考虑 MARC 格式,要求新设计的格式不仅要适用于英、美两国,而且要便于在其他国家推广。1968 年 6 月,MARC 试验计划宣布完结,国会图书馆推出了 MARC II 格式和扩充的字符集。由于它是美国国会图书馆(Library of Congress)开发的,故称之为 LC-MARC。

与 MARC I 相比,MARC II 在以下 5 个方面做了改进:(1) 加强了 MARC 格式的通用性和灵活性,以便有效地交换各种类型文献的书目数据;(2) MARC II 提供了更多的字段,以便记录各种类型的著录项目;(3) 在各个著录项目之间做了过多的内在区分;(4) 编入了完备的可变长字段;(5) 按美国标准协会的标准进行了单字符的编码,以便适用于不同品牌和机型的计算机。从 1969 年 3 月开始,美国国会图书馆正式向全国和其他国家的书目中心每月发行一次英文图书的 MARC II 磁带。MARC II 设置了 999 个字段,以便保留传统著录和各个项目,从而使手检目录能够与机读目录并存。著录格式据 AACRII(Anglo－American Cataloging Rules 英美编目规则)作了修改,采用《国际标准书目著录》(International Standard Bibliographic Description,简称 ISBD),世界各国都可采用,对多数不同的计算机均能兼容。美国国家标准学会和国际标准组织曾分别于 1971 年和 1973 年承认了 MARC II 格式。至此,这一格式受到肯定并被广泛应用和推广。

3) MARC **格式的一体化——**UNIMARC

MARC 的发展非常迅速,继 LCMARC 之后,许多国家纷纷进行研究、规划、试验和建立自己的机读目录系统。英国从 1969 年开始发行机读目录实验磁带,1970 年扩大到利用英、美两国的磁带,建立了 UKMARC。20 世纪 70 年代,法国、加拿大、原联邦德国、日本、原苏联、尼日利亚等国都先后研制出 MARC 磁带,建立了本国的机读目录数据库。

初期的 MARC 数据库,其记录格式互不一致,根本无法互换,为资源共享带来困难。国际标准化组织在英、美呈交的 UKMARC 和 LCMARC 的基础上,于 1973 年颁布了国际标准《文献目录信息交换用磁带格式》(IS02709－1973)。1977 年,国际图书馆协会联合会为解决机读书目数据元和内容标识符的不统一,以便于在国际范围内交换书目数据,制定出版了通用机读目录格式,统一规定了机读目录的字段、子字段和标识符,这就是《国际机读目录格式》(Universal MARC Format,简称 UNIMARC),随后又于 1980 年出了第 2 修订版。UNIMARC 具有两个显著的特点:其一,将不同文种、不同载体的文献的机读目录实行格式一体化;其二,设置了连接款目块。UNIMARC 作为一种国际通用格式,要求各国建立专门的机构按本国标准编制 MRAC,供本国使用,然后将这种 MARC 转换成 UNIMARC,从而实现国际机读目录数据库共享。至 80 年代中期,就有一些国家采用 UNIMARC 生产用于国际交换的书目记录。但是,UNIMARC 并未考虑汉字问题。

4) CNMARC **的产生与发展**

CNMARC 的产生经历了一个较长的时期。中国机读目录的研制始于 20 世纪 70 年代。1979 年,北京图书馆、北京大学图书馆、清华大学图书馆、中科院图书馆、中国图书进出口公司等单位成立了"北京地区机读目录研制协作组",联合引进了美国 LCMARC 磁带,协作开展研究。1986 年,北京图书馆自动化发展部依据 UNIMARC,开始着手编写我国的 MARC 格式。到 1987 年全国使用计算机及研制编目的图书信息单位已发展到了 400 多个,建立了一批中外文编目系统,生产了部分机读目录。与此同时,我国的汉字信息化处理工程取得了较大的进展,为实现中文文献的计算机编目准备了必要的条件。1980 年,我国颁布了《信息交换用汉字编码字符集》(GB2312－80),此标准等效于 ISO2709－1973。1986 年,我国翻译出版了国际图联的 UNIMARC。

1992 年,书目文献出版社出版了北京图书馆自动化发展部编写的《中国机读目录通信格式》(China MARC Format,简称 CNMARC)。为了推进我国书目数据的规范与统一,加速文献信息网络的建设,实现国内外书目信息的交换与共享,我国文化部科技司于 1993 年 3 月向北京图书馆下达了制定我国文化行业标准《中国机读目录格式》的研究任务。经过一年多的努力,《中国机读目录格式:征求意见稿》于 1994 年 2 月问世。1995 年 4 月 5 日,中华人民共和国文化行业标准《中国机读目录格式》(China MARC Format,简称 CNMARC)通过了专家评审。1996 年 2 月 6 日,中华人民共和国文化部发布该标准。1996 年 7 月 1 日起此标准正式开始实施。

4.4.2 CNMARC 的格式

机读目录格式(MARC Format)是指文献信息资源在书目数据库中的组织形式。在我国常用的机读目录格式有 CNMARC 格式、USMARC 格式 UNIMARC 格式。在机读目录中,一条记录相当于传统卡片目录中的一张款目。所谓机读记录(Record)是指作为一个单位来处理的、一组相连的、以机读形式存储的目录数据。由若干个机读记录构成的信息集合成为文件或文档(File)。MARC 是一个功能很强的机读目录,在程序的控制下,它可以实现一次输入、多种输出。设计 MARC 格式的目的是为了能够传递来自使用不同格式的机构和系统的源数据,以实现资源共享,因此它基本上是一种交换格式。从目前的现状来看,即使是各国的 MARC 格式,也不可能完全确定地给出记录的数据形式,而只是规定出很全面的数据项目,供不同的图书馆选择使用。

1) CNMARC **记录的构成**

CNMARC 中的每一条记录被定义为四个部分:头标区(固定为 24 个字符长)、

目次区(可变长)、数据字段区(可变长)和记录分隔符(1个字符长,标志本记录结束)。下面主要对头标区、目次区和数据区做具体说明。

(1)头标区:固定长字段,占24个字符位,位于每个记录的起始位置,该字段包含ISO 2709规定的对记录进行处理时所需的通用信息,对一条记录做总体说明,指明记录的长度、状态、数据字段区的开始地址以及标识符号等,无字段号、指示符和子字段。头标区数据元素表如下:

其中:只有5、6—8、17—18等6个字符位的值在原始编目时需要编目员填写,其他字符位的值可由计算机自动生成。

字符位置	数据元素名称	字符数
0—4	记录长度	5
5	记录状态	1
6—9	执行代码	4
10	指示符长度	1
11	子字段标识符长度	1
12—16	数据起始地址	5
17—19	记录附加定义	3
20—23	地址目次区结构	4

(2)目次区:是由若干目次项和字段分割符构成的。每个目次项的字符位数为12位,依次揭示数据字段区中相应字段的字段标识符、数据字段长度以及起始字段位置,其字符位数分别为3位、4位、5位。总之,目次项的长度是固定的,而整个目次区的长度则是可变的。这其中的原因就在于,每个目次项对应于数据区内的一个数据字段,它依照字段标识符的取值由小到大排列,而每条记录的字段数量是不等的,字段的多少直接决定整个目次区的长度。具体如图4.1所示。

<table>
<tr><td rowspan="7">目次区
(可变长字段)</td><td rowspan="3">目次项
(共12位字符)</td><td>字段标识符</td><td>3位字符</td></tr>
<tr><td>数据字段的长度</td><td>4位字符</td></tr>
<tr><td>起始字符位置</td><td>5位字符</td></tr>
<tr><td>目次项2</td><td>…</td><td></td></tr>
<tr><td>目次项3</td><td>…</td><td></td></tr>
<tr><td>…</td><td></td><td></td></tr>
<tr><td>目次项n
字段分隔符</td><td colspan="2">1位字符</td></tr>
</table>

图4.1 CNMARC目次区结构

(3)数据字段区:数据字段区又分成三个层次,即功能块、字段、子字段或数据元素。明确加以标识的最小数据单元称为数据元素。在数据字段区的可变长字段内,数据元素构成子字段,若干个子字段构成一个字段,若干个字段又构成一个功能块,具体如下图所示:

图 4.2　CNMARC 数据字段区

1995 年华艺出版社出版的《中国机读目录格式手册》，其适用范围由普通图书和连续出版物扩展至图形制品、乐谱、录音制品、计算机文件等。它参照 UNIMARC，结合我国的国情，它的数据字段区设置了"0——标识块、1——编码信息块、2——著录信息块、3——附注块、4——款目连接块、5——相关题名块、6——主题分析块、7——知识责任块、8——国际使用块、9——国内使用块"共 10 个功能块。2001 年科学技术出版社又出版了它的修订版，这是目前较新的中国机读目录格式指导手册。

为了更清楚地认识机读记录数据字段区的功能块构成，现将它与传统卡片目录的著录项目的对应关系，用下表列出。

表 4.3　传统卡片目录著录项目与 CNMARC 数据字段区功能块对照表

机读目录数据字段区的功能块	传统卡片目录的著录项目
0——标识块	标准编号与获得方式
1——编码信息块 8——国际使用块 9——国内使用块	索书号(包括排架区分号、分类号、书次号等)与登录号等
2——著录信息块	题名与责任说明项、版本项、文献特殊细节项、出版发行等项、载体形态项、丛编项以及正题名标目(不含交替题名与合订题名标目)
3——附注块	《中国文献编目规则》与《西文文献著录条例》所规定的附注项
4——款目连接块	附注项中的刊名变迁史、合刊等
5——相关题名块	交替题名、合订题名、并列题名、统一题名等题名标注(包括题名主要款目标目、题名附加款目标目以及题名分析款目标目)
6——主题分析块	主题词与分类号
7——知识责任块	个人著者姓名、机关团体名称以及会议名称方面的标目(包括责任者主要款目、责任者附加款目标目以及责任者分析款目标目)

2) CNMARC 的书目格式

CNMARC 中的数据字段被划分为 10 个功能块，包括：

0——标识块。CNMARC 将标识记录或标识出版物实体和记载在实体上的号码集中在这个块中描述。这个块中的字段有的是固定长编码的，如 001 记录标识号字段；有的是变长数据字段，如 010 国际标准书号字段。

1——编码信息块。这个块中的字段都是固定长编码的,字段中数据的含义是由字符的位置定义的。由于这个块中字段的内容都是编码数据,因而有利于保证书目数据的控制和管理更加规范准确。

2——著录信息块。这个块的字段包含了《国际标准书目著录》(以下简称 ISBD)中所规定的有关著录项目,是一个客观描述所编文献特征的客观描述块。ISBD 中的各著录项目及包含的单元(除附注项、标准编号与获得方式项外)均能在这个块中找到相应的字段及子字段。

3——附注块。这个块中的字段对应于 ISBD 著录项目中的附注项,是对其他各项未予著录而又需要进行说明的内容做出陈述。在 ISBD 中规定若附注内容不止一项时,要按规定的顺序著录。在 MARC 中也基本上是按照 ISBD 中附注项的内容单元的顺序给出相应字段。这样,一方面便于保证在书目数据显示时,符合 ISBD 规定的顺序,另一方面也使得对书目数据的控制和管理更加灵活方便。

4——款目连接块。在这个块中的字段能产生一个书目款目对另一个书目款目的连接。如:一个描述某一专著的记录向上对描述其所属丛编的记录产生连接,可用 410 字段实现。

本块中的字段可根据所嵌入字段是否有检索意义而产生相应的检索点。例如,通过 410 字段的连接,即可从所嵌入的丛书名入手,检索到该套丛书的各本专著,从而查到所编的文献。另外,本块中的字段分别产生不同含义的连接。字段指示符 2 是附注指示符,若需利用这些数据产生各种附注,特定的字段标识号可自动转换成固定的导词,该导词描述被连文献和所编文献的确切关系,措词由编目机构根据自己的实际设置。

5——相关题名块。本块含有除正题名外与文献有关的其他题名,不同类型的题名有相应的字段。相关题名字段的指示符 1 是确定该题名是否生成检索点。本块中字段的内容除可用作检索点外,还可生成附注,并可根据字段标识符自动生成附注的前导词。

本块中的题名不是与其他记录的连接,而是与所编文献相关的交替题名建立连接。本块中的字段可嵌入有关的 4——字段、以实现两个题名的连接。由于相关题名与正题名一般是一一对应的关系,所以也可取代有关的 4——字段,直接用 5——字段。

6——主题分析块。本块包含各种主题数据,如人名主题、团体名称主题、学科名称主题、各种分类号等。值得说明一下的是学科名称主题字段 606 的子字段 Z ＄a 为学科主题词,＄x 为学科主题复分,是学科主题词的附加术词,说明该主题词所描述的状况。

7——知识责任块。本块中的字段包括了各种需要建立为检索点的知识责任者。

将知识责任块按责任者所承担责任的主次加以划分,如 701 字段与 702 字段、711 字段与 712 字段,这有利于按文献责任者所承担责任的主次建立检索点及排列命中文献。例如,在显示检索结果时,对同一责任者的文献,将其“著”的文献排在前，“编”、“译”的文献排在后，这显然比将所有文献混排在一起更具利用价值。

8——国际使用块。本块包含国际上一致约定的不适用于在0至7块中处理的字段。

9——国内使用块。本块包含国内各系统在使用MARC格式基础上处理一些本单位馆藏等超出通用范围但又有交换意义的数据字段。

为了使书目成为便于读者检索的有效工具，提高查全率与查准率，需要对目录进行规范控制。这也就是通常所说的规范工作(Authority work)，它指的是建立、维护、使用和评估规范记录的过程，是为了确保信息资源检索点的一致性与惟一性，从而达到检索点规范化的一项具体措施，是保证目录质量的一项重要工作。前面讨论的仅仅是编制书目款目的书目格式(bibliographic format)，编制规范款目需另外根据规范格式进行处理。例如，《UNIMARC/Authorities：Universal Format for Authorities》(《UNIMARC/规范：通用规范格式》)就是编制规范款目的机读规范格式，要建立高质量的书目系统，两种书目格式与规范格式二者缺一不可。由于篇幅原因，机读规范格式不在此详述，有兴趣的读者可参阅相关专著。

习题4

1. 何谓标引？何谓分类标引？
2. 何谓分类？何谓归类？
3. 分类标引的一般原则是什么？
4. 何谓主题标引？何谓标引深度？主题标引规则有哪些？
5. 何谓专指性标引？
6. 组配标引规则有哪些？
7. 何谓著录？何谓款目？何谓目录？何谓著录格式？
8. MARC的概念是什么？试述MARC的产生和发展。
9. 什么是机读目录格式？
10. 简述CNMARC记录的4个基本构成部分。
11. 试列举CNMARC数据字段的10个功能块。

5 信息组织自动化技术

● 自动标引　● 自动分类　● 自动文摘

5.1 信息组织的自动化概述

随着计算机技术的发展和计算机信息检索系统、联机系统及电子信息网络的建立和普及，以计算机自动处理技术为手段的信息组织自动化程度不断提高，具体表现在以下几个方面：

1) 计算机辅助编制、管理分类表和叙词表

为克服以往手工编制、管理分类法和叙词表耗资、费时、投入多、效率低、差错率高的缺点，早在 20 世纪 60 年代，美国的情报学家就开始了用计算机辅助管理 UDC 的试验；设计了叙词表编制和管理的计算机程序，并应用于《美国国家航空航天局叙词表》的编制。至今，几乎所有的大型分类法都实现了计算机辅助编制和管理，例如：DC 的联机编辑系统于 1984～1987 年建成；我国的《中图法》、《资料法》也已实现计算机辅助编辑排版。在 20 世纪 80 年代，计算机辅助编制和管理叙词表的技术已经很成熟，国外已有大量的叙词表采用计算机编制和管理，如《联合国教科文组织叙词表》、《INSPEC 叙词表》等。我国也有多部叙词表采用计算机辅助编制和管理，如 20 世纪 80 年代的《计算机科学技术英语词表》，90 年代的《中国分类主题词表》、《社会科学检索词表》等。

2) 电子版分类法和叙词表的研制

为提高分类法和叙词表在计算机标引系统和检索系统中的应用水平，必须有适用的电子版分类法和叙词表。电子版分类法的研制在美国最为成功：1987 年美国就开始了分类法数据机读格式的研制；在此基础上，1993 年 DC 第 20 版的电子版问世，1996 年 DC 第 21 版推出视窗版。我国的《中图法》电子版在研制成功之后，用户将能方便、迅速地在计算机中用分类号或关键词（主题词）查找，可实现分类法的全文检索、限制性检索，可便捷地进行扩检、缩检、相关类号间的跳转等。

20 世纪 80 年代，国外已出现许多电子版叙词表，其中不少应用联机检索系统中，进入 90 年代后，我国也研制出多部电子版叙词表，如 1996 年研制完成的《电子版国防科学技术叙词表》，设有实时使用的叙词导航模块、叙词定位模块和叙词范畴选择模块，以方便查词，实现辅助标引；1998 年研究完成视窗版《军用主题词表》，具有显示浏览、自动查询、辅助标引、统计分析、显示控制等功能。这些电子版叙词表具能够实现联机显示和联机标引，自动扩检、缩检和改变检索范围，自动统计叙词的标引和检索频率，自动提供优选词，优化检索策略等功能。

3) 分类法和叙词表在联机检索和网络检索中的应用

虽然计算机信息检索的初期，有人认为分类法不适用于计算机联机检索系统，但是，后来的研究表明，分类法（UDC、DC 等）用于计算机检索系统不仅可行，而且还有些特殊的优越性。例如,将分类法用于机读目录的联机检索,便于浏览检索、族性检索,可以优化检索,提高查全率、查准率和检索速度。因此,各国的机读目录及一些联机数据库为分类号设立了可检字段。

随着 Internet 的发展,人们发现在组织网络信息资源时分类法有其优势。现有一些大的互联网站点采用 DC、UDC 等分类法组织 Internet 信息资源,不少网络信息搜索引擎采用分类法进行信息组织。1997 年德国的 Oldenburg 大学图书馆的 GERHARD(German Harvest Automatical Retrieval and Directory)项目,它采用 UDC 构建一个主题浏览结构,对德国的网络信息资源进行自动分类标引试验。OCLC 的 Scorpion 项目试图用 DDC 对网页进行分类,它的类号分配是基于将网页文本与 DDC 类号关联的文本标题相匹配。

至于叙词表,其目的就是为满足计算机信息检索系统的需要而创制的,它被广泛应用于各类联机检索系统中。

4) 自动标引和自动分类

自动标引始于 20 世纪 50 年代后期。1957 年,美国卢恩(H. P. Luhn)提出了基于词频统计的抽词标引法,率先进行了自动标引的探索。从 60 年代后期到 70 年代末,自动标引研究取得了很大进展,提出了概率统计标引法、句法分析标引法以及各种加权模型等,建立了一批应用与实验系统。目前,自动标引已形成抽词标引和赋词标引两大主要类型。

自动分类研究基本上是与自动标引同时进行的。自动分类在国外的发展大致可以分为三个阶段:第一阶段(1958～1964)主要进行自动分类的可行性研究;第二阶段(1965～1974)进行自动分类的实验研究;第三阶段(1975 至今)正在进入实用化的探索阶段。现已形成自动聚类、自动归类和类号自动转换等三类自动分类系统,有些已达到实用水平。

我国对自动标引的研究,开始于 20 世纪 60 年代,广泛开展于 80 年代,至今仍然是以解决中文信息/文献自动标引特有的自动分词(抽词)问题为重点。1981 年,陈培久利用 TK－70 计算机和 T4100 汉字系统建立"汉语科技文献自动标引试验系统";1983 年,王永成、肖玮瑛建立了"中文自动标引与检索软件实验系统";后来在王永成主持下,又在 IBM－PC/XT 兼容机上建成了中文标引和检索系统。80～90 年代,国内学者提出许多自动标引和分词方案,包括:陈培久的词典切分组词法、王永成的部件词典法,以及其他人的切分标记法、统计法、语法语义分析法、神经网络法等。当然,汉语分词技术的进一步完善;分词之后,准确、充分地抽取或赋予标引词的方法将是自动标引需要继续研究的重点。

20 世纪 80 年代,我国也开始了自动分类的研究、试验和系统开发,例如:朱兰娟在王永成的指导下开发的中文科技文献(计算机类)的实验性自动分类系统;苏新宁等提出的档案自动分类算法;叶新明的基于《中图法》的中文文献自动分类研究等。

5) 自动文摘技术

1958 年美国卢恩(H. P. Luhn)首次进行了自动文摘的实验,宣告了该项技术的诞生。迄今为止的自动文摘系统大体上可分为两类:基于统计的机械文摘和基于意义的理解文摘。前者主要根据线索词词典、词频、词和句子的启发函数进行模式匹配提取文摘,其代表人物为 Luhn,研究成果有 Luhn 系统和 Oswald 系统等。后者则是利用句法和语义知识、或一阶谓词逻辑等对文章的内容,在理解的基础上提取文摘来。这类文摘的代表成果有 Yale 大学的 FRUMP 系统和 J. I. Tait 的 Scrable 系统等。

中文自动文摘的研究起步于 80 年代,1991 年上海交大的王永成教授领导的课题组研制成功了中文文献自动标引系统,该系统可将一篇关于科技情报的长达 7000 字的文章,自动摘出 300 字要点。从 1990 年开始,在国家 863 的资助下,哈工大的王开铸教授领导下的课题组就一直进行自然语言理解和自动文摘方面的研究工作,迄今为止已推出了两种中文文摘实验系统:基于理解的 WATAS 文摘系统和基于统计的 HIT—863I 型自动文摘系统。

5.2 自动标引技术

5.2.1 自动标引概述

建立信息检索系统,首先要对文献进行标引,以前采用的人工标引技术工作量大、效率低下,质量因人而异,难以规范化,容易造成文献库中标引和检索的不一致性,解决这些问题的突破口在于发展计算机辅助标引或计算机自动标引技术。

自动标引的目的之一在于能让计算机从存储的信息中自动抽取主题词(主题标引)。这里所指的文献主题词,不仅可以反映文献主题内容,而且还必须能被收进主题词表(亦称为叙词表)。由于抽取隐含主题词的技术还很不成熟,目前一般所指的主题词是在文献中已包含或包含其部分明显信息的词。此外,根据自动标引的抽词方式,可将自动标引分为自动抽词标引和自动赋词标引两种基本方式。

一个标引系统的有效性取决于:

(1) 标引的网罗度(Exhaustivity)——表示标引词对文献各方面内容的表达和识别程度。网罗度越高,则越有利于提高检索的查全率。

(2) 标引的专指度(Specificity)——表示标引词对文献特定内容描述的详细程度。专指度越高,则越有利于提高检索的查准率。

信息检索系统发展的技术关键在于建立标引库。自从 20 世纪 50 年代中期美国专家卢恩(H. P. Luhn)在信息检索领域开拓了自动标引这一重要研究方向以来,国外西文自动标引已发展了 40 余年,研制出词频统计标引法、句法模式标引法、语义分析标引法等多种自动标引方法。国内中文自动标引的研究工作起步较晚,从 20 世纪 80 年代开始起步。在文献自动标引中,中文文献要比西文文献困难得多,因为中文句子中的词语之间既无空格,又无特殊的间隔标志,因此中文自动标引中一个不可回避的基础问题就是切分词问题。目前较为典型的中文自动标引方法如词典标引法、切分标记法、语法分析标引法、汉语自动标引专家系统、单汉字标引法等均以不同的方式在一定程度上解决了分词问题，进而实现相应的自动标引算法。

5.2.2 自动抽词标引和自动赋词标引

1) 自动抽词标引

自动抽词标引即是由计算机自动从文本中抽取词或短语来表达信息资源的主题内容。在手工标引中，标引员一般会尽量选择那些能较好指示信息资源内容的词或短语作为标引词。影响选择时做出决策的因素有：词语在信息资源中出现的频率，出现的位置（如出现在标题、文摘、图表解说词中等），词语的语言环境等。计算机要完成这项任务，某种程度上需要模仿人类的思维过程。根据自动抽词标引时所采用的标准，可以分为以下几种：

(1) 绝对频率法

由计算机程序将文本与停用词表对照，除去介词、连词等虚词，然后统计出文本中词语出现的频率，按词语出现的频率排序。排在最前面的词为"高频词"，可选作文献的"标引词"。在自动标引系统对英语资源中的词和短语选择时，计算机程序能自动除去被选词语的前、后缀（如"ed"，"ing"），将词干（如 walk）存储起来，以代替许多不同的变体（如 walk，walked，walking）等。这样可以提高标引的一致性，同时有利于提高查全率。

当以某一专业数据库为范围进行考察时，绝对频率法有一个缺点，就是一些词语虽然在某一文献资源中经常出现，但同时在整个数据库中也是经常出现的，这样，根据绝对频率法抽取出来的某些词可能无法很好区分数据库中的不同文献。从检索角度看，这些高频词可能并不具有检索意义，会降低文献资源的查准率。例如，在一个图书馆学、信息管理学的相关文献集合中，"图书馆"和"信息"出现的次数很多，属高频词，但它们并不是区分这一文献集合中单个条目的理想词语。"人工智能"一词虽然出现次数较少，却比"图书馆"和"信息"这两个词更有区分文献的作用，是一个更具检索价值的词。而在使用绝对频率法进行抽词标引时，"人工智能"因为在信息资源中出现的次数太少，很有可能被遗漏。为了弥补绝对频率抽词法的这种不足，应当采用相对频率法。

(2) 相对频率法

从上面可以看出，一个词在资源中出现的绝对频率并不是计算机在处理文本时惟一需要关注的因素。当某个词或短语在某一文献资源中出现的频率高于它在整个数据库中出现的频率时，这个词或短语就可以被选作标引词，这就是相对频率抽词法。例如，某个词在含有 100 万个词的数据库中只出现了大约 10 次，在一篇 5000 词的文章中只出现了 2 次，但因为它在该文章中出现的频率 1/2500，高于它在整个数据库中出现的频率 1/10 0000，所以这个词可选作该文献的标引词。

使用相对频率法不必使用停用词表。那些经常出现的名词以及介词、连词、冠词等虽然会在个体的条目中频频出现，但它们也同样在整个文献集合或数据库中频频出现，因而它们会被系统自动排除出去。

相对频率法比绝对频率法要复杂得多，因为随着新的资源不断加入到数据库中，计算机程序需要不断计算出每个词在数据库中和单个文献条目中出现的频率，并将这些频率进行比较。

(3) 位置法

即利用词语在文献中出现的位置来进行选择。例如，从标题、文摘、图表解说词、主题句中进行词语的抽取。一般说来，出现在标题中的名词和动词表达文章主题的能力比出现在正文中的其他词要强。另外，主题句中的关键词也能很好地表达文献的内容。这里所说的"主题句"是指能够提供有关文献内容的最多信息的句子。Baxendale(1958)的一项研究表明，第一句是"主题句"的比率为 85%，最后一句为"主题句"的比率为 7%。因此建议，进行自动抽词标引时可侧重于每一段的第一句和最后一句。

2) 自动赋词标引

所谓赋词标引就是从某种形式的受控词表中选取词语来表达文献资源的主题内容。自动赋词标引则是指计算机来自动完成这一标引过程。它与自动抽词标引的最大区别就是，所使用的标引词来自于某一受控词表，而不是来自文献资源本身。

(1) 基于关联词表的自动赋词标引

基于关联词表的自动赋词标引需要经历以下两个环节：

① 为受控词表中的每一个叙词建立一个关联词表。例如，对于"酸雨"这一个叙词，根据词频统计来考察由这个短语标引的样本文献中经常出现的词或短语，假设有酸雨、酸性沉淀物、空气污染、硫化物等类似的词语，需要将它们组成一个"酸雨"的关联词条目。

② 当对一篇文献进行标引时，利用计算机根据词频法从文献中抽取出来的重要的词语，与受控词表的关联词条目集合进行匹配，当某个叙词的关联词表与之匹配超过一定阀值时，就将这个叙词赋予这篇文献作为标引词。

(2) 基于中介词典的自动赋词标引

在进行自动赋词标引时，使用一个中介词典(如语义词表)，与文献中的词进行匹配，同时将中介词典的词与某一个主题词表的词进行对应，这样通过中介词典，就可以将文本词指引向受控词表中的词。利用中介词典虽然可以将自然语言转换为受控词表的词，但中介词典的覆盖面一般比较小，难以编制一个能满足各方面需求的词典，所以用中介词典进行的自动赋词标引一般会局限于某一特定的学科领域。

事实上，多数自动化标引系统不是真正"自动"的。也就是说，不是由计算机来代替标引人员的工作，而是趋向于由计算机来辅助标引员，亦即"机助"标引系统。一般来说，机助标引主要有以下两种方法：

① 使用计算机提供各种类型的联机显示，并辅助标引员。实时地识别标引人员的错误(例如，使用非标准词或使用主标题词/子标题词的无效组合)，并立即通知标引员。

② 利用计算机程度阅读文本(可能只有标题或文摘),通过抽词程序或赋词程序选择标引词。然后由标引员来鉴定被选定的词。标引员可以进一步增加计算机不能分配的词,或删除计算机程序错误组配的词。

5.2.3 中文自动标引

1) 中文自动标引的难点

无论是对于中文或者是西文来说,自动标引都是一项具有很大难度的工作,因为标引的前提是对内容的理解。在目前,自然语言理解尚处于研究阶段,再加上汉语本身所具有的一些特殊性,这就形成了中文自动标引的难度更甚于西文的情况。下面列举出中文标引的特殊难点。

(1) 词的切分问题

中文自动标引所遇到的首要问题是词的切分。与西文不同,在汉语句子中,词和词间都是紧密相连,而不像西文那样均有空格分隔。现在国内大部分自动标引方法只能依据字(词)典匹配,最多再加上一些构词模式或规则来进行词切分。用这种(机械)方法切分词,往往可能出现一些切分错误,因为它无法识别汉语中一些比较复杂(比如句中存在的词间钩连现象)的语句。例如,“乒乓球拍卖完了”这句话就是如此,要是不考虑到上下文的含义就很难确定所要卖的到底是“乒乓球”还是“乒乓球拍”。

(2) 难以进行比较全面的语法分析

要理解句子,首先要分清句子中的各个语法成分,比如,哪个是主语,哪个是谓语,哪个是宾语等。由于汉语的规范化问题,词间关系的复杂性和汉语用词的灵活性将对句子中词性的识别、短语的识别等带来很大困难。特别是对于一些具有多种词性的词来说,不管它在句子中是采用何种词性,其出现形式都是一样的,而不像西文那样有性、数、格的变化,或具有动词和动名词之分。众所周知,在一个句子中,做谓语的词一定是动词,而动词却不一定都做谓语。在同一句话中,往往可能出现很多个动词,到底是哪个做谓语?不用说是用计算机自动识别,就是人工识别,有时也是很难的。在现行的自动标引系统中往往是采用所谓的禁用词的办法,对句子进行筛选,限制主题领域和简化语句环境,以达到对句子能粗略理解的目的。只有当人工智能技术取得突破性进展的时候,才有可能对文章内容达到真正理解的程度。

(3) 汉语用词的灵活性

汉语是一种在我国历经数千年的不断发展和完善起来的语言,使用起来相当灵活和方便,比如汉语中的动词重叠问题,即有时可以把表示动作的动词重叠起来,如“想想”、“问一问”、 “听了听”、 “介绍介绍”等,这时其意思和原来有所不同,可以表示经历的时间较短,反复多,轻松、随便,也表示尝试等。类似的现象还很多,难以一一列出。作为一种语言来说,这可能是一个优点,人们可以自由灵活地表达自己的思想,但是对于使用计算机来说,由此将给自动标引带来非常大的困难。

(4) 主题词选择和隐含标引问题

无论是对主题词还是关键词的标引,都需要进行主题理解和概念转换,特别是对后者,在实现时是很困难的。现行的系统往往还来不及考虑这个问题,有时只能采用加权选择和主题判断规则来解决。很显然,这将对加权函数和规则的正确性提出很高的要求,否则很容易造成误标或漏标。至于对文章中没有明显出现而又确实表达了的主题(即隐含主题),现行方法尚无能为力。

2) 中文自动标引主要方法分析

(1) 词典标引法

这种方法是目前中文自动标引算法中所占比重较大的一种,它根据机内词典的不同具体形式又分为主题词表法、关键词词典法和部件词典法等。

① 主题词表法。这是以主题词表为主,辅以非用词表和逻辑判断规则的标引方法。其基本标引过程是:a. 利用禁用词表排除输入的文献题目中的禁用词,并将剩下的短语记录在短语文件中;b. 利用机读主题词表对短语文件中的短语逐一比较,抽出匹配相同词并将其所在位置、范畴号和同族等信息记录在抽词文件中;c. 利用汉语的局部语法特征和一些主题判断规则对上述两种文件的信息进行加工,确定用于标引的主题词。

主题判断规则包括加权选择(词频、位置、专指度加权、高权选择、低权排除)、单字主题词选择、通用主题词选择、篇名的跳字匹配及交集字符串主题词选择等规则。

② 关键词词典法。这种方法将文献作者所用的能描述主题概念的那些具有关键性的词借助计算机自动抽出,经规范化处理后作为文献主题标识。自动抽词处理主要依靠"关键词词典"和"非关键词词典"来进行,其过程是:a. 正向扫描被处理字串,左截 4 个汉字的子串在关键词词典中查找。若找到则将子串中与词典匹配的最小部分取为关键词部件词,并从被处理字串中截去;b. 在字串剩余部分中再左截 4 个汉字,重复上述处理。若找不到,则右端减字继续查找。当减为两个汉字时仍找不到,则两汉字之间形成一个切分点;c. 在用关键词词典查找之后,再用非关键词词典查找。若字串中有与该词典匹配的子串,则从字串中截去作为非关键词部件词,非关键词部件词和关键词部件词之间是一个自然的切分点;d. 关键词部件词之间有后续关系则连,无后续关系则断,由此便可得到关键词。

在抽出关键词之后,再用关键词规范化词典对不规范的关键词进行规范化处理,最后得到可用于标引的规范化关键词。

③ 部件词典法。部件词典法是以建立一个"二字部件词典"和一个"一字部件词典"为基础的标引方法。所谓"部件词典",就是由许多"部件词"及其"词性"组成的表。部件词可以是独立的整词的词头、词中或词尾,也可以同时兼有整词的不同部位。

考虑到现代汉语以二字词占绝大多数,且任何一个整词均可由二字词和一字词组配而成,因此可以用一个二字部件词典和一个一字部件词典来代替整词词典。这样不仅可减轻对词典的组织管理负担,而且可提高处理速度。

部件词典法标引的基本过程是：a. 采取顺向或逆向扫描方式对文献进行扫描处理；b. 找出当前的二字，查"二字部件词典"，看其是否为部件词；c. 若是部件词，则查以下的二字；若不是，则退位找到当前二字的第一个字。查"一字部件词典"，看该字是否为部件词，若是则抽出，若不是则从第二个字开始，以二字前进；d. 按上述方法依次对文献语句扫描，查出全部部件词，然后按词性进行组配生成整词；e. 可用如上组成的整词进行标引，也可对整词做进一步规范化处理，得出最后的标引词。

(2) 切分标记法

这类方法的典型代表是非用字后缀表法。此方法按照不同的用途将字机械地分成 4 个类别：(A)表外用字、(B)表内用字、(C)条件用字、(D)非用字。

这种方法标引的基本过程如下：① 计算机扫描输入的汉字串，逐字与"非用字后缀表"中的字进行比较，如果是非用字，则舍去；如果是用字(包括表外用字、表内用字和条件用字)，则取出。② 在抽出的字符串中没有 D 类字(非用字)，各种情况都将是 A、B、C 三类字的不同组合与排列，在加以合并整理并考虑到构词的一般规律，拟定相关的构词模式；根据汉字类型，参照规定的构词模式，将取出的汉字串分解成单词或专用词组。③ 对最终抽出的词进行诸如按字长选择、单字处理及优先切分等规则的处理，最后确定标引词。

(3) 语法分析标引法

正则文法分析标引法是一种基于句型文法分析的标引方法。句型文法是一种语言中构成句子所必须遵守的规则。文法可定义为四元组 $G=(N,\Sigma,P,S)$，其中 N 是非终结符有限集，Σ是终结符有限集，P 是产生式或重写规则的有限集，S 是起始符号，并要求 $S\in N, N\cap\Sigma=\varphi$；文法的字母表 $V=N\cup\Sigma$；P 是由形式为 $\alpha\to\beta$ 的重写规则组成，其中 $a\in V^{\prime}NV^{\prime}, \beta\in V^{\prime}$(式中 $V^{\prime}$表示字母表 V 中符号组成的所有句子的集合，称为 V 的闭包)。

可以看出，文法 G 具有的产生式都是形如 $A\to aB, A\to\alpha$，其中 $A,B\in N, a\in\Sigma$。此文法显然是正则文法。

有了正则文法构成的句型后，便可以构成一个有限自动机(或称推理规则库)来处理正则文法所产生的正则语言。首先，由推理库对输入的句子识别。如果不能识别则输入下一句子；如能识别，则由自动抽词处理器对推理库送来的句子进行抽词。由于现代汉语是一种非常丰富的语言，句子中包含子句，自动抽词系统采用了递归处理方法，即把抽出的候选标引词再推入推理库进行识别，直到不能识别为止。

候选标引词经过用非用词表处理后，便进行加权处理，然后根据设定的阀值判别其是否作为标引词。

(4) 汉语自动标引专家系统

DIES(Document Indexing Expert System)是北京文献信息服务处开发的一个试验系统。DIES 系统定义了一些语义特征，如 OBJECT(对象)、HUMAN(人类)、COURSE(学科)、OPERATE(操作)等。系统依据语义特征之间的联系和相互作用，构成系统的产生式规则库。

设有 m 个主题词 $T(T_1,T_2,\cdots,T_k,\cdots,T_m)$构成主题词表；设有 n 个特征名 $F(F_1,F_2,\cdots,F_i,\cdots,F_j,\cdots,F_n)$构成特征表；设有共现矩阵 $\mathbf{R}$，其中 R_{ij}代表主题词 T_i对主题词 T_j的共现频率；设有矩阵 $\mathbf{C}$，其中 C_{ij}表示主题词 T_i对特征名 F_j的隶属度；矩阵 W 称为权集，其中 W_i表示主题词 T_i可用于标引某一篇文献 D 的权系数。设现有文献 D，① 通过多种途径，确定一个初始标引词集 A，$A=\{a_i \mid a_i\in T\wedge\omega_i\neq 0(i=1,2,\cdots,m)\}$，其中，$\omega\in N\cup\Sigma$，N 为非终结符集合，$\Sigma$为终结符集合。② 对每一个初定主题词 A_i，找出它对特征 F_j的隶属度 $C_{ij}(j=1,2,\cdots,n)$，亦即从矩阵 $\mathbf{C}$ 中提取 $C(I)=(C_{i1},C_{i2},\cdots,C_{in})$。③ 搜索产生式系统，根据规则，找出特征 F_j与 F_k的关系，即得出 $f(j)=(f_{j1},f_{j2},\cdots,f_{jk},\cdots,f_{jn})$，$f_{jk}\in\{0,1\}$（其中 0 表示无关系，1 表示由 F_j产生 F_k）。④ 搜索共现矩阵 R，得出 $r_{ij}(i=1,\cdots,m)$。⑤ 搜索矩阵 C，得出主题词 T_i对特征 F_k的隶属度 $C_{ik}(k=1,\cdots,n)$。⑥根据规则，求出由初始标引词 T_i推出主题词 T_j标引文献的可能性（或称可信度）。找出所有可能合理标引文献 D 的主题词，从而形成新的主题词集合。

(5) 单汉字标引法

我国学者在单汉字标引与检索方面做了许多研究工作，提出了多种单汉字标引方法，下面就是主要的几种。

① 单汉字位置标引。单汉字标引一般采用后组配的检索方式，对于只在汉字后附上记录号的简单标引方法，在检索时容易产生较大的误检现象，导致查准率的下降。而单汉字位置标引方法对此则有所改进。

单汉字位置标引的基本思想是，从文本中将汉字逐一取出，同时附上文献号（记录号）、字段号以及汉字所处位置，然后把这些信息写入单汉字索引文件文档。检索时将用户给出的检索词拆分为单汉字查找单字倒排索引，然后根据单字的记录号与位置集合进行记录号与位置的匹配。

② 首字直接匹配法。上面方法中的位置匹配检索在算法和流程上有较强的复杂性，运行速度也会受到限制。而采用检索词首字直接匹配法，则可使处理算法简化，运行速度也会得到提高。该方法实现如下：a. 单字索引中记下每个汉字在数据库中的记录号和该字在记录中的位置；b. 检索时，取检索词的第一个汉字查找单字索引；c. 通过查找到的单字记录，获取其在数据库中的记录号和位置值，同时提取该记录；d. 利用检索词首字在记录中的位置，将检索词直接与该记录进行子字串比较；e. 比较相同者为命中记录，否则为不命中记录。

(6) 汉语自动标引方法评价

词典法是一个传统的标引方法，因其算法较为简单和清晰，因此在中文自动标引中使用得相当普遍。词典法的核心是构造一个词典，但是词典的构造较困难，需要大量专业人员的参加，词典的维护也需要付出相当大的代价。词典的完善与否直接影响到标引质量，在当今社会经济和科学技术迅猛发展的情况下，新概念、新术语和新词汇层出不穷，词典法学习新词能力差的缺陷则更显突出。但是词典法中的主题法具有扩检与缩检功能，这是其他方法难以达到的。

切分标记法无须构造词典，它根据仿读思路，用字典和模式实现汉字自动标引。实践表明，字典完全可以替代词典完成自动标引。但是构造一个能用于切分的字典也需要相当的汉语语言知识和专业知识。汉语语言的丰富复杂和专业词汇的纷繁各异，给字典的构造带来了一定的难度。

语法分析标引法在理论上比单纯地以词典和字典为基础的标引方法要深入完善得多，分词效果肯定也要优于前者。但是由于汉语的语法复杂，这种方法在实践上发展还较缓慢，目前在自动标引中出现的相对简单易行的只有句型文法分析法。但是目前的句型文法分析还仅限于科技文献的标题和文摘，因为在这些文本中句型数量有限，变化不大，易于归纳和描述。而要将分析范围扩大到全文和其他非科技领域，则还有很多工作要做。

中文自动标引专家系统是以汉语语义理解为特征的自动标引系统。自动标引系统无论采用哪种方法，都必须以标引的素材所表达的文献主题内容为基础。由于汉字构词具有极大的灵活性，汉语词性缺乏严格的规定性，汉语词汇没有严格的形态变化，再加上汉语文献作者使用语言的多样性和不规范性，造成同一主题可以有多种表达方式，一种表达方式在不同的话境中可以表达多个主题。目前已提出的各种中文自动标引方法，基本不进行语义理解，只从形式上进行机械地匹配抽词来完成标引，这种语言表层的标引方式必然出现标引素材与原文主题内容不符的现象。要提高标引的准确性和真实性，就必须进行语义理解，在语言深层实现标引，因此汉语自动标引专家系统代表了今后汉语自动标引的发展方向。但是专家系统中知识库的构造和推理机制的建立具有相当大的难度，它的实际处理技术与已建立的语义形式化理论还有很大的差距。目前汉语自动标引专家系统只处在初期的试验阶段，远未达到实用水平。

单汉字标引法以汉语语言最小单位——汉字为处理单元，避开了分词障碍，便于计算机自动抽取和处理。这种标引方法无须构造词表，能节约大量的人工劳动，也避免了词表构造中的主观性和随意性。另外，单汉字标引检索系统在检索时采用最彻底的后组配检索模式，可以达到任意的专指度和泛指度，任何细小专门的事物或概念都可以通过字的组配检索出来，不受词表的限制，并具有“字面成族”能力。但这种方法对于文本中的隐含概念主题难以处理，容易造成漏检；在单汉字索引中，无检索价值的虚字或分辨力低的常用字占有较大比例；在检索中，检索者需付出较多的构造检索策略的智力劳动，检索的后组方式导致其响应时间慢于其他方法。尽管如此，我国许多学者还是肯定了单汉字标引技术在汉语文献自动标引中的作用，认为这种方法是符合我国国情的一种选择。

3）中文自动标引的发展方向

用计算机进行中文自动标引虽然只开展了十多年的时间，但已取得了相当大的进展，各种标引方法在标引质量和标引效率上都已达到了一定的水平。不过标引工作毕竟是和语言打交道，是一种智能技术，它的发展是与语言学、计算机和人工智能的发展密切相关的，要想进一步提高标引质量，尚有许多问题值得讨论：

（1）词典的构造和组成

在相当多的标引方法中都使用了所谓的停用词表，其中包括了普通的停用词、语法功能停用词和条件停用词等，如果将其简单地从正文中筛选掉固然可以，但是它本身还可能进一步说明一些语法现象，如介词、副词、连词和助动词等，如果能由此再加以细分，在对句子切分时就可以以此来切分出其他一些短语，这有助于对文章的进一步深入理解。

建立各种能反映词性和词间关系的词典作为资料库将是一个发展方向，但是要构造一个词量完备、词法信息丰富、结构合理的资料库是一项难度很大而又是当务之急的工作。

(2) 智能化标引

机械分词的最大优点是方法简单、切分效率高，对于语法结构比较简单的一些句子来说，其标引结果还是可以接受的。如果语法结构比较复杂，特别是存在词链现象时，就会产生误标，而词链现象的识别又是很困难的。要进一步提高标引质量，必须要采用人工智能技术，建立标引专家系统是一条值得重视的途径。下列几个方面都是重要的基础工作：

① 汉语的语法分析问题。汉语是一种语言丰富、表达能力强、使用起来方便灵活的语言，如果将其规范化、形式化，对于汉语正文的语法分析显然是至关重要的，甚至是不可缺少的。汉语也是一种具有上下文相关语法结构的语言，进一步研究扩充汉语句子的分析模型是发展的方向。

② 汉语的语义学和语用学的研究。在处理汉语时，对要标引的正文单单进行语法分析是不够的，还需要进一步研究在句子中的深层结构的语义关系。也就是说，在理解正文时，不只是要确定词的意义、词组在句法结构中的意义，还要注意不能孤立地理解每个句子。研究语法体系的深层结构中的语义概念是很有前途的。

③ 语用学的研究。语言是用于人们之间交流思想的通信手段，要正确理解它时还必须要提供一定的条件和环境，如有关的知识、上下文和推理等因素。也就是说，理解语言必须要涉及语言学背景(说话的上下文)、现实世界的背景(即同非语言学事实的知识的相互作用)、句法和语言的逻辑(演绎推理)。因此，要处理自然语言时，必须要从语言、语义和语用学以及它们之间相互作用观点出发，这是成功研制自然语言处理系统的关键。

综上所述，中文自动标引是一项难度高、涉及面广的系统工程，要依靠语言学家、数学家、计算机和人工智能科学家长期的共同努力才能完成。目前在中文自动标引中所做的工作也正是为此而做的前期研究，虽然现在还处于试验阶段，但它们预示着中文自动标引、汉语自然语言理解的未来。可以预见，从机械分词发展到基于知识的分词，从查词典和语法分析的方法逐步过渡到根据语法、语义和语用学观点综合分析的方法，最终实现实用的智能化标引系统将是中文自动标引的发展方向和必由之路。

5.3 自动分类技术

文本分类是一种确定文章所属类别的信息分析方法，其目的在于把某一文档指派到合适的类中。文本自动分类(Automatic Text Categorization)就是利用计算机对文本集(或其他实体或对象,如网页文本等)按照一定的分类体系或标准进行自动分类,属于同一类别的文本被标上相同的类别标记,为文本信息资源的检索提供系统化的解决方案。本节将对自动分类的基本原理、自动分类的典型算法模型以及国内外自动分类的研究和发展概况等方面进行介绍和探讨。

5.3.1 自动分类的基本原理

自动分类即由计算机代替人工对文献或文本信息进行分类,赋予其分类标识,以描述文献主题内容的过程。自动分类一般包括自动聚类、自动归类、类号的自动转换。

1) 自动聚类

自动聚类是指从待分类对象中提出特征,再将提出的全部特征进行比较,并根据一定的原则将具有相同或相近特征的对象定义为一类,设法使各类中包含的对象大体相等。一般是在语词共现的基础上,通过词频统计、相似性比较,将相关文献聚集在一起。自动聚类可以分为:基于词语特征的自动聚类和基于非词语特征的自动聚类。

(1) 基于词语特征的自动聚类

通常人们通过标引词来描述文献主题,如果描述文献内容的词汇相同或相近,就把这些文献归为一类。也就是说,文献聚类可以在文献所包含的词的基础上形成。两篇文献所拥有的共同的标引词的数量越多,说明这两篇文献的距离越近,也就是它们的相关性越大。这样它们越有可能属于相似的主题领域。文献聚类方法主要有单遍聚类法、逆中心聚类法、密度测试法、图论法等。这些方法大都通过计算两篇文献的相似度,生成待进行聚类分析的文献集的关系矩阵,然后通过分析此矩阵获得文献集的分类。

(2) 基于非词语特征的自动聚类

文献分类还可以在非词语特征的基础上形成,尤其是基于各种形式的引文链接。基于引文链接的自动聚类,优于基于词语特征的自动聚类。它们独立于不同的语言和变化的术语。通过引文链接进行的文献聚类有如下三种形式:

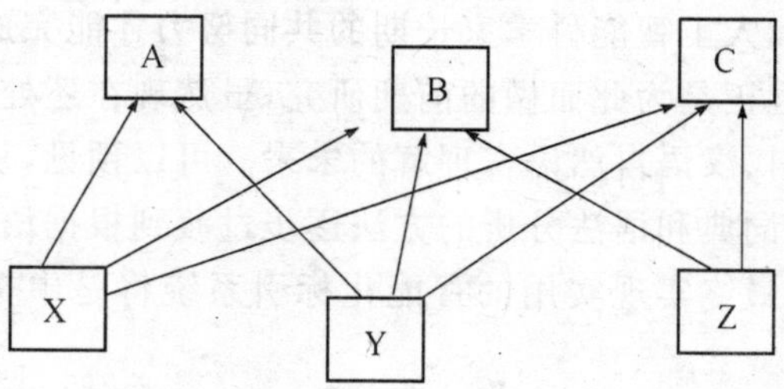

图 5.1 引文链接

① 利用直接引文进行文献聚类。从图 5.1 可以看出,文献 X、Y、Z 引用了文献 A、B、C。这样就形成了一个非常简单的直接引文文献类(如 A、X、Y),直接引文

文献类由一篇文献及后来引用了这篇文献的其他文献所组成。因为 X、Y 都引用了 A,这三者极有可能涉及共同的主题领域。如果 A 是与检索者当前检索目的高度相关的一个条目,那么 X、Y 也可能与之相关。这样,检索在没有使用传统的主题索引的情况下,就已取得了成功。

② 运用"引文耦合"原则进行文献聚类。在图 5.1 所显示的文献中,可以认为文献 X、Y 形成了一个文献类,因为它们都引用了文献 A 和文献 B。这就是所谓的"引文耦合"原则。两个或两个以上条目具有共同的参考或引文文献越多,这些条目的连接越紧密。文献 X、Y 紧密连接是因为它们都引用了文献 A、B、C。而文献 Z 和文献 X、Y 的连接不是太紧密,是因为它与文献 X、Y 只有两篇共同的参考文献。换一种说法,如文献 X 和文献 Y 的关联强度为 3,而文献 X 与文献 Z、文献 Y 与文献 Z 之间的关联强度只有 2。则它们形成的文献类比文献 X、Y 所形成的文献类更弱。显然两个条目的参考文献越相似,就越有可能讨论同一主题。这样,如果文献 Q 只引用 F、G、H、I,论文 R 也只引用这 4 个条目,Q 和 R 所讨论的主题一定是相同的。如果这两篇论文除了具有这四篇共同的参考文献外,每一篇论文还包含了 10 篇另一论文所没有包含的参考文献,这样,尽管 Q 和 R 之间的关系仍可以被认为是相当密切的,但 Q 和 R 讨论相同主题的几率就会相对降低。

③ 利用共同被引进行文献聚类。在图 5.1 中所描述的文献关系中还有一种关系就是共同被引关系。根据共同被引关系,我们可以认为文献 A、B、C 形成了一个文献类,因为它们被文献 X、Y 共同引用。根据引文耦合原则,共同被引关系具有不同的强度。共同被引的条目越多,它们之间的关联性越强。在图 5.1 中,文献 A、B、C 为弱相关,因为只有两篇文献共同引用了它们。

2) **自动归类**

自动归类是指先分析被分类对象中的特征,将其与各种类别中对象所具有的共同特征或一定的分类标准、分类参数进行比较,然后将被分类对象划归为特征最相近的一类(或最符合标准参数的一类),并赋予相应的分类号。它一般是基于分类表结构原理和类目划分规则,为文献或信息分配类号的。自动归类一般经过如下几个过程(参见图 5.2):

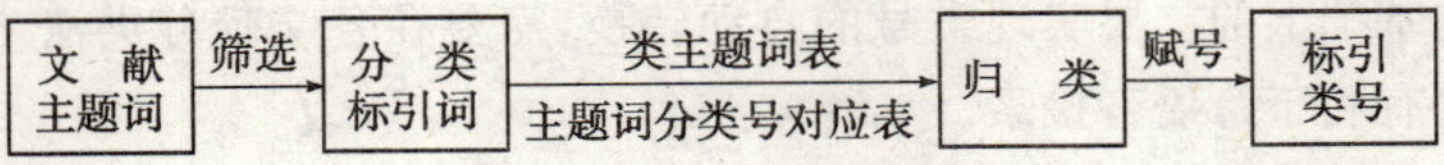

图 5.2 自动归类的一般模式

(1) 建立类主题词

在含有一定数量的样本文献集合中,分析每一篇文献主题,确定文献主题词,将这些主题词归属于一定的类,形成一个类主题词表。

(2) 计算文献的类归属度

分析需要归类的文献对象,将它的主题词与类主题词表进行匹配,找出其中所包含的类主题词,再逐项累加文献主题词中所包含的类主题的类归属度作为文献的类归属度。

(3) 当文献类归属度超过某类规定的阀值时，即可考虑能否将它划归某类。

(4) 根据一定的分类规则，赋予文献分类号。

自动归类根据所依赖的基础不同，可以分为：基于词典的自动归类、基于专家系统的自动归类。

(1) 基于词典的自动归类

主要是基于主题词与分类号的关系表。例如，它可以是对《中图法》类名进行单元词分解而建立的单元词——分类号对照表；也可以是利用《中图法》的类名、《中国分类主题词表》、《汉语主题词表》做主题词，并建立与分类号的对照表；还可以是通过对样本文献进行关键词抽词，经筛选而确定的类主题词表。

对于中文文献的自动分类，在确定文献主题词时，要解决自动分词的问题。所以还要利用汉语分词词典。另外，为了提高分词的速度、正确性及减少错误匹配，还可以利用停用词表、主题词加权表、分类前控词表等。

基于词典的自动分类有一个明显的缺陷，词典的词总是落后于科技发展，对于日益更新的文献信息的自动归类有一定的制约性。尤其是对于网络信息资源的自动归类，就显得有些力不从心。

(2) 基于专家系统的自动归类

专家系统是一种在某特定领域以分类专家的水平去解决该领域问题的计算机程序，一般由知识库和推理机两大部分组成。知识库存储了从专家那儿获得的关于某领域的专门知识，推理机具有推理的能力，即根据知识推导出结论，而不仅仅简单的搜索现成的答案。

在自动归类中，分类专家系统的不足之处是知识库小、知识表示方法单一、未能解决分类主题信息的获取问题。针对这些问题，可以对任务进行分解，把系统分解为由多个小系统有机耦合起来的协作分布式系统，每个子系统求解策略单一，规模较小，易于构造和维护。另外，可以根据分类领域的具体情况，选用相应的知识表达方法。

3) 类号的自动转换

就是自动转换使用不同的文献分类法进行分类标引的类号。这是建立在分类法机读化的基础上的。要实现类号的自动转换，需要在各文献分类法之间建立对应关系。它有利于跨语言检索。

5.3.2 自动分类的典型算法和系统原型

文本自动分类的关键问题是如何构造一个分类函数或分类模型(也称为分类器)，并利用此分类模型将未知文本映射到给定的类别空间。分类器的构造方法有多种，主要有统计方法、机器学习方法、神经网络方法等。向量空间模型(Vector Space Model，简写为 VSM)与 Naive Bayes 模型是近些年应用较多且分类效果较好的两种文本分类算法模型。

1) 向量空间算法模型

在向量空间模型(VSM)中，将文档看做是由相互独立的词条组(Tl，T2，…，

Tn)构成，对于每一词条 Ti，都根据其在文档中的重要程度赋以一定的权值 Wi，并将 Tl，T2，…，Tn 看成一个 n 维坐标系中的坐标轴，W1，W2，…，Wn 为对应的坐标值。这样由(Tl，T2，…，Tn)分解而得的正交词条矢量组就张成了一个文档向量空间，文档则映射成为空间中的一个点。对于所有文档和文档类都可映射到此文本向量空间，用词条矢量(Tl，W1；T2，W2；…；Tn，Wn)来表示，从而将文档类的匹配问题转化为向量空间中的向量匹配问题。假设已知文档类为 Q，未知文档为 D，两者的相似程度可用向量之间的夹角来度量，夹角越小说明相似度越高，相似度计算公式如下：

$$\sin(Q,D)=\cos(Q,D)=\frac{\sum_{k=1}^{n}W_{qk}\cdot W_{dk}}{\sqrt{\sum_{k=1}^{n}W_{qk}{}^{2}}\cdot\sqrt{\sum_{k=1}^{n}W_{dk}{}^{2}}}$$

2) Naive Bayes **算法模型**

Naive Bayes 分类模型是一种基于概率的分类方法，虽然对文本的分类处理作了很多的简化，但 Naive Bayes 法仍然能得到较高的分类正确率。Naive Bayes 分类法是基于所有词条在文档中出现概率是相对独立的假设之上的。假设集合 C 为文本类的集合，判断一个文档 d' 是否属于某个类别 Ci，可通过计算 $P(Ci|d')$ 的概率完成．即给定文档 d'，它属于文档类 Ci 的概率是多少。Naive Bayes 法的判别原则就是将 d' 指定到使 $P(Ci|d')$ 达到最大概率的 Ci 类中，即求解 arg max$(P(Ci|d'))$。$P(Ci|\mathrm{d}')$ 可根据文档的长度进行分解：

$$P(Ci\mid d')=\sum_{l=1}^{\infty}P(Ci\mid d',l)\cdot P(l\mid d')$$

根据 Bayes 定律可得：

$$P(Ci\mid d')=\frac{P(d'\mid Ci,l')\cdot P(Ci\mid l')}{\sum_{C'\in C}P(d'\mid C',l')\cdot P(C'\mid l')}$$

3) 基于空间向量模型的自动分析系统原型

下面以采用向量空间模型进行文档分类为例，简述文档自动分类系统的组成与工作流程(如图 5.3 所示)。

(1) 系统组成

文档自动分类系统一般由语料库、词典、特征提取、文档分类等四部分组成。

① 语料库模块：管理、维护用于算法学习和特征提取的训练文档集。

② 词典模块：管理、维护切分词典、禁用词表和同义词典、蕴含词典等辅助词典。

③ 特征提取模块：对训练文档进行词条切分和词频统计，并根据词频分布提取出代表文档类的特征项集及相应权值，生成特征向量表。

④ 文档分类模块：根据词频分布，提取出待分类文档的代表向量，并计算与各文档类特征向量的相似度，将符合一定的阀值条件的文档归属到相应的类别。

(2) 工作流程

① 利用经过人工分类的文档建立训练语料库；

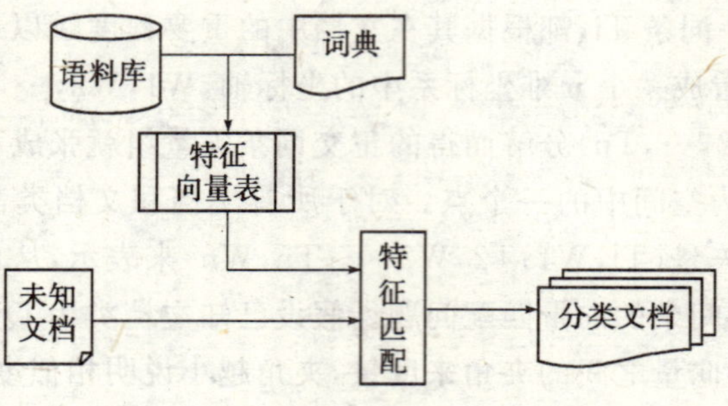

图 5.3　基于空间向量模型的自动分发系统原型

② 建立切分、统计词典和禁用词表；

③ 对训练文档进行词条切分和词频统计，并生成文档类的特征向量和初始阀值；

④ 读入待分类文档，并提取特征向量；

⑤ 计算待分文档向量与各文档类向量的相似度，根据阀值条件生成输出结果。

5.3.3　国内外自动分类的研究和发展概况

1) 国外研究和发展概况

自动分类研究始于 20 世纪 50 年代。Luhn H. P. 在这一领域进行了开创性研究，它提出了词频统计思想，主要用于自动分类。1960 年，Maron 发表有关自动分类的第一篇论文。1962 年，博科（Borko H.）等人利用因子分析法进行文献的自动分类。其后，Sparck K.、Salton G. 以及 Needham R. M.、Lesk M. E.、Jones K. S. 等众多学者在这一领域进行了卓有成效的研究工作。概括起来，它们主要从文本的词频统计分析、句法分析和语义分析等三个层次上进行研究。其中，以基于词频统计分析的自动分类试验较为成功。自动聚类多限于理论上的探讨，很少投入实际使用。

20 世纪 80 年代末，日本庆应义塾大学文学系的图书情报专业和日本 IBM 东京基础研究所合作开发了一个自动分类专家系统，该专家系统基于日本十进分类法实现了图书资料的自动分类。

自 20 世纪 90 年代以来，随着世界范围内出现了一轮又一轮的数字图书馆研究热，国外计算机界和信息管理、图书情报界陆续展开了对因特网信息资源自动分类的研究。相关研究项目包括：

① 北欧 WAIS/万维网自动分类项目：该项目由瑞典伦德大学图书馆和丹麦国立技术图书馆合作进行，探讨利用机读版《国际十进分类法》实现因特网资源自动分类和自动标引的可能性；

② 诺伊斯等人的概念分析试验：主要是利用分面分类法和概念分析等手段来组织因特网资源；

③ 日本的国际十进分类法数字自动组合系统（UDC——AUTCS）：主要是利用著名的“国际十进分类法（UDC）”进行自动分类试验；

④ 用于分类体系自动交叉参照的基于知识的系统(KBS——CROSS):该项目就建筑学领域在 UDC(国际十进分类法)和 LCC(美国国会图书馆分类法)之间进行交叉参照,目标是解决因特网资源使用中的多语种问题。

2) 我国研究和发展概况

我国开展自动分类研究起步较晚。1981 年,侯汉清对计算机在文献分类工作中的应用作了探讨,并介绍了国外在计算机管理分类表、计算机分类检索、计算机自动分类、计算机编制分类表等方面的概况。此后,我国陆续研制出一批计算机辅助分类系统和自动分类系统。从实现技术上划分,可分为基于词典法的自动分类系统和基于专家系统的自动分类系统两大类;从用户参与的程度上划分,可分为辅助分类系统和自动分类系统两大类。

(1) 基于词典法的自动分类系统

主要有以下 9 种:

① 莫少强的计算机辅助图书分类系统(C——ABC)。1984 年,广东省中山图书馆的莫少强开发出该系统,其设计思想是:以《中图法》军事类中的 100 个类目为基础,建立模拟的机读分类表;分类员对图书进行主题分析,再键入要分类的主题词,系统自动显示出应该归入的类目,包括分类号、注释和说明等。

② 朱兰娟的中文科技文献(计算机类)实验性自动分类系统。1986 年,上海交通大学计算中心的朱兰娟在导师指导下开发出该系统,其设计思想是:从随机拍取的一定数量的样本文献标题中抽取全部标题关键词,将其作为候选主题词;接着,建立一个包含类主题词以及类归属度的词表;将全部的类主题词组成一部有限自动机,用该有限自动机去扫描文献标题,抽出其中包含的类主题词,再逐项累加其归属度,当文献类归属度超过某类规定的阀值时,即可考虑将其划归某类。

③ 张炳恒的半自动图书分类系统。1989 年,天津医学情报所的张炳恒开发出该系统,其设计思想是:在《中图法》第二版的基础上,采用元词组配法实现图书的半自动分类,将分类法类名分解为单元词,人工进行主题分析和单元词组配,由系统确定类号。

④ 苏新宁等人的汉语档案自动分类系统。1995 年,南京大学信息管理系的苏新宁等人推出该系统,其设计思想是:以档案的题名与责任者信息作为计算机自动分类的信息源;建立主题词与类号之间的对应关系表;确定主题词与不同类号之间的权重系数;构造主题分类权重词典库、责任者分类词典库、非规范词控制词典库、停用词典库以及跨类类号链接库;分词采用"最长匹配原则";采用多因素加权分类算法。

⑤ 叶新明的中文文献自动分类系统。1995 年,杭州应用工程技术学院的叶新明推出该系统,其设计思想是:以《中图法》中的类名、《中国分类主题词表》和《汉语主题词表》中的主题词作为词表的主干词汇,并辅以相关工具书以及其他资料作为词汇的补充,建立类名主题词表和组配词表,作为分词元素集合;同时,采用适量的非用词来建立非用词表;以中文文献资料的题名及内容提要作为自动分类标引时获取主题词的信息源;采用"正向扫描,二字先行,半字进或退,最长匹配,异步组

词”的自动分词方式，并辅以一定的组词规则。

⑥ 吴军的自动分类系统。1995年，清华大学电子工程系的吴军推出该系统，其设计思想是：以语料相关系数作为分类依据；以字频、词额以及常用搭配作为补充；采用了停用词表和人工指导分类。

⑦ 金魏等人的肿瘤学专业文献自动分类系统。1995年，上海交通大学、空军政治学院信息管理系以及上海第二医学院的有关专家合作开发出该系统，其设计思想是：在得到文献的主题词或类主题词后，利用有关专家精心编制的“自动分类用关键词分类归属表”将其转换成对应词的分类归属号，再按分类标引规则形成最终类号。

⑧ 刘开瑛等人的金融档案自动分类系统。1997年，山西大学计算机系的刘开瑛、郑加恒、刘静等人推出该系统，其设计思想是：以《中国档案分类法金融档案分类表》中的类目词为基础，再加上《金融类公文主题词标引手册》中的部分语词以及从语料库提取的高频关键词来构成类别词库；抽取算法采用正向最长匹配法，并采用模糊匹配法和交叉匹配法以避免漏抽；自动分类算法采用三维加权算法。

⑨ 张炳恒的全自动图书分类系统。1997年，天津医学情报所的张炳恒提出“全自动图书分类系统”概念，并对研制“全自动图书分类系统”的理论问题作了论述，包括：计算机智能问题、语义结构分析、自动分词问题、全自动图书分类和标引的数学表达式。

(2) 基于专家系统的自动分类系统

主要有以下4种：

① 同济大学计算机系的辅助分类专家系统。1992年，陈大访和陆浩实现该实验性辅助分类专家系统，其设计思想是：将文献的主题词等分类特征作为产生式系统数据库的初始值，通过分类索引知识得到若干相关类号，再根据分类规则知识和文献的其他特征对分类号集合进行裁剪。在此基础上，由用户参与，回答分类号所触发的注释规则和上下位类规则的提问，对分类号集合进一步裁剪。在最小分类号集合中，由用户决定最终类号。

② 东北大学图书馆的图书分类专家系统(TSFLZJ)。该系统由李欣和陈星等人在1994年研制成功，其设计思想是：以书名为基础，以联想字库所提供的联想词作为切分书名的依据，以字典作为补充的切分词方法；系统中的知识系统以《中国科学院图书馆图书分类法》为分类专家知识。

③ 长春地质学院图书馆的图书自动分类专家系统。该系统由邓要武和王连俊于1997年推出，其设计思想是：通过对图书资料的全面系统的分析，利用专家系统的理论和方法，模拟《中图法》的分类原则和有关分类专家的思维方式来构造图书自动分类专家系统。

④ 基于神经网络优化算法的中文自动分类系统。1999年，上海交通大学的刁倩、王永成、张慧慧等人提出基于神经网络优化算法的中文自动分类系统，其设计思想是：人工给定分类用词权值初值，系统运用神经网络理论进行样本训练；对于多层分类用词表排布时，可进行逐层训练，由次层向主层，自下而上，直到获得令人

满意的分类结果时为止。

5.4 自动文摘技术

所谓自动文摘就是利用计算机自动地从原始文摘中提取文摘。文摘是准确全面地反映某一文献中心内容的简洁连贯的短文。

自动文摘的研究至今已有40多年的历史，具有较高的理论意义和实际应用价值。这主要应该归功于电子出版系统和国际互联网络的蓬勃发展。当大量机读形式的文献潮水般涌来的时候，人们想到了自动文摘。1993年12月在德国Wadern召开了历史上第一次以自动文摘为主题的国际研讨会。1995年，国际期刊Information Processing & Management出版了一期题为Summarizing Text的专刊，这一期专刊的出版在一定意义上标志着自动文摘的时代已经到来。在这种情况下，对现有的各种自动文摘方法进行总结是很有必要的。下面我们逐一探讨自动摘录、基于理解的自动文摘、信息抽取和基于结构的自动文摘等4种主要的文摘方法，并简要介绍我国中文自动文摘的发展情况。

5.4.1 自动摘录

1）自动摘录的步骤和依据

自动摘录（Automatic Extraction）将文本视为句子的线性序列，将句子视为词的线性序列。它通常分4步进行：① 计算词的权值；② 计算句子的权值；③ 对原文中的所有句子按权值高低降序排列，权值最高的若干句子被确定为文摘句；④ 将所有文摘句按照它们在原文中的出现顺序输出。

在自动摘录中，计算词权、句权、选择文摘句的依据是文本的如下6种形式特征：

① 词频（Frequency）。能够指示文章主题的所谓有效词（Significant Words）往往是中频词。根据句子中有效词的个数可以计算句子的权值，这是Luhn首先提出的自动摘录方法的基本依据。Oswald V. A.主张句子的权值应按其所含代表性“词串”的数量来计算，而Doyle则重视共现频度最高的“词对”。美国IBM公司在1960年前后研制了一套文摘自动生产程序ACSI—Matic，该程序在句权的计算方面对Luhn的方法进行了改进。1995年美国GE研究与开发中心的Lisa F. Rau等人完成了ANES（Automatic New Extraction System）系统，该系统采用相对词频作为词的权值。

② 标题（Title）。标题是作者给出的提示文章内容的短语，借助停用词词表，在标题或小标题中剔除功能词或只具有一般意义的名词，剩下的词和原文内容往往有紧密的联系，可以作为有效词。

③ 位置（Location）。美国的P. E. Baxendale的调查结果显示：段落的论题是段落首句的概率为85%，是段落末句的概率为7%。因此，有必要提高处于特殊位置的句子的权值。

④ 句法结构(Syntactic Structure)。句式与句子的重要性之间存在着某种联系,比如文摘中的句子大多是陈述句,而疑问句、感叹句等则不宜进入文摘。

⑤ 线索词(Cue)。Edmundson 的文摘系统中有一个预先编制的线索词词典,词典中的线索词分为 3 种:取正值的褒义词,取负值的贬义词,取零值的无效词。句子的权值就等于句中每个线索词的权值之和。20 世纪 70 年代初,美国俄亥俄州立大学的 James A. Rush 教授和他的学生开发了 ADAM(Automatic Document Abstracting Method)系统。ADAM 强调的是排斥句子的标准而不是选择句子的标准,词控表中大多数词是否定性的。

⑥ 指示性短语(Indicative Phrase)。1977 年,英国 Lancaster 大学的 Paice 提出根据各种"指示性短语"来选择文摘句的方法。和线索词相比,指示性短语的可靠性要强得多。

2) 多种形式特征的综合利用

上面我们介绍了文本的 6 种形式特征,即:F—词频、T—标题、L—位置、S—句法结构、C—线索词、I—指示性短语。这 6 种特征是自动摘录的依据,它们从不同角度指示了文章的主题,但都不够准确、不够全面。如果能够将上述各种特征"有机"地结合起来,即以 W=f(F,T,L,S,C,I)作为计算句子权值的公式,那么摘录的质量可望进一步提高。问题的关键在于函数 f 如何确定。

Edmundson 用一个简单的线性方程 $W=a_1C+a_2K+a_3T+a_4L$ 将 4 种基本的句子选择方法集成在一起。W 代表句子的最终权值,C 代表线索词(Cue)权值,K 代表根据词频计算而得的关键词(Key)权值,T 代表题名词(Title)权值,L 代表位置(Location)权值,a_1、a_2、a_3 和 a_4 是调节参数。这种将不同性质的因素简单地线性叠加的方式缺乏充分的理由,实践表明确实不够理想。在经过 10 年的探索之后,Edmundson 断言:今后的文摘自动化方法必须考虑文献正文的句法特征和语义特征,而不能简单地依赖粗糙的统计数据。

目前的许多自动摘录系统都综合考虑了两种或多种形式特征。比如,新加坡南洋(Nanyang)大学研制的图书馆新闻删节系统(Library Newspaper Cutting System),提供了题名法、位置法、关键词法和指示性短语法 4 种自动摘录方法供用户选择。但是在多种特征的结合方面尚待深入研究。

1997 年,日本的 Tadashi Nomoto 等人提出了一种基于语料库的自动摘录方法。它们将一批文献分为训练集和测试集,对训练集中每篇文献内的每个句子自动建立一个包括"该句在文本中的位置(Location in Text)"、"与标题相近似的程度(Similarity to Title)"等属性的属性集,并人为地将句子分为两类:一类是文摘句,另一类不是文摘句。然后在训练集的基础上建立统计模型,对测试集中每个句子是否能够作为文摘句的判别问题,将转化为依据决策树对该句进行分类的问题。这种设计思想是在语料库语言学的影响下提出的,它让计算机自动地从训练集中提炼各个特征的结合函数,为多种形式特征的综合利用开辟了一条新的道路。但是,由于它毕竟是建立在文本表层的形式特征基础之上,缺乏深度,所以发展潜力将受到限制。

3）自动摘录的不足

自动摘录所依据的是文本形式上的规律，总的来说，任何一篇文章都不同程度地符合这些规律，因此自动摘录能够适用于非受限域，这是它突出的优点。然而，具体地讲，一篇文章常常在某些形式特征上符合常规，而在另一些形式特征上违反常规，或者是在文章的某一部分符合常规，而在另一部分违反常规，摘录的结果能否抓住原文的中心内容，要看文章在多大程度上符合常规。因此，自动摘录的质量很不稳定。当加权函数调整时又总是顾此失彼，对这一类文章的效果好了，对另一类文章的效果又差了。

此外，自动摘录还存在以下三方面的不足：

① 不全面。对于多主题的文献，用自动摘录方法生成的文摘有时仅包含了原文着重谈论的某个主题，而对于其他方面的内容却只字不提，从而影响了文摘的全面性。这是由于自动摘录缺乏对文本结构的分析而造成的。

② 不简洁。作者常常在文章中的不同位置用不同形式的句子重复文章的中心内容，以便起到强调的作用。这些句子都是关键句，很容易同时进入文摘，从而造成文摘内容的冗余。ACSI－Matic 程序首先探讨了消除冗余的方法。它对文摘句集合进行检查，如果两个文摘句中的词有 1/4 以上是相同的，则删除其中的一句。采用这种粗糙的方法是很难识别出真正的同义句的，而且如果文摘中的任意两个句子都要进行这种比较，那开销就太大了。

③ 不连贯。抽取文章中的若干原句组成的摘要往往缺乏连贯性，因为文章是一个有机的整体，每一个句子通过省略、指代、同义词、相同词以及内在的逻辑关系与其上下文融为一体。当把文章中不同位置上出现的若干关键句连缀成一个段落时，这些关键句由于脱离了上下文而难以准确地理解。同时，句子之间由于缺乏逻辑次序而显得杂乱无章，无法在整个段落中构成平滑的概念流。用户在阅读这样的段落时需要进行猜测和推理，不但加重了负担，有时还可能得出与原文不符的观点。

Rush 首先对文摘的连贯性标准给予重视。在 ADAM 系统中，如果某个文摘候选句需要有一个先行词，那么位于该句前面的三个句子即使权值很低也要选入文摘，从而保证文摘中不出现由于先行词丢失而造成的令人费解的现象。ADAM 系统是人们从自动摘录向自动文摘迈出的第一步。

Mathis 是 Rush 的学生，她研制的文摘系统能够在词性判定、短语识别和子句识别的基础上，通过并列连词、从属连词等将两个具有相同主语或相同谓语的简单句归并为一个复合句。该系统还能够通过修改句子中和其他句子相关联的短语而消除句间参照关系，从而进一步改善文摘的连贯性。

5.4.2 基于理解的自动文摘

基于理解的文摘方法是以人工智能，特别是自然语言理解技术为基础而发展起来的文摘方法。这种方法与自动摘录的明显区别在于对知识的利用，它不仅利用语言学知识获取语言结构，更重要的是利用领域知识进行判断、推理，得到文摘的意义表示，最后从意义表示中生成摘要。

1）**基本步骤**

基于理解的自动文摘通常有以下步骤：

（1）语法分析。借助词典中的语言学知识对原文中的句子进行语法分析，获得语法结构树。

（2）语义分析。运用知识库中的语义知识将语法结构描述转换成以逻辑和意义为基础的语义表示。

（3）语用分析和信息提取。根据知识库中预先存放的领域知识在上下文中进行推理，并将提取出来的关键内容存入一张信息表。

（4）文本生成。将信息表中的内容转换为一段完整连贯的文字输出。

2）**篇章意义的机内表示**

篇章意义的机内表示是原文分析的结果和文摘生成的依据，它在基于理解的文摘系统中处于中枢地位。不同系统采用的篇章意义机内表示有所不同。

（1）脚本（Script）

20世纪70年代末80年代初，美国耶鲁大学的Schank在脚本的基础上研制了SAM（Script Applier Mechanism）系统。该系统应用脚本分析简单的故事，在此基础上对故事进行总结。

美国耶鲁大学的DeJong于1979年研制了著名的FRUMP（Fast Reading Understanding and Memory Program）系统，该系统用于快速阅览英文新闻资料，是理解文摘系统的样板。FRUMP由预言器和验证器两部分组成。预言器利用梗概剧本预测当前情形下可能出现的一个或一组事件，验证器的任务是去证实这些被预测的事件，并给出实际信息。FRUMP的应用范围受内部存储的梗概剧本的限制，如果文章中没有该系统所期望的内容则无法生成任何摘要，会有被误导，以致望文生义的可能。

（2）概念从属结构（Concept Dependency Structure）

美国Tait J. I.的Scrable系统对FRUMP系统进行了改进，它要求输入的资料在处理前先转换成CD结构（Conceptual Dependency Structure），在此基础上分析和确定被预测的信息与未预测的信息之间的关系，并将这两部分信息合理地组织成一篇完整连贯的文摘。然而由于CD结构过于复杂，所以实现起来困难较大。

（3）框架（Frame）

20世纪80年代末，美国GE研究与开发中心的Lisa F. Rau等人研制了SCISOR概念信息缩写、组织和检索系统（System for Conceptual Information Summarization，Organization and Retrieval）。SCISOR属于典型的理解文摘，它处理的对象是有关“公司合并”的新闻报导。SCISOR首先采用关键词过滤和模式匹配的方法对待处理文献进行主题分析，以便判定该报道的内容是否与“公司合并”有关；然后采用与领域无关的自底向上的分析器TRUMP（TRansportable Understanding Mechanism Package）识别每个句子的结构，生成类似于框架（Frame）的概念表示；最后运用自顶向下的预期驱动的分析器TRUMPET（TRUMP Expectation Tool）从概念表示中提取预期的内容。

20 世纪 80 年代初，德国康斯坦茨大学的 Hahn 等人研制了 TOPIC 系统，该系统针对微处理器领域的科技文献，以框架作为知识表示的基础，通过对全文的语法语义分析生成不同长度的摘要。

(4) 一阶谓词

意大利 Udine 大学的 Danilo FUM 等人在 20 世纪 80 年代初研制了 SUSY (SUmmarizing System)缩写系统，该系统以一阶谓词逻辑为基础，取得了较好的效果，体现出了逻辑方法的潜力。

SUSY 系统由两部分组成。第一部分称为纲要生成器(Schema Builder)，它收集用户需求，形成摘要纲要(Summary Schema)和文本纲要(Text Schema)。第二部分包括分析器(Parser)和缩写器(Summarizer)。分析器自底向上地分析原文，建立起一阶谓词形式的机内表示。缩写器首先使用文本纲要和加权规则产生加权的内部表示，然后使用摘要纲要和选择规则修剪加权的内部表示，最后从输入文本中检索出基本单元(词、短语或整句)，将它们装配成摘要。

3) 理解文摘的不足

理解文摘的不足在于领域严格受限。造成领域受限的原因在于：

① 面向大规模真实语料的语法语义分析技术尚未完全成熟，因此如果想获得高质量的语言分析结果，就必须将待处理的语料限制在某个范围之内。

② 理解文摘方法的基础是框架等知识表示，框架需要根据领域知识预先拟定，因此如果想把适用于某个领域的理解文摘系统推广到另一领域，则需重新拟定框架，这种填充和组织领域知识的沉重负担使理解文摘难以移植。

5.4.3 基于信息抽取的自动文摘

基于理解的文摘方法需要对文章进行全面的分新，生成详尽的语义表达，这对于大规模真实文本而言是很难实现的。与之相比，信息抽取(Information Extraction)只对有用的文本片段进行有限深度的分析，其效率和灵活性显著提高。

信息抽取的自动文摘以文摘框架(Abstract Frame)为中枢，分为选择与生成两个阶段。文摘框架是一张申请单，它以空槽的形式提出应从原文中获取的各项内容。例如，针对计算机病毒类的文章可以提出如下的框架：

病毒 { 病毒名称：
病毒传染对象：
病毒类属：
病毒攻击对象：
… }

在选择阶段，利用特征词从文本中抽取相关的短语或句子填充文摘框架。例如，在文本中发现"……感染可执行文件……"字样，则可以将特征词"感染"后面的短语"可执行文件"作为病毒的感染对象填入文摘框架。

在生成阶段，利用文摘模板将文摘框架中的内容转换为文摘输出。文摘模板是带有空白部分的现成的套话，其空白部分与文摘框架中的空槽相对应。例如，

“该病毒的感染对象是(病毒传染对象)”是模板中的一个句子,因为在文摘框架中登记的病毒感染对象为“可执行文件”,因此在文摘中将输出这样的句子:“该病毒的传染对象是可执行文件”。

英国 Lancaster 大学 Paice 等人在 1993 年提出的选择与生成文摘法,实质上就是信息抽取方法。目前该系统主要针对“小麦实验”方面的文章,但研究者们正在努力使它能够方便地移植到其他领域。

由于文摘框架的编写完全依赖于领域知识,所以信息抽取仍然是受领域限制的,只不过文摘框架比理解文摘中的脚本等要简单得多,更易于编写。信息抽取要想应用于多个领域,就必须为每个领域都编写一个文摘框架,在处理文本时先进行主题识别,根据主题调用相应的文摘框架。另外,单凭特征词或特征短语的提示作用来填充文摘框架并不是非常准确的,而且由于语言的灵活多样,一些有价值的文本片段可能没有明显的特征。最后,由于使用模板生成文摘,使得文摘的语言千篇一律,十分呆板。

5.4.4 基于结构的自动文摘

篇章是一个有机的结构体,篇章中的不同部分承担着不同的功能,各部分之间存在着错综复杂的关系。篇章结构分析清楚了,文章的核心部分自然能够找到。但是语言学对于篇章结构的研究还很不够,可用的形式规则就更少了,这使得基于结构的自动文摘到目前为止还没有一套成熟的方法,不同学者用来识别篇章结构的手段也有很大差别。

1) 关联网络

如果将一个语言单元的各个子单元视为节点,并在两个有语义联系的子单元之间引一条边,那么我们就得到了一个关联网络。在网络中,与一个节点相连的边数称为该节点的度。节点的度越大,则节点在网络中的重要性越高。将最重要的若干子单元抽取出来,即可构成文摘。

前苏联的 E. F. Skoroxod'ko 将文章视为句子的关联网络,句间的关系建立在词间的同义关系基础之上,和很多句子都有联系的中心句被确认为文摘句。美国 Cornel 大学的 Salton 等人则将文章视为段落的关联网络。文献中的每个段落被赋予一个特征向量,两个段落特征向量的内积作为这两个段落的关联强度。如果两个段落的关联强度超过给定阀值,则认为两个段落有语义联系。和很多段落都有联系的中心段被提取出来组成一篇文献摘要。

对于篇幅较长的文章,句子之间的关联网络将十分庞大,其时空开销都将是难以承受的。相比之下,段落之间的关联网络要小得多。另外,和由句子组装起来的文摘相比,由段落拼接起来的文摘连贯性显著提高。不过,由于最重要的段落中也可能包含一些无关紧要的句子,所以基于段落抽取的文摘显得不够精练。

2) 修辞结构(Rhetorieal Structure)

20 世纪 90 年代初,日本东芝公司的 Kenji Ono 等基于修辞结构研究自动文摘。它们将修辞关系归纳为举例＜EG＞、原因＜RS＞、总结＜SM＞等 34 种,首先依据连接词等推导出一种类似于句法树的修辞结构树，然后对修辞结构树进行修剪，将保留下来的内容根据它们之间的修辞关系组织成一篇连贯的文摘。这种方法的不足在于：修辞关系的识别依赖于连接词，如果文章中连接词的数量很少，那么修辞关系就无法识别了。

3) **语用功能**

这种方法主要是针对科技文献。科技文献的写作有比较严格的规范，文献中不同部分承担着不同的语用功能，根据语用功能可以将文章的主体部分识别出来构成文摘。

1978 年，原捷克斯洛伐克布拉格的 Jiri Janos 提出了依据功能句子观（Functional Sentence Perspective，简写为 FSP）理论进行文本浓缩的方法。FSP 是布拉格学派马泰休斯（Mathesius）等人提出的一种语篇理论，Jiri Janos 采用该理论的目的是为了通过对句子语用功能的分类将文本的主干（称为 Text Proper）和枝叶（称为 Metatext）区别开来。文本的主干由主题（Theme）和述题（Rheme）构成，以不同的主题推进方式（Thematic Progression，简写为 TP）相互衔接。主干是需要重点分析和摘录的内容，而枝叶则可以排除在文摘之外。

日本北海道大学的 Maeda 将句子的信息功能分为：背景（B）、主题（T）、方法（M）、结果（R）、例子（E）、应用（A）、比较（C）和讨论（D），并认为 T、M、R 和 D 是主干，应进入文摘；E、A、C 和 B 是枝叶，应排除在文摘之外。美国纽约 Syracuse 大学的 Liddy 通过对人工文摘的大量调查归纳出经验文摘（Empirical Abstract）的基本结构：背景—目的—方法—结果—结论—附录，其中每一项内容中又包括了一些细则。如果将文摘中承担这些功能的片段识别出来，就可以组成文摘。

和用其他方法生成的文摘相比，根据语用功能提炼出来的文摘更符合科技文献文摘编写的标准。如果想把这种方法推广到科技文献以外的文本中去，则需要对各类文章的结构深入研究。其实即使是科技文献也有各种类型，理论文章、实验文章和综述文章的结构区别也很大。

5.4.5 中文自动文摘的研究状况

我国从 1985 年开始介绍国外自动文摘方面的研究情况，从 80 年代末开始研究自动文摘实验系统，至今也有近 20 年的历史了。

在形式特征方面，汉语和西文主要区别是汉语词间没有空格，因而存在着自动分词问题。汉语自动分词是一项经过多年研究仍未圆满解决的难题，以至于有些学者提出了从汉字频率统计出发提取文摘的权宜之计，从而回避自动分词问题。然而因为汉语中真正负载信息的是词而不是字，所以如果分词技术能够满足大规模真实文本处理的需要，那么以词为基础的自动文摘必然优于以字为基础的自动文摘。实际上，大多数中文文摘系统都要对文本进行分词处理，只是由于采用的分词方法不同，使得分词精度有所不同。此外，汉语的词汇极为丰富，同一个概念可以用很多不同的词汇表达，这给词频统计带来了一定的困难。

上海交通大学王永成教授从 20 世纪 80 年代末就开始研究自动摘录技术，

1997 年研制了 OA 中文文献自动摘要系统。该系统集成了位置法、指示短语法、关键词法和标题法等多种方法，是一个实用的系统。

在语言的深层结构方面，汉语存在一些有别于西文的特点。比如，汉语缺乏词形的变化，增加了句法分析的难度；汉语有一些特殊的句式，如兼语、连动等。采用理解的方法研究中文文摘，必须充分考虑汉语的特点。20 世纪 80 年代末，沈阳东北大学姚天顺教授和香港城市理工大学联合开展了"中文全文自动摘要系统"的研究，该系统采用脚本知识表示，通过与用户交互获取文摘。1990 年前后，中科院软件所的李小滨、徐越，在北京大学马希文教授的指导下，对英文自动文摘进行了研究，并研制了一套实验系统——EAAS(English Automatic Abstract System)。该系统是一个标准的理解文摘系统，它局限于"就业机会介绍"这样一个领域。系统首先通过与用户交互获得信息焦点集，然后对文章进行语法语义分析，生成文章意义框架，接着按照信息焦点集从文章意义框架中搜索推理出有关信息，最后生成有一定逻辑性的文摘。

哈尔滨工业大学王开铸教授于 1992 年研制了基于自然语言理解的文摘实验系统 MATAS，1994 年研制了自动摘录类的 HIT—863I 型自动文摘系统，1998 年完成了基于篇章多级依存结构的 HIT—863Ⅱ型自动文摘系统。

近两年来，从事这项研究的单位不断增加。北京邮电大学信息工程系钟义信教授采用的文摘方法类似于 Paice 的选择与生成文摘法，目前主要针对计算机病毒方面的文章。山西大学郭炳炎教授也在开展自动文摘的研究，它们采用基于统计的方法分析文本结构。据悉，IBM 中国研究中心和微软中国公司都在研制中文自动文摘的产品。

综上所述，自动摘录和理解文摘各有长短。自动摘录能够适用于非受限域，这符合当前自然语言处理技术面向真实语料，面向实用化的总趋势，但是由于它局限于对文本表层结构的分析，所以经过 40 多年的发展已接近技术极限，文摘质量很难再有质的飞跃。理解文摘牺牲领域宽度，换取了理解深度，它作为理论探索的价值很高，但实用性较低，在可预见的未来中前景暗淡。信息抽取能够通过重编文摘框架使文摘系统适应新的领域，它的文摘质量并不比理解文摘逊色，而适用范围更宽了。基于结构的自动文摘不涉及领域知识，所以它和自动摘录一样是面向非受限域的，同时由于引入了篇章结构方面的知识，使文摘质量有了较大的提高。这两种文摘方法的综合效果均优于自动摘录和理解文摘。

习题 5

1. 什么是自动标引？它分为哪两类？分别是怎样的？
2. 中文自动标引主要有哪些难点？目前中文自动标引主要有哪些方法？
3. 何为自动分类？主要有哪些步骤？
4. 请简要介绍典型的自动分类算法模型。
5. 中文自动文摘的方法主要有哪些？分别有何特点？

6 数字信息的组织与发现

- 元数据(Metadata)
- 都柏林核心(Dublin Core)
- 资源描述框架(RDF)
- 搜索引擎(Search Engine)
- 元搜索引擎
- 智能搜索引擎
- Z39.50 协议

6.1 数字信息资源概述

数字信息资源的出现,比纸质文献代替竹简帛书带来的变革要大得多,它不仅仅是简单的文献载体变化,而是从根本上改变了信息的组织、存储和传播方式。

6.1.1 数字信息资源的概念

1) 数字信息资源的定义与类型

数字信息资源是用户可通过计算机本地或远程读取、使用,以数字形式存储在光、磁载体上的图像、文字、声音、视频等信息,如电子邮件、专题讨论小组和论坛、电子布告板新闻、电子期刊等。它的品种类型很多,按不同的标准可分成不同的类别,具体如下:

(1) 按数字信息资源的分布来分类,主要有两大部分,即现实资源和虚拟资源。所谓现实资源是指存放于本馆的数字化文献,有光盘、磁盘、磁带等各种载体形态;虚拟资源又称网络资源或联机资源,它是指通过本馆的计算机系统及通信网络才能获取的数字化文献。

(2) 按数字信息资源加工制作者来分类,又可分为出版机构出版的电子出版物;图书信息机构制作的数据库;网络公司及社会各团体制作的数据库等等。

(3) 按用户存取的方式分类,可分为:① 检索型:这是用户利用数字图书馆的主要方式,通过题名、著者、主题词、关键词、分类号等途径进行检索,先索取书目、索引、文摘等,进而取得原文,此外还可通过搜索引擎进行检索,找到有关网址,获取有关资料;② 邮件型:图书馆根据用户的需求采用电子邮件的方式进行传递;③ 揭示板型:这是以非特定的大多数网络用户为对象的,非即时的信息传递方式,如网络新闻等;④ 广播型:这是在网络上向特定的利用者即时提供图像和声音的传递方式;⑤ 电话型:这是指以某些特定的个人和群体为对象即时传递信息的方式,如用户进行的网上咨询等。

2) 数字信息资源与传统信息资源的区别

由上可知,数字信息资源与传统信息资源相比,有着很大的不同。首先,数字信息资源的种类繁杂多样,由以上从不同角度对数字信息资源进行分类,可见其各种类型共同并存,互为补充,形成整体,呈现出多样化的特点;其次,数字信息资源的获取方式与传统的获得方式相比有了很大的延伸拓展,数字信息资源的采集方式和途径已大大拓宽，可通过网络采购、下载、自建成共享书目数据库及网上信息资源开发等方式。此外，数字信息资源的存取方式便捷多样，如以上讲到的检索型、邮件型、揭示板型、广播型及电话型等；最后，数字信息资源的组织方式与传统的组织方式相比也大不一样，信息的组织形式从顺序的线性的方式转变为直接的、网状的组织形式，由目前传统的顺序排列，发展到超文本技术，使得信息可按自身的逻辑关系组成相互联系的网络结构，用户不必关注所查信息存在何处，只须由检索工具完成。

6.1.2 数字信息资源的特征

数字信息资源是利用计算机和网络来实现生成、查询、检索、复制、传播等功能的信息资源，这就决定了数字信息的输出、还原要有一个与产生文献的软硬件设备相匹配或兼容的环境，否则文献将无法读出和还原。由此数字信息资源有了不同于传统信息资源的一切特征，具体分析如下：

1）数字信息资源对系统的依赖性

数字信息对系统的依赖性表现在两个方面：其一，对设备的依赖性：数字信息从形成、传输到存储都是通过计算机或具有类似功能的设备实现的，所以数字信息对计算机系统各种软硬件设备具有很强的依赖性。离开了计算机的软硬件平台，离开了产生信息的原有的计算机操作系统、数据格式等技术环境或网络环境，便无法读出或还原原有的数字信息；其二，对数据标准、数据格式、元数据的依赖性：数字信息的内容也是通过一定的格式与版面反映出来的，包括字体的种类与大小、空行的使用、行列、标题、页脚、页数标记等等。不少类型的数字文献，如 SGML、XML 以及某些 PDF 格式文件，其页面格式规范与其内容是分不开的。

2）信息与实体的可分离性

从远古的泥板、岩石、羊皮纸、甲骨、竹简到纸张，载体的意义远远大于“承载物”，它和记录于其上的外部特征，如字迹、书写材料、签字、印章等一起构成了文件的原始凭证，但电子文件的信息内容不会永远和特定的实体相连，实体仅仅是每一特定时刻文件内容的承载物，它已无法保留某些用以鉴别文件原始性的外部特性。

数字信息产生于电子环境中，既可以在一定的实体上脱机保存，也可以联机在线保存。与纸质文献信息最大的不同是：组成数字信息的信息元是离散的，数字对象很容易被分解为多个互不依存的独立成分。就电子文件而言，其内容存储的位置不是固定的，可以从一个实体转换到另一个实体上，同样一份文件反复存储和读取，不仅每次物理空间的分配是不一样的，而且每次空间的分配都要视当时存储介质上的特定情况随机而定。在对保密有特殊要求的信息中，还可以采取将电子文件的内容分解后分别通过不同的路径传递，并存储在不同地点的不同设备中，只是在需要时才临时把电子文件的内容组装起来。随着多媒体信息的出现，文字、图像、声频、视频等多媒体信息均可单独或相互搭配构成数字信息的内容，这就使得数字信息的形态及其组成要比纸质信息复杂得多。但不同的实体往往存储不同的媒体信息，由此也就产生了同一份电子文献的文字、图形、声音、影像在存储时的实体分离现象。

3）**数字信息资源的非直接可读性**

计算机采集处理信息的一般过程是：先对自然形态的信息模式进行拾取，得到信息的模拟物理量，如声波转换成电流波；再对模拟物理量进行转换，获得信息的数字编码；然后对信息的数字编码进行存储、传递和编辑加工处理。由此可见，存储在计算机或某种实体上数字信息是用二进制数码来表示的，因而是看不见摸不着的。而数字信息输出的过程是上述过程的逆过程，必须由计算机或相应的设备将编码形态的信息读取出来，然后转换成人能识别的形式，显示在计算机屏幕上或打印在纸上。

4）**数字信息结构的复杂性**

随着计算机技术的发展，人们追求信息处理的方便性、直观性，采用多种格式与多种技术来产生数字对象，使得数字信息的复杂性增大。更为突出的是数字信息的物理结构和逻辑结构往往是不一致的。信息的物理结构是指存储在实体上位置及其分布情况，如文件的正文、图形、批示、附件等各自在实体上的存储位置。信息的逻辑结构则是指其自身的结构，如文件中的文字排列、章节构成、各页的先后顺序、插图标号等。对于纸质文件而言，信息的物理结构与逻辑结构通常是一致的，而电子文件中正文、图形、批示、附件等组成部分，既可以不在实体上连续存储，也可以存储在不同实体上，而不影响其正常显示。也就是说，电子文件的物理结构可以经常变化，而其逻辑结构却可以保持不变。这种结构的复杂性为数字信息的长期存取和管理增加了难度。

5）**数字信息资源的共享性**

共享性是数字信息的基本特征之一。当把任一具体事物转移到别处后，其在原来的地方就不复存在。而信息则不同，当某人把他拥有的信息传递出去后，他本人不会因此而失去自身具有的信息。数字文献信息的利用可以不受时空的限制，可以让多个读者同时利用，数字信息的共享性是其运作环境网络化决定的。而纸质文献信息，通常只能在某时、某地让接触到它的人阅读利用。

6）**数字信息的易更改性**

数字信息的存储介质，如磁带、磁盘、可擦写光盘、计算机内存储器等所具有的可重写特性，决定了数字信息的易更改性。另外，互联网的开放性、交互性，使得某一信息的接收者在信息通过其计算机转发传送时，可以更改这一信息，并将更改后的信息再传送出去。借助数字技术及网络，每个人都可以不留痕迹地改动网络上已有作品的颜色、排列、形状，或者把几部作品粘贴拼接，改得面目全非。

7）**数字信息的质量参差不齐，缺乏必要的控制**

由于因特网本身之特点，网络环境下信息的分布具有很大的自由性和任意性，在网上出版与传播极为容易，因而网络使用者可以兼作者与出版者身份于一身，肆意出版发布任何信息。因此，许多严肃的学者从根本上就质疑网络信息资源的质量、正确性与学术性，并不加以利用。

8）**数字信息的跨国界数据流动和传递**

受网络用户的驱动，信息数量增长速度特快。数字化信息资源是以机读型信息形式存储与检索的信息对象。由于数字化信息将各种信息的载体层面统一在计算机可读取和处理的代码上，可以充分利用现代信息处理技术对各种媒体的信息进行处理与传播，大大提高了信息检索与传播的效果。

9) **数字信息的不安全性**

除了数字信息对产生信息的原有系统的依赖性、信息与实体的可分离性、信息的易更改性等因素对信息的安全带来一系列的影响之外，网络安全的薄弱性是不可忽视的。计算机网络系统并不安全，有时会出现某些隐患，从而使数字信息化为乌有。互联网不安全性的原因主要有 3 个：① 网络系统过于复杂，缺陷太多，容易遭受黑客攻击；② 网络管理的法制体系不够健全；③ 计算机专家设计的技术防范措施不得力。

6.1.3 数字信息资源的组织

从网络实体建设的角度来看，因特网是一个通过使用统一通信技术协议联结各个国家、各个地区和各个机构计算机网络的数据通信网。在建设网络资源的基础上，通过设计、调整网络上信息资源的分布和流向，以尽可能小的配置成本取得尽可能大的配置效益，及时向用户提供便利快捷的服务。更重要的是，要与网络信息资源的快速增长相适应，发展有效的网络信息资源组织与发掘工具，形成对网络信息有效的控制和管理机制，不仅要提供网络信息浏览功能，还要能进一步发展深入到对网络信息的信息单元层面的检索和利用功能，从而满足在网络环境下，用户日益个性化和专门化的需求。

1) **数字信息组织的要求分析**

上述描述可见，在现代网络环境下，适应数字信息的特点，对其组织有着特定的要求，具体如下：

(1) 数字信息组织的动态性、多模式要求：随着数字信息资源的种类日益增多，数据库成分日益复杂化，全文信息的比重也在逐渐增大，过去主要适用于文本信息的信息组织方法已不再使用。这些非结构化信息，不像书目信息那样格式化、规范化，如何提示和描述其内容特征，以及如何实现非文本信息数据库规模生产和低成本化等，都对传统的组织方式提出了挑战。

(2) 数字信息组织的自动化要求：传统的信息组织方式大多是以人工方式进行的，其中著录、标引以及分类表、主题词表的编制和维护等都是烦琐的手工劳动。而今网上大量的全文本信息、多媒体信息等时效性信息不允许过多的中间和加工环节，因此要求实现信息组织的自动化，如自动分类，自动标引，自动编制分类表、主题词表以及目录、索引、文摘编制和管理自动化等。

(3) 数字信息组织的透明化、易用性要求：在网络环境下，用户成分逐渐多样化、复杂化，不同年龄、层次的人都可以通过计算机终端直接利用网络信息资源。由于多数用户缺乏计算机数据处理知识和必要的信息检索技能，所以要求信息组织方式简便易行，能应对复杂多变的用户环境，满足普通用户的检索需要，实现较高的网络利用率。

(4) 数字信息组织的精确性要求：首先数字信息在内容上没有一个统一的体系和结构，更新周期不一，信息质量得不到保证、冗余信息泛滥，网上资源之庞杂和真伪并存。其次，网络的互动性、离散性表现在数字信息资源上就是有序化程度低。最后，虽然目前因特网已有许多卓有成效的搜索引擎(如 Yahoo、Google 等)，但由于网络信息易编辑，缺乏质量控制等多种因素，造成信息精确度不高。所有这些都需要通过数字信息组织的精确性来解决。

(5) 数字信息组织的标准化、兼容性要求：因特网是一个多网络、无主管的分散型互联结构，网上信息资源是一种混乱无序的分布状态。信息网络是对数字信息资料进行存储、加工和利用的协作系统，系统间的交流与网络资源充分利用要求各方面的整体配合，因此网络化的前提条件就是在数字信息组织与加工等方面采用一系列标准，实现数据格式、描述语言和标引语言的标准化等。

2) 数字信息资源组织的目标

从上述数字信息资源组织的要求出发，要求我们必须建立一个全新的信息组织框架，以实现以下数字信息组织的目标：

(1) 能根据语义、应用和结构的需要对任何数字信息资源的内容(包括数据、文件、规则、过程、体制)进行定义、标记、描述、识别、验证和解释；

(2) 能运用逻辑、语义、语法或结构方法对这些信息内容进行指向、确认、检索和传递；

(3) 能运用逻辑、语义、语法或结构方法对这些信息内容及其集合进行过滤、拾取、链接、合并、集成或重组；

(4) 能按照语义关系、知识体系、应用需要或用户对象，对信息内容的组织格式和表现形式进行定义、标记、识别和转换；

(5) 能以计算机可识别、解析和理解的方式实现上述功能，支持智能代理对信息内容及其交流处理过程的自动处理；

(6) 能在多语种分布式开放环境中实现上述能力；

(7) 能根据用户的具体需要和应用环境，调整上述能力及其实现方式，能根据新的媒体形式、文献形式、技术能力和系统形态调整和发展上述能力及其实现方式，能以方便、经济和灵活的方式实现上述能力及其调整。

通过实现这些目标而建立的这样一个开放灵活的信息组织技术机制，将使现代数字信息系统能真正根据用户在其信息活动全过程任何阶段的要求，来动态地获得、析取、组织、转换、集成、交换信息。

6.2 Metadata

“Metadata”一词作为计算机科学领域的专用术语最先出现在美国国家航空与航天局的“Directory Inter－change Format”(简写为 DIF)手册中，而后被广泛应用于地理界、艺术界、博物馆界、图书信息界等。目前，对 Metadata 存在不同的译法，主要有“元数据”，“描述数据”，“诠释资料”等。目前，“元数据”是比较普遍的叫法

(本书采用此叫法)。

6.2.1 认识 Metadata

1) Metadata **的内涵**

元数据最简单的英文定义是:"data about data",即元数据是有关数据的数据,这是人们普遍认同的一个定义,也是具有最广泛外延的一个定义。然而,由于不同的专业领域所针对的对象不同,对元数据的描述也是有区别的。

在地理界,元数据是由表示数据特性的信息组成,用于为数据产品提供文献。实质上,它是回答有关构成文献的数据的人物、事件、时间、地点、原因及途径等问题。地理界最典型的元数据便是各种地图中的图例内容,如图名、数据源、比例尺、精度、生产者、各种符号、航海注意事项以及其他所有可以在地图上找到的标识信息等均为元数据。通过元数据,人们拿起一张地图便可以理解和使用它。

而在元数据应用较广泛的数据仓库中,它的概念是指关于数据的数据,用以描述数据仓库的数据和环境。并可分为两类:一类是管理元数据(Administrative Metadata),它是对源数据及其内容、数据仓库主题、数据转换及各种操作信息的描述;另一类是用户元数据(User Metadata),它帮助用户查询和理解信息,了解数据仓库中的数据和组织。

政府信息领域则认为元数据是构成政府信息定位服务(Government Information Locator Service,简称 GILS)体系分布式信息资源目录,也即是 GILS 定位记录(GILS Locator Record)的基本构建要素,用来描述信息资源的内容、位置、服务方式、存取方法等。

英国公共档案馆(PRO)在其编纂的《电子文件的管理、鉴定和保存》手册中将元数据定义为有关单份文件和其所在文件系列的信息(如它们的背景和与其他文件的关系)。它是一份使所描述的对象具有独特的、与其他记录或文件相区别的特征的清单。

国际图书馆协会联盟(International Federation of Library Associations and Institutions,简称 IFLA)对 Metadata 的定义是:Metadata 即描述资料的资料(data about data),可用来协助对网络数字信息资源的辨识、描述、指示其位置的任何资料。

尽管不同专业领域对元数据的定义有诸多的不同、但其本质是一样的,即元数据是一种有效的信息资源组织和管理的工具,是一种编码体系,它可以帮助人们检索和确认所需要的信息资源,可以对数据单元进行详细、全面的著录描述,可以支持信息资源的存储和使用管理,支持对信息资源进行长期保存。难怪人类学家霍德说:"当事物脱离了上下文——即失去了背景,元数据——就成了哑巴"。

2) Metadata **的种类**

由于目的以及描述处理的资源对象不同,产生了各种各样的电子资源描述格式,因此元数据的种类繁多。各种元数据因由不同专业领域的人员针对不同的研究领域提出来,故有不同的应用领域:如美国机读目录格式(USMARC)较适用于纸型出版物、图像、缩微资料、视听资料、软件、数据库等;艺术作品著录类目(Categories for the Description of Works of Arts,简称 CDWA)、则适用于美术作品、拓片、瓷器、家具、服装、建筑等三维实体;都柏林核心(DC)是由图书馆和信息界提出的来的,介于它们之间,对计算机软件、数据库等较适用;而文本起始编码(Text—Encoding Initiative Header,简称 TEI 头标)则是由人文学科领域的学者提出的,主要用于语言学、历史学等人文科学领域。

Metadata 的种类繁多,依据不同的标准可以对 Metadata 做不同的分类。

(1) 据 Metadata 的结构性、完整性以及专业性分为三种:① 直接采用原始资料(即未结构化的资料)的资源描述格式,一般性的网络资源查寻工具、搜索引擎皆属此类,例如 Iycos,Yahoo,Alta Vista 等;② 使用结构化资料,可支持字段查询。此类 Metadata 描述数据结构简单,可由非专业人士或资源创造者自行著录,足以表示其文件资源属性的内容,主要目的在于提供对大量网络数字信息资源的搜寻功能,倾向对个别对象的描述,而不做多元化对象关系的描述,目前图书馆界积极发展的都柏林核心元素集(Dublin Core)则属此类;③ 使用完整的资源描述架构,用来记录文件或描述一组对象,以及其彼此间相互关系。除了可提供定位与搜寻功能外,此类 Metadata 完整地描述对象间的复杂关系,可表现特殊领域或特定文献资源的特质与内涵,所以此类 Metadata 需要具专业知识背景的人士才能建立与维护,方能满足其专业需求。例如档案采用的编码标准 EAD。

(2) 据元数据的用户可以分为技术元数据和商业元数据。① 技术元数据提供给数据仓库的技术人员,供其在仓库的开发和维护中使用;② 商业元数据是商业用户在仓库中寻找它们所需商业信息的一个辅助。

(3) 据元数据所支持的功能,可分为描述性元数据(Descriptive Metadata)、管理性元数据(Administrative Metadata)和结构性元数据(Structural Metadata)。① 描述性元数据有助于发现和确定资源;② 管理性元数据是支持资源管理的信息;③ 结构性元数据是将一个复杂或复合资源各部分结合到一起并且使整体可用的信息。

也可将元数据分为技术元数据、权限元数据、保存元数据和资源发现元数据。①技术元数据,说明数字化信息资源的类型、存储格式和采用的技术标准;②权限元数据,说明信息资源的责任人或产权关系;③保存元数据,说明信息资源的存储位置,用统一数据定位符(URL)等来标志;④资源发现元数据,说明信息资源的类别、主题标志等。

3) Metadata 的特点

从 IFLA 的定义看,图书馆自动化系统中的 MARC 目录,可描述图书资料的内容、特色或资料实体(例如作者、题名、主题等),进而提供对图书资料的检索,这样来讲,它也属于元数据。那么既然已经有了 MARC,为什么还要建立 Metadata 呢? 首先是因为 MARC 无法在网络上流通,在数字信息资料的交换及检索上出现困境;第二是因为 MARC 过于复杂,很难为众多非图书信息专业的人士使用,需要有一套简单的资源描述格式,以最少的成本来解决快速增加的网络数字信息资源的组织问题。此外，从 IFLA 的定义来看，随着信息网络的发展产生了大量的数字信息资源，同时使用者对数字信息资源也产生了新的信息需求，所以发展新的资源描述格式(metadata)，用以协助辨识、描述网络数字化信息资源以及指示资源位置，成为目前的发展趋势。

简单地说，Metadata 具有传统目录的著录功能，即是以简单的资料描述资源的内容。这将有助于资源的使用者及管理者透过 Metadata 了解并辨识资源，进而去利用及管理资源。从信息资源数字化的角度来看，Metadata 可说是数字式目录，它描述了收藏资料的内容或特色，进而达到协助资料检索的目的，对庞大多样的数字化信息资源作有效的组织与整理。元数据的特点具体如下：

(1) 描述性：这是所有元数据的最本质的特征。元数据是描述数据的数据，它通过按一种约定俗成的规则来描述对象，以组织和管理信息资源。只有先描述才会有组织与管理功能的发挥。

(2) 动态性：元数据不是静止不变的，它随着所描述对象的变化而变化。

(3) 多样性：这是指元数据的类型多样。一个描述对象的元数据会有各方面的特征。我们从不同的角度对其进行划分会产生不同的结果。

(4) 复杂性：这主要表现在两个方面：一方面，元数据既可以是集合概念，也可以是个体概念，元数据中还可以包括其他的元数据；另一方面，对不同的描述对象，有些元数据项是必须有的，而有些却不一定强求，即强制性的元数据与选择性的元数据共存。

(5) 多层次性：这一方面是由元数据所描述对象的多层次决定的，另一方面，是由元数据使用对象的多层次性决定的。

(6) 支撑性：在某种程度上元数据相对内容而言处于次要的地位，但又是必不可少的，起支撑的作用，它有效地维护所描述对象的原始性和完整性。另外，元数据的支撑性还表现在它与所描述对象的共存，能保证资源的长期使用，即在产生它的人、计算机系统乃至标准停用后，仍可通过元数据继续使用其所描述的对象。

6.2.2 Dublin Core 概述

都柏林核心元素集(Dublin Core Element Set)，简称为都柏林核心(DC)，是目前发展比较成熟的元数据之一，在图书信息界及网络界得到了广泛的认可。因此，本书以它为例对元数据做具体介绍。

1) Dublin Core 简介

为了寻求一种非图书馆人员可轻易掌握和使用的信息资源著录格式，以提高网络资源的开发利用率，OCLC 和 NCSA(National Center for Supercomputing Application)在 1995 年联合召开了第一次都柏林核心元素集会议。来自图书馆、计算机及有关领域的 52 名专家学者经过讨论，最终达成一致意见，创建了只包含能够描述数字信息资源基本特征的 Dublin Core，并明确了元素的描述语义。其后都柏林核心工作小组经过多次研讨，使“都柏林核心元素集”日趋于完善，具体取得了以下一些成果：

（1）确立 Dublin Core 的 15 个核心元素；

（2）确定了附加的 Dublin Core 限定词——堪培拉限定词（第四届元数据会议在澳大利亚首都堪培拉召开，正式确定了附加的 Dublin Core 限定，俗称：堪培拉限定词）；

（3）采用 HTML 和 RDF 作为主要的语法格式。

由此可见，Dublin Core 是由都柏林核心工作小组拟定的用于标识数字信息资源的一种简要目录模式。

由于 Dublin Core 简练、易于理解、可扩充及能与其他元数据形式进行桥接等优点，1998 年 9 月，因特网工程专题组（IETF）正式接受 Dublin Core 元素集，将其作为一个正式标准予以发布。这 15 个未结构化的 Dublin Core 元素被简称为 DC1.0。1999 年 7 月，DC1.1 版本发布。该版本总结了 DC1.0 发布以来对 Dublin Core 元数据元素定义的修改，每一个 Dublin Core 元素都使用 ISO/IEC11179（信息技术：数据元的规范与标准标化系列标准）中关于数据元素描述标准的 10 个属性来定义。

2）Dublin Core **结构**

Dublin Core 由 15 个核心元素（也可称为基本字段）组成：题名（Title）、作者或创造者（Creator）、主题词和关键词（Subject）、出版者（Publisher）、内容描述（Description）、其他责任者（Contributor）、日期（Date）、资源类型（Type）、资源格式（Format）、资源标识（Identifier）、关联（Relation）、资料来源（Source）、语言（Language）、内容范围（Coverage）、权限管理（Rights）（注：上述括号内为元素标识）。

以下具体介绍 Dublin Core 的 15 个基本字段：

（1）题名（Title）：作品被赋予的一个或多个名称。

（2）作者或创造者（Creator）：作品的构思及创始者，可以是一位以上的个人或机构。

（3）主题与关键词（Subject）：作品的主题或主要概念的关键词，以及代表与本对象重要相关的人物、地点、事件、或其他背景资料等信息的词汇。

（4）出版者（Publisher）：负责发行作品的个人或机构，同时也可以著录主要的资助单位或政府机关。此外，发行者与其他重要代理商也可著录于此。

（5）内容描述（Description）：文件的摘要或影像资源的内容叙述。

（6）其他责任者（Contributor）：除了著者外，对作品创作有贡献的其他相关人士或机构（例如编者或译者），也可用来著录赞助者、捐赠者及负责人。描述自然标本时，也可在此著录标本制作者。

（7）日期（Date）：作品公开发表的日期，建议使用格式－YYYY－MM－DD。这个日期不一定与 Coverage 字段所定义的资源内容所涵盖的日期或期间相同。描述自然标本时，字段值可著录鉴定、观察及采集的相关日期。

（8）资源类型（Type）：作品的类型或所属的抽象范畴，例如文字、声音、影像、实体对象、事件、原件或代理对象等。

（9）资料格式（Format）：本字段描述存取、呈现或使用此作品时，可能所需的软硬件工具。

(10) 资源标识(Identifier):用来有效辨识此作品的文字或号码,例如 URN、URl、ISSN、ISBN 等。

(11) 关联(Relation):与其他作品的关联,或所属的系列和档案库。

(12) 资料来源(Source):作品的其他衍生来源。

(13) 语言(Language):作品本身所使用的语言。

(14) 内容范围(Coverage):作品所涵盖的时期和地理区域。时间涵盖范围是指作品内容的相关时期,例如新石器时代,而非作品产生或创作时间。空间涵盖范围若是一个实际地区,则著录地名或坐标(经纬度)。

(15) 权限管理(Rights):作品版权声明和使用规范。

以上 15 个基本字段,可以大致划分为三类:① 内容字段 7 个:题名(Title)、主题词和关键词(Subject)、内容描述(Description)、资源类型(Type)、资料来源(Source)、关系(Relation)、内容范围(Coverage);② 知识产权字段 4 个:作者或创造者(Creator)、出版者(Publisher)、其他责任者(Contributor)、权限管理(Rights);③ 例示字段 4 个:日期(Date)、格式(Format)、资源标识(Identifier)、语言(Language)。其中每个字段都是可选的,也是可以重复的,并且各字段排列顺序可以是任意的,没有特殊意义。每一个字段可以通过"堪培拉限定词"进一步扩展。例如 Dublin Core 在类型(type)上制定 8 种不同形态:① Text,② Image,③ Sound,④ Dataset,⑤ Software,⑥ Interactive,⑦ Event,⑧ Physical Object。

3) Dublin Core **的功能**

从以上 Dublin Core 的结构,我们不难看出它的功能有:

(1) 查找:Dublin Core 的设计主要是为了支持数字信息资源的发现或查找,其元素意在成为用户查找数字信息资源的最重要的依据。Dublin Core 元素:题名、主题或关键词、作者或创造者、其他责任者均可作为检索点,此外,这些元素的内容可以优化,对其采用受控词汇和规范控制,则能更好地发挥查找的功能。

(2) 识别:识别被检索的特定信息资源和区别相似信息资源不是 Dublin Core 明显的目标之一。然而、Dublin Core 中也存在一些与信息资源的识别相关的元素:日期、类型、格式和识别符,如"日期"能提供识别版本的信息,但是这对支持用户的需要而言是不充分的。

(3) 选择:Dublin Core 的意图不是为用户在多个检索结果中做出选择提供必要的信息,例如,元素"描述"可能对资源的相关性评估更有用。虽然在一定程度上,用户可以将任何一个元素作为选择的依据,但是 Dublin Core 元数据目的不是成为资源的完全代替品,只是在某种程度上,它的确代表资源,可以用来支持资源的选择。

(4) 获取:Dublin Core 的目的之一是支持数字信息资源的检索,在网络环境下,元素"识别符"中的准确地址,可以超越时间的限制,全面支持数字信息资源的获取。

4) Dublin Core **的优缺点**

目前为止,网络信息资源著录的元数据方案有多种,但越来越多的迹象表明都柏林核心元素集已成为一个事实上的标准。它一出现就被北美、欧洲、亚洲和澳洲20多个国家认同，不仅图书馆、博物馆，不少政府机构、商业组织正在或准备采用。中国数字图书馆工程及上海数字图书馆的元数据解决方案也均基于都柏林核心元素集。主要原因在于 Dublin Core 有着其独特的优点：

（1）简易性：Dublin Core 只有 15 个基本字段，且都具有一个能够普通理解的语义，适合各种背景的人员使用。因此非图书馆专业人士亦可在短时间内，学会使用 Dublin Core 对网络信息进行著录。它不仅避免了搜索引擎中著录过于简单而导致检索效率严重下降的弊端，而且也避免了机读目录的过分专业化和复杂化。

（2）可扩展性：Dublin Core 格式具有弹性化和扩展性，允许使用者为了特定目的或在特定的学科领域可以增加一些必要的著录信息。虽然如此会造成某种程度的混乱，但是从另一个角度来看，却可使都柏林核心元素集能够随着时势及环境的变迁来调整，以适应不同的时期及不同的变化。可扩展性保证了其具有向后兼容和扩展的能力。

（3）著录的全面性：Dublin Core 比较全面地概括了网络信息资源的主要特征，涵盖了资源的重要检索点（Title，Creator，Subject 项）、辅助检索点或关联检索点（Publisher，Contributor，Identifier，Source，Relation 项）以及有价值的说明性信息（Description，Date，Type，Format，Language，Coverage，Rights 项）。

（4）与机读目录接轨：都柏林核心元素集与标准的机读目录之间转换的理论研究取得了重大突破，从这一点上讲，我们也可以将 Dublin Core 看成是机读目录的网络缩微版，这不仅可以使已大量存在的机读目录可转换为都柏林核心的元素集，从而实现网络存取，而且也为机读目录的发展提供了理论和实践的空间。

（5）广泛的适用性：Dublin Core 对于地图、绘画、生物标本、历史文物等均适用。

当然，Dublin Core 并非十全十美，它也不可避免地存在一些缺点：

（1）字段定义上的模糊性。考虑到 Dublin Core 著录上的弹性空间，Dublin Core 的基本字段定义相对简练。这样简练的说明对使用者来说，容易造成对字段定义的不同理解，在判断资料字段时出现格式不统一。例如 Author 与 Contributor 的区分，主要与次要的界限如何划分？

（2）限定词的制定使 Dublin Core 变得复杂化。著录标引上的弹性空间，容易增加检索网络资源的难度。为了能更为明确和精确地检索资料，Dublin Core 近期的发展着重于限定词与著录控制表的制定。这虽然能解决前面所述的问题，但也相对增加了著录者的负担。发展到一定的程度时，著录者恐怕也要进行相当的训练和依赖著录说明才能完成资料的著录。

（3）格式不稳定。Dublin Core 发展到目前仅 5 年时间，许多字段的制定与著录规范都还在变化之中，著录时必须考虑到可能的变动，预留修改空间。从长远来看，采用这一格式著录的数据库，将存在格式不统一的问题。

6.2.3 RDF——元数据的“容器”

随着 WWW 的兴起，对网络信息资源的描述与组织也逐渐成为有关各界研究的热点，出现了多种元数据（Metadata）格式，如前所述的都柏林核心集（Dublin Core）是最受瞩目的一个。由于类似都柏林核心集这类的元数据正逐渐获得肯定和广泛应用，致使相关的携带工具也成为研究者注目的焦点。元数据的种类复杂且用途殊异，将来多种元数据共存共荣的局面已成为共识，因此一种可同时携带多种元数据来往于互联网和 WWW 上的架构，成为必不可或缺的工具。资源描述框架（RDF）即借此而生。

1) **RDF 的概念与构成**

Resource Description Framework（简写为 RDF）是 W3C 于 1999 年颁布的一个因特网建议。它的功能是利用当前存在着的多种元数据标准来描述各种网络资源，形成人机可读，并可以由计算机自动处理的文件。RDF 的目标是建立一个供多种元数据标准共存的框架。在这个框架中，能够充分利用各种元数据的优势，并能够进行基于 Web 的数据交换和再利用。因此，RDF 可以看做是一个元数据的“容器”，其关键是框架结构。

RDF 框架由三个部分构成：RDF Data Model，RDF Schema 和 RDF Syntax。RDF Data Model 形成对资源的形式描述；Schema 定义描述资源时需要的属性类及其意义、特性；Syntax 则把形式描述通过其宿主语言 XML 转换成机器可以理解和处理的文件。

2) **RDF Data Model**

RDF Data Model 又称 RDF 的数据模型，它包括了三个对象类型（Object types）：① 资源（Resource）：所有以 RDF 表示法来描述的东西都叫做资源，它可能是一个网站，可能是一个网页，可能只是网页中的某个部分，甚至是不存在于网络的东西，如纸本文献、器物、人等。在 RDF 中，资源是以统一资源标识（URI——Uniform Resource Identifiers）来命名，统一资源定位器（URL——Uniform Resource Locators）、统一资源名称（URL——Uniform Resource Names）都是 URI 的子集。② 属性（Properties）：属性是用来描述资源的特定特征或关系，每一个属性都有特定的意义，用来定义它的属性值（Value）和它所描述的资源形态，以及和其他属性的关系。RDF 的（Property，Property value）在概念上和传统的（Attribute，Attribute value）是相同的。③ 陈述（Statement）：特定的资源以一个被命名的属性与相应的属性值来描述，称为一个 RDF 陈述，陈述可以理解为“资源 R 具有值为 V 的属性 P”，其中资源是主词（Subject），属性是述词（Predicate），属性值则是受词（Object）。陈述的受词除了可能是一个字符串，也可能是其他的资料形态或是一个资源。

综合起来，RDF 定义了一种通用的框架，即资源—属性—值的三元组，以不变应万变，来描述 Web 上的各种资源。它基于如下的假设：任何一个可被标识的“资源（Resource）都可以被一些可选择的“属性”（Property）描述（如尺寸、名字、制作者等），每一个属性的描述都有一个“值”（Value）。举个例子，陈述“李明是这所轴承厂的厂长”；轴承厂是被描述的资源，它的一个属性是“厂长”，而这个属性的值是“李明”。这里“李明”这个节点可能还有一些属性，如年龄、性别等，可以继续对“李明”节点进行描述。下面是用实体关系图（图 6.1）来表示的这个陈述。

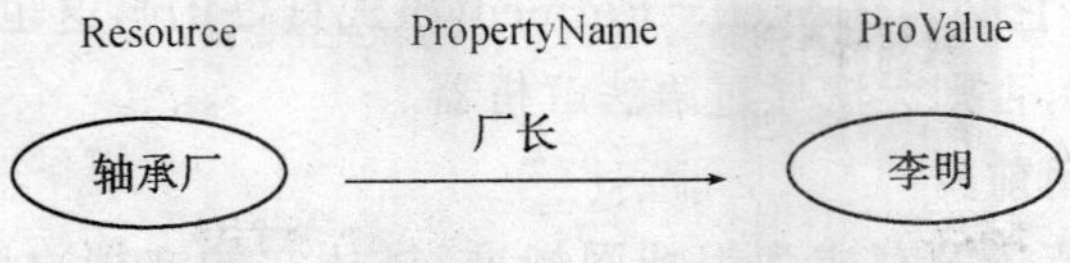

图 6.1　实体关系示例图

3）**RDF Schema**

“Schema”中文称为“大纲”，RDF Schema 的作用就像是一部辞典，宣布一组词汇，也就是在 RDF Statement 中可以使用的 Properties，并描述每个 property 的意义、特性，以及 Property value 的限制。

RDF schema 的具体作用包括：①定义资源的属性类、语法、属性值的类型；②定义资源类〔Type of class〕以及属性所应用到的资源类；③声明（Declare）由一些机构定义的元数据标准的属性类。

RDF Schema 使用一种机器可以理解的体系来定义描述资源的词汇。在 RDF Schema 中，每个 RDF 资源都有一些核心类和属性。核心类包括：

RDFS：Resource——任何利用 RDF 来表示、描述的事物都被称为“资源”（Resource）。

RDFS：Class——这里 Class 类似面向对象中“类”的概念，指的是事物的一类，这一类中的一个具体的事物叫做“实例”（Instance），比如，哺乳动物和大象的关系。

RDFS：Property——指资源的属性。

核心属性有 rdfs：type、rdfs：subClassof、rdfs：sccAlso 等。

4）**RDF Syntax**

RDF Syntax 又称 RDF 的语法机制，通过它把形式描述借助其宿主语言 XML，转换成机器可以理解和处理的文件。RDF Data Model 提供了一个抽象的框架来描述资源。Schema 定义和声明了一些属性类。但是，要形成人机可读的具体文件并利用计算机处理，则还需要一个具体的语法（Syntax）体系来完成。RDF 以 XML 为其宿主语言，当然就需要通过 XML 语法实现对各种元数据的集成。

在 RDF 语句中，属性的意义由某一个元数据格式进行定义，不同的元数据格式对同一个属性可有不同的用法，而不同的 RDF 语句又可以使用不同的元数据格式。同时，RDF 是允许各资源描述团体自行定义元素名称的，由于不同的领域因各自需求不同，往往赋予同一元素或宽或窄的含义，这样就会导致出现各资源描述团体用同一个属性类型名称代表各自不同的事物的现象，从而给元数据交换造成大的冲突。为避免上述情况的发生，必须做到惟一地识别每一个属性，RDF 使用 XML 名字空间，把属性和它的定义相互联系起来。方法是在每一个属性名字的前面加上一个前缀，两者之间用冒号分开，前缀表示所用的名字空间。例如属性 Author 来自于元数据格式 s，则可使用“s”名字空间限定 Author。此外，每一个名字空间都必须有相连的 URI，指明定义所在的位置。两个名字空间不管使用什么样的前缀，只要 URL 一样，两者就是一样的。

最后,因为 RDF 是 XML 的一个应用,所以,RDF 文件也可以不需要文档类型定义(DTD)。但是它必须是 Well-Formed(格式良好的),这也是一个 XML 文件最基本的规格限制,否则无法通过语法解析器。

5) RDF 的应用前景

虽然 RDF 规范还没有成为因特网标准,描述它的文档也随时可能更改。但是,毫无疑问,它有着广泛的应用前景。具体体现在以下几个方面:

(1) RDF 的基本功能是描述网站、文献等网络资源,这将使得它在因特网范围内得以广泛地应用;

(2) RDF 为多种元数据描述资源提供了一个框架,综合了多种元数据标准的优势;

(3) 利用元数据描述对象数据,可以减小实际应用中网络的传输量,节省网络带宽,RDF 的功能和目标符合这一要求;

(4) 用户通过规范的元数据内容就可以决定对象数据的取舍,节省时间和精力;

(5) RDF 以 XML 为其宿主语言,XML 摒弃了 SGML 的缺点,显得简略、清晰且应用方便,是目前最具发展前景的标记语言。

6.3 搜索引擎(Search Engine)

据《科学》杂志估计,全球目前的网页超过 16 亿页并且仍以每 4 个月翻一番的速度在飞速增长。用户要在如此浩瀚的信息海洋里寻找信息,如果不借助必要的检索技术,必然会徒劳无功,搜索引擎(Search Engine)正是为解决这个难题而出现的技术。搜索引擎是基于网络的信息处理系统,它的出现在一定程度上为人们解决了在网络上查找信息的问题。

6.3.1 认识 Search Engine

1) 搜索引擎的概念和种类

搜索引擎是从 1993 年发展起来的一种技术,它以一定的策略在互联网中搜集、发现信息,对信息进行理解、提取、组织和处理,并为用户提供检索服务,从而起到信息导航的作用。搜索引擎提供的导航服务已成为互联网上非常重要的网络服务,搜索引擎站点也被美誉为“网络门户”。面向 Internet 的搜索引擎是从各种网络资源中浏览和检索信息的工具。这些网络资源包括:Web、FTP 文档、新闻组、Gopher、E-mail,以及多媒体信息等。

根据信息搜集方法和服务提供方式的不同,搜索引擎系统可以分为三大类:①目录式搜索引擎:以人工方式或半自动方式搜集信息,由编辑员查看信息后,人工形成信息摘要,并将信息置于事先确定的分类框架中。信息大多面向网站,提供目录浏览服务和直接检索服务。该类搜索引擎因导入了人工因素,所以信息准确导航质量高;缺点是需要人工介入、维护量大、信息量少、信息更新不及时。这类搜索引擎的代表是 Yahoo、LookSmart、OpenDirectory、Go Guide 等。② 机器人(Robot)搜索引擎:由一种称为网络蜘蛛(Spider)的机器人程序以某种策略自动在互联网中搜集和发现信息,由索引器为搜集到的信息建立索引,由检索器根据用户的查询,输入检索的索引库,并将查询结果返回给用户,服务方式是面向网页的全文检索服务。该类搜索引擎的优点是信息量大、更新及时、毋需人工干预;缺点是返回信息过多,有很多无关信息。这类搜索引擎的代表是 AltaVista、Lycos、Excite、Infoseek,以及国内的天网、悠游、OpenFind 等。③ 元搜索引擎:这类搜索引擎没有自己的数据库,只是将用户的查询请求同时向多个搜索引擎递交,将返回的结果进行重复排除、重新排序等处理后,作为自己的结果返回给用户,服务方式为面向网页的全文检索。这类搜索引擎的优点是返回结果的信息量更大、更全;缺点是不同的元搜索引擎挂接的搜索引擎各不相同,且各自独立的搜索引擎在查询语法上的差别较大,使得元搜索引擎本身仅支持 AND、OR、NOT 等简单的语法操作,不能够充分应用所挂接搜索引擎的功能,用户需要做更多的筛选。这类搜索引擎的代表是 WebCrawler、InfoMarket 等。

此外,搜索引擎其他的分类方法还有:按照自动化程度分为人工与自动引擎;按照是否有智能分为智能与非智能引擎;按照搜索内容分为文本搜索引擎、语音搜索引擎、图形搜索引擎、视频搜索引擎等。

2) 机器人搜索引擎的工作原理与基本构成

目录式搜索引擎其实是一种早期的搜索引擎,是把因特网中的资源服务器的地址收集起来,根据其提供的资源的类型不同而分成不同的目录,再一层层地进行分类。人们要找自己想要的信息可按它们的分类一层层进入,就能最后到达目的地,找到自己想要的信息。这其实是最原始的方式,只限于因特网信息较少的情况。而机器人搜索引擎则是适应海量信息搜集与检索的工具,并且它是元搜索引擎的基本搜索单元,在搜索引擎的家族中地位举足轻重。

(1) 机器人搜索引擎的工作原理(见图 6.2)

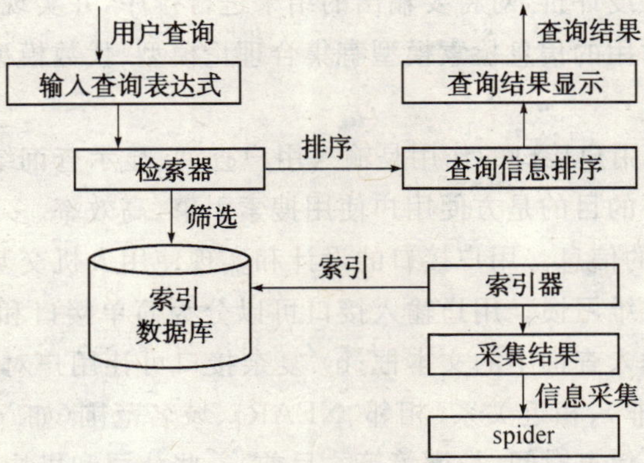

图 6.2　机器人搜索工作原理

用户检索信息时,搜索引擎是根据用户的查询要求,按照一定的算法从搜索引数据库中查找对应的信息返回给用户。为了保证用户查找信息的精度和新颖性,对于独立的搜索引擎而言，还需要建立并维护一个庞大的数据库。机器人搜索引擎索引数据库中的信息是通过一种叫做网络蜘蛛(spider)的搜索器定期在网上爬行，通过访问公共网络中公开区域的每一个站点采集网页，对网络信息资源进行收集，然后利用索引器对收集的信息进行自动标引，创建一个可供用户按照关键字等进行查询的 web 页索引数据库，检索器通过索引数据库为用户提供查询服务。

(2) 机器人搜索引擎的基本构成

从以上分析可见，一个机器人搜索引擎由搜索器、索引器、检索器和用户接口等 4 个部分组成。

① 搜索器：搜索器搜集的信息类型各种各样，包括 HTML、XML、FTP 文件、字处理文档、多媒体信息等。搜索器的功能是在互联网中发现和搜集信息，它是一个程序，日夜不停地运行，尽可能多和快地搜集各种类型的新信息，同时互联网上的信息更新很快，所以还要定期更新已搜集过的旧信息，以避免死连接和无效连接。搜索器的实现常常用分布式、并行计算技术，以提高信息发现和更新的速度。商业搜索引擎可实现每天几百万个网页的搜索。目前，有两种搜集信息的策略：a) 从一个起始 URL 集合开始，顺着这些 URL 中的超链接(Hyperlink)，以宽度优先、深度优先或自发式方式循环地在互联网中发现信息，这些起始 URL 可以是任意的 URL，但常常是一些非常流行、包含很多链接的站点(如 Yahoo)。b) 将网站按照域名、IP 地址或域名划分，搜索器负责对每个网站进行穷尽搜索。

② 索引器：索引器的功能是理解搜索器所搜索的信息，从中抽取出索引项，用于表示文档以及生成文档库的索引表。索引器可使用集中式索引算法或分布式索引算法。当数据量很大时，必须实现即时索引(Instant Indexing)，否则无法跟上信息量急剧增加的速度。索引算法对索引器的性能(如大规模峰值查询时的响应速度)有很大的影响。一个搜索引擎的有效性，在很大程度上取决于索引器生成的索引质量。

③ 检索器：检索器的功能是根据用户的查询在索引库中快速检出文档，进行文档与查询的相关度评价，对将要输出的结果进行排序，并实现某种用户相关性反馈机制。检索器常用的信息检索模型有集合理论模型、代数模型、概率模型和混合模型 4 种。

④ 用户接口：用户接口的作用是输入用户查询、显示查询结果、提供用户相关性反馈机制。主要的目的是方便用户使用搜索引擎，高效率、多方式地从搜索引擎中得到有效、及时的信息。用户接口的设计和实现使用人机交互的理论和方法，以充分适应人类的思维习惯。用户输入接口可以分为简单接口和复杂接口：a) 简单接口只提供用户输入查询串的文本框；b) 复杂接口可让用户对查询进行限制。如逻辑运算(与、或、非)、相近关系〔相邻、NEAR)、域名范围(如.edu、.com)、出现位置(如标题、内容)、信息时间、长度等等。目前，一些公司和机构正在考虑制定查询选项的标准。

3) 搜索引擎面临的挑战

虽然搜索引擎的检索技术是在计算机情报检索(主要指联机数据库检索)的基

础上发展起来的，两者的实质都是对信息集合和需求集合的匹配。但是搜索引擎面临着比传统计算机情报检索系统远为复杂的环境，这就是当前搜索引擎面临的挑战之所在。

(1) 网络信息无序组织的本性。Internet 用户面对的是非常多的随机的未良好组织的信息。从如此庞杂的信息海洋中取出对用户最有用的信息，是搜索引擎面临的一项挑战，而信息的有序化组织也是搜索引擎高效工作的前提。

(2) 信息有用性评价困难。一些站点在网页中大量重复某些关键字，使得容易被某些著名的搜索引擎选中，以期借此提高站点的地位，但事实上可能没有提供任何对用户有价值的信息。搜索需要辨识种种假象，通过采取各种搜索策略，真正挑出有用的信息。

(3) 网络信息日新月异的更变。人们总是期望挑出最新的信息，然而网络信息时刻变动，实时搜索几乎不可能。就是刚刚浏览过的网页，也随时都有更新、过期、删除的可能。一方面信息庞杂，另一方面又剧烈变化，好的搜索引擎必须在速度和效率上进行仔细的权衡。

(4) 信息媒体多样化。迄今为止，搜索对象主要是文本。多媒体技术的发展，对搜索引擎提出了更多的要求。人们期望引擎不仅能挑出自己需要的文章，还能挑出自己所关心的图片、电影、音乐等。

(5) 带宽等其他因素的制约。搜索引擎的关键问题之一就是如何将网络信息收集、整理，也就是如何将网络信息有序化。为此，搜索引擎需要定期不断地访问网络资源。然而遍历如此庞杂的网络本身是一件非常困难的事。目前网络带宽不足，网络速度不够理想，使得搜索引擎索引网络资源的速度较慢。

4) 搜索引擎的发展趋势

目前的搜索引擎仍然存在不少的局限性。概括起来主要有信息丢失，检索结果中存在着大量垃圾信息，对自然语言提问没有理解能力，对多媒体内容的检索尚不成熟等等。造成上述信息检索困难的原因在于传统的搜索引擎缺乏知识处理能力和理解能力，不能处理随用户不同而变化的个性化知识、随地域不同而变化的区域性知识以及随领域不同而变化的专业性知识等等。所有这些问题的存在，为当今搜索引擎的发展指明了方向，具体如下：

(1) 向垂直化专业领域搜索发展：由于社会分工的加大，用户从事的职业有很大不同，不同用户对信息搜索也往往有自己的专业要求。由于综合性的搜索引擎收录各方面、各学科、各行业的信息，因而搜索不相关的信息太多，专业垂直引擎则可以解决这个问题，垂直类搜索引擎是只面向某一特定的领域，专注于自己的特长和核心技术，能够保证对该领域信息的完全收录与及时更新。因此，基于专业领域的“垂直搜索引擎”开始成为搜索引擎发展的一个新趋势。

(2) 向智能化搜索发展：传统的搜索引擎使用方法是被动搜索，而准确的搜索应建立在对收录信息和搜索请求的理解之上。显然，基于自然语言理解技术的搜索引擎由于可以同用户使用自然语言交谈，并深刻理解用户的搜索请求，则查询的结果更加准确。

(3) 向关联式的综合搜索发展：所谓关联式综合搜索，是这样一种一站式的搜索服务，它使得用户在搜索时只需要输入一次查询目标，即可以在同一界面得到各种有关联的查询结果，这种服务的关键在于有一架构在XML基础上的整合资讯平台。

(4) 向个性化搜索发展：提高搜索精确度的另一个途径是提供个性化的搜索，也就是将搜索建立在个性化的搜索环境之下，其核心是跟踪用户的搜索行为，通过对用户的不断了解、分析，积累用户的搜索个性化数据来提高用户的搜索效率。

(5) 向结构化搜索发展：所谓结构化搜索，是指充分利用XML(可扩展标记语言，本书附录中有详细介绍)等技术使信息结构化，同时使查询结构化，从而使搜索的准确度大大提高。

(6) 向本土化的搜索发展：世界上许多著名的搜索引擎都在美国，它们以英语为基础，完全按它们的思维方式和观点搜集和检索资料，这对于全球不同国家的用户来说是显然不合适的。各国的文化传统、思维方式和生活习惯不同，在对于网站的内容的搜索要求上也就存在差异。搜索结果要符合当地用户的要求，搜索引擎就必须本土化。

(7) 向多媒体搜索发展：随着宽带技术的发展，未来的互联网是多媒体数据的时代，开发出可查询图像、声音、图片和电影的搜索引擎是一个新的方向，这也将极大地满足用户的需求。

未来的搜索引擎应该信息量更大、搜索速度更快、搜索精度更高和更能够满足用户的信息查询需求。

6.3.2 元搜索引擎

网络的飞速发展带来了网络信息资源数量的迅速膨胀，为了从纷繁芜杂的信息汪洋中挖掘出有用信息，人们越发离不开网络信息检索工具——搜索引擎的帮助。然而，任何一个搜索引擎都不可能100%的覆盖网上信息。据统计，国外的一些著名品牌的搜索引擎的信息覆盖率最高也不过30%，用户通常需要检索多个搜索引擎才能获得较全面的检索效果，这就为元搜索引擎的出现创造了生存的空间。

1) 元搜索引擎的概念和特征

国外的英文搜索引擎中已经创下许多知名的元搜索引擎品牌，例如Ixquick、Webcraler、ProFusion等，元搜索技术正受到各大搜索引擎的关注，无论是如Yahoo! 等老牌机器人搜索引擎，还是如Google等搜索引擎的新秀，都已不再局限于独立搜索引擎技术，而是融合元搜索技术，以强化检索效果，提高检索质量。

(1) 元搜索引擎的概念

元搜索引擎是一种基于机器人搜索引擎的搜索引擎，用于查询与提供相关的信息线索或者全文。元搜索引擎通过自己定制的检索界面，接收并处理用户的查询提问，在进行实际的查询时调用一个或者多个独立搜索引擎的数据库，搜索结果是来自独立搜索引擎的检索结果或者是这些结果集合的综合，结果呈现既可以是引用原始的独立搜索引擎的页面，也可以是由元搜索引擎重新定制后的形式。

元搜索引擎一般会采用品牌知名、检索效果较好的主流搜索引擎的数据库，一次提问同时检索多个数据库，提高了检索的效率，同时也起到了对检索工具的推荐和指南的作用。另一方面，元搜索引擎的检索模式还为各个搜索引擎的集成检索提供了可能，具有一定的先进性和实用价值。

(2) 元搜索引擎区别于机器人搜索引擎，主要有这样一些特征：①将一次提问提交多个数据库。元搜索引擎定制了调用多个独立搜索引擎的统一界面，将用户递交的提问提交给其他多个独立搜索引擎。因此，用户的一次查询可以同时检索多个独立搜索引擎。这期间，针对不同的独立搜索引擎将用户的提问作不同转换，以适应相应索引数据库的调用。也就是说，元搜索引擎需要对用户提问进行分门别类的处理，并根据不同独立搜索引擎的要求，按不同的形式提交同一查询。②基于独立搜索引擎结果的二次加工。元搜索引擎的结果基于独立搜索引擎的查询结果，少数简单的直接调用原始的结果页面，但都实现了对独立搜索引擎查询结果的二次加工，如重复结果的删除、结果的再度排序等。③标明结果记录的来源搜索引擎及其相关度。在定制结果输出形式的元搜索引擎中，检索结果一般都标明记录的来源搜索引擎及其相关度。

(3) 由于是基于机器人搜索引擎的，元搜索引擎的功能很大程度受其限制，因此不可避免的存在局限性：① 查全率提高，查准率不易控制。元搜索引擎将一次提问同时检索多个搜索引擎，扩大了检索覆盖的范围，提高了查全率。但其结果主要来自独立搜索引擎查询结果中排名靠前的记录，在一定程度上默认了独立搜索引擎的查准效果，而目前独立搜索引擎自身在查全与查准提高方面存在着各种问题。因此，元搜索引擎在为用户提供更全面、综合的结果同时，难以控制各独立搜索引擎的无关输出。② 检索功能简单。元搜索引擎一般只提供一个公共接口供用户输入查询词，实际查询在各个独立搜索引擎中实现。由于各家独立搜索引擎的检索语法不统一，以统一的查询入口执行多个数据库查询需要进行准确的提问分析和转换。对于简单的布尔逻辑检索和词组检索，元搜索引擎的检索效果很好，对于复杂的检索功能，效果并不是很好。

2) 元搜索引擎的构成与运作

元搜索引擎一般包括用户提问处理、检索机制督导、结果加工处理和结果页面定制 4 个部分，如图 6.3 所示。

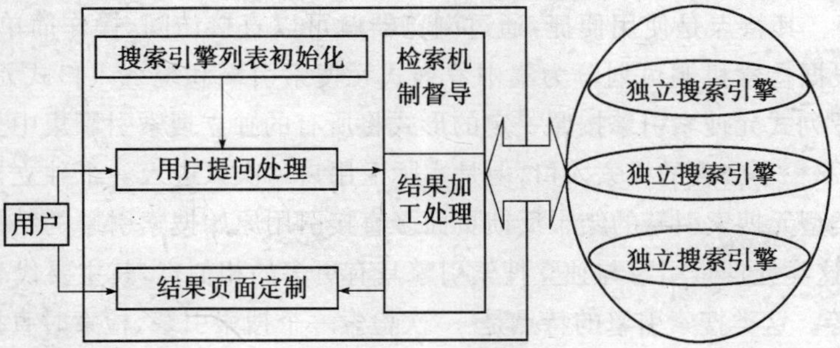

图 6.3　元搜索引擎体系结构简图

如上图所示，元搜索引擎的具体运作过程如下：

(1) 搜索引擎在执行查询之前对要调用的搜索引擎列表进行初始化，初始化方式有系统默认和用户选择两种方式。系统默认方式，系统确定了用来检索的搜索引擎集合，用户无权变更；用户选择方式则允许用户自主选定需在哪几个搜索引擎中检索。

(2) 始化结束后，元搜索引擎的查询入口接收用户查询词，针对不同的搜索引擎进行相应处理，将用户查询词转换成能检索不同数据库的提问表达式。

(3) 搜索引擎的检索机制是元搜索引擎根据对各成员搜索引擎的检索结果测评分析而制定的一套规则，用于督导检索过程和结果输出过程。例如采用独立搜索引擎的何种检索功能(布尔检索、位置检索等)或检索类别(网页搜索、同站检索、类目检索等)。检索机制同时也限定了调用独立搜索引擎的搜索策略，采用串行搜索还是并行搜索。另外，在检索机制中还明确对结果反馈的要求，如在检索过程中是选择"结果最好"还是选择"速度最快"的标准来确定优先显示哪个搜索引擎的查询结果等等。

(4) 索机制指导独立搜索引擎的检索过程，对从各个搜索引擎得到的结果作综合处理，这一结果处理过程对结果重复与否、结果之间相关大小等作出判断，最后遴选出满足条件的记录输出。

(5) 成对结果的处理后，将最终结果以定制的界面呈现给用户，结果输出的页面定制形式在不同的元搜索引擎中有不同的体现，可以直接调用独立搜索引擎原始的反馈页面，也可以由元搜索引擎重新定制一个全新页面。

3) 元搜索引擎的分类

根据不同的标准可以将元搜索引擎划分为不同的类型，简述如下：

(1) 根据运作平台分，可以分为桌面型元搜索引擎和网络型元搜索引擎

桌面型元搜索引擎是一种客户端元搜索软件，它与客户端环境充分结合，代理用户递交提问，一次性检索多个独立搜索引擎，并能获取实际的 Web 页面。目前已经有许多这类成型产品，如 copernic。桌面型元搜索软件的特点是结合客户瑞环境，更容易提供个性化的检索服务，但是多为收费软件。

网络型元搜索引擎是指提供检索服务的 Web 元搜索引擎站点，它的使用更为普遍，用户通过浏览器就可以方便、免费地进行检索，例如：HotBot、SavySearch、Mamma 等。其特点是使用便捷，通过浏览器就可以直接访问，操作简单。

(2) 根据检索机制可划分为集中罗列式元搜索引擎和统一入口式元搜索引擎

集中罗列式元搜索引擎按照一定的形式将所有的独立搜索引擎集中呈现在页面上，并提供了一个公共的检索入口，但是实际上用户一次只进入一个独立搜索引擎检索。这种类型元搜索引擎的结果反馈页面多直接引用原始搜索引擎的结果页面。从表面上看，这类元搜索引擎与独立搜索引擎具有更多的相似点，其主要代表有 ezfind、Infodump 等。这类搜索引擎的特点是：一次检索一个搜索引擎，检索时直接调用原始独立搜索引擎的结果页面，只支持原始独立搜索引擎支持的检索句法。

统一入口式元搜索引擎为收录的独立搜索引擎建立了一个公共查询入口，用

户发出检索请求后，提问式被分别提交给多个独立索引擎，最终反馈的结果是多个独立搜索引擎查询结果的综合。根据结果显示的不同，这类元搜索引擎又可分为直接调用原始页面型、混合综合型和分散综合型。① 直接调用原始页面型元搜索引擎——检索结果直接来自原始搜索引擎站点的结果页面；② 混合综合型元搜索引擎——将各个独立搜索引擎中查找的结果进行综合，结果显示以记录为单位，记录描述包括该记录被捡出的来源；③ 分散综合型元搜索引擎——这种类型与混合综合型元搜索引擎在结果显示上有所不同，它以独立搜索引擎为单位进行结果显示，在同一个独立搜索引擎中查询得到的结果被集中列在该搜索引擎之下。

4）元搜索引擎的主要技术

元搜索引擎的核心问题是解决如何调用其他搜索引擎的索引数据库，如何获取查询词在其他搜索引擎中的查询结果以及如何评价、排序、呈现结果等，解决这些问题的主要技术有用户提问转换、检索机制设计与优化、检索结果输出、分布式数据库调用等技术。

（1）用户提问转换

元搜索引擎定制查询界面供用户输入查询词，需要根据不同的搜索引擎转换成可以进行检索的查询表达式，不同的搜索引擎有不同的检索语法和操作符使用技巧，需要对提问进行处理。同时要对搜索引擎不能处理的检索方式进行排除，并选择一种合适方式来匹配。例如在 Ezfind 中，就提供了许多种检索句法，对于不支持的搜索引擎就不作处理，因此用户即便选定也不会起作用。

（2）检索机制设计与优化

对于搜索引擎初始化方式、各个搜索引擎结果平衡处理等问题，都需要在检索机制的设计初期进行规划，这主要受到检索反馈速度、检索结果满意度等因素的影响，目前搜索引擎初始化主要有用户参与、系统默认或自动随机处理等方式。检索结果的处理，例如如何衡量不同搜索引擎结果之间的相关程度。简单的处理方式是以搜索引擎为单位，在选定的独立搜索引擎下面显示比较靠前的结果；复杂的处理方式是以记录为单位，通过判定某一记录在多个独立搜索引擎中被评价的指数，如果多个独立搜索引擎都检出该结果，那么该记录将被排列在整个显示的前面，同时后面标注出是在哪些搜索引擎中检出的。

（3）检索结果输出

结果输出处理一般可有两种形式：直接引用原始结果页面技术与结果页面定制技术。直接引用原始结果页面是元搜索技术中较为简单易行的方式，通过 CGI 技术，利用表单提交来调用数据库，在自制的页面中将表单提交的对象修改为独立搜索引擎调用数据库的脚本文件。在这种情况中，一般无须进行结果去重，只需完成表单提交的转换即可。结果页面定制技术则要对结果进行更多的加工处理，主要包括：①记录遴选处理，选择相关程度高的记录并加以显示，同时删除可能被多个独立搜索引擎同时检出的记录。②结果的再度排序，元搜索引擎并不是完全选取在独立搜索引擎中得到的结果的前几条记录，经过了再度排序，尤其在混合综合型的结果输出当中，根据检索机制对相关度判断的标准来比较各个搜索引擎得到的结果。

(4) 分布式数据库调用技术

直接调用独立搜索引擎结果页面的元搜索引擎不需与独立搜索引擎的索引数据库直接交换数据，只需直接引用独立搜索引擎的结果页面；而查询多个搜索引擎的元搜索引擎则需在满足独立搜索引擎的数据库访问权限的情况下，实现对其索引数据库的访问和二次开发。各独立搜索引擎的数据库分布在不同的地域，要实现对异地、异构数据库的访问，需要使用一系列诸如分布对象技术等相关的核心技术；同时，不同数据库调用结果响应时间长短不一，这也会直接影响到结果页面的呈现。

6.3.3 智能搜索引擎

传统的搜索技术有较大的局限性，因为这类搜索引擎还不能很好地理解人的查询请求，不能区分关键词的同形异义，也不能联想到相关同义词，更不可能考虑到关键词所处的特殊语言环境，这就是智能搜索引擎产生的背景。

1) 认识智能搜索引擎

(1) 智能搜索引擎的概念

智能搜索引擎是结合了人工智能技术的新一代搜索引擎。它除了能提供传统的快速检索、相关度排序等功能，还能提供用户角色登记、用户兴趣自动识别、内容的语义理解、智能化信息过滤和推送等功能；将信息检索从目前基于关键词层面提高到基于知识(或概念)层面；对知识有一定的理解与处理能力，能够实现汉语分词技术、同义词技术、概念搜索、短语识别以及机器翻译技术等；具有信息服务的智能化、人性化特征；允许采用自然语言进行信息的检索，能够提供更方便、更确切的搜索服务。

智能搜索引擎设计追求的目标是：根据用户的请求，从可以获得的网络资源中检索出对用户最有价值的信息。一般而言，智能搜索的智能体现在三个方面：

① 网络蜘蛛的智能化：网络蜘蛛通过启发式的学习采取最有效的搜索策略。选择最佳时机获取从 Internet 上自动收集、整理信息。

② 为特定用户主动提供相关信息：智能搜索引擎能通过观察用户的行为，学习用户的兴趣爱好，用户只要提出请求，它就能站在用户的角度，主动获得相关信息。另外，能通过不断的训练学习增长智能。每次用户对引擎返回的信息进行评价，智能引擎根据用户的评价调整自己的行为。智能搜索引擎还能对搜索结果的进行合理的解释。智能搜索引擎具有主动性：在任何特定的时候用各种方法与用户取得联系。这些特定的时刻可能是用户最关心的信息发生了某种变化等，而这些方法包括电子邮件、电话、传真、寻呼机、移动电话等。搜索引擎根据用户特定时刻的位置信息，选择恰当的方法跟用户通信。

③ 搜索引擎人机接口的智能化：智能搜索引擎可以通过自然语言和用户交互。它采取诸如语义网络等智能技术，通过汉语分词、句法分析以及统计学习理论有效地理解用户的请求，甚至能体会出用户的弦外之音，最大程度地了解用户的需

求。

(2) 智能搜索引擎的特征

① 智能性:智能搜索引擎的搜索器可对特定站点或者遍历整个因特网自动完成在线信息的索引,再通过启发式学习采取最有效的搜索策略,选择最佳时机获取从因特网上自动收集、整理的信息。智能化搜索引擎可以将多个引擎的搜索结果整合,作为一个整体存放到数据库中。

② 主动性:智能搜索引擎能通过观察用户的行为,了解用户的兴趣爱好;通过不断的训练学习,增长智能;通过用户对返回信息的评价,调整自己的行为。

③ 交互性:智能搜索引擎可以通过自然语言与用户交互。它采取诸如语义网络等智能技术,通过汉语分词、句法分析以及统计理论有效地理解用户的请求,并对搜索结果进行合理解释。

④ 个性化。智能搜索引擎有效的分类可为用户提供个性化的服务,允许用户为自己定制起始页面,选择感兴趣的内容和经常使用的服务放在该页面中。

2) 智能搜索引擎技术

智能搜索引擎的研发主要有两大方向:一是基于机器翻译技术,利用计算机实现自然语言之间的转变,用户可以使用母语搜索非母语的网页,并以母语浏览搜索结果;二是基于语义理解技术,通过搜索引擎技术与语言学的结合,开发检索词专用词典或是通过全文扫描和词间关系的分析,实现搜索引擎对搜索词在语义层次上的理解。

(1) 自然语言理解技术

所谓自然语言,也就是人们日常使用的各种通俗语言。自然语言理解是计算机科学在人工智能方面的一个极富挑战性的课题,其任务是建立一种能够给出像人那样理解、分析并回答自然语言的结果的计算机模型。从实用性的角度来说,我们所需要的是计算机能实现基本的人机对话、语义理解或自动文摘等语言信息处理功能。这其中要利用到汉语分词技术、短语识别技术、同义词处理技术等。

① 汉语分词技术:中文的词与词之间没有界定符,需要人为切分。对于几个字的简单分词可能会有多种结果。因此,可以根据语料库进行总结,获得每个词的出现概率以及词与词的关联信息,再使用正向和逆向最大匹配法进行细切分,排除歧义,提高分词的准确性。

② 短语识别技术:关键词查询要将查询条件分解成若干关键词,但这些关键词并不是孤立的,它们联合起来作为一个短语共同表达一个完整的含义。短语识别技术就是利用词与词之间的特定搭配和汉语语法规则,有效地兼顾关键词与它们之间的关系,从而合理地分词,更加准确地表述查询请求和文档信息。

③ 同义词处理技术:利用人工构造同义词库、蕴含词库等辅助词库,或是从语料库中自动取得同义词关系,搜索引擎能主动"联想",提高信息匹配的准确度。

(2) 人机交互界面技术

人机界面技术的不同,往往使得搜索引擎表现出不同的特色。当前搜索引擎涉及的人机界面技术主要有 4 类:搜索请求提交技术、搜索结果表现技术、搜索向导技术、搜索行为分析技术。

① 搜索请求提交技术中包括多语言查询技术、编码转换技术、模糊语义查询、精确语义查询以及采用自然语言的搜索请求提交界面。

② 搜索结果表现技术包括搜索结果的准确度及相关度、搜索结果的母语评价等。

③ 搜索向导技术则纯粹是网站设计上的界面技术。

④ 搜索行为分析技术的核心是跟踪分析用户的搜索行为，充分地利用这些信息来提高用户的搜索效率。搜索行为分析技术提高搜索效率的途径主要有两种：群体行为分析和个性化搜索。

(3) 智能搜索代理技术

以提供主动服务为主的智能搜索代理技术，能够将信息主动推送到用户面前，免去了用户被动搜索的困扰。搜索的是活动窗口而不是某一个关键词的主导概念，增强了相关性。提供的链接除网络信息外，还包括客户端的本地内容、相关社区中的同类用户及相关内容的百科全书、参考资料等。

(4) 书签驾驭技术

通过挖掘人们日常使用的书签(或收藏夹)的潜在价值，形成一个分类搜索体系，同时采用类似链接评价分析方法，对每一条记录的重要性进行评价并给出相应的分数。它更像是一个搜索引擎的辅助工具，帮助用户挖掘那些可能被大搜索引擎忽略掉的重要资源。

此外，智能搜索引擎有可能还会用到文档信息压缩技术等网络技术，以及一些其他的人工智能方法，譬如可以将知识库和推理机应用到搜索引擎中。

3) 智能搜索引擎的技术实现

智能搜索引擎技术各不相同、各有特点，但从实现智能搜索基本思路上是相通的，需要通过以下途径实现。

(1) 知识库

知识库的丰富程度决定着检索程度的高低，它是实现智能搜索的基础和核心。知识库可以对信息进行接受、判断、提取、分析和概括之后形成自己的知识，然后保存，成为下一次分析、概括的依据和基础，这样它就始终处于一种自增长、自循环的状态。知识库的知识可粗略分为三个层面：①语言层面，反映语言表面现象的知识，如一个词的多语种形式，它的同义词、反义词、一些习惯用语和词的层次关系等。②本体论层面，对概念的本体论的定义与解释，概念之间复杂的语义关系。③常识层面，一些事物存在着常识上的关联，如西服与领带。在计算机处理时，往往使用语义网络来表示这些知识。

在这个系统中处理的核心是语言，用户和系统的查询结果也都表现为语言。要建立一种理论上完备的知识库是不现实的，可以通过降低求解目标，针对具体的搜索引擎需求，建立相应的知识库(或概念图)，这是对理论上完整知识库的一种近似，一种局部实现。针对某一领域，甚至某一站点所有网页所反映的知识来构造一个局部的小知识库是相对容易实现的。它的知识在数量和质量上虽然不能与理想的知识库相比，但对具体搜索任务却是实用的。更重要的是，知识库里的知识可以在使用中不断改进，数量不断增加，质量不断提高。这是一个对知识进行训练的过程，可以通过人来完成，也可以使用机器学习等智能手段来实现。

(2) 信息库

信息库指的就是因特网，它是一个巨大的、非结构化而且不停变化的信息空间。信息库可以起到两方面的作用。首先，信息库是知识库存在和发展的空间，知识库所做的其实就是对信息库的判断、提取、分析和概括。其次，信息库也是用户所要检索的内容，智能搜索引擎所做的就是通过知识库把用户的问题提高到知识(概念)的层面，然后利用这个知识(概念)检索信息库。

要做到智能搜索还必须考虑知识库和信息库结合的问题。要使两个核心库有机结合就要做到以下三点。①语义分析，分析用户语言的具体含义。它应该实现以下几个功能：第一，分词；第二，处理同义词；第三，根据知识库分析关键词，明确概念和语义，确定用户真正用意；第四，一定程度的知识库；②知识管理，主要实现知识库的自增长。前面提到，知识库增长的基础是对信息库的概括和提取，所以知识管理首先要做到对信息库的分析和概括，然后是对知识库的扩充；③知识检索，知识检索是实现智能搜索的最后一环，通过前面语义分析结果，明确用户用意，对信息库进行知识(概念)层次的检索，在给出准确答案的同时，给出用户相关问题，从多方位对用户的问题进行解答。

4) 智能搜索引擎的未来发展

智能搜索引擎是目前广泛探讨中的网络信息资源检索工具，虽没在实际应用中推广开来，但已经表现出了它强有力的发展势头。

(1) 智能搜索引擎的优势

① 搜索分析准确恰当：由于采取了以知识库为基础的语义分析，在检索过程中，采用的不是关键词全文检索，而是基于概念的检索。再加上人工智能、自然语言处理、语料库语言学等方法，通过运用灵活的常识性联想功能，就能分析出用户的真正意图，从而给出准确的结果。

② 搜索范围定位合适：由于采用知识(概念)检索技术，明确和缩小了搜索范围，减少了对无用信息范围的检索。同时它能支持全文检索及概念检索，满足了不同层次的需求。

③ 搜索过程交互智能：更智能的信息检索和导航服务将提供引导用户进行下一步查询的线索，在与用户交互的过程中为其检索提出详细的修正、改进或补充意见，通过与用户的一步步交互，启发、引导用户表达出真正意图，快速找到他所真正需要的产品、信息。

④ 搜索结果综合性强：由于采用了综合知识库，搜索引擎将为之面貌一新，给用户提供更全面、更综合和更合理的知识框架，在这里，信息检索也许只是信息服务的一部分，通过对用户的意图分析自动生成更准确的索引摘要。

此外，智能搜索引擎具有跨平台工作和处理多种混合文档结构的能力。譬如，既能处理 HTML，又能处理 SGML 和 XML 文档以及其他类型的文档，如 Word、

WPS等。它应该可以支持多语言搜索，允许用户使用中文输入查询英文或其他语言的信息。

(2) 智能搜索引擎的发展对策

随着网络技术和信息检索技术的发展，搜索引擎技术也将逐步完善。根据现在搜索引擎存在的问题，智能搜索引擎应朝着以下方向发展：

① 具有元搜索功能，向集成化搜索引擎的方向发展，增强相互之间的协调和合作，避免重复、浪费的现象，提高搜索效率，使搜索结果更为全面、准确。

② 研究多用途的搜索引擎，提高多途径的检索方式以及各种常用的信息搜索服务。应以搜索为中心，提供多种检索点，在内容上横向发展，开展诸如免费邮箱、新闻搜索等多种信息服务，开发一些专题性的功能，满足用户的不同需求。

③ 能提供基于大众的搜索分析，基于自然语言、关键词、概念和上下文的检索，具有相关反馈技术的检索智能查询路径选择。

④ 具有网络状态动态监视和数据库动态更新功能，做好索引数据库的信息收集工作，保证查询信息的准确性。

⑤ 能实现中文编码之间的自动转换、网页自动分类、自动文摘。从单一媒体向多媒体检索方向发展，实现多种媒体信息的统一管理、存储、检索和输出。

⑥ 采用最新的全文检索技术，具有内容分析和链接分析相结合的文本处理方法。

⑦ 考虑按时间、地域的顺序输出检索结果，以便用户选择所需的最新信息。查询结果文摘动态生成，结果自动综合分析和评分。

智能搜索引擎使网络变得更易用、更亲切、更加个性化、更能广泛地融进人们的社会生活。虽然这种改变还需要有一个不断改进的过程，但我们有理由相信，科技的发展必将促进智能搜索技术的成熟和推广。

6.4 Z39.50 协议

就像图书馆自动化初期的MARC标准一样，数字图书馆的发展离不开Z39.50协议，它是图书馆进行远程信息查询与检索的支柱，可以解决由于图书馆采用不同的集成系统所造成的软件平台和数据结构的差异，使读者在因特网上查询图书馆数据库时，能够使用统一的检索界面，得到统一的检索结果。

6.4.1 Z39.50 协议简介

Z39.50属于著名的开放系统互联模型(OSI)的最高一层——应用层的协议。此层规定的协议是向用户提供适于应用、应用管理以及系统管理的信息服务，如电子邮件、数据库管理、文件服务器软件和打印机服务器软件等网络软件。Z39.50就是关于信息检索的协议，包括书目信息、全文信息、商业信息等。它把互联的双方分别称之为请求方和服务方，当检索命令和检索方法各不相同的双方，不能直接检索和使用对方数据库时，则需要通过Z39.50为双方提供服务。

1) Z39.50 **的由来**

早在 20 世纪 70 年代中期，美国国会图书馆、OCLC(Online Computer Library Center)和研究图书馆信息网络(RLIN)就开始了信息检索协议的研究工作，并制定了 MARC 格式的 ANSI/NISO Z39.2 标准。ANSI/NISO(American National Standards Institute / National Information Standards Organization)为美国国家标准局/美国信息标准化组织的简称。在 80 年代初，美国图书馆界为系统互连计划(LSP)制定了系统互连协议，后来在 1988 年成为美国国家标准 ANSI/NISO Z39.50，这就是第一个版本：Z39.50—1988，即图书馆应用系统信息检索服务定义与协议规范(Information Retrieval Service Definition and Protocol Specification for Library Applications)。美国国会图书馆 WWW/Z39.50 网关上将其定义为“1988 年由美国信息标准化组织(NISO)通过的一个关于计算机与计算机间信息检索协议的国家标准。它可以使一个系统中的用户在不知道其他系统的检索语法的情况下，从其他支持 Z39.50 的计算机系统中查找和检索信息。”Z39.50 协议 1988 年出台时的初衷是为检索书目信息而提出的 OSI 应用层协议，满足从网上查找和索取 USMARC 格式的书目记录。它通过建立一个逻辑上的国家编目数据库结构，来达到支持编目的共享，而对终端用户又是透明的，解决了国会图书馆、在线计算机图书馆中心和图书馆信息研究网络所拥有的异种书目数据库之间的分布式跨库检索的问题。

1989 年美国国会图书馆被指定为 Z39.50 的维护机构，由其网络发展和 MARC 标准部负责 Z39.50 标准的维护和登记工作。1990 年，由一些大学和信息机构等组成了一个非官方的组织 ZIG(Z39.50 Implementers Group)来管理和协调 Z39.50 的发展。经过各方的努力，1992 年出版了第二版：Z39.50－1992。在 1995 年推出了第三版，第三版功能强大，与第二版兼容，并且支持 TCP/IP 协议。当时将 Z39.50 协议理解为：计算机系统之间相互联系的一系列标准，它独立于任何特定类型的信息或特定类型的数据库系统。这个标准指定了管理客户和服务器之间的信息交换的格式和过程，使用户可以透明地检索远程数据库信息，标记符合要求的记录，获取部分或全部标记的相关记录。

目前正在研究的第四版，主要是将 COBRA 与 SQL 集成到 Z39.50 中。当前的 Z39.50 协议应当理解为两个标准的代表：一个是国际标准 ISO23950：“信息检索(Z39.50)：应用服务定义与协议”，另一个是美国国家标准 ANSI/NISO Z39.50。这两个标准确定了从远程数据库进行信息检索的基于客户机/服务器的协议，在技术上两者是一致的，只是在编辑上有很小的差别。了解了 Z39.50 协议的发展日程，就会明白它是随时间发展，在内容上日益丰富，功能上日益完善的一系列标准。

2) Z39.50 **协议的内涵**

从以上 Z39.50 协议的发展历程，以及研究者的宗旨看，可以从以下 4 个方面来理解 Z39.50 协议的内涵。

(1) Z39.50 协议是一种网络协议，由一套用来控制和管理计算机之间通信过程中所涉及的格式和进程的规则所组成的。该协议是面向会话的，是有状态的

(Stateful)，而相对于 HTTP、Gopher 等因特网的协议来讲，它们是无状态的(Stateless)。

(2) Z39.50 协议是一种开放网络平台上的应用层协议：它支持计算机间使用一种标准的、相互可理解的方式进行通信，并支持不同数据结构、内容、格式的系统之间的数据传输，实现异构平台、异构系统之间的互联与查询。

(3) Z39.50 协议是一种基于网络的信息检索标准。它允许用户检索远程数据库。但不局限于检索书目数据，在理论上可用于检索各种类型的数据资源。

(4) 239.50 协议是符合客户机/服务器模式。在该协议中定义了客户端和服务器端的应用是如何"对话"的。通常客户端的应用管理用户界面，转换用户提问式为协议定义的格式，发送提问式到服务器，转换服务器的命中结果为本地格式，显示命中结果。服务器端的应用则是等待客户端的提问，处理提问并将结果返回客户端。在 Z39.50 协议中，客户端称为"源"，服务端称为"目标"，源是本地系统的一个部分，目标则是服务器系统的一个部分。

3) **Z39.50 协议的功能**

Z39.50 协议的主要目的在于定义基于客户机/服务器体系结构的数据库的查询与检索的语法，从而使一套存取标准适用于异构系统的数据。简单地说，Z39.50 的基本功能是客户端提出一个查询指令，此指令应该符合 Z client(支持 Z39.50 的客户端)和 Z server(支持 Z39.50 的服务器)的规定，并指定要查询一个或多个数据库，以及结果是否送回；而服务器根据指令做出相应动作。下面以 Z39.50—1995 标准为例，介绍其定义的信息检索系统应具备的 11 种基本功能。

(1) 初始化功能：它包括初始化服务，即当客户端提出连接时，服务器可以接受或要求改变，客户端必须接受，否则终止连接。

(2) 查询功能：它包括查询服务，客户端可提出查询请求(query)，本标准定义了 5 种查询类型：type—0 用在客户端与服务器端另有协议时；type—1 即 Reverse Polish Notation(BPN)，该查询由查询词条及词条属性所组成，也可以用布尔逻辑算式组织，词条属性中适用于书目查询的属性集为 bib—1，在 Z39.50 的附录 C 中；type—2 指 ISO8777 所规定之查询形式；type—100 指 Z39.50 查询形式；type—10l 即相似查询。

(3) 检索功能：它包括展示服务和分段服务。

(4) 结果集删除功能：它包括删除服务，客户端可要求删除在连接期间保留在服务器端的所有或部分结果集。

(5) 浏览功能：它包括扫描服务，提供对索引或数据库中特定内容的浏览。

(6) 排序功能：它包括排序服务，提供对结果集进行排序的功能。

(7) 存取控制功能：它包括存取控制服务，服务器端在执行开启、查询、展现或删除服务时，皆可对客户端之权限等提出质疑，客户端必须予以回应，否则服务器端可以终止连接。

(8) 账户/资源控制功能：它包括；资源控制服务、触发资源控制服务、资源报告服务。当实现使用或预测使用之资源超过协议之范围，则服务器端会通知客户端，只有服务器端同意，客户端才会继续作业。

(9) 解释功能：客户端可以查询 Z39.50 的解释数据库，从而知道服务器端的相关信息，包括可供查询的数据库、检索点及错误信息等。

(10) 扩展服务功能：Z39.50 提供一些附加的服务，如客户端可以设定在服务器端上被持续执行或周期性执行的查询命令；客户端也可向服务器端要求传送某份文件，另外也提供了维护数据库的功能，如更新数据库、插入或删除数据等。

(11) 关闭功能：关闭服务允许服务器端或客户端作下列两种关闭：服务器端或客户端可在任何时间送出或接收检索放弃请求，并关闭此连接；服务器端在收到开启、查询、展现或删除回应后，可提出检索解除请求，等收到客户端的回应后关闭连接。

4) Z39.50 协议的服务原语

每种功能又由一个或几个服务原语实现，先介绍几种最常用的服务原语：

(1) Init　这是任何查询过程的第一步，通过 init，调用者(Origin，即客户端)通知被调用者(Target，即服务器端)连接开始，并为后续的查询协商一些基本的规则，如报文的大小、身份的认证，但认证的具体形式协议并没有规定。

(2) Explain　通过此项服务原语，Origin 可以询问 Target 能够搜索哪些数据库、哪些属性，以及服务器支持的文法和格式等。

(3) Search　这是最主要的服务了，此服务原语使得 Origin 向 Target 提交查询，这些查询即可以是简单的一般查询，也可以是复杂的布尔查询(如 AND、OR、NOT、>、<等)。服务器进行搜索并建立结果集合。Z39.50 的一个显著特点就是服务器保存了结果集合，客户机随后的报文可以引用这一结果集合，从而用户可以逐步给出精确的查询要求来修改大的结果集合，或者从结果集合中提取部分记录，而无须检索整个数据库，简化了检索过程。

(4) Present　这是用来控制返回用户端结果的方式的，提供了灵活控制返回结果集合记录的内容和格式的功能。通过 Present 服务原语，用户可以灵活控制结果记录集合的缓存空间，并可要求返回一个大的结果集合中的前 N 项记录，也可以要求结果数据按不同的记录语法返回。

Z39.50 协议还为用户定义了多种处理结果集合的手段，包括排序、删除等服务。除了上述的基本服务外，协议还提供了索引浏览、访问控制、资源管理机制等广泛的扩展服务。

6.4.2　Z39.50 协议的原理

Z39.50 协议是由一系列应用协议数据单元(APDU)的定义组成。不同 APDU 单元完成不同的功能，总的来说主要由创建请求、创建响应，查询请求、查询响应，提交请求、提交响应三组 APDU 组成，总是成对出现。在客户端(源端)发出请求 APDU 单元之后，应接收并分析服务器端(目的端)相应的响应数据单元。

1) Z39.50 协议进行信息检索的基本步骤

首先源端通过发送创建请求 APDU 来申请与目的端连接，可以通过检查目的端的创建响应 APDU 判断目的端是否同意连接，这是用 Z39.50 进行信息检索的基础。在后继的查询请求 APDU 里会包含查询的具体内容，形式上采用逆波兰表达式，在接收到目的端的查询响应 APDU 后可以得知命中记录个数。如果存在命中记录，则在目的端会自动生成一个结果集，然后在提交请求 APDU 里写明待提交的记录范围，我们便可以在提交响应 APDU 里获得与查询相对应的详细记录信息(一般为 MARC 格式)。

Z39.50 信息检索具体包括以下 5 个基本步骤：

(1) 初始化协商，客户发出一个简单的 Init Request；

(2) 在数据库上执行一个查询，客户发出一个简单的 Search Request；

(3) 创建符合查询要求的结果集合，Present 服务原语提供一种从结果集合获取记录的方式；

(4) 返回一个或多个结果集合中的记录；

(5) 最后关闭连接。

2) Z39.50 协议的基本实现模型

可以说 Z39.50 协议实际上就是一个中间协议层，通过它的转换，可以实现异构机型、异种操作平台之间的交互式通信，实现分布式异构数据源之间的无缝连接。

在客户端(即 Origin)，用户接口使用某个属性集合(如 Bib－1(Bibliographic Attribute Set)：书目性记录属性集)将用户的查询转换为 Z39.50 的查询格式，并提交给服务器(Target)；在服务器端，需将接收到的用户 Z39.50 查询转换为一个或多个服务器端支持的本地数据库查询，然后再对数据库进行查询。查询结果再转换为 Z39.50 格式，并根据用户的要求传回结果集合。客户端从服务器端接收记录，在显示给终端用户之前，也将其进行重新排版，转换为用户端可以接受的格式(如图 6.4)。

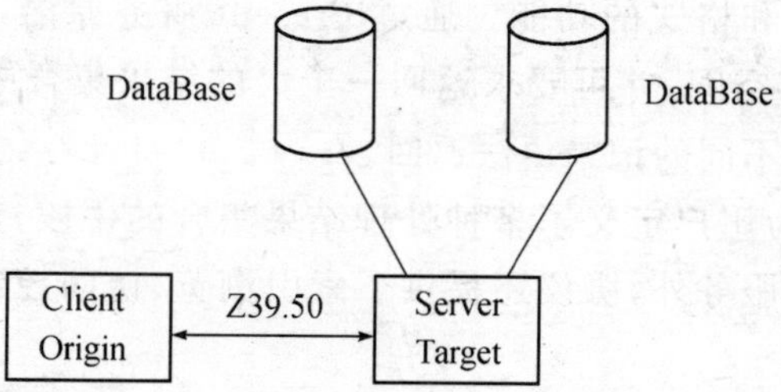

图 6.4 Z39.50 协议的基本实现模型

Z39.50 作为一个分布式环境下计算机系统之间进行通信的标准协议，实现了异构机型、异种操作平台的异质数据源之间的相互操作，大大降低了异种数据库之间查询的复杂程度。当然，Z39.50 协议还存在不少不足之处，如随着协议的不断扩充，它已经越来越庞大，使得其复杂程度也越来越大；它的信息是以 ASN.1(Abstract Syntax Notation One)格式在客户与服务器之间传送，而 ASN.1 的语法比较难懂，这也大大限制了对 Z39.50 的开发利用。但是随着 XML 和 RDF 技术的不断发展，Z39.50 通过和这些新技术的融合，将得到更加广泛的利用。

习题 6

1. 试述数字信息资源的定义与类型。

2. 数字信息资源的特征有哪些？数字信息资源组织要达到的目标是什么？

3. Metadata 的概念，依据不同的标准，可以对 Metadata 做哪些分类？

4. Dublin Core 有哪 15 个核心元素？Dublin Core 有哪 4 个基本功能？

5. 简述 RDF 的概念与构成，试分析 RDF 的应用前景。

6. 简述搜索引擎的概念和种类，论述搜索引擎面临的挑战与发展趋势。

7. 机器人搜索引擎的工作原理与基本构成是什么？

8. 元搜索引擎的概念是什么？如何分类？其区别于机器人搜索引擎的特征如何？

9. 试述智能搜索引擎的概念与特征，主要涉及的技术有哪些？

10. 试分析 Z39.50 协议的内涵、基本功能及基于该协议进行信息检索的基本步骤。

7 信息组织的数据库方法

- 数据库的信息组织模型
- 数据库系统的信息组织方法
- 半结构化数据库系统
- 多媒体数据库

自计算机技术被引入信息资源的组织和管理领域中以来，数据库技术和方法便成为数字信息有效组织和管理的重要手段之一。20 世纪 60 年代末，在基于文件的数字信息组织和管理的基础上，人们开发了信息管理的新技术——数据库技术。在长期实践中，数据库以其独特的优点表明了它是信息资源组织、管理与共享的最佳方法。数据库技术从诞生到发展，至今已经历了第一代数据库(层次式数据库与网状数据库)的成功应用和第二代数据库(关系数据库)的辉煌，目前，第三代数据库(面向对象数据库)正处于快速发展时期。

在 30 多年的发展过程中，数据库系统(DBS，Data Base System)出现了 4 种典型的系统结构，即单用户数据库系统、主从式数据库系统、分布式数据库系统和 C/S(Client/Server，客户机/服务器)数据库系统。随着网络信息尤其是 Web 信息的广泛应用和关注，对 Web 数据集成的半结构化数据库系统显示其重要价值。此外，多媒体数据信息和数据库技术的结合使得多媒体数据库应运而生。

7.1 信息组织模型与数据库发展

在现代社会生活中，数据信息变得越来越重要，对其进行有效的管理，才能使它们被有效地利用。在计算机诞生以后，对数据信息进行管理的有效手段之一就是数据库。从数据库的角度看，整个世界就是一个信息世界，其最基本的单元就是基本信息单位，各基本信息单位之间具有各种各样的联系，这些联系把所有的基本信息单位组成一个具有一定结构的整体。通过这些结构和联系，数据库得以管理数据信息：或者是修改某个数据信息，或者是查找某个信息，或者是改变某些基本信息单位间的联系等。

数据库对基本信息单位的设定和对各基本信息单位间的组织结构的设定都可以不同，这就产生了不同种类的数据库，而决定数据库属于哪个种类的，就是数据信息的组织模型。所谓组织模型，就是上述的对基本信息单位以及各基本信息单位间的组织结构的设定模式，它从根本上决定了数据库管理数据的基本模式，从而也决定了该数据库的管理成效：诸如数据信息查询修改的效率、用户使用的方便程度、数据间的内在一致性等。

本节试图从数据信息组织模型的角度，在理论概念的层次上对数据库技术的发展进行探讨。

7.1.1 层次网状模型

自20世纪40年代计算机诞生及其以后的10余年间，虽然社会已逐渐产生了对计算机化了的数据信息进行专门管理的需求，但还没有出现数据库系统。从20世纪50年代后期到60年代中期，数据管理功能主要由文件系统实现，只提供较为简单的数据存取功能，各个文件之间相互独立，系统对数据文件提供打开文件、关闭文件和从文件中读/写一个记录等操作，不能反映和处理文件之间在内容方面的联系。也就是说，当时文件系统对数据信息的组织是线性的，即只是将数据信息依次一个个排列下去存储在文件中，这种线性的组织结构没有反映数据信息间本身具有的各种语义上的联系。所以，在这种组织下，就很难根据某个用户的要求（一般是语义要求）高效地查找到相应的数据信息。

随着计算机技术的发展，人们日益迫切地要求有以数据为中心、面向数据的、对数据进行专门管理的系统，这种系统应不但管理数据信息本身，还管理数据信息之间的联系，以便提供按数据信息之间的联系进行导航式的查询，从而使大量的查询应用需求可以由系统（而不必通过应用程序）直接予以满足。于是在20世纪60年代后期，诞生了数据库系统。最早的数据库系统的数据信息组织模型是层次模型和网状模型。这两个模型大同小异，都是以一种最朴素、最自然因此也是最直观的方式对世界进行描述。

在层次网状模型中的基本认识是，世界是由许多种实体（entity）构成的，每一种实体都有一些属性，比如工人这种实体就有工号、年龄、职称等属性，而零件这种实体就可以有零件号、名称、规格、单价等属性。在不同的应用中，有哪些种不同的实体，以及每种实体分别有哪几种属性，都可以有所不同。层次网状模型中的基本信息单位就是这样的实体，各种实体间可以有各种各样的联系。比如，工人实体与零件实体间就可以设立“（工人）加工（零件）”这样一种联系，而且可以是多对多的联系，即一个工人可以加工多种零件，而一个零件也可以由多个工人加工。当然，一对多的联系和一对一的联系，也可能同时存在，这要看具体应用中的实际情况了。

简而言之，层次网状模型中的世界是由实体及实体间的各种联系所构成的。所以，它是有结构的，在一定程度上，在某个应用范围内描述了现实世界的情况。于是，人们可以根据语义要求较方便地查找到某项数据信息。比如，我们要查询工人张三所生产过的所有零件的种数，就可以先找到工人实体中的工人张三，然后根据工人实体与零件实体间的“生产”联系，计算出这种联系的“个数”，即为工人张三所生产的零件种数。

值得注意的一点是，实体的属性与实体间的联系本质上没有什么差别，因为实体间的联系也可以被看做是实体的属性。比如，某门课程是由某位教师上的，那位教师也可以被看做是课程的一个属性，即“由谁上”的属性。但是在层次网状模型中，它却只是被划作实体间的联系。这是因为层次网状模型中所说的实体的属性，仅指那些“最简单”的、“不可再分解”的数据信息，诸如价格、年龄、颜色等，而不能是“复杂”的、“有内部结构”的另一种实体。这样规定是为了数据形式的统一和处理起来方便。

这里简单解释一下为什么上述信息组织模型被称为层次模型和网状模型。所谓层次模型，是指实体间的联系使实体之间构成了一种层次结构，它与网状模型的区别在于这种实体间的联系不能闭合且不能形成循环，即只能由上至下；而网状模型中实体间的联系可以是闭合形成循环的，故称为网状。

7.1.2 关系数据库

如果说最早出现的层次网状数据库和20世纪80年代中后期在关系数据库之后兴起的面向对象数据库都主要是在应用的需求推动下产生的，那么，20世纪70年代出现的关系数据库则主要是数据库技术的逻辑发展的产物。或者说它完全是在一种数学最优化的要求下产生的。所谓数学最优化，是指在考察评价或者在设计一个系统（不一定是数据库系统）时，将这一系统所要达到的所有功能及相应结构抽象成一个数学模型，然后从数学的角度计算（推导）出为实现这些功能所需的最经济、最高效的结构。数学最优化所追求的这个“最优”，就是效率最高且最经济，而这是通过对系统的数学模型进行数学上的计算来检验的。

20世纪70年代初，美国IBM公司的E. F. Codd就是从数学最优化的角度提出了设计、评价数据库的“关系数据理论”，从而奠定了关系数据库的扎实的理论基础。这一理论引进了数据库的数据模型——即关系模型。这个模型堪称数据信息组织模型的范例。

在关系模型中，基本信息单位是实体的属性，而不是像层次网状模型中的实体。基本信息单位之间的联系有两种：一种是“同属于某种实体”这样的联系（如上例中工人的姓名、年龄、工号等属性），在关系模型中，这些基本信息单位之间就具有“同属于工人实体”这种联系；另一种是实体间的联系，但这里的实体是由能惟一代表该实体的一个或几个属性所表示的。于是这第二种联系即实体间的联系归根结底还是由属性间的联系表示的。例如教师上某门课程，这一教师实体与课程实体间的联系，在关系模型中就由代表教师的教师编号这一属性与代表课程的课程代号这一属性两者间建立某种联系所实现的。所以说，关系模型中基本信息单位是（实体的）属性，而不是实体。

事实上，关系模型已取消“实体”这一概念了。因为实体只是从现实世界映射到信息空间来的一个东西。如果彻底地审查一下，就会发现，在具体数据操作中并没有真正用到实体，而只是用到了实体的属性。如果只是直观、朴素地保留现实世界中映射过来的这样的实体概念，从纯数学逻辑的角度看是不合理、不经济的，它会妨碍达到数学上最优化即最高效这一目标。关系模型完全从数学最优化的角度出发，撇开现实自然直观性，以达到信息本身要求的最优化组织模式。这一组织形式就是将实体与属性置于平等的地位，取消实体的“优越性”，使实体还原为属性，而用属性间各种联系来统一表达数据库中信息的所有联系。

具体地说，属性间的任何一种联系，不论是“同属于某个实体”这样的联系，还是"实体间的某种联系"，都一律由一张二维表来表示。一张表代表一种联系（或称关系）。这张表是由具有这种关系的属性实例组按行排列所构成的，一行就是一个具有这一关系的属性实例组。处于同一行上的属性实例具有该表所表示的关系。比如工人实体的工号是一个属性，则具体某个工号如"82739"就是这个属性的一个实例；再比如零件实体有一个价格属性，则某个价格如 1.5 元就是一个实例。关系数据库就是由多张这样的二维表组成的，每一表代表某一关系，可以是"共同组成某一实体"这一关系，也可以是"实体间某种联系"这一关系。表中则按行排列了具有该表所表示关系的所有属性实例组。

总之，在关系模型中，基本信息单位是属性。各属性之间的联系特别"单纯"，都统一为关系，也就是二维表。二维表囊括了数据信息间所能有的所有联系。这是一种理论上、数学上的单一化和最优化。说它最优化，是因为这种简单统一的结构使数据库具有强大的查询功能，即根据某些语义要求，迅速找到相应的数据信息即某属性实例或属性实例组。在统一的二维表结构下，所有查询都可归结为对二维表的三种基本操作：选择、投影、连接。选择指在一张二维表中将满足某一语义要求的那些行选出来组成一张新表。这些语义要求常常对二维表中的某一列或某些列属性提出一些限制性条件。比如在零件实体这张表中，要选出那些价格低于 2 元的所有零件。这项查询就由选择来完成。投影指将二维表中的某几列去掉，剩下的组成一张新表（这通常是由于不需要某些信息而进行的"精简"处理）。连接是在不同二维表之间建立联系的桥梁。不过有个前提，就是将要被连接起来的两张表中至少有一列共同的属性，这是连接的根据。连接就是根据这指定的属性将两张表中该属性值相同的那两个属性实例组合成新表中的一行（即一个属性实例组）。通过对二维表的这三种操作，就可以进行所有的查询了。由于二维表的结构简单而统一，所以对它的这三种操作也较简单，但它却能提供既高效又功能强大的查询（理论上可进行任意的查询）。所以，关系模型是对数据库数据模型进行数学最优化的典范。

7.1.3 面向对象数据库

数据库自诞生以来，主要应用于管理（management and administration），因此，其信息组织模型的特征是偏重于查询，而表达力（expressive power）则较弱。

然而，20 世纪 80 年代中后期以来，新的"数据密集型"的应用日益增多。其中典型的有：① 工程方面的，如计算机辅助设计/制造（CAD/CAM）、计算机辅助软件工程（CASE）和计算机集成制造（CIM）；② 多媒体系统，如数字图书馆系统（D－Library）、地理信息系统（GIS）、环境管理系统和医疗信息系统；③决策支持系统等。这些应用领域的特征是它们具有复杂的数据结构，且有相应的对应于这些复杂数据结构的操作，所以不适合直接还原映射成简单统一的关系模型中的二维表结构。因为虽然用若干张二维表可以完全表示一个复杂的数据结构，但一旦要对这个复杂的数据整体进行操作，就会导致大量的对二维表的"连接"操作。而上述这些具有复杂数据结构的应用领域就主要需要这种对一个对象（即作为一个整体的某个具有复杂数据结构的数据)的各种操作。于是,为适应于这种日益增强的需求,在20世纪80年代中后期,出现了"面向对象"数据库。顾名思义,它是专门用来管理具有复杂数据结构的所谓"对象"的数据库,具有强大的对复杂数据结构的"表达力"。

面向对象数据库的信息组织模型比较复杂。其基本信息单位是一个个对象。所谓对象,与前述层次网状模型中的"实体"相似.但是有以下两个主要区别:一是"实体"的属性是不可分解的,即属性不能为另一实体,而对象的属性除了可以仍是不可分解的属性外,还可以仍是对象,这是面向对象数据库为了满足应用的需求而提供的可以构造任意复杂对象的功能;二是对象除了包含数据信息外,还包含有对这些数据信息进行操作的例程。只有通过这些例程,才能访问到对象的内部数据信息。也就是说,对象将其内部数据信息"封装"了起来,对外是不透明的,即从外部只能通过对象设定的几种例程来访问其内部数据信息。

由于属性可以仍为对象,比如上述例子中课程这一对象就能把上这门课的"某教师"这一对象当作它的一个属性,而不必像层次网状模型中那样把这种联系设为实体间的联系。因此在面向对象数据模型中,基本信息单位即对象之间的联系就全部可以由这种"属性关系"来实现。于是,整个数据信息组织模型的结构就像一棵或若干棵"枝繁叶茂"的树,每一棵树的树根是某个基本的对象,它具有一些最简单的、不可分解的属性,同时也有一些"复杂"属性即对象作为这棵树的第一层分支。这些作为属性的对象本身,既可以有不可分解的属性,同时也可以有一些对象作为其下一层分支,依次类推。但是,它不是一棵标准的树,因为有时候会出现这种情况:某一对象同时是两个或两个以上的其他对象的属性。加之可以有若干棵树并存,甚至对象可以"跨树"以其他树的某个对象作为其属性,于是便可构成任意复杂的数据结构,且每个对象都有设定的对其内部数据进行操作的例程。从而充分"真实"地将现实世界描摹出来。

面向对象模型能很好地描摹现实世界的实际应用,能更接近用户,但作为一种数据库系统,它也有一个缺点,即查询功能弱。正如有人所批评的,它在数据库发展的道路上似乎有走"回头路"的倾向,因为它或多或少地"返回"到了关系数据库以前的层次网状模型上,虽然与其在基本概念上有很大差异,但也会使其失去关系模型的数学最优化所带来的强大的查询功能的优势。因此,不少人预测,今后数据库技术的发展将是面向对象技术与关系模型的结合。一条可能的途径是,建立具有"多重"基本信息单位的信息组织模型。在有些情况下,基本信息单位的属性为不可再分解,而在另一些情况下,基本信息单位变为某几个不可分解的属性"封装"成的"对象"。在第二种情况下,用户所看到的只是"对象"及所设定的几种操作例程,而数据库本身在实现这些例程时还是基于底层的关系模型。

7.2 数据库系统的信息组织方法

7.2.1 单用户数据库系统的信息组织方法

20世纪60年代末至70年代初,首先出现的是单用户数据库系统。其数据管理系统和数据库应用程序以及数据均集中在一台计算机上。由于没有网络支撑，因而数据共享的范围受到了限制。

单用户数据库系统是数据库应用的初级阶段。在这个时期，数据库的信息内容多为文献型数据。例如，图书馆编目系统所建的书目数据库都是馆藏目录数据。最有影响的目录数据库是美国国会图书馆研制和发行的 MARC 数据库。而信息情报服务中心所建的数据库开始多为文献题录库、文摘库。国际上有名的文献情报服务中心生产的二次文献库很多，如美国化学文摘社的化学文摘（CA）数据库、美国医学图书馆的医学文摘（MEDLINE）数据库、英国的“物理、电工与计算机信息服务部”生产的科学文摘（INSPEC）数据库等。

为叙述方便，我们以 INSPEC 为例来讨论数据库的信息组织方法。INSPEC 数据库主要收集世界范围的物理、电气、电工、计算机与控制、信息技术等方面的文献。INSPEC 所收录的文献来自全世界各地出版的 4100 多种期刊上的论文和一些会议论文、图书、技术报告及部分专利信息。它分为 A、B、C、D 四辑。

A 辑　为物理专辑，包括声学、理论物理、环境科学、材料科学、原子物理和热力学。

B 辑　为电气电工，包括电路及元件、微波技术、广播电视、信号处理与远程通信。

C 辑　为计算机与控制，包括人工智能、控制理论与技术、神经网络计算与量子计算。

D 辑　为信息技术，包括商务、银行与保险、传真、办公自动化和电视会议。

所有记录都用 INSPEC 分类号和主题词标引，建有一定数目的主题索引。自 1969 年以来，INSPEC 数据库已逐步建立起自己的风格，它的信息组织方法使用复杂格式的元数据来描述信息对象。例如，INSPEC 数据库信息组织的一条样本记录如下：

Accession number:
　　INSPEC 6713181
Doc Type: Journal Paper
Title: E—commerce—moving from p—forms to e—forms
Authors: Gingrande, A.
Journal: e—doc vol. 1, no. 3 p. 29—34
Publisher: Highbury House Communications
　　Date: July—Aug. 2000
　　Country of Publication: UK
　　ISSN: 1470—4900 CODEN: EDOCFC
　　SICI: 1470—4900(200007/08) 1:3L. 29:CMFF; 1—1
Language: English
Treatment: Practical
Abstract: The use of the electronic form(e—form) is evolving as it did
　　in the corporate LAN environment. In doing so, it is following

the development of the Internet from the transaction platform stage to the e－process stage. In the e－form,

(以下省略)

Classification：D2140(Marketing，retailing an distribution)；

D2050E(Banking 2050E)；

D2080(Information services and database systems)；

D5020(Computer networks and inter－computer communications)

Thesaurus：electronic commerce；information technology；internet

Free Terms：electronic form；electronic process；e－commerce；

Electronic commerce；Internet；business transaction

Copyright：Copyright 2000，IEE.

为了信息组织与检索方便，INSPEC 信息字段一般用缩写表示。例如：

AN	Accession number	索取号
TI	Title	标题
AU	Author	作者
SO	Source	来源
CD	Coden	CODEN 号
RN	Report number or ISSN	ISSN 或报告号
PN	Patent number	专利号

(其他略)

以上是 INSPEC 信息组织与存储的情况，在信息检索与利用时，系统以常规方式向用户提供信息。

这样组织起来的数据记录就构成了数据库的主文档(Master File，简称 MF)。为了支持多途径的快速检索，必须建立一批倒排档(Inverted File，简称 IF)和倒排索引(Inverted File Index，简称 IX)。IF 与 IX 是同时生成的数据库索引文件，根据数据库检索点的确定，对数据库的 MF 进行相关字段的抽词、排序、归并、装配倒排档 IF，并同时生成倒排档索引文件 IX。如果主文档规模大，还必须建立主文档索引(MX)。这样，MF、MX、IF、IX 就组成了一个数据库，并通过数据库系统对用户提供信息检索服务。

7.2.2 主从式数据库系统的信息组织方法

主从式数据库系统也可称为集中式数据库系统，即数据是集中在服务器主机上的。计算机技术与通信技术的发展，尤其是国际间数据通信的商业化运作为远程信息资源共享提供了技术平台和环境支持。主从式数据库系统应运而生，它将信息资源组织在一台计算机主机上，而使数据库的检索终端分布在各大洲。最典型的是国际联机情报检索系统，如 Dialog 系统、ORBIT 系统、ESA/IRS 系统就是其中的代表。这些系统的数百个数据库，都存放在总部的主机上，而检索终端可被安装在世界各地，通过通信线路与系统连接，就可检索数据库，共享信息资源。

主从式数据库系统是在单用户数据库系统的基础上发展起来的，信息资源都组织在各个数据库里。例如，Dialog 系统就有 600 多个数据库，在这 600 多个数据库中，除了文献型数据库外，还有大量的事实数据库和数值数据库。这些数据库尽管信息内容不同，信息结构各异，但它们都有相似的文档结构。除了主文档(MF)外，还有主文档索引(MX)，若干个倒排档 IF 和多个倒排档索引(IXs)，为了提高查准率和查全率，不少数据库还有自己相应的词档(RT)，其通用结构如图 7.1 所示。

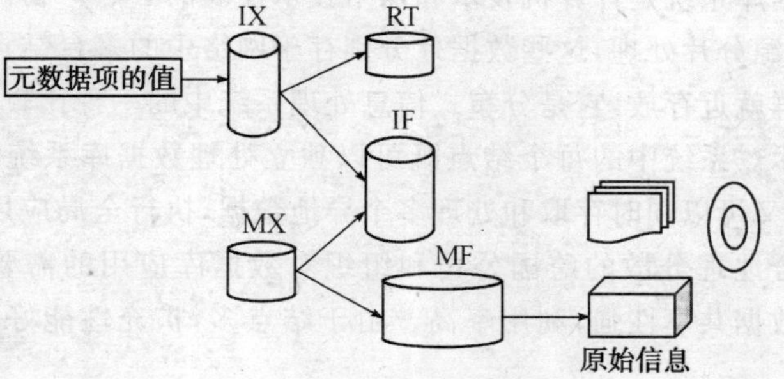

图 7.1　主从式数据库系统的通用结构

主从式数据库系统的信息组织方法是将软件资源(数据库)集中存放在主机上，数据库管理系统和应用软件也存放在主机上。远程终端的查询请求通过主机运行后将结果返回给用户。这样，数据库访问、命中结果的编辑输出、通信管理全在主机的控制下完成，这样的信息组织方法的特点是：① 信息资源集中存放，方便管理，更新容易，软件相应要简洁一些，对终端用户的计算机要求不高；② 主机负担过重，投资大，用户的通信费用负担重。这些为系统的发展和推广应用带来了障碍。

这种主从式数据库系统克服了时间、空间的限制，但由于通信费用一般较高，普通用户尤其是个人用户会被拒之门外。

7.2.3 分布式数据库系统的信息组织方法

1) 分布式数据库系统的概念

单用户数据库系统和主从式数据库系统都是集中式数据库，数据库的所有数据都存放在一台计算机上，集中存储、集中管理与维护，比较简便，如图 7.2 所示。

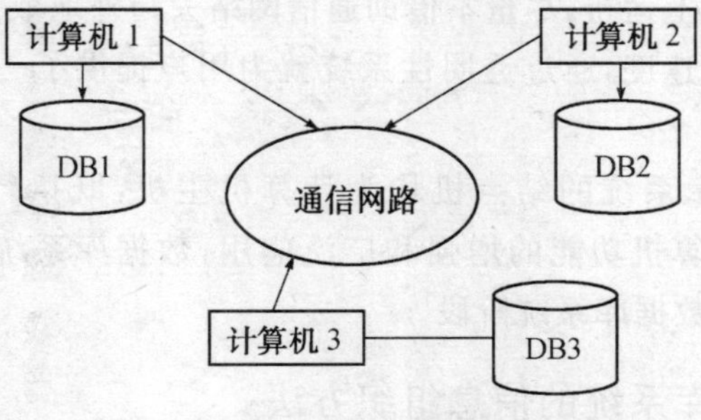

图 7.2　分布式数据库系统示意图

随着网络通信技术的发展，网上不同计算机上的资源实现共享已成为可能，分布式结构的数据库系统由此应运而生。所谓分布式数据库是将分散存储在计算机网络中的多个节点上的数据库在逻辑上统一管理。它是建立在数据库技术与网络技术发展的基础之上的。最初的数据库一般是集中管理的，随着网络的扩大，增加了网络的负荷，对数据库的管理也困难了。分布式则可克服这些缺点。在分布式数据库管理系统下运行的分布式数据库，可供地理位置分散的用户共享彼此的数据资源。

分布式数据库系统是计算机技术和网络技术发展的必然产物。根据用户群的布局，将信息资源分片处理，这些数据片分别存于网络中的多台结点机上。存放的原则是随用户群就近存放，它是分布式信息处理系统中的一种比较理想、比较符合实际需要的技术。系统中的每个结点既可以独立处理数据库系统中的本地数据，执行局部应用，又可以同时存取和处理多个异地数据，执行全局应用。分布式数据库系统特别适合地理分散的跨国公司和组织对数据库应用的需要。其系统成本低，可靠性好，数据共享性强，利用率高。由于结点多，扩充性能好，因而深受用户欢迎。

2) 分布式数据库的特点

分布式数据库有下列特点：

(1) 数据的物理分布性。数据分布在不同的计算机上。

(2) 数据的逻辑相关性。数据库虽然分布在不同的计算机上，但是这些数据并不是互不相关的，各结点的数据库数据，在逻辑上是一个统一的数据库。

(3) 区域自治性。在网上的每个计算机都有自己局部的数据库管理系统，每个结点的数据库管理系统都可以自治地进行工作。

(4) 各个计算机之间的联系通过通信网络进行。

(5) 分布透明性。分布式数据库系统的主要目标之一就是要提供系统的各种透明性，包括位置透明性和复制透明性等。位置透明性使得用户和应用程序不必知道它所用的数据在什么场地，不管数据在本地数据库中还是在外地的数据库中。复制透明性指的是，为了提高分布式系统的性能和实用性，系统中的有些数据并不是只存放在一个场地，很可能同时重复地存放在不同的场地。这样，在本地数据库中不但包含本地的数据，而且也包含有外地的数据。当应用程序执行的时候，就可在本地数据库的基础上运行，尽量不借助通信网络去与外地数据库联系，这样就加快了应用程序的运行速度，通过透明性系统就为用户提供了一个逻辑上的集中式系统。

上述三种数据库系统的结点机均为计算机主机，既执行应用程序，又执行DBMS。随着个人计算机功能的增强和广泛应用，数据库系统也提高到客户机／服务器(C/S)结构的数据库系统阶段。

7.2.4 C/S数据库系统的信息组织方法

客户机／服务器(C/S)数据库系统有效地克服了前三种系统的处理速度和效

率不理想的弱点，它把 DBMS 功能和应用分开。网络中某个结点上的计算机专门用于执行 DBMS 功能，管理数据库，称为数据库服务器；而其他结点的计算机安装 DBMS 的客户端连接和应用程序，这些结点称为客户机。

数据库系统运行时，客户机用户的请求通过网络传到数据库服务器，数据库服务器响应请求并处理后，将结果传回给客户机。由于它只传结果，而不是整个数据，并且对于结果显示的方式和相关计算处理也由客户机完成，从而大大减少了网络的压力，提高了系统性能、吞吐量和负载能力。C/S 结构的数据库系统是一个开放式系统。客户机与服务器一般可以在不同的计算机系统上运行，支持不同的数据库应用开发工具，可移植性好，因而发展很快。

因特网的迅猛发展，为数据库的广泛应用营造了良好环境，Web 数据库应运而生。Web 数据库融 Web 技术和数据库技术为一体，它是一种基于 Internet 应用的新型数据库应用模式。实际上，Web 数据库是浏览器 / 服务器(B/S)结构的数据库。其体系结构如图 7.3 所示。

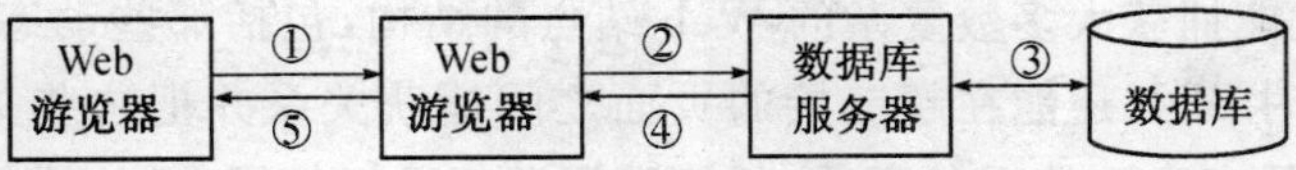

图 7.3　Web 数据库系统示意图

从图中可以看出，Web 数据库的处理模式为：① 用户通过浏览器操作数据库，浏览器运行 HTML 文档，通过 HTTP 协议与 Web 服务器交换信息。② Web 服务器与数据库服务器的交流需要 Web 数据接口技术。从目前情况看，这一技术经历了 CGI 技术、Web API 技术、ASP 技术、Java/JDBC 技术等发展阶段。Web 服务器与 DB 服务器交流信息，传递用户对数据库的操作命令。③ DB 服务器根据指令完成对数据库的操作，并得到结果。④ 数据库服务器将运行结果反馈给 Web 服务器。⑤ Web 服务器将结果转换成 HTML 文档格式，传回浏览器显示给用户。这就是 Web 数据库的操作过程，用户在因特网的任一台浏览器上均可使用 Web 数据库。

Web 数据库的信息组织可以是传统的数据库(如关系数据库)组织，也可以是扩展的非结构化的信息组织，通过半结构化数据库系统来进行 Web 数据信息的集成。

7.3　Web 数据信息与半结构化数据库系统

如前所述，第一代层次网状数据库、第二代关系数据库和第三代面向对象数据库这三代数据库的数据主要是完全结构化的数据，多媒体数据(如图像、音频、视频等流数据)都是无结构数据，而 Web 上的数据则介于完全结构化和完全无结构之间，我们可称为半结构化数据。

从数据库的研究角度看，Web 网站上的信息也可以看做是一个更大、更复杂的数据库。Web 上的每一个站点就是一个数据源，每个数据源的结构都不一样，这就构成了一个巨大的异构数据库环境。如何将这些异构数据源进行集成，向用户提供一个统一的视图,方便用户利用这些数据,可采用半结构化数据库系统来解决问题。

半结构化数据库系统从功能组成上可以分为数据集成子系统和数据发布子系统等模块。

7.3.1 数据集成子系统

数据集成子系统的功能是从数据源处抽取或集成数据并且给上层应用提供一个单一的、一致的关系数据库接口。实际上,XML 就是一个半结构数据模型。数据集成子系统有包裹器、映射器、抽象器三个基本组成模块。

1）**包裹器**(wrappers)

包裹器与数据源打交道并使分散的数据成为一些类似于关系数据库的表集合。包裹器使用源描述语言 SDL(Source Description Language)来表示原始数据。SDL 是 Junglee 公司开发的一种专门用于描述数据源行为的人工语言。简单的几行 SDL 语句就能捕获大多数复杂的 Web 站点的结构,包括那些动态生成 Web 页面的站点。同时 SDL 还能在超链接的页面之间捕获关系并把这些关系体现在半结构化数据库的表中。使用包裹器,任何数据源都可以使用 SQL 语句进行查询。

2）**映射器**(mapper)

包裹器形成的关系数据表可能具有不同的模式和词汇。如一些包裹器以公里为单位表示距离,而另一些包裹器则用英里或海里为单位表示距离。在映射器里需要以公里为单位,这样,映射器可作属性名称和数据的转换。这些转换需求体现为映射规则的集合,并用映射描述语言 MDL(Map Description Language)来给出变换规则集。MDL 可简明地描述非常强大的数据转换方式,包括模式和词汇的转换,从一些表中将数据集成,基于其他字段来创建表的新字段以及简化数据和格式化转化形式,等等。

3）**抽象器**(extractor)

数据集成往往要从非结构化的文本数据中抽象其半结构化信息。例如,有一个报纸 Web 网站,列出了一些售房信息,利用半结构化数据库,我们希望获得具有某些特征的数据表,记录了地理位置、面积、房间数目、附近超市、学校等信息。但是,由于网上的售房信息是一个个的文本块,因此需要一种提取结构化数据的方法。抽象规则就是描述怎样从文本中提取所需的信息,用抽象描述语言 EDL(Extract Description Language)描述的抽象规则,把文本处理和自然语言分析理解相结合,可指导抽象器完成对 Web 网站信息特征的抽取和发送。

7.3.2 数据发布子系统

数据集成子系统的目的是半结构化数据库系统的建立,而数据发布子系统的目的则是由半结构化数据库系统提供服务。数据发布子系统利用发布规则安排数据获取、数据转换和数据传播。

数据发布子系统利用发布规则安排各种数据集成任务——包裹、映射和抽象,并以规定的间隔周期发布集成后的数据表。一张集成数据表是由数据集成子系统从某数据源中集成的数据的一个快速映像,包括了数据表和图像这样的多媒体对象。集成数据表能直接投入实际应用,或被发送到网络上提供服务。

7.4 多媒体数据库的信息组织方法

随着信息社会的到来,信息处理的需求越来越高,许多复杂的应用涉及大量的图形、图像、文字、声音、动画等多媒体数据类型,传统的数据库技术,如数据类型、操作语言、存储结构、存取方式与检索机制都不能适应复杂对象的应用需求。这种需求促进了新技术的产生,这就是多媒体数据库。

多媒体数据库的概念自 1983 年由 D. T. Sichhritzis,S. Christodoulakis 等人提出至今,已经历了 20 年的发展,而且已有一些原型系统诞生。多媒体数据库与其他数据库相比,它强调的是信息载体的多样性、交互性以及集成性。对各种各样的信息进行管理、运用和共享的数据库就是多媒体数据库。尽管人们在积极研究多媒体数据库的各项技术及实现方案,但多媒体数据库仍处于摸索和发展阶段,还不够完善和成熟。

7.4.1 多媒体数据库关键技术

多媒体数据库是与传统数据库不同的数据库,其主要目标是要实现媒体的混合、媒体的扩充和媒体的变换。亦即多媒体数据库要实现对多种媒体的统一管理、媒体可以进行追加和变更、媒体的相互转换。因此,能使用户在对数据库的操作中,可最大限度地忽略媒体间的差别,实现多媒体数据库的媒体独立性。

多媒体数据库的关键技术主要包括以下 7 项。

1) 数据模型

建立数据库模型是实现多媒体数据库的关键。目前实现多媒体数据库管理的途径主要有 4 种:① 基于关系的模型,属于扩充关系数据库模型,在传统关系数据库的基础上加以扩充,使之支持多媒体数据类型。② 基于面向对象的模型,以此实现对多媒体的描述及操纵。在面向对象语言中嵌入数据库功能而形成多媒体数据库的关键是如何在面向对象语言中增加对持久性对象的存储管理。此种方法亦受面向对象方法的限制。③ 基于超文本模型或超媒体方法,构建分布式超媒体数据库。④ 开发全新的数据模型,从底层实现多媒体数据库系统,该方法首先建立一个包含面向对象数据库核心概念的数据模型,设计相应的语言和相应的面向对象数据库管理系统的核心。这种方式的优点是系统结构清晰、效率高;缺点是难度大,一方面缺乏统一的数据模式及形式化理论,另一方面在查询、优化视图及数据库工具方面仍存在不足。

2) 数据的压缩和还原技术

在计算机中,结构化数据如文字、数值都是编码后进行存放,非结构化数据如图形、图像和声音也必须转化成计算机可以识别和处理的编码。多媒体数据要占据很大的存储空间，所以，必须在存储时进行数据压缩，重放时进行数据还原。目前常用的压缩编码标准有 JPEG、MPEG、H.261、SC－29、CD－I、RTV 等。此外，还应考虑物理存储介质的存取速度和存储结构。数据库系统应能进行动态存储分配，以支持适合和变长大字段。

3）存取管理和存取方法

动态声音和图像组成的大对象（文件）即使进行了压缩，存储量也十分惊人。大对象一般是分页面进行管理的，目前比较流行的存取方法是 B＋ 树和 Hash 方法。

4）用户界面

由于在多媒体计算机中增加了声音和图像接口，所以多媒体数据库应提供更友好的用户界面。一般数据库系统提供宿主语言调用，多媒体数据库系统应提供多媒体宿主语言调用，即在宿主语言中嵌入声音和图像等多媒体信息来操纵多媒体数据库。同样，SQL 语言在多媒体数据库中也应做相应改进。

5）分布式技术

传统的分布式系统在管理多媒体数据时已不能满足要求，除了在局部库中必须考虑上述的数据模型和数据压缩等问题外，在全局管理中还必须解决多媒体数据集成和异构全局多媒体数据语言查询等问题。同时，多媒体数据带宽也有新的要求（与数据压缩密切相关），需要与之相适应的高速网络。

6）多媒体信息的检索与查询

多媒体信息结构复杂、内容丰富、相互交织，如何抽出特征进行目标索引和分类以及查询都与传统数据处理差别很大。例如，多媒体信息检索应提供基于内容的检索。

7）多媒体数据的输入

常规数据可通过键盘、鼠标，方便地输入数据库，而多媒体数据则不然。虽然通过扫描仪、摄像机、录音机、数字照相机、数字化仪可将各种信息输入，但这仅仅实现了数字化，并没有将各种对象分开来，为此要运用图像识别、语音识别、文字识别、地图识别等人工智能技术。

7.4.2 多媒体数据库的主要实现方法

1）从关系数据模型发展多媒体数据库

关系模型以其严密的关系理论和简明的用户界面在常规数据的信息管理中发挥了巨大作用。但是面对应用领域所涉及的图形、图像、文字、声音、动画等多媒体数据，传统的数据库技术在数据模型、数据类型、定义语言、操纵语言、存储结构和存取路径等方面都无法适应。例如，关系模型的规范关系要求数据项具有原子性，而上述复杂的应用对象大多具有层次结构，要求一个数据项能存放一个递归的关系，即存入一个具有层次结构的对象，因此传统的关系模型是完全不能适应多媒体数据的处理要求的，必须从概念和体系结构上做较大的扩展与修改，才能建立相应的多媒体数据库管理系统。

需对关系模型做以下扩展：

① 扩展基本关系类型，支持复杂对象。这一扩展必然导致违反传统关系模型是第一范式的要求，即关系定义中的每个属性所定义的类型必须是系统所支持的内部类型。这样扩展后，属性可以不是系统所支持的内部类型，而是用户自定义类型。

② 对关系模型提供的操作加以扩充。传统的关系数据模型的数据操作能力十分有限，只适用于事务处理领域。把传统的关系模型上的操作作为系统的缺省功能加以实现并提供这样的机制，使用户能根据所定义的数据类型扩展其功能，如新的存取、复杂查询和完整性约束等，这样就可以很好地支持抽象数据类型的概念。

③ 扩展面向对象的特征。如继承和动态联编面向对象。多媒体数据库对关系模型作一定的扩充后，就能在可扩充的数据库管理系统中支持具有面向对象功能的许多新的应用，而且改造和开发成本也较低。

由于多媒体数据模型是对传统关系模型的扩展，这就意味着它不能丢掉传统关系数据模型所具有的数据操作功能，因此，多媒体数据库的数据操作分为两部分：一部分是传统 SQL 语言所支持的功能；另一部分操作功能是通过用户自定义的方式实现的，即用户采用一种高级语言（如 C＋＋）来定义某个类型所独具的数据操作功能。

2）**面向对象数据库**

面向对象数据库模型中的对象、属性、方法、消息及对象类的层次结构和继承等特点使其能较好地解决多媒体信息管理面临的问题，因而受到人们的重视。在面向对象的系统中将类似的对象组合在一起，形成一个对象类。属于同一类的对象具有相同的属性名和定义在这些属性上的方法，响应同样的消息。系统中的对象除了具有聚合的联系外，还有一种概括的联系。

采用面向对象数据库的处理模式，传统数据库所面对的许多难题可得到解决，它可以方便灵活地处理图形、图像、声音、文字和动画等多媒体信息，尤其是具有层次结构的复杂对象。虽然面向对象数据库是实现多媒体数据处理较理想的途径，然而面向对象的数据模型目前尚无一个统一的标准，缺乏坚实的理论基础，许多实际技术还不够成熟，目前应用此技术开发成功的例子并不多。为了更好地满足多媒体数据库管理的需求，需做进一步研究和改进。

3）**分布式超媒体数据库**

超文本技术提供了对多媒体对象的另一种管理方式。超文本（Hypertext）是一种非线性的信息组织方式。传统的文本是线性组织方式，即将信息按单一的顺序编排。超媒体（Hypermedia）技术是超文本技术与多媒体技术的结合，即按超文本的思想来管理多媒体对象。

超媒体技术不同于传统的数据库技术，它对数据不要求有统一的定义，统一的结构。超媒体系统由节点和链组成，节点上存储有各种媒体形式的信息，通过链来建立媒体间的联系。超媒体技术能更真实地反映现实世界中信息的表现形式及其联系，也更接近人们的发散式思维。超媒体模型的主要功能特性有：

① 超媒体数据库是由“声、文、图”类的节点组成的信息网络，它构成一个多媒体文档。

② 用户可以方便地创建节点及链接新节点的链，还可以利用不同的编辑工具生成各种媒体文档，如文本、视频、图像等，然后利用著作工具生成节点，将节点加入到数据库中，链接起来形成新的超媒体数据库用户还可以进行删除节点、编辑节点等操作。

③ 超媒体系统支持标准窗口操作，屏幕中的窗口与数据库节点一一对应。

④ 支持对数据库的浏览与检索。浏览与检索是超媒体信息系统最重要的功能。

⑤ 做简单推理。超媒体网络也可以作为一种知识表示方法，类似于人工智能中的语义网络。如果将超文本与推理机制结合起来可以构造出简单的推理系统，设计出一些新颖的知识系统和专家系统。

分布式超媒体数据库系统 HDB(Hypermedia Data Base)是一种以超媒体信息管理技术为基础的分布式系统。由于多媒体数据具有形象直观、语义丰富和时空关联等特点，HDB 可向用户提供良好的人机交互方式。

HDB 的超媒体节点和链分别描述实体与实体之间的联系。HDB 采用超媒体的浏览导航机制，除了具有一般的查询功能以外，还具有浏览过滤功能，能自动确定用户感兴趣的主题，采用宏文献结构来支持大型数据库分布到网络上。

HDB 的基本结构由三层构成，其层次关系为：

① 最底层。最底层为对象管理层，该层采用面向对象的方法管理媒体对象，对媒体对象和内容结构作定义和描述，管理媒体数据的共享和锁定。其对象包括文献对象、宏文献对象、节点对象和文献间链对象等。

② 中间层。中间层是超媒体关联层，用于对节点和链作定义和描述。节点中媒体对象的表现具有时空组合能力(即时间关系和空间关系)。

③ 最上层。最上层是表现与查询层，提供对超媒体数据的查询、表现并完成与用户的友好交互。

超媒体系统是多媒体信息管理中十分有效的工具。它具有丰富的媒体表现方式，灵活的浏览方式，友好的用户界面，强大的统计查询功能，信息易于更新、维护等多种优点。可以预料不久的将来，超媒体数据库将得到广泛的认识与迅速的发展。

尽管人们在多媒体数据库技术的研究领域积极探索，但仍处于初级阶段，处在对多媒体数据库还没有完善定义的状态。一般认为，扩展关系数据库作为现阶段实现多媒体数据库的过渡技术是可行的，但其固有的缺陷表明它终将被面向对象方法和超媒体技术所取代。面向对象方法和超媒体技术在表示多媒体数据模型，实现多媒体时空同步，版本生成与控制及基于内容查询和索引，用户接口技术方面有着独特的优点。相信在不久的将来，一定会出现真正的面向对象的多媒体数据库系统。

7.4.3 基于内容检索与多媒体信息查询

多媒体信息查询问题随多媒体信息系统的应用广泛而日益突出起来，特别是随着近年来网络多媒体信息内容的兴起，对这一问题的解决要求更为迫切。

多媒体数据包含有十分丰富的信息内容。其中图像、视频、音频等众多媒体类型更有复杂的语义特征，以往那种在关系数据库框架内使用关键词或原子属性而进行的检索是一种浅层次的信息查询，不能揭示出更有价值的信息，造成极大的信息资源浪费。

基于内容检索(Content－based Retrieval)，就是从媒体数据中提取出特定的信息线索，然后根据这些线索从大量存储在数据库中的媒体中进行查找，检索出具有相似特征的媒体数据来。它可以在更深层次和更有效地利用存储的多媒体信息。

例如，一段波涛汹涌的画面，配以不同的背景音乐，可有多种寓意。单纯使用关键词法检索，就无法从多侧面、多角度、多层次查询有关信息，而使用人工浏览又浪费时间。但若提取出媒体中的信息线索(如图像的形状、轮廓、颜色等)，基于这些特征化线索，进行相似性匹配，则易取得较好效果。

媒体信息的特征化，是对媒体信息内容较深语义层次的揭示。基于内容检索是一个逐步求精的过程：

① 初始化检索说明。用户检索时，最初可用基于示例的查询或查询语言来形成检索格式。系统提取示例的特征或把查询描述映射为具体的特征。

② 相似性匹配。将查询特征与特征库中的资料按照一定的匹配算法进行形似性匹配。满足一定相似性的一组候选结果按相似度大小排列返回给用户。

③ 特征调整。对系统返回的查询结果，用户可选择满意结果，或从中选择一个示例，经特征调整，形成新的查询。

④ 逐步缩小检索范围，直到用户满意。

基于内容检索时根据媒体特征进行相似性匹配检索的媒体特征有：颜色(color)、纹理(texture)、轮廓(sketch)、形状(shape)、空间约束(spatial constraints)、动态(motion)、领域概念(domain concepts)等。

基于内容检索是一门信息检索技术，在开发基于内容检索系统时涉及多学科的知识，包括数据库管理系统、自然语言理解、图像理解、视频处理、模式识别、认知科学、计算机图形学、计算机视觉、信息检索等。基于内容检索与图像理解、模式识别等的区别在于它不是去理解图像的内容或识别它的内容，而是利用这些相关学科的综合知识去实现多媒体信息的基于内容的快速查找。

目前，基于内容检索技术在多媒体信息系统的主要应用领域有：艺术画廊和博物馆管理、建筑与工程设计、地理资源遥感与管理、地理信息系统、商标及版权数据库管理、房地产信息系统、面部检索系统、数字视频图书馆、WWW 信息浏览、多媒体 CAI 应用、多媒体出版等。随着该技术的逐步成熟，应用前景会更加广阔。

习题 7

1. 什么是面向对象数据库？与其他类型数据库相比有哪些特点？
2. 何为分布式数据库？有哪些特点？
3. 什么是半结构化数据库系统？主要由哪几部分组成？
4. 多媒体数据库的关键技术有哪些？如何进行多媒体信息查询？

8 数字图书馆的信息组织

- 数字图书馆概念与特征
- 数字图书馆体系结构
- 数字图书馆信息组织原则
- 数字图书馆资源库建设方法

数字图书馆理论和技术自20世纪90年代初以来已成为国际图书馆学情报学界的一个研究课题,也是美国、日本、英国等发达国家先进图书馆高新技术应用的一个新领域。在我国,由国家计划与发展委员会立项、北京国家图书馆承担的"中国试验性数字图书馆"项目已于1997年启动,并已取得阶段性进展。但是,由于数字图书馆馆藏数字化文献类型与格式的复杂多样性,以及用户所期待的交互式电子化网络服务,目前尚有许多关键技术需要进一步的研究与探讨。其中,数字图书馆中知识信息的组织技术是最为基础、也是最为关键的一个方面。

8.1 数字图书馆简介

8.1.1 数字图书馆概念与特征

1) 数字图书馆的起源与发展

数字图书馆的思想最早起源于20世纪70年代。人们设想着能够将所有的信息都存储在计算机里,可以在任何时候、任何地方检索所需的信息。到目前为止,数字图书馆的发展经历了三个阶段:

① 图书馆自动化阶段。利用计算机来实现图书馆的自动化管理,如计算机采访、编目、流通等。20世纪70年代末到90年代初这一段时间,是图书馆自动化从产生、发展到完善的时期。

② 电子图书馆阶段。是一种基于现有局域网络,实现电子信息资源共享的图书馆模型。一般认为,电子图书馆主要是指以电子形式(媒介)存储、传递并提供服务的图书馆,如各个图书馆建立的电子阅览室、OPAC检索等,它重点强调个别图书馆借助于计算机技术或电子技术在一定范围内提供读者检索服务。

③ 数字图书馆阶段。20世纪90年代初,随着WWW的出现因特网得到了空前的发展,它广泛深入到人们的工作和社会生活中,人类进入了一个崭新的数字化信息时代。在因特网上,信息类型也变得更加丰富,并带来了经济、贸易、信息传播的全球化,深刻影响着社会的各个层面。但由于因特网上的信息资源很大程度上处于无序状态,影响了信息利用的效率,使信息查询十分困难。因此,对于网上信息资源的处理迫切需要一个统一的模式或框架,解决各类数字信息资源的组织、检索和利用等方面的问题。于是,数字图书馆应运而生。不少国家已开始纷纷着手研究数字图书馆,但由于数字图书馆无论在理论和技术上还是在实际应用上都处

于发展阶段，其定义还很不明确，而且常常与电子图书馆、虚拟图书馆等混在一起作为同义词使用。

2) **数字图书馆的定义**

目前，由于人们对数字图书馆的构成和功能认识的不同，对数字图书馆的界定也存在很大差异，主要分为以下几种观点：

① 认为数字图书馆就是计算机化的、网络化的图书馆系统或信息系统。如弗兰克·唐(Frank Tung)认为数字图书馆"是一种基于计算机网络，特别是基于信息高速公路的多媒体信息管理系统"。

② 认为数字图书馆是一种馆藏有别于传统图书馆的新型图书馆。William Saffady认为："数字图书馆相当于一所收藏了相当于所有或大部分印刷或缩微馆藏而可用计算机处理的图书馆。这些资料用以辅助或补充为主流的印刷或缩微形式资料。"

③ 认为数字图书馆不是一个机构，而是一种抽象的概念或信息服务思想。如美国密执安大学的研究人员给出的定义：一个"数字图书馆是若干个联合机构的总称，它使人们能够智能地、实实在在地存取全球网络上以多媒体数字格式存在的、为数巨大且仍在不断增多的信息"。

针对以上定义，我们可以认为，数字图书馆是由现代高新技术所支持的数字信息资源系统，是下一代因特网上信息资源的管理模式，它将从根本上改变目前因特网上信息分散、无序、不便使用的现状。概括起来，数字图书馆应包含以下一些基本要素，主要有：

① 数字化的馆藏。数字化的馆藏构成了数字图书馆的基本内容，包括存储在任何介质上的数字化数据以及信息资源，易于计算机处理。

② 先进的信息存储与检索系统。包括对各种信息资源进行选择、收集、保存和提供。从这个意义上来说，数字图书馆是现有各种信息机构的一种延伸、增强和集成。

③ 便捷的电子服务。数字图书馆需要把用户、群体或社会与馆藏以一种高效且令人满意的方式连接起来，这就涉及了数字图书馆的信息资源的组织技术以及其检索、传输、操纵和管理等一系列问题。

3) **数字图书馆的特征**

和传统图书馆比较，数字图书馆信息组织对象发生了重大变化，呈现出以下特点：

① 数字图书馆信息组织对象类型已大大扩展。传统图书馆的信息组织主要以印刷型的文献信息为主，而数字图书馆除了文字信息外，声音、图像、视频等类型的信息只要能够数字化的也都可以是数字图书馆的收藏和组织对象。在数字化层面，信息独立于原有的载体成为同一的数字化信息，这就为数字图书馆统一地组织原先存在于不同类型信息载体的信息奠定了基础。所以数字图书馆信息组织的对象是一种跨媒体的信息对象。如美国国会图书馆的《美国的回忆》收藏内容包括可以用数字产品形式表现出来的各类有关文字材料、图片、照片、绘画、地图、早期电

影、录音录像、服务等。

② 数字图书馆的信息组织是一种分布式模式，其信息对象可能并不存储在同一个地方，而可能分布在不同的数据服务器上。这和传统图书馆的信息组织是不同的。传统图书馆主要对本馆全部馆藏进行处理。由于信息的数字化过程是一项投入巨大的工作，任何一个单位都不可能单独承担起这项工作，同时在信息处理与传播技术的高速发展刺激下，信息总量的增长也是惊人的，任何一个单位同样也不可能有效处理高速增长的信息。所以数字图书馆只能是一种分布式的信息组织模式。分布式信息组织借助于分布式计算机技术，使得信息组织跨越了空间位置的限制，具有全球化的特征。

③ 数字图书馆的信息对象是一种以机读型信息形式存储与检索的数字化信息对象。人们不可能利用自身的感官直接读取数字化信息，而只能借助于专门的读取设备，特别是计算机。读取的不方便是数字化信息的最为突出的缺点之一。但是由于数字化信息将各种信息在载体层面统一在计算机可读取和处理的代码上，可以充分利用现代信息处理技术对各种媒体的信息进行处理与传播，大大提高了信息检索与传播的效率。

④ 数字图书馆信息对象的格式化特征和多格式特征。和数字图书馆数字化信息对象的机读性特征相关联的是，数字化信息是按特定格式存储的，所谓格式就是最基本的计算机存储单元的排列方式标准，即每个比特的排列组合标准。现代计算机信息存储的格式很多，各种类型的信息都有各种不同的信息格式来描述，如文字信息和图像信息的格式就不同，而图像信息有时是多样化的，如有 BMP 格式、GIF 格式等。这样就导致数字图书馆的信息对象也呈现多格式的特征。如一个既有文字又有图像的文献，就可以包含两种类型的格式：一种是文本文件格式，另一种是图像格式。

数字图书馆是以数字形式去存储大量的信息并能对存储的信息资源进行高效的操作，如收集、选择、组织、检索、提供访问接口、信息保护等。信息载体的数字化、信息传播的网络化、信息资源共享化、信息服务的用户化是数字图书馆的重要特征；因特网是推动数字图书馆建设的最主要动力之一，数字图书馆实质上是依托于因特网而存在的图书馆。它是没有时空限制的、便于使用的、超大规模的知识中心。

数字图书馆建设以统一的标准和规范为基础，以数字化的各种信息为底层，以分布式海量信息资源数据库群为支撑，以智能检索为手段，以电子商务手段为管理方式，以宽带高速网络为传输通道，最终将丰富多彩的多媒体信息传递到用户面前。它涉及信息资源的生产、加工、存储、检索、传递、保护、利用、归档、筛选、删除等全过程。

8.1.2 国外数字图书馆发展概况

国外数字图书馆的主要项目有：

1) 美国

美国数字图书馆建设起步比较早，对建设数字图书馆意义的认识也比较深；同时开展了一系列的研究活动，并取得了一批研究成果。

1994 年 9 月，美国国家自然科学基金会(NSF)、美国国防部高级研究计划署(DARPA)和美国国家航空宇航局(NASA)共同发起了一项数字图书馆预研工程 DLI(Digital Library Initiative)，该工程资助了 6 个子项目，分别由美国的六所著名大学来承担，它们分别是斯坦福大学、卡内基梅隆大学、加州伯克利大学、依利诺伊大学、密歇根大学、加州大学的 Santa Barbara 分校。一期工程历时 4 年，在 1998 年 8 月底结束，取得了一定的成果，引起了世界范围内各国政府和有关单位的关注。在 DLI 的影响和带动下，美国的许多著名大学都建立了专门进行数字图书馆领域研究的实验室、研究中心，也为研究生开设了介绍该领域技术进展的专业课。

美国政府"国家计算、信息、通信指导办公室"自 1994 年以来，每年发表一本"蓝皮书"，这是一种正式的重要研究与发展的官方报告。近年来，该报告对数字图书馆战略意义的描述越来越重视。

1995 年的蓝皮书"用于国家信息基础设施的技术"，列出了 9 项国家信息基础设施(National Information Infrastructure，简写为 NII)应用的国家级挑战，依次为：数字图书馆、危机及应急管理、教育及终身学习、电子商务、能源管理、环境控制和废品最小化、保健、加工处理和产品、公众存取政府信息。报告指出，数字图书馆是无墙的知识中心的基础，并强调数字图书馆技术将被用于所有其他的国家级挑战应用之中。

1996 年的蓝皮书"高性能计算和通信：用于未来美国信息的基础"，介绍了 18 个在美国进行的数字图书馆项目状况及 IP 地址。

1997 年的蓝皮书"推进信息技术的前沿"，明确将数字图书馆列入有效技术之中。

1998 年的蓝皮书"用于 21 世纪的技术"，则又将数字图书馆列在 CIC(计算、信息、通信)的六个研究发展重点项目的第一位。

现在，美国数字图书馆项目中的 DLI 已全部完成，该项目共 6 个子项目，涵盖大规模文献库、空间影像库、地理图像库、声像资料库；另一个项目"美国国家数字图书馆项目"于 1999 年完成，它包括美国历史及文化科技成就，有 15 个研究图书馆与档案馆参加。

1998 年美国数字图书馆项目第一期工程完成后，便启动了第二期工程(简称 DLI2)，投入资金达 6000 万美元。参与 DLI2 的高校主要有斯坦福大学、密歇根大学、康乃尔大学等。通过数字图书馆项目的研究可得到对长期社会、行为和经济含义的更深刻理解以及新型数字图书馆的性能对教育、研究、社交、健康服务、娱乐等人类活动领域的影响。此外，DLI2 还积极鼓励学术界、企业界、非盈利及其他团体间的合作，通过理论研究者、应用开发者和应用者之间的伙伴关系建立起基础科学、技术开发及应用之间的更好衔接。

2) G8 全球信息社会电子图书馆项目

在美国之后，其他许多国家也积极投资研究建造自己的数字图书馆，像加拿大、英国、法国、意大利、荷兰等。显然，在人类迈向信息数字化时代的过程中，数字图书馆是不可或缺的标志之一，它对人们未来的生活、教育方式将会产生深远的影响。G8 全球信息社会电子图书馆项目由法、日、英、加、德、意、荷、俄 8 个国家的国家图书馆组成，其中内含了各国文化历史精华，它对各国的数字图书馆工程有很大促进。

3）**其他国家**

（1）法国：法国国家图书馆数字化工程。其目标是：实现馆藏的数字化以及网络存取，为实现数字图书馆打下雄厚的资源基础；从事数字图书馆解决方案的研究、开发和商品化。法国数字图书馆的数字化资源中有 14 世纪的 1000 件手稿、30 万张图片，目前汇集数字资源已达 3000GB 以上，书目数据 830 万条。

（2）英国：英国国家图书馆存储创新倡议。目的是对馆藏资料数字化和网络化时必需的软硬件进行研究，并建立有关信息的存储、标引、检索、传输等方面的标准。共包含 20 个项目，大部分已完成，并在因特网或馆域网上提供服务。

（3）日本：日本小规模试验型数字图书馆项目。包括国家联合目录 880 万条数据的网络试验，数字图书馆实践试验和日本国会图书馆 1000 万页馆藏的数字化。日本国会图书馆关西馆工程，该馆将成为日本最大的数字图书馆及亚洲地区的文献提供中心。

从国外发展看，数字图书馆建设必须以高新技术作支撑。如在资源库建设中需要使用高效联机分析处理、数据仓库、数据挖掘等技术，研究将数据仓库和数据挖掘应用于数字图书馆的体系结构，研究元数据的界定与自动抽取、多媒体对象数据的压缩与还原等，实现数字图书馆的快速海量存取；要实现数字图书馆分布式资源库的互操作性，研究在不同层次上（语句、语义等）为具有多个分布式资源库的大型数字图书馆提供快速横向跨库的查询技术；要实现基于并行处理的高速查询，用于超大规模分布式资源库的快速存取；要实现多语种的实时翻译，并将其应用在因特网上的双向检索环境中；实现基于内容多媒体特征的检索，包括概要查询、分类、检索及自动摘要、自动转换和匹配等；要实现数字图书馆系统的可缩放性，要求系统既能应用在全国范围、全球范围，也能适用于个人使用，对数据量、内容覆盖面和内容深度、用户数等都有很强的灵活适用性。

8.1.3 我国数字图书馆工程的进展

1）**建设数字图书馆的意义**

我国非常重视数字图书馆工程的研究和建设，中国数字图书馆工程已被列入国家科技创新重点工程之一，并已经启动。

数字图书馆是国家信息基础设施的重要组成部分，已成为衡量和评价一个国家信息基础水平的重要标志。对于我国来说，由于数字图书馆的研究和建设起步较晚，因此，建设数字图书馆更加具有必要性和迫切性。其重要意义在于：

（1）数字图书馆将改变以往信息存储、加工、管理、使用的传统方式，借助网络环境和高性能计算机实现信息资源的有效利用和共享。它的建设将使我国在综合国力的竞争中抢占先机，掌握发展的主动权，实现跨越式发展。

(2) 我国数字图书馆建设的核心是以中文信息为主的各种信息资源，它将迅速扭转因特网上中文信息匮乏的状况，形成中华文化在因特网上的整体优势。我们要通过数字图书馆的建设，将我国悠久的历史、灿烂的文化，特别是当代建设的伟大成就通过因特网向全世界展示。

(3) 数字图书馆的建设将促进我国信息技术的发展，同时带动与之相关的计算机技术、网络技术、通信技术和多媒体技术等各项高新技术的迅速发展，从而推进我国知识创新体系的建设和发展。

(4) 数字图书馆建设是"科教兴国"战略的源泉和动力，也是实现公民终身教育的大课堂。数字图书馆以其对信息资源的收集、加工和有序组织，为"可教兴国"战略提供了最为便捷、有效的发展环境。同时，数字图书馆可以最大限度地突破时空限制，营造出进行全民终身教育的良好环境，对于我国国民素质教育的提升将起到重要作用。

(5) 数字图书馆将改变目前图书馆的工作方式和服务模式。数字图书馆可以更好地履行图书馆在倡导、组织和服务全民读书中的重要职能。图书馆馆员将成为信息搜集和整理的专家，读者可以在世界各地通过网络阅览数字图书馆中的丰富信息。图书馆的发展将进入一个前所未有的新阶段，发生根本性的变化。

我国数字图书馆工程的总体目标是在宽带 IP 网上形成超大规模的、高质量的中文资源库群，支持国家整体创新体系的形成与发展，通过国家骨干通信网络向全国乃至全球提供服务，其总体技术水平与国际接轨。它是一项跨部门、跨行业、长期建设的宏大系统工程，应遵循统一规划、制定标准、联合建设、资源共享、防止重复建设的原则。工程内容按照国际上数字图书馆的主流技术方案，采取自主开发与引进技术相结合的方式，建设分布式、可扩充、具有自主版权的中国数字图书馆系统。

2) 我国数字图书馆研究计划和项目简介

自国际上数字图书馆相关概念和研究展开后，立即引起了国内有关单位的重视，并开展了数字图书馆相应的技术研究与开发工作。这些计划和项目有：

(1) 中国试验型数字式图书馆项目

1996 年 5 月，国家图书馆提出了中国试验型数字式图书馆项目，经文化部组织与协调，上报国家计委，并与 1997 年获得批准立项，成为国家重点科技项目。项目以国家图书馆为组长单位，有上海图书馆、辽宁省图书馆、南京图书馆、广东省中山图书馆和深圳图书馆等数个省、市级图书馆参加。

中国试验型数字式图书馆项目拟建立一个多馆协作、互为补充、联合一致的中国试验型数字图书馆。实现多类型、分布式、规范化资源库组成的一个试验型数字图书馆，为我国建设规范化数字图书馆提交一份初步形成的、实用的实现技术。

按照计划，该项目要组织建设若干个整体性好、符合统一技术要求的数据库，以在数字式图书馆系统中形成一个多馆合作的、具有一定规模的、整体性较强的数据库。主要有：中国古籍善本影像数据库、中国博士论文影像数据库、历史图片数据库、孙中山文献全文数据库、深圳特区文献数据库、国内外旅游多媒体数据库、民国时期(1911～1949)文献数据库、东北文献目录数据库和国际数字图书馆文献数据库等。

项目计划开发完成一套与国际接轨的数字式图书馆实现技术，包括：建立以SGML为基础的对象描述和编辑系统；建立统一的元数据；组织开放体系结构的数字式对象库，建立通用的库访问协议；试验建立分布式不同源数字式对象的调度系统；设计并实现方便的网络用户界面与实用的系统管理界面；数字式对象的描述方法要支持不同源的分布式查询和检索；初步实现对超大容量数据库的快速检索，支持中英文屏幕界面；试验建立多种类型的规范化信息库等，以使该项目在因特网上提供试用性服务。同时，该项目还要完成“数字图书馆概念与发展研究”的报告，要对数字图书馆从理论到实践、从技术到应用进行全面的调研，对数字图书馆的概念、涉及的主要技术、各国动向、应用发展前景、对社会的作用和影响、经济效益等内容进行全面分析，了解现状，跟踪趋势，掌握相关技术，并针对我国图书馆的现状和资源特点，提出建设我国数字图书馆的战略规划、建议等。

目前，各参加单位正在进行相关的研究和开发，并在数字图书馆的关键技术标准——元数据标准方面取得了进展。

(2) 基于特征的多媒体信息检索系统的研究与开发项目

此项目是1996年国家“863”攻关项目，由中科院计算技术研究所与国家图书馆合作进行，现已通过技术鉴定。

该项目主要研究基于特征的图像信息检索，以实现按照图像的纹理、颜色、形状等特征对图像信息进行检索；研究中文信息全文检索，利用相关检索机制，提高检索效率；研究信息存储管理方法，实现跨平台的客户端检索。它是跟踪国际上数字图书馆检索系统所使用的高新技术而自行研究开发的项目，其成果可用在面向影像内容的数字图书馆检索系统中。

(3) SGML的图书馆应用

该项目是1997年文化部立项的科研项目，由国家图书馆现代文津信息技术研究中心承担，与北京大学计算机研究所合作开发。

SGML是国际标准化组织ISO与1986年10月发布的信息处理标准。我国在1994年将其定为国家标准，主要应用在新闻出版的信息处理领域。现在因特网上使用的HTML是它的一个应用实例，而XML是它的子集。

目前，国内图书馆在读者服务方面一般提供MARC(机读目录)数据，使读者可以通过检索书刊文献的题名、作者、分类、主题等获取书目的基本信息，而对文献内容则无法进行检索。但是，目前网上信息，特别是多媒体信息日益增多，仅仅通过书目进行检索已不能满足读者的需求，必须寻找能够对信息内容进行检索的方法。采用国际标准，研究并实验将SGML标准应用于我国的图书馆信息处理系统，可以满足在网络环境下对图书馆提出的新要求。同时，SGML标准已经应用在国外许多数字图书馆的建设中。所以，该项目的意义还在于通过研究与实验，了解SGML的整体情况，为数字图书馆建设积累经验。该项目是数字图书馆资源数字化生产系统的关键技术之一，是数字图书馆资源库数据生产加工的必要条件。

为此，国家图书馆现代文津信息技术研究中心参照国外利用 SGML 的情况，开发了基于 SGML 的图书馆应用系统，使用户可以通过因特网的 Web 浏览器直接存取 SGML 应用系统的数据。

该系统于 1998 年 2 月开始在国家图书馆提供用户使用，取得了良好的效果，于 1999 年 5 月通过验收。

(4) 知识网络——数字图书馆系统工程项目

它是 1998 年国家“863”攻关项目，由国家图书馆与北京曙光天演信息技术有限公司合作完成。数字图书馆系统工程项目的成果将直接应用于中国数字图书馆工程的建设中。

该项目要实现一类数字图书馆体系结构的设计与开发，初步建立一个中国试验型数字图书馆系统。该系统构筑在因特网环境上，其体系结构包含多个分布式数字资源库。系统将采用人工智能技术，实现横跨多个资源库的快速查询。数字资源建设要符合当前数字图书馆研究和实践的相关规范，以便为在因特网上建设一批中文资源库提供一种有效的实施方案。通过该项目，可以大大缩短我国与发达国家在数字图书馆研究和实践领域上的差距。

在技术水平方面，该项目要达到网络管理、多媒体信息查询与检索、海量信息的存储与检索、知识产权的权限管理等功能，要实现在因特网上有一定的互操作性，数字对象的描述方法要支持不同源的分布式查询和检索，支持法律规定的知识产权保护和纳税义务，提供对超大容量数字式对象的快速检索子系统，提供方便的网络用户接口等目标。

此项目将参照国际上主流的数字图书馆研究方法和成果，结合中文数字资源特点，在系统总体框架及开发技术上与国际接轨；开发的主体工作将围绕基于 SGML/XML 的、以中文资源为主的系统的建立、维护和发布来进行；在知识挖掘、知识聚集等方面，将通过智能代理方式予以集成；对国外已有的比较成熟和定型的技术，将予以引进并消化吸收，并重点考虑在下一代因特网上的应用性。

(5) 国家教育部和有关高校的数字图书馆研究计划和项目

国家教育部数字图书馆攻关计划于 1996 年底由清华大学、北京大学、上海交通大学、华南理工大学启动。主要研究：数字图书馆的结构、检索机制以及相应的标准规范；图文信息联合导读学习系统；数字音乐图书馆雏形和一个小型的数字化视频数据库示范系统。

清华大学 1996 年底开始研究数字图书馆的体系结构，图文载体的存储和检索技术，并对图书馆内部系统高度集成化和各种信息资源的深层次连接。1999 年起，开始研究中国古代青铜器的全真展示系统和古代及近代建筑资料数字化元数据的标准和规范问题，并结合 CALIS 工程中心的建设，提供电子文献信息服务。

北京大学 1996 年底开始研究数字图书馆的一些关键技术，包括数字图书馆的实现模式和所需条件及对策，对元数据的格式、句法、标识和规范，元数据描述、处理语言 XML 等进行了研究。1999 年起，结合中国高等教育服务的 CALIS 项目，探索服务全导型的数字图书馆模式。另外，结合本馆的特种馆藏，对拓片数字化及标引、检索系统，创建敦煌分布式多媒体数据库作了不少研究，还有学位论文、电子新书、视频点播等，现已形成了一个数字图书馆雏形。

上海交通大学在 1996 年利用“211 工程”投入，创建数字图书馆原型。1999 年起，又利用“985 工程”投入，创建数字图书馆试验基地，准备在 2005 年左右，建成一个服务主导型的数字图书馆。届时，将拥有 2TB 的数字化馆藏，包括本馆的特色馆藏。

8.2 数字图书馆的体系结构

8.2.1 数字图书馆系统结构

数字图书馆的系统设计一般采用三层结构：外层（Internet）、内层（Intranet）和虚拟网站层（Virtual Network Station）。如图 8.1 所示。

外层为外部用户层，它可以是因特网的任何用户，通过 Internet 与 Web 服务器或应用服务器连接，共享数字图书馆的信息资源。

内层为 Intranet 层，主要为满足内部用户需要，为内部用户服务。可以根据用户需求，不断调整服务项目，满足新的信息需求。

虚拟网站层是信息资源的提供层，它有大量的信息资源数据库作支撑。这些数据库有的是本地数据库和联合系统数据库，有的是外部数据库。它可以有序的组织 Internet 上的相关信息资源。

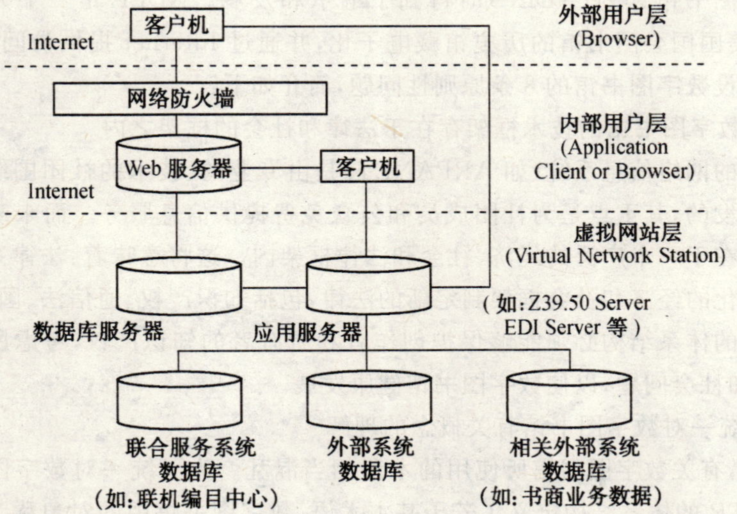

图 8.1 数字图书馆系统结构

图数字图书馆不同于传统的图书馆。传统图书馆的主要职能是收藏，并在对所收藏的图书资料保存、组织的基础上为读者提供各种服务。数字图书馆的收藏对象是数字化的信息，但数字化收藏加上各类信息处理工具并不能构成数字图书馆。数字图书馆是一个将收藏、服务和用户、管理员集成在一起的一个环境，它支持数字化数据、信息和知识的整个生命周期的相关操作和活动，包括生成、保存、发布、传播和利用。

Internet 的发展是推动数字图书馆的主要动力，网络的互联使访问分散在各处的信息资源成为可能。但这些各自独立的信息节点具有各自不同的信息组织、描述和检索方式，所收藏的信息的质量也参差不齐。因此，在网络环境下跨节点的、统一的、高效的访问和利用工具的研制开发，以及高质量信息的生成、组织和提取，因此成为研究的重点之一，这也是数字图书馆的研究内容。

数字图书馆的基本目标就是创造一个良好的信息环境，提供对分布式存储信息的知识化组织、智能化访问和服务。所谓智能化访问是指对信息的访问不是简单地对原始数据信息的查找，而是根据用户的信息需求进行知识查找和内容提取。要实现这一目标，需要解决两个基础性的问题：数字对象的组织结构和信息节点的组织结构。

8.2.2 数字对象的组织结构

数字对象是数字节点中表示信息的基本逻辑单位，如一篇文章、一张图片、一部音乐作品或是一段影像。数字对象的信息结构是数字图书馆的基本问题，它决定着进一步的信息组织、处理和利用方式。

在美国 DARPA 的资助下，计算机科学技术报告项目(CS－TR)提出了一个数字图书馆的体系结构。该结构是一个通用数字图书馆的构架，由各类资料构成的大量对象通过国家的计算机网络提供访问。该体系结构在设计美国国会图书馆的国家数字图书馆计划(NDLP)时得到了继承和发展。NDLP 是一个大规模的项目，它将美国国会图书馆的历史馆藏电子化，并通过 Internet 提供访问。CS－TR 提出了建设数字图书馆的 8 条原则性问题，简介如下：

(1) 数字图书馆的技术框架存在于法律和社会的框架之内

早期的网络信息系统(如 ARPANET)是由专业的、技术的社团围绕着自己的需求而开发的，其重点是为社团成员和公众免费提供信息服务。而未来的数字图书馆将存在于一个广泛的经济、社会和法律框架内。这将意味着：法律系统必须根据迅速变化的经济和社会框架制定新的法律，包括知识产权、通信法、国际法等；数字图书馆的体系结构必须能够保护创作者和所有者的知识产权，考虑所涉及的经济、法律和社会问题，以使数字图书馆健康发展。

(2) 统一对数字图书馆有关概念的理解

目前，有关数字图书馆所使用的术语相当混乱。为了统一对数字图书馆的理解，CS－TR 的体系结构定义了若干基本术语：数字图书馆中的对象称为数字对象(Digital Object)，它们存储在节点(Repositories)中，用句柄(Handles)来标识；存储在数字对象中的信息称为内容(Content)，内容被分成数据(Data)，关于数据的信息叫做属性(Properties)或元数据(Metadata)。

(3) 作为基础的体系结构应和保存在数字图书馆中的信息内容相分离

数字图书馆中包含的内容五花八门，有文本、图片、音乐作品、电脑程序、数据库、模型和设计、影视节目以及由多种类型构成的复合作品。适用于所有这些资料类型的特征是由体系结构规定的。体系结构是外部特征的基础，这些外部特征可以根据馆中信息的不同类型进行剪裁。外部特征通常包括适用于某类资料的特定的格式、协议和权限管理等。

(4) 名字和标识符是数字图书馆的基础建构块

名字用于标识数字对象，注册数字对象中的知识产权、记录所有权的变化，在引用、检索和对象链接中不可缺少。名字必须是惟一的，必须长期保持。CS－TR实现了一个句柄系统以满足这些要求。一个句柄是用于标识数字对象的惟一的一个字串，独立于其存储位置且长期有效。

(5) 数字图书馆对象不仅仅是二进制位的集合

在数字图书馆中，信息存储为数字对象，不能简单地把数字对象看成是二进制位的集合。数字对象由两部分构成：内容和元数据。一个数字对象可含有多种类型的内容，如文字、图像、声频。复杂的数据类型可由简单类型构造。元数据包括句柄、权限、访问方法、数字签名、交易日志等。

(6) 数字图书馆对象使用时和存储时的形态可能完全不同

例如，图像可以一组小波存储在图书馆中，利用时再根据要求用小波生成图像。可将音乐作品的曲谱直接传给用户，也可在节点中用合成器演奏后将声频信号传给用户。数字图书馆的体系结构必须仔细区分生成的原始数字对象、存储在节点中的数字对象和提交给用户的数字对象。

(7) 节点必须保管好所持有的信息

保存在节点中的数字对象与提交给用户的数字对象可能是非常不同的。数字对象包含有价值的知识产权，因此，节点中的数字对象含有是否允许其在特定的经济和社会框架中被操作的信息(保存在元数据中)。节点必须妥善管理，提供参考引用、安全控制等措施，以确保对数字对象的操作是合法的。用户通过节点访问协议与节点交互，以屏蔽节点的内部结构和数字对象的存储形式。协议中的命令包括访问数字对象及其元数据、添加和删除、传递请求等。

(8) 用户需要的是供人利用的知识作品，而非供机器处理的数字对象

数字对象是数字图书馆的基本建构块，但是数字图书馆的用户通常需要的是更抽象的数据项。例如报告、电脑程序、音乐作品等通常是指组合在一起成为一个有机整体的数字对象组。数字图书馆的体系结构必须提供组合数字对象的方法和相应的检索机制。

8.2.3 信息节点的组织结构

数字图书馆的收藏可以特指本地的信息节点，也可以是互连的信息节点的集合。如何建立一个统一的、互操作的、可伸缩的组织框架，将分布互连的信息节点集成为一个整体，在此基础上提供高质量的信息服务，如屏蔽各节点的差异，提供统一的服务接口、语义化检索、智能代理等。研究如何有效、灵活地在数字图书馆中表示丰富多样的数字化收藏信息，是数字图书馆的一个关键设计问题，直接影响

着数字图书馆中数字资源的存储、管理和检索方式，是数字图书馆体系结构中的一个核心部分。下面参照美国国会图书馆的 NDLP 项目对此进行介绍。

1）数字图书馆中信息的特点

信息组织结构的设计必须考虑到数字图书馆中信息有如下特点：

（1）关联关系

数字化资料之间常以部分/整体、序列等关系相关联。例如，一份由页、章、索引、插图等构成的数字化文本；一个包含多页文本、若干嵌入图片和许多链接的 WWW 对象。

（2）多种存储格式

同样的项目有多种数字存储格式。有些是可以相互转换的，如一幅未压缩的原始图像和它的无损压缩版本；有些则含有不同的信息，如一页文本的 SGML 格式和 PostScript 格式。

（3）不同的版本

如扫描图片的高质量存档版本和它的缩微版。

（4）不同的权限和许可

构成一个信息项的每个元素可有不同的权限和许可。例如页的文字和图片可以分属不同的作者。

（5）不同的工作模式

用户获取资料的方式受限于其所处的计算机系统、网络环境及资料的大小。例如，拨号上网的用户和通过专线上网的用户的工作模式可能完全不同，尽管它们所进行的工作一样。

数字图书馆的信息组织结构提供了有效组织数字图书馆中信息的途径，且该组织方式为计算机所理解，以完成用户所希望的交互。

2）信息组织结构设计要求

① 能够提供用户及其应用以相当的灵活性；

② 使收藏易于管理；

③ 能够及时反映信息基础结构在经济、社会和法律等方面的发展。

3）主要概念和术语

NDLP 项目继承并发展了 CS－TR 对信息的组织方法，即以少数几种技术要素为基石，组织数字图书馆收藏中的电子资料。主要的技术要素有数字对象、句柄和节点。其主要概念有：

以数字对象为基本技术要素在数字图书馆中表示丰富多样的图书馆馆藏信息。数字图书馆由简单的组件构成，主要是数字对象。数字对象是结构化数字信息的一种方式，其中包含元数据，元数据中包括数字对象的惟一标识符句柄。为了表示数字图书馆中复杂结构的信息，可将若干个数字对象组合起来，形成数字对象集。所有的数字对象都具有相同的基本形式，但是一个数字对象集的具体结构取决于它所表示的信息的复杂度。数字图书馆中不同类型的资料被分成不同的类目，如 SGML 文本、WWW 对象、电脑程序等。每一类目都有相应的规则和约定，描述如何将该类目的信息组织为数字对象集。

4）**结构元数据和元对象**

信息节点组织结构基于三个简单概念：

① 数据类型。描述数据的技术属性，如格式和处理方法；

② 结构元数据。是描述数字资料的类型、版本、关系等特性的元数据；

③ 元对象。提供对数字对象集的引用。最简单的元对象是一个指向其他数字对象的句柄的列表。如列出某物理项的所有数字化版本的数字对象即是一个元对象。

NDLP 对不同类目的资料制定了相应的结构元数据和元对象的规范，制定这些规范时所遵循的准则如下：

① 所有数据都给定一个明确的数据类型。类型指定了数据的格式和可施加的操作；

② 对所有的元数据显式编码。任何语义信息都包含在单独编码的元数据中；

③ 带有知识产权的每一个个体项都被赋予一个句柄，作为一个数字对象；

④ 元对象用于聚集数字对象。特别是某项的所有版本和相关的所有结构元数据；

⑤ 句柄用于标识列在元对象中的项。元对象中的每一项都有一个句柄。

5）**数字图书馆中计算机系统组件**

在以技术要素为信息节点组织结构基础的数字图书馆中，主要的计算机系统组件如下所述，它们可运行在网络中不同的计算机系统之上。

（1）用户界面

用户界面有两种：一种为用户服务，另一种用于图书馆员和系统管理员对收藏进行管理。每种用户界面都有两个互联的部分，即浏览器和客户服务。浏览器负责与用户交互，客户服务在浏览器与系统的其他部分之间提供中介功能，允许用户自己决定到哪里查、怎么查，以及解释结构化数字对象的信息、协商条款、管理数字对象间的关系、记忆交互的状态、转换协议等。

（2）节点

节点存储和管理数字对象及其他信息。大型数字图书馆有许多各种类型的节点，包括传统数据库、Web 服务器。节点的界面通常实现为节点访问协议（Repository Access Protocal，简写为 RAP），RAP 显式地识别在用户访问一个数字对象前必须满足的权限和许可，支持数字对象的传播、开放结构和定义良好的界面。

（3）句柄系统

为 Internet 资源提供句柄的分布式目录服务。与节点一起应用时，句柄系统收到输入的数字对象的句柄，返回保存该数字对象的节点的标识符。

（4）查询系统

用户的查询过程分为三步，假设用户要查找一张毛泽东和尼克松的合影照片：

第一步 查找符合要求的数字照片。用户在浏览器中输入查询要求，将查询传给客户服务，客户服务按查找系统的协议和格式对查询进行转换，最后返回由句柄组成的查询结果列表。

第二步 用户在结果集中选取要观看的一幅数字照片。

第三步 检索该数字照片。客户服务将选取的照片的句柄传给句柄系统，句柄系统返回节点地址。客户服务用 RAP 将句柄交给节点。所有的 RAP 交易都须通过明确的条款验证，这可能需要在客户服务和节点之间协商，或直接与用户协商。最后，所需的数字照片从节点通过客户服务传到用户的浏览器显示。

6）**举例说明**

为了更好地理解上述概念，这里给出一个应用元对象的例子：NDLP 收藏中的扫描图片。

(1) 扫描图片的数字对象

一幅图片扫描后有三个版本：高分辨率的“参考”图像、中分辨率的“访问”图像和低分辨率的“指甲盖”图像。对每一个版本生成一个数字对象。创建一个元对象以描述该图片及其所有的数字化版本，其中包含三个版本各自的句柄和它们共同的元数据。这样，一幅扫描图片由 4 个数字对象的数字对象集表示。

(2) 每个版本的数字对象

其中包含：

① 关键元数据。用于在网络环境下管理对象的元数据，包括句柄、相关的权限和许可；

② 结构元数据。该版本的其他元数据，包括描述字段、所有者、元对象的句柄、数据大小、数据类型、版本号、描述、存置日期等；

③ 图像数据。图像本身。

(3) 元对象

其中包括关键元数据和结构元数据。其中关键元数据功能同上，而结构元数据适用于原始图片和所有版本的元数据，包括描述、所有者、版本数等，还有书目信息以及每个版本自己的数据。

访问图片的通常方式是从元对象开始，选取某个版本。为了保证用户能直接访问每个版本，允许一定的冗余信息。如每个版本的数字对象都从元对象中复制一份权限和许可信息。

(4) 扫描图片的句柄

最初 NDLP 给每一个数字化项赋予一个控制标识符。例如，某幅扫描图像的标识符为“3a16116r. JPG”。其中“r”表示高分辨率的参考图像，后缀名“jpg”表示 jpeg 格式。虽然这方便了一时的处理，却违反了前面所述的准则。为使数字对象的标识符长期有效，独立于任何可能的可变因素，应将任何语义信息都显式地编码为元数据。NDLP 最终采用句柄来为数字对象提供一个惟一的、永久的、独立于位置的名字，而将上述“r. JPG”所代表的语义信息存储为元数据。如上述图像句柄为“loc. ndllp. amrlp/3a16116”。

(5) 扫描图片的保存

一幅扫描图片的保存入库过程如下：

① 选择待转换为数字对象的资料(人工);
② 在相应的字段中给定元数据值(人工);
③ 建立元对象及其指向其他数字对象的链接(自动);
④ 将数字对象置入节点中(自动);
⑤ 在句柄系统中注册句柄(自动)。

(6) 对扫描图片的访问

通常,对扫描图片的访问过程如下:查找系统通过元对象的句柄指向扫描照片,如果用户需要的是照片的概览,则提供“指甲盖”图像;如果用户没有指定照片的版本,缺省提供“访问”图像。

8.3 数字图书馆信息组织方法

8.3.1 数字图书馆信息组织原则

虽然数字化信息资源库与传统图书馆文献信息资源有较大的差异,可在信息组织上都有一些共同特征,都要遵循一定的原则和方法。借鉴国外数字图书馆信息组织和处理的有关经验,结合我国实际情况,在数字图书馆的信息组织过程中应遵循以下若干原则。

1) 选择性原则

在现代技术条件下,数字图书馆的信息组织不可能包罗万象地将所有图书馆的馆藏数字化。数字图书馆应该建立起一个有明确主题的收藏体系,例如有人问美国国会图书馆是否要将所有的馆藏数字化时,国会图书馆做出了“否”的回答,强调“美国的回忆”(美国国会图书馆数字化项目)将是数字化国会图书馆独特的美国历史收藏。

2) 多维揭示原则

信息是多维的,人们可以从多种角度来描述信息的特征,如文字信息可以从作者、题目、出版商等多种角度来反映这个信息与众不同的特点。其实,传统图书馆也是从多方面来揭示信息的,但是传统图书馆的技术比较适合文献信息的描述,对多媒体的信息,如图像、声音信息的全面揭示就比较困难。而数字图书馆借助现代技术,其表述多媒体信息特征的能力较传统的图书馆先进了许多。数字化信息的处理与检索效率也是传统图书馆技术无法比拟的,多角度地揭示数字化信息是数字图书馆提高信息检索与利用效率的基础。

3) 非线性组织原则

传统图书馆的信息组织是一种线性的组织,如图书馆目录,不论是分列式目录还是字典式目录,读者一次只能查找一种目录。如读者通过题名目录查到一个文献后,想查找该文献的责任者的所有文献,他只能再次查找责任者目录。其查找过程由两次独立的过程实现。而信息的非线性组织将信息组织成一个网状结构,这个信息网的任何一个信息单元都有一组与其相关联的信息点连接着。对任何一个信息单元的搜寻都可带动其他若干信息单元的搜寻。文本的非线性信息组织，同样将信息组织成一个网状结构，读者可以在各个信息单元中自由切换。非线性信息组织是依赖于现代计算机技术产生的一种新型信息组织模式，超文本技术是这种信息组织方式的现实模式。超文本技术已广泛应用于CD－ROM和互联网文献中，大大提高了信息的利用效率和检索效率。数字图书馆主要建立在互联网技术上，非线性信息组织应该是数字图书馆的基本信息组织方式，超文本技术应是数字图书馆的主要标准技术之一。

4）标准化原则

标准化是数字图书馆的主线，是数字图书馆赖以生存的基础，特别是图书馆网络化兴起之后，标准化更是维系图书馆网络的基础。数据格式的标准化、描述语言的标准化和标引语言的标准化是其主要内容。数据格式是数字化信息的基本结构的描述，只有数据格式符合大家所公认和遵守的统一标准，才可能在不同的计算机系统间交换数据。数据描述语言是用来描述数字化信息基本特征的一组代码体系，只有数据描述语言的标准化才能实现用户和系统以及系统与系统之间的有效沟通。标引语言的标准化主要是指用来描述信息的形式特征与内容特征以及检索要求的规范性语言。随着计算机网络化发展，规范控制已成为数字图书馆的重要基础，如美国国会图书馆和OCLC都建立起规模巨大的规范文档数据库并合并成一个全国性的规范文档数据库。

5）完备性原则

现代技术条件下，数字图书馆的信息组织已突破了信息媒体的限制，将各种媒体的信息，如全文文本信息、图像、声音、视频等信息整合组织成一个完整的有机整体，对于特定信息对象范围的收藏是完备的，这是完备性原则的第一个含义。另一个含义是，数字图书馆将整合传统图书馆的资源，使得数字化信息与传统图书馆的资源在存取层面成为一个整体。为了充分利用数字图书馆强大的数据处理能力和确保数字图书馆的完备性，传统图书馆的资源也将融入数字图书馆的信息对象中。1995年美国国会图书馆召开的第一届全球数字图书馆信息组织会议，认定数字图书馆并不是未来惟一的图书馆形式，而是一种将传统图书馆的资料（印刷型和非印刷型资料）与数字化资源的一种整合。

8.3.2 数字图书馆信息资源库建设

数字资源库的建设和开发是数字图书馆建设的重要基础性工作。一般说来，数字资源库的建设大致可分为以下6个步骤。

1）脚本编写

对于信息资源内容的建设者来说，首先应当编写脚本，脚本要包括以下内容：

（1）搜集、整理素材

进入数字图书馆的资源应是高价值的。因此，合作者首先要确定需要数字化的资源对象。例如，国家图书馆在中华文明史资源库的建设中，可以将现藏古籍善本中有价值的藏品整理出来，按类目列出清单，清单中要有资源的内容和它的载体形式。

(2) 素材的编辑

数字图书馆资源内容的特点之一是以多种媒体表现，因此，优先采取用户易于接受的超媒体表现形式十分重要。为成功地建造资源库，需要对所选素材进行很好的编辑，包括收集相关素材，编写解说词，认真比较筛选图片、影像等。

(3) 为确定元数据的格式，提出数据结构要求，供软件人员设计文档类型定义(DTD，Document Type Definiton)

在编写脚本时，还要确定元数据的格式。元数据分描述性数据、管理性数据和结构性数据。它包含了定位标识、书目记录、再制作品的结构化文件头等内容。

2) 资源内容再制作

根据不同需求，数字图书馆的文本、图片和影像等一些原件通常要制作成几种类型。选用哪种类型要根据用户访问的便捷、使用的效果、制作的费用、使用的标准以及占用的空间、归档管理等方面的综合因素考虑。

对于书刊、手册、手稿等文献资料的数字化采集，一般首先进行图像扫描。为方便用户通过主题、关键词和分类进行查找，还可将图像用 OCR 识别，转成电子文本。我们认为，对不同资源的内容应将两种情况相结合，可以兼顾方便读者查询、减少存储空间以及降低成本等。

对于图片的处理，一般分为预览图像(缩略图)、服务图像、参考图像和档案图像。预览图像是很小的，它可以随条目记录呈现，用户可根据需要选择调用高质量图像。服务图像比预览图像分辨率高，兼顾了传输速度，但经过了压缩，因而还是比档案图像分辨率低。参考图像是为研究人员提供的高质量图像。档案图像则是留做存档用的未经压缩的原图，可以提供给出版部门使用，也可以在更新图像格式时，供重新格式化使用。

由于声音和影像的动态文件很大，目前，国际上还没有很成熟的文件格式，通常采用的是“可下载”文件和“流式”文件。“可下载”文件在播放前必须下载到用户本地，处理起来既耗时间又浪费存储空间，但用户可保留文件副本。相比之下，“流式”文件采取的是边传输边播放的方式，节省了传输时间和存储空间。但在并发用户量增大时，在保真度或分辨率上“流式”文件有明显损失。

数字图书馆内容的再制作常常依靠在这方面有经验的专业公司和图书馆等单位的加工部门共同完成。国家图书馆为此专门成立了文献数字化中心，对馆藏文献进行扫描和 OCR 识别等。

3) 对资源内容标引

经过再制作的数字文件，要由标引人员进行标引。包括分析内容，给出主题分类，并使用基于 SGML/XML 开发的资源加工系统软件对资源内容置标。SGML 标准包含三个部分：SGML 声明、文档类型定义 DTD 和被置标的文件。SGML 声明中指定了应用中的字符与定位符，DTD 定义了标注结构的语法。由于数字图书馆资源库的内容形式具有多样化的特点，许多 DTD 都要根据资源内容的结构及特点专门编写。DTD 的设计需要由脚本的编写者提出要求，软件人员加以实现。

4）**质量检查**

加工后的文件还要进行质量检查，其中包括对资源再制作的效果检查，如声音质量、图像大小、图像质量等以及标引的正确性等。不合格的加工产品还要返工。

5）**归档**

当信息资源加工工作全部完成后，还需要将全部数字化文件归档，存入资源库。

6）**元数据抽取**

数字图书馆资源库中的元数据可分为三大类，即描述性元数据、结构性元数据和管理性元数据。元数据抽取如果用人工来做，是比较麻烦的。一般来说，数字资源的元数据由资源加工子系统的软件自动完成。

8.3.3　数字图书馆信息共享机制

1）**数字图书馆信息资源与因特网信息资源的比较**

数字图书馆与因特网都提供了良好的信息共享和访问机制，但两者在信息资源的组织方面仍存在着一些不同之处。

（1）资源内容的组织方式不同

数字图书馆的资源内容是按照用户需求挑选出来的具有高度价值的知识信息，经过分类、编辑、整理、加工，以受教育者易于接受的形式提供给用户。因而它是一种增值很大的有序知识库，会出现新的知识产权关系。因特网上的资源内容主要是无序的，网上信息内容差别很大，参差不齐。

数字图书馆将资源分为元数据库和对象数据库。元数据是描述和管理对象数据的数据，对象数据是指数字化的文本、图片、声音、影像等数据。元数据要集中在数字图书馆中心的超大规模服务器上，对象数据库则可分布式存放在各地的资源节点内，用户查询时，中心调度系统通过元数据调度各个对象数据库中的数据，提供用户使用。

（2）资源内容标引方法不同

目前因特网上提供的信息资源有的也经过一定的标引，但其标引深度以文献条目为主，大多数全文文献则是不经标引上网，在有用户请求时由因特网搜索引擎按每种文献的部分内容进行关键词抽取，并与查询请求匹配得出结果，其查全率、查准率都存在一定的问题。数字图书馆的资源标引则深入到文献内容，对每一数据对象使用 SGML/XML 进行置标，并抽取元数据组织元数据库。

（3）检索效果不同

数字图书馆由于进行了上述工作，使各资源库之间跨库无缝连接成为可能，只要采用合适的查询引擎，用户就能够方便迅速地找到所需的内容。而因特网上的信息由于没有经过上述的加工、标引，各种资源显得杂乱无章，利用搜索引擎检索信息时，查到的结果往往不能很好的满足要求。

2）**数字图书馆信息资源的共享机制**

为了能够更生动的表述数字图书馆相对于目前因特网使用的不同，并为数字图书馆的建设取得一些实践经验，中国国家图书馆 NLC 在 1999 年第一季度完成了数字图书馆试验演示系统。因此，本书结合该试验演示系统说明数字图书馆的信息资源共享情况。

演示系统包括千家诗、中国古代建筑、北京故宫、海洋世界、宇宙的结构 5 个资源库，并与国家书目数据库和大百科全书出版社经过 SGML 标引的百科术语数据库进行了连接。该系统是面向对象的分布式网络结构模式，初步实现了跨平台、跨库检索。

资源库的加工是按照数字图书馆的方式进行的。首先对 5 个方面的选题内容进行了资源收集、编辑、整理、数字化采集，取得了文字、图片、影像文件，并用该馆开发的基于 SGML 的资源加工系统对多媒体资源进行了标引，信息总量超过 5GB。

千家诗资源库为北京图书馆收藏的明代彩绘插图本，共收七律 36 首。按照数字图书馆的要求，对原书进行了数字化处理，为保护知识产权，还加上了水印。对每首诗附有图片、注释、白话文解释和配乐朗诵，有些诗还配有几近失传的古诗吟唱。

古代建筑资源库反映了我国历史上各个时期的宫殿、寺院、楼阁、石窟、伊斯兰建筑和长城等内容。对每个建筑都配有解说、图片，有些还配有数字影像。

故宫资源库介绍了故宫的建筑和部分收藏品，配有精美的图片和解说。

海洋世界资源库只做了“海洋地质”和“海洋动物”两部分内容，为提高人们的学习兴趣，还在“海洋动物”中配有大量的彩色影像资料。

宇宙的结构资源库主要用来普及宇宙的基本知识，激发人类探索宇宙的热情，文中配有图片。

这 5 个资源库都与大百科术语数据库及公众查询的国家图书馆书目数据库相连接，用户可以通过点击随时查阅书目和词条解释。5 个资源库间实现了跨库检索，实现了信息资源共享。随着数字图书馆研制水平的提高，人们可以更方便地通过数字图书馆获取所需要的信息和知识。

习题 8

1. 数字图书馆主要包含哪些要素，和传统图书馆相比有哪些特点？
2. 数字图书馆的系统结构如何？
3. 数字图书馆的信息资源库建设一般有哪些步骤？
4. 什么是数字图书馆的数字对象、信息节点？其组织结构如何？
5. 数字图书馆的信息组织应把握哪些原则？

9 信息存储概述

- 信息存储技术与发展
- 计算机信息存储结构
- 存储器类型与技术指标

9.1 信息存储技术及其发展

信息的表现形态很简单，主要是数据、文字、声音和图像。远古时期，人类主要依靠大脑来记忆和保存信息。一个人的大脑大约可存储 10^{13} 个信息。但是，人们很早就知道单凭脑子记忆是不够的，因此，最初人们还借助于一些实物如不同形状和色彩的石块、在绳上打结等等进行记事。可以认为这是信息存储的开始。文字的出现、造纸术和印刷术的发明，使信息存储技术得到了飞跃发展。直至今日，在纸张上书写或印刷信息的方式仍然是人们最普遍采用的信息记录方式。

随着科学技术的发展，社会信息量的剧增，信息资料的飞速增长已成为当今社会的一大特点。据统计，科技文献资料的数量约每 7 年翻一番，一般的情报资料则以每隔 2～3 年翻一番的速度增加。由于纸张存储体积大(一个藏书百万册的图书馆要占地数千平方米)、查阅速度慢和维护不便(要防止纸张受潮、霉烂和虫蛀)等问题，用纸张存储信息的局限性愈来愈明显地暴露出来。

光学仪器的发展和照相技术的进步使缩微胶卷在信息存储中得到了应用。20 世纪 40 年代发展起来的缩微技术能在按动一次快门之际捕获大量详尽的资料信息，把它们记录在非常小的面积上(如将一页文字记录在 1～2mm^2 范围内)。此外，该技术还具有成本低、复制方便、寿命长和易于保存等优点。目前，图书馆等情报资料部门已广泛采用缩微胶卷存储图书、资料、文献、档案。缩微胶卷的缺点是胶卷上的疵点和划痕极易产生错码，不宜存储二进制数据。此外，胶卷需要显影定影处理，难于做到实施存取和随机存取，因此不便于和计算机连用。

从 20 世纪 50 年代中期出现水银柱延迟线存储器开始，存储器经历了一代又一代的变迁。1955 年前后，为了能使计算机实现程序存储，首先出现了水银柱延迟线存储器。以后不久，研制出了阴极射线管存储器和磁鼓。其中磁鼓多用于主存储器。这个时期的特点是，所研制的存储器都基于完全不同的原理。水银柱延迟线存储器是利用水银槽内超声波传播的存储器。阴极射线管存储器是将由电子束存储在荧光屏上的电荷用邻近的平面电极进行存取的存储器。磁鼓存储器是利用磁化状态来存储信息的存储器，但是只能作为廉价的主存储器。这种存储器逐渐地被磁芯存储器所取代。

20 世纪 60 年代，计算机信息处理技术得到了迅速的发展和推广，从而促进了各种存储技术的发展。1963 年前后，开始采用磁芯存储器。在磁芯存储器中，存储一位信息用一个具有方形磁滞特性的铁氧体磁芯，根据剩余磁通的方向使之对应于“1”和“0”。在此期间，还研制了一种合金磁性薄膜作为存储单元的存储器。

从 20 世纪 50 年代初期开始使用的作为辅助及外部存储用的磁带存储器已逐步得到完善。由于磁带可以脱机，所以可以认为磁带是存储容量不受限制的存储器，其主要缺点是存取时间较长。

1970 年前后，已开始使用圆盘基片上涂敷氧化铁的磁盘存储器。这种存储器具有利用浮力使磁头与旋转表面的距离大致保持一定的浮动磁头，沿半径方向移动磁头便可选择磁道，可进行准随机存取，因而进入计算机系统的文件中心。

另一方面，随着集成电路技术的发展，比磁芯存储器具有更短存取时间的半导体存储器迅速地发展起来。1980 年前后，在主存储器中正式采用半导体存储器，磁盘的性能继续改进，出现了一种磁带超大容量存储器。此外，为了补充主存储器与辅助存储器之间的存取间隙，还研制了高速辅助存储器用的电荷耦合器件(CCD)等电荷转移器件和磁泡存储器件。

20 世纪 70 年代末出现了光盘存储技术。它的存储容量比磁盘高 1～2 个数量级，使用寿命长，信息可保存 10 年以上，系统可靠，光头与记录介质不能接触。目前，可擦重写的光盘材料已经出现，读出速度和查找数据速度正得到改进，已接近磁盘。

20 世纪 80 年代末，具有非易失性和抗辐射性的铁电薄膜重新引起科学界的重视。1988 年，铁电薄膜半导体随机存储器研制成功。由于铁电存储器具有高速、抗辐射、非易失、高密度等特点，已成为 20 世纪 90 年代存储技术的研究热点。

20 世纪 90 年代，存储技术的研究主要集中在磁、光和铁电三种存储技术上。近年来，磁存储技术在新型介质材料、磁头材料和结构、伺服定位及头盘界面等方面都有了重大突破。目前，磁存储技术已经非常成熟，并已成为 20 世纪 90 年代最重要的、使用最广泛的存储技术。

与此同时，光存储技术也已进入使用阶段并日趋完善。自 1990 年底，日、美、欧市场出现可擦重写光盘后，相变光盘作为全光存储的初级产品也已问世。CD (Compact Disc)可擦光盘将成为下一代的 CD 产品。有机记录介质如菁燃料等将会在 CD 系列产品中发挥它们的作用。人们正致力于光存储技术的改进和发展工作，并不断探索一些基本更新记录原理的光存储技术，如光化学烧孔存储(PHB—Photochemical－hole－burning)、全息记录存储(Holographic Memory)、双光子激发三维存储(3D Optical data storage by two－photon excitation)等。

随着近年来超微细加工技术和图像显示测试技术(原子力、磁力、扫描隧道显微镜和近场扫描光学显微镜)的发展，信息存储正朝着超高密度方向发展。在磁存储领域利用磁力和近场扫描方法预期能实现 100GB/in^2 的存储密度。这方面的主要研究有：

(1) 量子磁盘。它是利用电子束刻蚀和电镀方法，在镀金的硅基底上生长出直径为 35nm、高 120nm、间距为 100nm 的镍柱。这样的镍柱是单磁畴结构，只有沿柱向的两个量子化存储状态。换算后的存储密度可达 65GB/in^2。

(2) 近场扫描光学显微镜。根据光学原理，聚焦斑的尺度不能小于入射光的波长，这就限制了聚焦斑(即信息位的尺度)的进一步减小。为了克服这一困难，可利用光导纤维将激光引到光盘的盘面上。因为光纤可以做得很细，利用这样的技术在 Pt/Co 多层膜上已实现了 80nm 尺度的记录磁畴，这相当于 $100GB/in^2$ 的存储密度。

(3) 磁力显微镜。其基本原理是用一根细的磁针探测样品表面的磁力(表面磁矩和磁针间的相互作用力)分布。若表面的微小区域内磁矩沿正 z 方向的取向为“1”信号，沿负 z 方向为“0”信号，那么磁探针在表面扫描时由于正负取向磁矩和磁探针作用力正好相反，就能把存在样品内的信息读出。在非晶 TbFeCo 磁光膜样品上的磁力显微镜进行的信息写入和读出的实验表明，其存储密度亦可接近 $100GB/in^2$。然而，上面这些技术目前还仅仅是演示。

近年来，用原子力显微镜及扫描隧道显微镜进行信息存储的研究取得了可喜的进展。据报道，用原子力显微镜也可在介质上实现 1000 GB/cm^2 的信息写入。存储介质是 20nm 厚的 GeSbTe 合金。当在原子力显微镜的针尖和介质间施加约 0.5V电压时，介质上对应于针尖的小区域形成 10nm 的凹坑并晶化。晶化区域与未施加电压的非晶态相比，前者电阻率要下降两个数量级。采用针尖读出晶化小区域的电流变化，就可实现所存入信息的读出。这样的信息存储方式是一次性写入的，不像硬磁盘和磁光盘那样，存入信息可擦除再重写。用扫描隧道显微镜，则可进行纳米级高密度的信息存储，其密度可达到 $10^6 GB/cm^2$，约为当前硬盘的一百多万倍。进行实验的具体过程是，在淀积于石墨上的石蜡粉丝超薄膜上，用扫描隧道显微镜探针施加脉宽约 $0.3\mu s$ 的 20V 电压。结果可形成直径为 0.5 至 1nm、高度为 5nm 的隆起。这种凹凸隆起可表示“1”或“0”。信息存入和读出的过程可用扫描隧道显微镜来实现。10^{15} 位相当于 60 000 亿个汉字的信息量，这大致相当于北京图书馆的全部藏书的信息量。同时，扫描隧道显微镜还可以用来进一步实现原子团和单个原子的操作，用于信息存储的目的。例如用它来分解 $Fe(CO)_5$，使 Fe 原子团磁体规则排列在一半导体基体上，可形成 30nm 直径、66nm 高、间隔为 100nm 的分布。$Fe(CO)_5$ 的分解是通过探针与半导体基底间施加一电压(15V)在 3×10^{-3} 帕真空室内来实现的。这种 Fe 的纳米颗粒的人为排列，原理上也可作为信息存储之用。同样，在扫描隧道显微镜针尖上施加一定的电压，可把一个介质(半导体)表面原子拔出，然后让粘附于针端的原子落在预期的其他地方。落原子的地方和被拔出原子的地方自然也是“0”和“1”的两种状态，可以用来进行信息存储。在实际操作时，不是用一个原子而是用几个原子为单位来表示一个信息位以避免硅表面结晶缺陷而引起的误差。应注意的是，目前用原子力显微镜和扫描隧道显微镜演示的超高密度信息存储都还是属于信息存入后不可更改的模式，而且记录和读出信息的时间较长，在微秒量级，远大于目前硬盘和磁光盘的数据率。

当今，信息存储技术已在航天技术、计算机、多媒体技术、机器人、工业自动化、通信、高保真的场频视频、办公室自动化等领域内得到了广泛的应用。它正朝着高密度、大容量、小型化、高数据率、低存取时间、多功能的方向发展。其发展速度之迅速，是任何其他学科所望尘莫及的。

9.2 信息存储结构

计算机科学本身就是一门研究信息的结构、存取、处理和利用的科学。而信息的结构和存取又直接关系到处理和利用信息的程序的效率。信息之间的结构关系，就是人们研究数据结构这门学科的重要内容。

9.2.1 信息的逻辑结构

信息在某种意义上代表着现实世界的客观现象，若作为被计算机处理的对象，则应抽象成能为计算机处理的数据集合。通常，数据集合中的数据元素不是孤立的，而是彼此相关的，这种彼此之间存在的相互关系就叫做结构。人们将数据元素之间内在的、固有的联系称为逻辑结构。基本的逻辑结构有如下几种：

1) 线性结构

线性结构的特点是：数据元素按一定的顺序构成一个有限序列，除了第一个和最后一个数据元素外，每个数据元素有且仅有一个直接前驱和一个直接后继。

如单向线性表、双向循环表、环行表、数组、串、限定性的线性表、栈和队列等，都是线性结构。线性结构是一种最常用、最简单的数据结构。

2) 非线性结构

现实世界中许多问题以非线性结构（又称离散结构）来表示要比线性结构表示明确、方便得多。非线性结构中最常用和最重要的是树形结构和网络结构。

(1) 树形结构

树形结构的特点是至少存在一个结点（元素）；除了根结点和叶子结点外，其他结点最多只有一个直接前驱，并有一个或不止一个直接后继。

人们在研究这类结构时，又把树分为二叉树、线索树、二叉排序树、判定树、森林等来讨论。

树形结构能很好地描述信息结构的层次特性，是信息的重要组织形式之一，在计算机科学等领域应用十分广泛。

(2) 网形结构

网形结构的特点是结点间的联系是任意的，即任何一个数据元素都可以与其他元素相连接。

人们通常分有向图和无向图来讨论网形结构。

这类结构已应用于系统工程、遗传学、控制论、计算机网络、电子线路、统计力学等科技领域。

9.2.2 信息的存储结构

当信息由计算机进行处理时，就必须考虑其在计算机存储器中的映象问题，这就是信息的存储结构或物理结构。一种逻辑结构可以通过映象得到与它相应的存储结构。信息的两大类逻辑结构——线性结构和非线性结构，分别由顺序映象和非顺序映象得到两种不同的存储结构:顺序存储结构和非顺序存储结构。

1) 顺序存储结构

在计算机中,主存储器由字的有序序列构成,每个字包含8到64个二进制数位,可以用一个地址引用它的内容。最常用最简单的方式是以一片地址连续的存储空间顺序存储线性结构的数据元素,即以数据元素在存储器中物理位置的紧邻来表示数据元素之间的逻辑关系。在程序设计语言中,常用向量这种数据类型来描述顺序存储结构,它利用计算地址定出数据元素的位置。

顺序存储结构的优点是结构简单,容易实现,顺序存取速度较快,可随机存取表中任一元素。

以顺序存储结构构造的文件,称为连续文件或顺序文件。存储介质可以是磁带、磁盘和光盘。文件中记录的长度允许是定长的或可变长的。

但是,在连续文件中插入或删除一个记录,必须移动其他记录。当文件很大时,开销很大。同时,这类结构要求在建立文件时确定文件长度,不允许动态增长,存储分配上存在"碎片"问题。

2) 非顺序存储结构

对于非线性结构的信息,很难以顺序存储结构映象。而非顺序存储结构既能映象线性结构,又能较好地映象非线性结构。

非顺序存储结构的最大特点是不要求逻辑上相邻的元素在物理位置上也相邻,即可以用一组任意的(连续的或不连续的)存储空间存储数据元素。典型的非顺序存储结构就是链式存储结构。某些程序设计语言中的"指针"数据类型可描述链式结构,用指针反映数据元素之间的逻辑关系。采用链式结构,在逻辑上是有序的,而在物理上则可能是无序的。

采用链式结构构造的文件,称为串连文件。存储介质只能是磁盘、磁鼓和光盘。这种链式结构的文件建立时,无需事先确定好文件的长度,且允许文件动态增长;插入和删除记录都比较方便。

9.2.3 计算机存储系统

1946年,普林斯顿研究院的冯·诺依曼博士,在一篇论文中提出了对计算机科学发展至关重要的两点:计算机可以采用二进制;计算机的指令及数据都可以存储在机内。此后的计算机设计很快就采纳了冯·诺依曼的建议。这种计算机就被人们称为冯·诺依曼计算机。

采用二进制的优势在于:①电路或电子元件很容易实现开和关、导通和截止、磁化和退磁等两种状态的操作,这样可以便于硬件设计,降低成本,提高性能。②任何可以用基数2表示的问题都可以由二进制系统来实现。

将信息用二进制数表示,称为编码。目前,计算机常用的两种八位编码有:扩充二一十进制交换码(EBCDIC码)和美国信息交换标准码(ASCII码)。

计算机处理信息的最小单位是一位二进制数,称为位(Bit);由若干个位(国际上通用的是8位)组合起来称为一个字节(Byte);若干个字节构成一个字(Word)。

通常，存储器的基本存储单元为字节，存储单元的编号为地址，存储器的容量为存储单元(字节)的总数。

1) 计算机存储系统的结构

计算机存储系统主要是由两级存储器和存储管理软件构成的。

(1) 两级存储器

存储器是计算机系统最基本的装置。存储器的容量和工作速度是计算机系统的两个重要性能指标。所谓两级存储器，即主存存储器和辅助存储器。

① 主存储器

主存储器简称主存或内存，是一级存储器，通常在主机中，是 CPU 能直接存取的地方，总是存放正在处理的指令和数据。一般分为两部分，一部分是系统区，存放操作系统及一些标准子程序等；另一部分是用户区，存放用户的程序和数据等。

主存储器早期分别由真空管、磁鼓、磁芯存储器构成，随着存储技术的发展，半导体存储器成本下降，现已普遍采用半导体存储器。

② 辅助存储器

辅助存储器简称辅存或外存，是二级存储器。它比主存容量大得多，但工作速度低于主存。凡是内存暂时不同的信息都可以存放在外存中。外存与内存之间能够成批交换信息。

外存目前多由磁表面存储介质构成，如大容量磁盘、磁带等。

为提高存取速度，人们又在中央处理器和主存储器之间增加了小容量高速的缓冲存储器，用以存放 CPU 当前最常用的指令和数据，它与主存交换信息。

(2) 存储管理

存储器是计算机系统中的关键性资源，能否合理有效地使用它，取决于操作系统中的存储管理模块和文件管理模块。不同的操作系统可能采取不同的存储器管理策略，但其目的都是一致的，即解决存储空间的分配和扩充，实现信息的存储、修改、检索、共享和保护，提高存储空间的利用率，提供一整套方便有效的文件建立和操作方法。

在操作系统这门学科中，通常讨论的存储管理内容是对主存储器的管理，而文件管理的内容是对辅助存储器的管理。

① 主存的管理

对主存的分配通常有两种分配策略，即静态分配策略和动态分配策略，分别采取静态重定位和动态重定位技术。我们把作业在装入过程中进行地址变换(逻辑地址变换成主存中的物理地址)的方式称为静态重定位；而把作业在执行过程中，当访问到某一变量或数据时，才进行地址变换的方式称为动态重定位。具体的存储管理方案有：单一连续区分配、分区、分页、分段、段页式分配等。不同的存储管理方案有不同的分配和去配方式、保护信息的措施和共享信息的可能性。

② 辅存的管理

对辅存的管理，是由操作系统中的文件管理系统——存取和管理信息的模块，通过为用户提供、建立文件，对文件存储空间进行组织、分去配、保护，负责文件的读取、转储、控制等功能来实现的。用户只需知道它们的文件名和操作命令，以便按名存取和操作，不必关心文件究竟存放在什么物理位置上。

对辅存空间的分配，可根据信息的逻辑结构采用两种分配策略：一是分配连续的存储区域，二是分配不连续的物理块。常用的分配技术有空闲区表、字位映象表、空闲块链等等。如 UNIX 操作系统就是采用空闲块成组链接法进行分配的。

③ 虚拟存储器

虚拟存储器的容量是借助于自动覆盖和交换技术来达到的。一个大作业提交给系统，其中一部分信息在主存，另一部分信息暂时留在辅存，需要时若主存空间已满，系统将自动依据某种算法选择暂时不用的信息从主存移出，再将需要处理的信息调入主存。呈现给用户的是一级存储器的映像，这就是虚拟存储器的概念。有了虚拟存储器后，正在运行的多道作业的全部地址空间总和可以大于主存的容量。

实现虚拟存储器，要有动态重定位地址变换机构，一定容量的主辅存储器和相应的管理软件。

2) 文件存储

文件是在逻辑上具有完整意义的信息集合。不同的信息集合提交给计算机系统进行处理，通常是以文件为单位并以文件名来识别的一个作业或一个任务。文件的逻辑结构可分为两种：一是记录式文件，这类文件由若干逻辑记录组成，逻辑记录是在逻辑上具有独立含义的一个信息单位；二是流式文件，这类文件是一个顺序的信息流集合。文件的存储机构密切地依赖于存储设备的物理特性。但对用户而言，文件概念的引入，使得用户可以用统一的方式去存取不同存储介质上的信息。

3) 用户程序的存储

一个计算机系统必须提供一定的辅存空间，供用户存放以文件形式组织的信息。通常，一个以程序设计语言编写的文件作为一个作业，从输入到取得结果，须经过 4 个作业步，如图 9.1 所示。用户程序经过不同的作业步，可以在辅存以三种形式的用户私用库来存储。

(1) 源程序库

源程序库是以源语言形式出现的计算机程序库。任何经编辑作业步处理的信息都可以存放在源程序库中，而无须每次上机重新建立文件。由源程序库提交系统执行，必须经过编译、链接和运行三个作业步。

(2) 相对形式库

在具有一定大规模的、支持多道程序设计的计算机系统中，用户可以将经过编译作业步处理而产生的相对模块存入在磁盘或磁带上建立的相对形式库。

用户可以将所有已调试好的子模块存入相对形式库，需要经常改动的主模块存入源程序库；或者将已调试好的主模块和其他子模块存入相对形式库，而新添加的未调试的子模块存入源程序库。这样存储的好处是，提交系统执行时，节省了时间较长的编译作业步，从而节省了整个作业的执行时间。

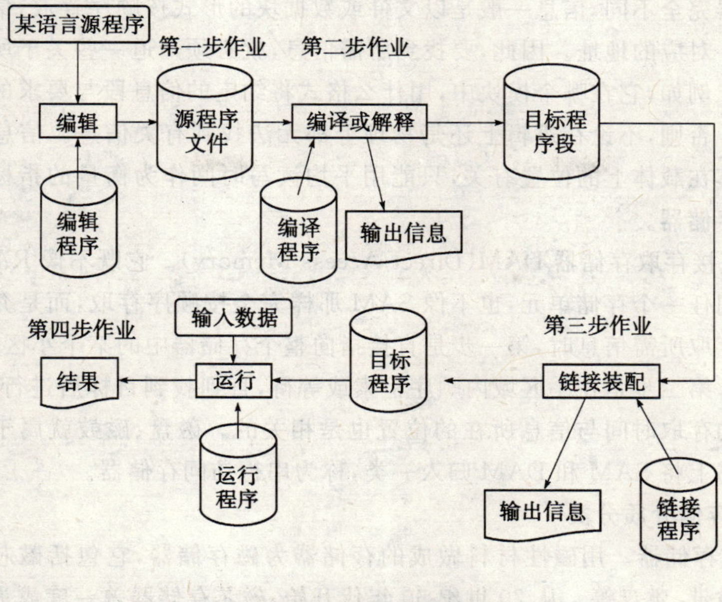

图 9.1 用户程序的处理过程

(3) 执行形式库

用户可以将经编辑、编译和链接三个作业步的目标模块存入在磁盘或磁带上建立的执行形式库。当用户的程序比较成熟,无须改动,而每次运行需要更换不同的数据集合时,最好采用这种方式,可有效地缩短机时,加快执行速度。

9.3 存储器的类型和主要技术指标

9.3.1 存储器的类型

存储器是具有记忆功能的部件,随着信息技术特别是计算机结构和器件的发展,存储器的种类日益繁多,分类方法也有很多种,现介绍如下。

1) 按存取方式分类

(1) 随机访问存储器 RAM(Random Access Memory)。其特点是随机读写,既可以读出,又可以写入。对存储器内部的任何一个存储单元的读出和写入时间是一样的,与其所处的位置无关,即存取时间是相同的,固定不变的。RAM 主要用作主存,也可用作高速缓冲存储器。RAM 中每个字的地址是由地址寄存器来确定的,无须用户进行干预和考虑。译码器译出地址,从而直接找到物理字并加以读取。这个地址不仅在逻辑上也在物理上惟一地确定了所需的信息。

(2) 只读存储器 ROM(Read Only Memory)。其可以看做是 RAM 的一种特殊方式,它只能随机地读出信息而不能写入信息。信息一旦写入存储器就固定不变了,所以又称为固定存储器,常用来存放无须改变的信息,如管理程序、监控程序、汇编程序、各种诊断程序以及专用子程序等。

(3) 顺序存取存储器 SAM(Sequential Access Memory)。它的存取方式与前

两种存储器完全不同,信息一般是以文件或数据块的形式按顺序存放,信息在载体上没有惟一对应的地址。因此,要找到所需信息,就必须知道一些关于所存信息的详细说明。例如,它在哪个模块中,用什么格式将约定的信息段与要求的输入信息作比较等。否则,不论在逻辑上还是物理上都无法找到有关信息。信息存取时间的长短与其在载体上的位置有关,只能用平均读写时间作为衡量的指标。磁带机就是这类存储器。

(4) 直接存取存储器 DAM(Direct Access Memory)。它既不像 RAM 那样能随机地访问任一个存储单元,也不像 SAM 那样完全按顺序存取,而是介于两者之间。当要存取所需信息时,第一步是直接指向整个存储器中的某个小区域(如磁盘上的磁道),第二步是在小区域内顺序检索或等待,直到找到目标后进行读/写。这种存储器的存取时间与信息所在的位置也是相关的。磁盘、磁鼓就属于这类存储器。有些书上将 SAM 和 DAM 归入一类,称为串行访问存储器。

2) 按存储介质分类

(1) 磁存储器。用磁性材料做成的存储器为磁存储器,它包括磁芯、磁泡、磁膜、磁鼓、磁带、磁盘等。从 20 世纪 50 年代开始,磁芯存储器曾一度成为主存储器的主要存储介质,但因磁芯存储器容量小、速度低、可靠性较低,从 20 世纪 70 年代开始,已被半导体存储器逐渐取代。

(2) 半导体存储器。目前大多数计算机都使用半导体存储器作主存,主要分为 RAM 和 ROM。按照生产工艺,半导体 RAM 可以分为双极型 RAM 和 MOS 型 RAM 两大类。MOS 型 RAM 又可以分为静态 RAM(SRAM)和动态 RAM(DRAM)两种。

双极型 RAM 的特点是速度快,但成本高、功耗大、集成度较低,一般用作高速缓冲存储器,也有一些巨型机用它作主存。由于构成触发器的电路形成不同,又可分成 TTL 型和 ECL 型两种。

MOS 型 SRAM 是由 MOS 双稳态触发器来记忆信息的,它的集成度高于双极型 RAM,且功耗低于双极型,但存取速度也低于双极型。

MOS 型 DRAM 比 SRAM 的集成度更高、功耗更低,它是靠 MOS 电路中的栅极电容来保存信息。由于电容上的电荷会泄漏,因此需要定时给予补充。其存取速度低于 SRAM。

半导体 RAM 存储的信息会因断电而丢失,称为易失性存储器。半导体 ROM 是非易失性存储器,但它只能读不能写。

(3) 铁电存储器。铁电存储器利用铁电材料的两种极化状态存储信息。它不仅具有铁电薄膜的非易失性和抗辐射性,而且具有速度高、存储密度大、成本小、功耗低等优点,因而已成为 20 世纪 90 年代存储器的研究重点。

(4) 光存储器。将激光束聚焦为亚微米尺寸光点记录在光盘介质上,可用激光束读出记录信息。作为外存储器,光存储器的存储密度是磁存储器的十几倍,寿命也长得多。但目前存取速度还不及磁存储器。

(5) 其他介质存储器。其他的存储介质还有很多,如光电存储、电荷耦合器件存储器等。

从原理上讲，只要具有两种明显稳定的物理状态的器件和介质都能用来存储二进制信息，但真正能用来做存储器的器件和介质还需要满足各类存储器技术指标的要求。

3）**按功能分类**

（1）寄存器型存储器。它是由电子线路组成的，在速度上与 CPU 相匹配。现代计算机内部都设有几个至几十个通用寄存器。这种类型的存储器存放着当前要执行的指令和使用的数据。它们的容量很小，但工作速度却很快，其长度等于机器字长。

（2）高速缓冲存储器。通常位于主存和 CPU 之间，存放当前要执行的程序段，以便向 CPU 高速提供马上要执行的指令。目前，高速缓冲存储器一般采用双极型半导体存储器，速度较高，可以与 CPU 速度匹配，存取时间由几纳秒至几十纳秒，但其存储容量较小，一般在一千至几十千字节。

（3）主存储器。它是主机内部的存储器，故又称之为内存。主存用来存放计算机运行期间正在执行的程序和数据，容量在几十千至几十兆字节之间，存取时间可达 100ns 至 $2\mu s$。CPU 的指令系统能直接读写主存中的存储单元。

（4）外存储器。也称辅助存储器或后缓存储器，它用来存入系统程序、大型数据文件等当前暂不参与运行的大量信息。外存设在主机外部，容量极大（可达数吉甚至几十吉字节）而速度较低（一般在 μs～ms 级之间）。CPU 不能直接访问它，必须通过专门的程序把所需信息与主存进行成批交换，调入主存后才能使用。

9.3.2　存储器的主要技术指标

存储器的技术参数和指标较多，此处仅给出最主要也是最常用的规范技术参数指标。

1）**存储容量**

存储容量是指存储器所能容纳的二进制信息总量。对计算机的内存储器，存储容量就是存储单元的数量或者是存储地址的数量，通常用 K 表示存储容量的单位。1K 就是 $2^{10}=1024$。例如，某一计算机内存储器的存储容量为 16KB，即有 16384 个存储单元。但严格地讲，对于不同的机器，由于存储单元的长度不同，因此存储容量的真实大小，应该用它所能存放二进制信息的总数来衡量，即存储容量＝存储单元个数×存储字长。外存储器的存储容量常以“字节”(Byte)作为计算单位。一个字节就是二进制数八位数字。常记为 KB(千字节)、MB(兆字节)、GB(吉字节)。也用比特(bit)作计算单位，1bit 就是二进制数一位数字，常记为 Kb、Mb、Gb。对存储器进行信息的存取时，不能存取单个位，而是用字节来工作的。

存储方式不同，存储容量的大小也不一样。此外，随着存储技术的发展，各种存储器的存储容量也不断增加。从 20 世纪 40 年代的几十个字节开始，经历了千字节、兆字节到目前的吉字节，还在不断地扩大。

2）**存储密度**

存储密度包括位密度、道密度和两者的乘积——面密度。位密度是指单位长度上写入的二进制比特数，用比特/英寸（b/in）或比特/毫米（b/mm）表示，有时也称为线密度。面密度是指单位面积上所能记存的二进制比特数，常用比特/英寸^2（b/in^2）或比特/厘米^2（b/cm^2）表示。对磁记录而言，常用道密度。磁盘用来存储数据的许多同心圆称作磁道。道密度是指磁盘径向单位长度内所允许记录的磁道数，用每英寸的磁道数来表示，记为 t/in。也可用每毫米的磁道数表示，记为 t/mm。计算机磁道不用道密度，而是规定在某种磁带上记录一定数量的磁迹数。如 12.7mm 宽计算机磁带上记录 7 磁迹或 9 磁迹。

3）存取时间（取数时间）和存取速度

存取时间是指从启动一次存储器操作到完成该操作所经历的时间。例如，从发出命令到读出数据为止。它包括查找时间和旋转等待时间。

存取时间 t_A 的倒数 $1/t_A$ 称为存储器的存取速度，即单位时间内可以读出或写入的字节（或位）数。

4）存取周期与数据传送率

存取周期是反映存储器性能的一个重要参数。它是指存储器从接受读/写命令信号开始，待信息读出或写入好，直到允许接受下一个命令为止所需的全部时间，也就是允许连续存取操作的最小时间间隔。通常，存取周期略大于存取时间。因为对任何一种存储器，在读/写操作之后，总要有一段恢复内部状态的复原时间。对于以破坏性读出方式工作的磁芯存储器和 MOS 型 DRAM，存取周期往往要比存取时间大得多。

存取周期的倒数 $1/t_M$ 是单位时间内能读写存储器的最大次数。$1/t_M$ 乘以存储总线宽度 W 是单位时间内可写入存储器或从存储器取出信息的最大数量，称为数据传送率。

5）误码率

误码率又称漏码率，指漏码和多码等错误位在存储容量中所占的比例。一般又分为硬错和软错。硬错是指不会随环境变化而自然消失的误码，如盘片中存在的缺陷等就属于硬错。软错是指会随环境变化或重试、重读而自然消失的误码。如定位出现微小偏差、电磁干扰等引起的误码。

6）可靠性

通常，用平均无故障时间 MTBF（Mean Time Between Failures）来衡量可靠性。MTBF 可以理解为两次故障之间的平均时间间隔，MTBF 越长，可靠性越高。

7）功耗

功耗是一个不可忽视的问题，它反映了存储器件耗电的多少，同时也反映了发热的程度，通常要求功耗小，这对存储器件工作稳定性有好处。大多数半导体存储器的工作功耗与维持功耗是不同的，后者大大小于前者。

8）性能价格比

性能价格比是一个综合性指标，其中性能包括前述的各项指标，而价格包括信息存储单元本身的成本和存储器运行的外围电路的成本。这项指标关系到存储器有无实用价值。

习题 9

1. 典型的信息存储技术主要有哪些?
2. 计算机存储系统主要包括哪几个方面的内容?
3. 计算机存储器可以分为哪几类,主要有哪些相关技术指标?

10 计算机信息存储器

● 磁存储器 ● 光存储器 ● 半导体存储器 ● 铁电存储器

如前所述，从原理上讲，只要具有两种明显稳定的物理状态的介质都能用来存储二进制信息，但是真正能用来做信息存储介质的还需要满足技术指标的要求，并通过一定的设备来实现。我们在谈到信息存储时往往不把存储驱动器与存储介质严格区分，相关的设备和相应的存储介质组成了一个整体，称之为信息存储器。信息存储器是以信息存储介质为中心的各种信息存储技术的集合，每一种新存储介质的出现都会极大地推动信息存储技术的发展。因此从存储介质角度来说，信息存储器可以包括磁存储器、半导体存储器、铁电存储器和光存储器。

10.1 磁存储器

10.1.1 概述

磁存储就是将一切能转变成电信号的信息（例如声音、图像、数据以及文字等）通过电磁转换，记录和存储在磁记录介质上，并可以重复输出的存储技术。

自从1898年第一次发现磁介质上可以记录信号以来，磁记录技术已经有了百年历史。1900年丹麦人V. Poulsen在巴黎演示了他两年前研制的人类第一台钢丝录音电话机，因为当时没有放大器，这种微弱的记录信号只有通过耳机才能接受。1909年，采用直流偏磁记录，提高了灵敏度，降低了失真度，但磁记录仍处于试验阶段。直到1920年，出现了电子管放大器，才使磁记录设备进入实用化阶段。在1920～1930年这段时间中，进行了磁介质的研究，出现了合金磁带。1935年德国的Eshüler研制出环形磁头，克服了过去磁头磁场发散的缺点。1940年日本的永井健三等发明了交流偏磁技术，磁带录音发展成熟，开始普遍应用。1947年3M公司正式建成了氧化铁录音带生产线，并利用这种录音方式和设备开始进行无线电广播。美国Ampex公司于1948年开始出售录音机，并于1956年试制成功了用于广播电视的四磁头录像机。

随着计算机的发明和应用，不仅需要存储数据并且还要根据要求随时选取特定地址上存储的信息。这种随机存取的工作方式是要求按指令去选择特定地址，进行记录和重放，而不是像磁带那样只能按照前后次序来确定地址，这种要求只有磁盘的记录方式才能满足。1955年，美国国际商用机器公司（IBM）制出了世界上第一台磁盘存储器，使磁记录设备成为计算机的重要外设。1962年IBM1301开始使用浮动磁头。1973年IBM公司首先推出温彻斯特（Winchester）磁盘系统。同时，双面倍密度8英寸（lin＝2.54cm）软磁盘、5.25英寸小型盘相继问世，薄膜磁头实现商品化。1977 年，日本岩崎俊一提出了一种高密度记录方式——垂直磁记录，引起了人们极大的兴趣。

20 世纪 80 年代开始，磁存储密度的发展达到了每 10 年增加 10 倍的速度。出现了 35 英寸软磁盘和垂直记录软盘机。进入 20 世纪 90 年代后磁存储密度更以每 10 年增加百倍发展速度迅猛增加。目前磁存储技术在新型记录介质材料、磁头材料和结构以及伺服定位、磁头、盘界面等方面都有重大突破，使磁盘每个记录单元(比特)的尺寸缩小至 0.2μm 以下，盘径已小于 2 英寸。总的来说，磁存储技术特别是磁硬盘的发展速度，超乎人们的想像。

10.1.2 磁存储器的特点

磁存储器具有以下特征：

(1) 记录密度高、存储容量大。

(2) 信息的写入和输出速度快，可以立即重放和再现。

(3) 记录的信息经过千百次重放以后仍可以保持原有的特性。

(4) 可将原先记录的信息抹掉，重新记录。即磁存储介质可以多次重复使用。

(5) 可以实现多通道记录，特别是对数字记录，可以将多个磁头配在一起，记录许多磁迹。就是说，可以同时将上千个二进制信息记录在一条磁带上，而且能够保证这些信号至通道间保持精确的时间间隔和相位关系。

(6) 记录和存储的信息稳定性高、不会挥发。

(7) 成本低、维护简单，适于大量生产。

磁存储器具有上述优点，但也存在不足之处。如磁带的制造、保存和使用过程均对环境有很高要求，因为它对机械振动、温度、电磁场和尘埃都十分敏感；磁带记录仪和磁盘机等对伺服机械装置的精密度要求高，因而十分复杂。对计算机系统来说，这些部件往往是最不可靠的。此外磁存储介质的可抹消性既是它的一个优点，也是这种存储方式的固有缺陷，有时为了避免信号被抹掉而不得不采取必要的手段。

10.1.3 磁存储原理

磁表面记录方式是利用磁性材料的磁滞回线特征将数据记录在磁性物体的表面。磁滞回线反映磁性材料的外加磁场 H 与磁感应强度 B239 的关系。当材料未被磁化而且没有外加磁场时，材料没有磁感应。这时的状况为磁滞回线的原点(图 10.1)。当外加磁场向正向逐渐加强时，磁性材料的磁感应强度也逐渐增大，当到达 a 点时磁感应强度进入饱和，这时磁感应强度不再随着外加磁场的增加而增大。在 a 点的基础上，当外加磁场逐渐减少到零时，磁性材料的磁感应强度并不随之减少，而是略有减少。这时的状况为 b 点，即外加磁场为零，而磁感应强度不为零，这个磁感应强度称为剩磁。这时如果外加磁场向负方向增强，材料的磁感应将与剩磁抵消，到达 c 点，这时外加磁场为负而磁感应强度为零。如果这时进一步增强外加磁场，材料的磁感应方向就会反转而呈现负向，直至到达负方向的饱和点 d。c

点是磁感应的反转点，这时的外加磁场称为矫顽力。在 d 的基础上，如果撤消外加磁场，材料的磁感应强度同样不会消失，而是有一个负向的剩磁，到达 e 点；这时如果再施加正向外磁场，材料的磁感应强度就可到达 a 点。上述各点形成的闭合曲线成为磁滞回线。不同的磁性材料的磁滞回线有所不同，但无论外加磁场怎样变化，磁性材料的磁感应强度总是在它的磁滞回线上变化。磁性材料的剩磁可长期保留，磁记录就是利用材料的这种剩磁现象来记录信息的。

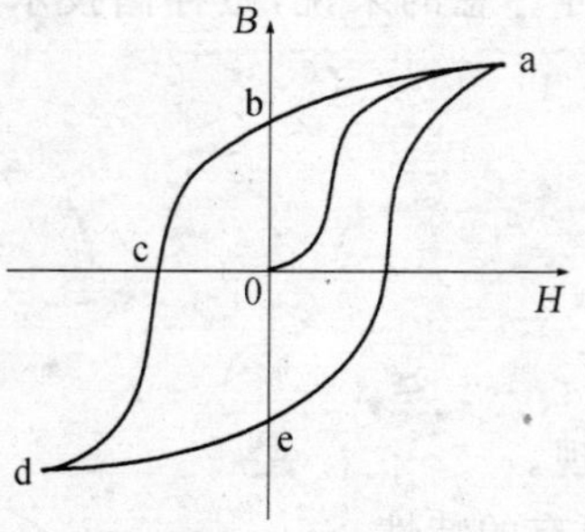

图 10.1　磁性材料的磁滞回归线示意图

磁存储器是利用表面磁介质作为记录信息的媒体，以磁介质的两种不同的剩磁状态或剩磁方向变化的规律来表示二进制数字信息的。

磁存储器的读/写工作过程是电、磁信息转换的过程，它们都是通过磁头和运动着磁介质来实现读或写操作的。记录信号时，一般应先将需要记录的信号用适当的换能装置转变为电信号。再经记录信号电路的放大和处理，输至记录磁头线圈中，在记录磁头缝隙处产生记录磁化场，使按一点速率在此处经过的记录介质磁化。当记录介质移动的速率恒定时，沿着长度方向的剩余的空间分布就反映了磁头线圈中电流的时间变化，从而完成了信号的记录过程。

当记录了信号的存储介质以一定的速率通过重放（读出）磁头缝隙时，由介质表面发出的磁通将被磁头铁芯截留，并在重放磁头线圈两端产生重放电压. 这个电压经重放信号电路的放大和处理，输至换能装置，使信号以一定的形式重放出来，从而完成了信号的读取过程。

在记录和重放之间，记录信号有个存储过程。在这个过程中，不允许外加的杂散磁场超过记录磁场的强度。如果用消抹磁头产生一个大于记录磁场强度的磁场，就可以抹除原先记录的信号，使磁层处于退磁状态，存储介质又可准备记录新的信息。消抹磁头线圈中的高频电流来自消抹电路。在有些情况下，当记录磁头和重放磁头为同一磁头时，也可用信息的重写来消抹旧的信息。

在上述整个过程中，磁头（包括记录磁头、重放磁头和消抹磁头等）和存储介质在伺服机械的驱动下，以一定的方式运动。这种运动的准确性和稳定性，是由伺服电路控制的。

磁存储常用的记录方式可分为模拟记录和数字记录两类，模拟记录用以记录模拟信号，主要有直接记录法、调频法、调宽法等。随着对记录密度、存取速度和大容量要求的提高，各种数字记录编码方式被采用到高密度磁存储器中，数字记录的编码方式主要有归零制（RZ）、不归零制（NRZ）、调相制（PM），调频制（FM）等。

10.1.4　磁存储器的基本结构

根据上述磁存储原理，磁存储器一般由磁头、磁存储介质、电路和伺服机械等部分组成。

1) **磁头**

磁头是电磁转换器件，它是磁存储系统的核心部件之一，从录音机到电子计算机的外存储器，都要用磁头。它们的基本工作原理都是相同的。磁头按功能可分为记录磁头（写入信息）、重放磁头（读出信息）和消磁磁头（抹除信息）三种。

记录磁头的作用是通过导线把记录信号电流转变为磁头缝隙处的记录磁化场。重放磁头的作用正好相反，当磁头经过磁介质时，磁化器区域就会在磁头导线上产生相应的电流，即把已记录信号的记录介质磁层表露磁场转化为线圈两端的电压（即重现电压），经电路的放大和处理，将信号还原成可以识别的信息重现出来。消抹磁头的作用是把信号从存储介质上抹去，也就是说，使磁层从磁化状态返回到退磁状态。为了降低价格，减小体积，经常由同一个磁头完成读、写和消磁三种功能。一般的，在磁盘机中，消磁功能是用对原已记录的信号的重写来实现的。

尽管磁头已经经历了多年的发展，但是几乎所有的磁头都是基于人们早已熟知的感应线圈及铁芯结构。随着存储位密度的不断提高，传统的环型磁头已难以满足磁存储发展的要求，一种新型的用类似半导体集成电路工艺制作的薄膜磁头开发出来，并日益受到重视。但是薄膜磁头不能保证读取信息的可靠性，为此，出现了采用磁感应强度很强的磁阻（Magnetroresistive，简写为 MR）材料制成的磁阻磁头，以后又开发了巨磁电阻磁头。

2) **磁存储介质**

磁存储介质也是磁存储器的核心部件之一。磁存储介质要具有适当高的磁矫顽力，较高的饱和磁化强度，高矩形比、陡直的磁滞回线等性能。同时磁层表面要均匀、光洁。磁性粉料要有好的分散取向性，磁性薄膜材料要有好的成膜工艺。粉料颗粒涂布型和金属或氧化物薄膜型是目前主要的磁介质材料。

3) **电路**

记录信号的性质和记录方式的不同，电路的构成有很大的差别。一般情况下，它包含记录信号电路、重放信号电路、伺服电路以及消抹电路。记录信号电路是在信号进入记录磁头线圈之前对信号进行放大或处理的电路；重放信号电路是对重放磁头线圈获得的重放电压进行放大或处理的电路；伺服电路是对同步信号的控制下使磁头和记录介质以一定方式准确而稳定地运动，伺服机械的准确性和一致性是由伺服电路来保证的；消抹电路是向消抹磁头线圈提供高频振荡电流的电路。高频振荡电流在消抹磁头缝隙处产生的高频磁场，能抹去以一定速率由此通过的记录介质上的信号。

4) **伺服机械**

伺服就是自动跟踪控制，它是一个具有反馈环节的闭环控制系统。伺服机械的工作必须稳定、准确和可靠，所以对部件的设计、加工和安装必须十分精密。

磁迹的扫描方式不同，伺服机械的结构就不同。在不同情况下，它包含磁头运动的伺服机械和记录介质运动的伺服机械，这些机械通常都是十分精密和稳定的。伺服机械提供的磁头—记录介质相对运动的方式，是由选择的磁迹分布方式确定，伺服机械的结构也相应确定。磁迹分布方式或扫描方式有多种：有纵向扫描，如录音录像中音频磁迹和控制磁迹；斜向扫描如二磁头录像机中视频磁迹；四磁头录像机中视频磁迹则是横向扫描；磁盘机中的磁迹是沿磁盘圆周扫描的。

10.1.5 磁存储器类型

现在常用的磁存储器有磁带存储器、磁盘存储器、磁泡存储器。

1）磁带存储器

磁带主要是由磁性材料、带基、粘合剂三部分以及各种添加剂组成。作为磁记录媒体与磁记录直接有关的是磁性材料；但是粘结剂和带基以及将这三部分构成整体的技术对于充分发挥磁性材料所具有的磁性能具有很大的作用。

数据以编码形式（ASCII，BCDIC 或 EBCDIC）记录在磁带上，每个字符都同时有一个奇偶位存入，以减少记录和回读的错误。因此，在磁带上的数据通常按 7 条磁迹或 9 条磁迹平行记录。每条磁带的头尾两端都设置有标记，两者对称，实现两个方向读出。磁带上的字符组成数据块（DB），数据块是磁带机和计算机之间传送的最小数据单元，数据块之间由间隔块分开，标准间隔块的长度是 12.7～19.05 mm，计算机用的磁带机要求具有瞬时起动、停止、反转的能力。计算机在很短时间内请求磁带机运行，然后停机等待计算机的请求或继续传送数据。当数据块读出后磁带即停止运行，当重新起动时又必须在下一个数据块开始就达到正常的线速度，否则就会产生读出错误。因此磁带加速和减速运行的长度必须小于间隔块长度。

磁带的容量除了与磁带长宽度及记录密度单位有关外，与编码方式、磁迹数、数据块和间隔块长度也有直接的关系。虽然现在磁盘和光盘等其他存储技术迅速发展，但是磁带却以容量高、成本低、易存储、传输率高等优点在数据存储，特别是在海量数据存储中占有至关重要的位置。因此，对磁带技术的研究一直为存储研究的一个重点，其中 DAT、DLT、LTO 技术成为现在磁带存储技术中的主流技术。

（1）DAT（Digital Audio Tape）技术

DAT 技术（数码音频磁带技术）最初是由 HP 与 Sony 共同开发的。这种技术以螺旋扫描记录（Helical Scan Recording）为基础，将数据转化为数字后再存储下来。早期的 DAT 技术主要应用于声音的记录。随着技术的不断完善，DAT 又被应用在数据存储领域里。DAT 技术主要应用于用户系统或局域网，它以非常合理的价位提供高质量的数据保护。

由于 DAT 具有很高的性能价格比，是信息存储领域里一直广泛应用的技术之一。首先，在性能方面，这种技术生产出的磁带机平均无故障工作时间长达 20 万小时（新产品已达到 30 万小时）；在可靠性方面，它所具有的即写即读功能，能在数据被写入之后马上进行检测，不仅确保了数据的可靠性，而且还节省了大量时间。

第二，磁带机种类繁多，能够满足绝大部分网络系统备份的需要。对于网络系统，DAT 产品由于已被证明的高兼容性、高可靠性与介质的低成本而被最广泛的接受并使用。

第三，硬件数据压缩功能大大加快了备份速度，而且压缩后的数据安全性更高。

第四，由于该技术在全世界都被广泛应用，因此在全世界都可以得到该技术产品的持续供货与良好的售后服务。

(2) DLT(Digital Linear Tape)技术

DLT(数码线型磁带技术)最早于1985年由DEC公司开发，由于价格昂贵，尽管这种技术性能出众，其年销售量曾一度降到最低点。后来随着高档服务器的容量超过了其他磁带机技术所能提供的容量(如8mm)，DLT又重新成为信息存储领域里的热门技术。

DLT技术采用单轴1/2英寸磁带仓，以纵向曲线性记录法为基础。DLT产品定位于中高端的服务器市场和磁带库应用系统。目前DLT驱动器的容量为10～35GB，数据传送速度为1.25～5MB/s，如果硬件采用数据压缩，则可以使容量与速度增加一倍。但DLT技术也存在相应的劣势，如驱动器与介质造价昂贵；主系统与网络之间通道狭窄，限制了传送速度，增加了操作时间；非标准的外型设计使内部设置受到很大限制；单一的产品提供使渠道受限。总的说来，DLT仍被认为是未来型产品，发展很快，但目前只会被少数需要高性能备份的系统用户所使用。

(3) LTO(Linear Tape Open)技术

LTO即线性磁带开放协议，是由HP、IBM、Seagate三家厂商在1997年11月联合制定的。它结合了线性多通道、双向磁带格式的优点，基于服务系统、硬件数据压缩、优化的磁道面和高效率纠错技术，来提高磁带的性能。

LTO技术是一种“开放格式”的技术，上述三家厂商将生产许可开放给存储介质和磁带机生产商，使不同厂商的产品能更好地兼容，这意味着用户将拥有多种产品和介质。开放性还带来更多的发明创新，使产品的价格下降，用户受益。

目前，LTO具有两种存储格式：高速开放磁带格式Ultrium和快速访问开放磁带格式Accelis，定制两种格式是因为用户对磁带的要求并不相同。一些应用程序强调重点在“读”，要求快速的数据访问速度；而另一些应用程序则重点在于“写”，要求最高的磁带存储能力。

Ultrium磁带格式除了具有高可靠性的LTO技术外，还具有大容量的特点。它能够单独操作，也可以在自动操作环境中使用。

Accelis磁带格式主要侧重于快速数据存储。它在磁盘中装载了双轨磁带存储器以减少存取时间。Accelis格式适用于自动操作环境，可处理广泛的在线数据和恢复应用。

这两种格式都使用同样的头、介质磁道面、通道和服务技术，并共享许多普通的代码部分。因为目前存储用户更偏重于对存储容量的需求，所以两种格式相比较而言，Ultrium格式是当今存储业界更值得关注的技术。

2) 磁盘存储器

磁带的结构决定了它只能顺序存取，在应用上受到了限制，相反，磁盘不仅可以顺序存取数据，而且还能直接随机存取所需数据。

根据所用基本材料的类型，磁盘可分为硬盘和软盘两种，前者以硬质铝合金等作为基体,后者以软塑料等作基体。它们的存储原理和存储器结构大体相同。

磁盘的磁迹是以盘心为中心的若干同心圆,它被分成若干相等的部分——扇区,以扇区为单位进行数据存取操作。扇区的开头都预先录有包括磁迹序号在内的扇区地址。在存储数据之前,要对磁盘进行格式化,也就是要告诉计算机在磁盘或磁盘组的什么地方可以进行数据存取,规定磁迹位置、主数据磁迹以及替换磁极等。还要对磁盘进行预置,即在磁盘上写入磁盘标记、存储信息表、指定替换磁迹和初始程序等。

磁盘存储器由磁盘驱动器、磁盘控制器和磁盘片组成,主机(CPU)通过磁盘控制器与磁盘驱动器相接。CPU 不直接控制磁盘操作,而是以命令的形式发送给磁盘控制器,由磁盘控制器产生若干控制信号送给磁盘驱动器,然后,由磁盘驱动器将磁盘控制器送来的信号转换成驱动磁盘的各种电气和机械的动作,驱动磁盘完成 CPU 命令所要求的操作。同时,磁盘驱动器还将磁盘的现行状态传送给磁盘控制器,作为 CPU 或磁盘控制器正确控制磁盘操作的条件。

软盘携带方便,但存储容量小,读写速度慢,闪存和移动硬盘的出现,特别是可启动型闪存盘的出现使软盘的最后优势丧失。2002 年,Intel 公司宣布在其新款处理器中彻底停止对软驱的支持。Intel 称,早在两年前 Intel 推出的 810 主板芯片时,就已经取消了对软驱的支持。目前市场上的电脑之所以还使用软驱,是因为厂商在生产主板时,自行增加了软驱控制器。三星公司的电脑也彻底停止了软驱的使用。有人预言软盘被取而代之已指日可待。

随着温彻斯特磁盘技术的出现后,硬盘成为计算机必备部件,其技术发展围绕着容量、转速和接口趋势三方面飞速发展。其中硬盘容量随着 2002 年 IBM AFC 技术(俗称"仙尘")真正走向实用,其单碟容量已经达到了 80GB,可以说最近 10 年内硬盘容量的发展都不再有什么大的技术瓶颈。

转速也就是硬盘电机主轴的转速。主轴转速(Rotational Speed 或 Spindle Speed),这是划分硬盘档次的一个重要指标。以每分钟硬盘盘片的旋转圈数来表示,单位 RPM,目前常见的硬盘转速有 5 400RPM、7 200 RPM 和 10 000 RPM 等。理论上转速越高,硬盘性能相对就越好,因为较高的转速能缩短硬盘的平均等待时间并提高硬盘的内部传输速度。但是转速越快的硬盘发热量和噪音相对也越大。为了解决这一系列的负面影响,应用在精密机械工业上的液态轴承马达(Fluid dynamic bearing motors)便被引入到硬盘技术中。液态轴承马达使用的是黏膜液油轴承,以油膜代替滚珠。这样可以避免金属面的直接磨擦,将噪声及温度减至最低;同时油膜可有效吸收震动,使抗震能力得到提高;此外还能减少磨损,提高硬盘寿命。

硬盘的接口传输率越来越体现出它在整个电脑系统的瓶颈效应,因此接口技术越来越受到技术人员的重视。最早的硬盘接口是 ST－506/412 接口,紧随其后的是 ESDI 接口,以后是 IDE 也叫 ATA 接口序列,从 ATA/66 至 Ultra ATA/100 甚至最新的 Ultra ATA/133,它们都使用并行方式进行数据传输。

但 Intel 却一直在大力推崇着另一种磁盘规范——Serial ATA(串行 ATA),

并且在 2002 年宣布在其所有的芯片组中对应支持 Serial ATA 规范。串行 ATA 在最初版中能达到 150MB/s 的突发数据传输率，这甚至超过了目前的最新版的并行 ATA 标准 ATA/133 所能提供的最高数据传输率。而串行 ATA 最终将实现存储系统突发数据传输率为 600MB/s。其次，串行 ATA 在系统复杂程度及拓展性方面，是并行 ATA 所无法比拟的。因为在 Serial ATA 标准中，实际只需要 4 个针脚就能够完成所有工作，第 1 针供电，第 2 针接地，第 3 针作为数据发送端，第 4 针充当数据接收端，由于 Serial ATA 使用这样的点对点传输协议，所以不存在主/从问题，并且每个驱动器是独享数据带宽。由此来看，它的优点是显而易见的。第一，用户不需要再为设置硬盘主从跳线器而苦恼；第二，由于串行 ATA 采用点对点的传输模式，所以串行系统将不再受限于单通道只能连接两块硬盘，而可以连接多硬盘。有人预测 Serial ATA 将取代并行 ATA 接口类型成为将来硬盘的主流接口类型。

随着 USB（通用串行总线）接口技术成为计算机外部总线接口的标准配置，USB 移动硬盘成为大容量移动存储的宠儿。USB 移动硬盘充分利用 USB 热插拔、易安装、速度快和兼容性好的先天的优点，真正做到了无需外接电源、即插即用。特别是现在的 USB 移动硬盘采用了 USB 2.0 的技术规格，使 USB 接口的数据传输速率最高可达 480Mbps，比 USB 1.1 规范在理论上提高了 40 倍，绝对不会造成数据传输过程中由于两端设备额定带宽不匹配而造成的数据传输滞后和间断。同时 USB 硬盘具有极高的安全性。USB 硬盘一般采用了 IBM 的玻璃盘片和巨阻磁头，并且在盘体上精密设计了专有的防震、防静电保护膜，使 USB 高端应用性能和抗震性能得以加强，从根本上提高了抗震能力、防尘能力和传输速度，不用担心锐物、灰尘、高温或磁场等对 USB 硬盘造成伤害。另外，移动硬盘在超薄、轻便上向 Flash 靠拢，现在的移动硬盘体积轻盈，设计紧凑而且时尚靓丽，最小的移动硬盘只有名片夹那么大，能非常轻易地装在衬衣口袋里或放在手掌上。可以相信随着信息时代人们对数据资料的重视，用户对数据存储的高效、快速、便捷以及数据共享的安全性都提出了很高的要求，而一些传统的存储介质如软盘、光盘、MO 等在很多时候都无能为力的情况下，移动硬盘将在未来发挥它越来越重要的作用。

3）**磁泡存储**

所谓“磁泡”指是利用一定条件下磁性薄膜中所存在的圆柱形磁畴来表示二进制信息。磁泡只能在自发磁化垂直于膜面的材料中形成。这种薄膜很薄，只有几微米，对可见光是透明的，利用透射偏光显微镜，可以很清楚地观察到薄膜中的磁畴图形。当未加垂直于膜面的外磁场时（如图 10.2(a)），薄膜中存在两种磁化方向相反的、明暗相间蜿蜒交错的带状磁畴，两者的面积大体相等，称为迷宫畴。外加偏磁场后，磁化方向与外加磁场方向相同的磁畴变宽，相反的磁畴变窄，（如图 10.2(b)），偏磁场继续增加到一定值时，那些与磁化方向相反的、变窄的磁畴就会局部地收缩成为孤立的圆柱行磁畴，如（图 10.2(c)），所以，这些圆柱形磁畴在显微镜下，犹如水中游动的水泡，所以被称为磁泡（Magnetic bubble）。

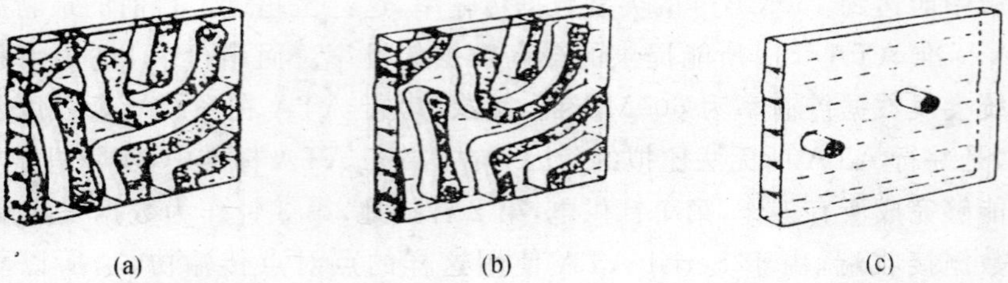

图 10.2　磁泡形成过程示意图

如前所述,当偏磁场增加到一定值、形成磁泡时,我们称该偏磁场值为成泡场。如进一步增加偏场值,在某一瞬间磁畴缩小到突然消失,与之相对应的偏磁场值为破灭场。在成泡场与破灭场之间,磁泡可以稳定的存在,只要把磁泡保持在这段偏场范围内,就可以存储信息。在实用磁泡存储器中,正是永磁片与均匀磁场片相配合,维持磁泡稳定存在的偏场,才实现了磁泡存储。

人们用产生偏场梯度的方法推动磁泡。如果沿磁泡薄膜有磁场梯度,则磁泡会进入较低的磁场区,此时磁性能量由于磁泡运动而减少,磁泡在薄膜平面内的移位,实质上是畴壁的位移。只用小小的力,就可以运动一群磁泡,而且可以引导它们沿着预定的路线运动。为使磁泡按照要求的路径传输,必须在磁泡直径的两端点处形成梯度场。形成梯度场的方法有两种:一是用载流导体产生,称为电流驱动式;另一种是控制磁泡的传输方式,称为旋转磁场式。这要在磁泡材料表面制作一定形状的坡莫合金薄膜,因此,又称为坡莫合金通路。传输通路图案在平行薄膜表面的旋转磁场作用下形成了梯度场,从而达到控制磁泡传输路径的目的。

磁泡既然可以凭借外加一定的电路或磁路及控制磁路中磁场的大小和分布而产生、传输和消失,就可以设计制造出可供实用的电子器件——磁泡存储器。由于磁泡存储器容量大,存取速度快,而且信息非易失,可随机存取,不仅具有其他磁存储器共同具有的优点,同时也弥补了半导体存储器的一些不足之处。随着近年来半导体存储器、磁盘和光盘技术的发展,使得磁泡存储器在性价比上没有优势,大大限制了它的应用和发展。1999 年日本东京技术研究院材料与结构实验室与日本原子技术研究中心合作研究发现不要外磁场便可产生磁泡记忆行为。该研究项目的结果不仅使记录密度增加,而且不需外加磁场和屏蔽磁场,故使成本价格下降。如该成果转化成实用技术,磁泡将在信息、通信、工业控制和空间技术等领域有广阔的应用前景。

为实现磁存储技术的革命性进步,需要从两个方面努力:一是研制均匀分布的非常细密的磁性材料,二是有足够小的磁头能够读写如此细小的磁颗粒。与磁存储技术相关的基础研究还包括盘面润滑物、磁头在磁介质表面运动的空气动力学、0 和 1 在磁介质上的排列顺序、精密的机械构造、控制磁头和介质运动的电气和软件技术。具体来说,垂直记录方式和巨磁电阻存储器是目前磁存储技术的研究热点。

10.2 光存储器

10.2.1 概述

光存储技术是用具有很高相干性和单色性的激光束会聚到光衍射极限的斑点上(一般在 1μm^2 以下),在这个微光斑区使某种存储介质产生物理或化学变化,从而使该微区的某种光学性质(如折射率、反射率)与四周介质有较大的反衬度。要存储的信息、模拟量或数字量用调制激光束载入(写入过程)。用另一束激光束检测光信号,经过解调取出信息(读出过程)。相对于利用磁通变化和磁化电流进行写读的磁盘,人们把光学方式读写信息的圆盘叫做光盘。光盘存储技术是采用磁盘以来最重要的新型数据存储技术。

早在 1955 年就有了磁光盘存储器的设想,由于当时技术水平的限制,特别是缺少合适的光源,这方面的工作直到 20 世纪 60 年代才逐渐展开。

发明激光之后,早期的工作集中于研究激光光束与材料介质之间的相互作用以及相关的物理现象,试图把它们用于信息的写入、读出和擦除。光盘存储技术首先成功运用于电视录像盘,20 世纪 60 年代末到 80 年代初,荷兰、日本、美国等国的公司相继研制出了电视录像盘。这主要是由于电视录像盘非常容易采用生产密纹声频唱片所用的大批量生产技术,其原材料价格也比其他任何大容量只读存储器系统低。此外,它对误码率的要求也远不如数字应用领域那样严格。

在开始研制电视录像盘之后不久,一些公司也着手研究把光学存储技术应用于声频记录。先后开发出了超高保真声频唱片系统并在市场上出售。

电视录像盘和激光声频唱片的实用化,大大推动了光学存储技术的发展。这些消费性电子产品不仅使光盘设备得到广泛认可,充分证实了光学存储技术的可行性和巨大潜力,更为重要的是使各项单元技术经受了实践的考验,日趋成熟,半导体激光器、光学写/读头都成了大批量生产的零部件,工艺日益先进,成本不断降低。所有这些都为研究和发展光学数据存储设备创造了条件。

人们很早就设想把光学存储技术用于计算机。从 1977 年起,日本的日立、松下、东芝、三菱及欧洲的飞利浦等公司,相继发表了用作图像和文件存储器的光盘存储系统,经过不断改进后推向应用。1979 年正式提出了用于计算机的大容量存储器方案,飞利浦拟采用半导体激光器记录和读出,美国的 RCA 公司则提出了用 He-Ne 激光器进行读写。1983 年,以美国的 Shugart 和存储技术(STC)两家公司为代表,终于发表了用于计算机的光盘存储器产品。Shugart 公司提供 Optimem1 000 型直径为 12 英寸的只写一次式光盘。1983 年秋,存储技术公司推出了第一台大容量高性能光盘存储系统 STC7600 作为 IBM 主机的外存储设备,采用的是直径 14 英寸不可擦式光盘。1987 年,磁光盘驱动器商品问世,1991 年,日本松下公司推出了可直接重写的相变型光盘及驱动器,是计算机外设存储器的一个革命性突破。

光盘存储技术发展之迅速出乎人们的意料，作为新兴的信息存储技术，它在计算机外部设备应用领域已与磁存储技术相互竞争，开拓出更重要的新应用领域。因此，光盘存储技术也成为光电子产业的主要支柱。

10.2.2 光存储器的特点

与磁存储器相比，光存储具有以下几个优点：

(1) 记录密度高，存储容量大。存储密度是指记录介质单位长度或单位面积内所能存储的二进制位数，前者是线密度，后者是面密度。光盘的线密度一般是 10^3 bit/mm，道密度一般为 600～700 道/mm，故面密度可达 10^7～10^8 bit/cm^2。

(2) 存储寿命长，易于保管。光盘存储介质稳定，对存储环境要求不高，其寿命一般在 10 年以上，而磁存储的信息存储寿命很大程度上取决于保存环境，在正常环境下一般只能保存 2～3 年，并且要定时保养。

(3) 非接触式读/写信息，这是光盘存储器特有的性能。读/写光头与光盘之间距离约有 1～2mm，互不接触。光头不会磨损和划伤盘面，也不会损害光头。这种读/写方式使得光盘存储器具有磁存储器所不可能具备的优点。光盘外表面上的灰尘颗粒与划伤对记录信息的影响微小，无须严格控制使用环境。由于没有磨损，因而能以极高的可靠性多次读出同一信息，在使用电视录像盘时，能实现“静电图像”、“慢动作”等特殊功能。可使光点在半径方向上高速移动，数据传输速率高，可达每秒几至几十兆字节的量级。

(4) 信息的载噪比(CNR)高。载噪比为载波电平与噪声电平之比，以分贝(dB)表示。光盘载噪比均做到 50dB 以上，而且多次读写后不降低。因此，光盘多次读出的音质和图像清晰度是磁带和磁盘所无法比拟的。

(5) 易于大量复制，信息位价格低。

(6) 能自由地更换光盘。在使用可换式存储媒体的同时，仍能保持极高的面存储密度，这既带来了极大的方便，也等于无限制地扩大了可联机存储的信息容量。

但正因为光盘的记录密度非常之高，基本存储单元每位只占有约 1μm^2 的面积，盘片上极小的缺陷或针孔也会引起错误，因而光盘的原始误码率很高，必须采取强有力的误码校正措施，才能使之达到实用水平。

10.2.3 光盘存储系统基本结构

光盘存储器系统由激光源、光学系统、电气控制系统和机械部件等组合而成为一个有机的整体，以完成与写入/读出数据有关的基本功能，并实现自检操作。虽然不同厂家制作的光盘不尽相同，而且光盘存储器还有只读存储、一次写入、可擦重写之分，但其基本结构和原理却大致相似。图 10.3 为光盘数据存储系统的原理图。从中可以看出，光盘存储器系统主要包括下列几种部件。

(1) 激光源和与之相连的形成读/写光点的光学系统。通过它可将数据写入光盘或由其中读出。

(2) 检测和校正读/写光点与数据道之间的定位误差的光电系统。通过光检测器产生聚焦伺服与跟踪伺服信号，根据这些信号在与光盘垂直的方向上移动聚焦透镜，在光盘的半径方向上移动聚焦透镜或使跟踪反射镜偏转，即可相应地实现聚焦控制和跟踪控制，把激光聚焦于光盘的记录层上，使光点中心与信道中心吻合。

(3) 数据存储介质——光盘。

(4) 光盘转动与控制机构。由直流电机带动光盘旋转，由测速表测定转速并通过旋转编码器产生伺服信号控制光盘的转速。

(5) 电子线路，包括控制所有运动机构的伺服电路、信号处理电路、误差检验与校正电路。

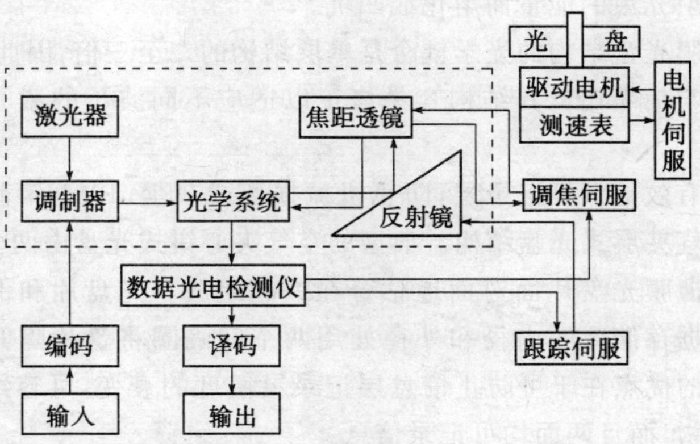

图 10.3　光盘存储系统原理

10.2.4　光盘的组成结构

1) 光盘的结构

到目前为止，实用光盘(只读光盘除外)的记录机理都是基于热效应，也即利用激光束聚焦在记录介质表面，引起介质局部升温而使被照光点熔化、蒸发、变形，产生磁场方向的变化或结晶态的变化(相变)等进行信息的记录。为了用最小的能量达到记录信息的目的，被加热光点的体积必须尽可能小，因而光学记录材料都采用薄膜形式，薄膜厚度约为几十至几百纳米，主要取决于材料性能、薄膜的均匀性等。

作为光记录材料的薄膜必须具有承载体——衬盘(基片)。衬盘目前最常见的有 5.25 英寸和 4.75 英寸规格，后者的尺寸与标准激光唱盘大小相同，已经被采纳为 CD－ROM 光盘的标准尺寸，一种更小的 3.5 英寸的光盘标准也已颁布，但尚不普及。理想的衬盘应有足够的表面清洁度和表面平整度，与记录介质或其他各层材料均应有足够的附着力，与薄膜形成紧密接触，但衬盘不应与薄膜发生相互作用。

由于衬盘的存在，记录介质吸收的热量会向衬盘传播而造成热量的散失，因此，衬盘材料通常选择热扩散率低的材料如塑料、玻璃或涂有塑料层的金属片。即便如此，衬盘的散热作用也是可观的。为此，光盘结构已从最初只由记录介质和衬底构成的单层结构逐步发展成为多层结构。增加的各层材料主要分为三种类型：

(1) 隔热层。通常置于记录层和衬底或反射层之间，将记录介质与衬盘或其他导热层隔离开。

(2) 密封层。有时也兼做抗反射层，起保护记录介质或减少光反射的作用。

(3) 反射层。将入射到表面的光反射回去，多用于反射式光记录系统。

除此之外，光盘表面还有一层保护层。

目前广泛采用的是三层膜消反射结构。这种结构用于形成凹坑式烧蚀型一次写入光谱系统，记录激光束入射至记录介质表面后，即在空气/记录介质层和隔热层/反射层的界面处来回反射，两束反射光光程相差 180°，因而相互抵消。这种三层膜消反射结构可以大大减少记录介质表面的反射损失，使得记录介质吸收近乎90%的入射光束的能量而熔化成凹坑。

三层膜光盘结构的光学耦合是单层结构的二至三倍，因此灵敏度高，有好的信号对比度与信噪比。其结构容易修正以适应不同波长的激光获得相消反射的结果。

为了有效地保护记录层，防止机械损坏或灰尘，1981 年荷兰飞利浦公司首先提出了空气夹层式光盘结构。典型的空气夹心饼式光盘由两张各自镀有一层灵敏的碲合金薄膜光盘片面对面地粘合在一起组成。光盘片和保护层的功能合二为一。在数据存储区的内径和外径处用两个间隔圈将盘片隔开，中间形成空气腔。这种光盘的优点在于可防止信息层记录灵敏度的衰变，可容纳任何记录过程中形成的生成物，而且两面均可记录信息。

2) 光盘的预格式化

光盘在衬盘制造过程中就必须将一些有关系统、介质和扇段格式化的信息刻录在基片上，形成不可擦除的预格式化信息。我们称之为“硬”预格式化。而磁盘的预格式化是在盘片做好之后，在驱动器内由用户通过软件完成的，故称为“软”预格式化。

美国国家标准研究所 X3B11 技术委员会规定的光盘格式分为两部分：一是轨道格式，一是扇区格式。

预格式区域的大部分是轨道区，它由用户数据记录区、标准格式区、介质制造厂商使用区等组成，主体为用户数据记录区。每轨道扇区数为 17 或 31，相应的每扇区用户字节数为 1024 或 512 字节。轨道呈由内向外的螺旋形，每一个轨道都有一个轨道号，道号是连续的，并预记录在扇段头中，规定用户记录数据区以内径处为 0 道，轨道区最内径处为 −313 道，一直延展到轨道区最外径处的 19375 道，到间距为 1.6μm。

用户数据记录区的两侧分别设置了一些较小的区域，供介质制造厂商进行包括写操作在内的测试工作。其中，制造商测试区被用来进行测试和校正，如遭受意外的损伤，它两侧的保护区就可起到保护和缓冲的作用。

用预刻在光盘上的沟槽来定义轨道，即所谓的连续一混合伺服格式，是一种广泛使用的格式，这种格式主要依靠光盘表面的预刻槽提供跟踪偏差信息。相邻两圈预刻槽之间是平台，可以将数据记录在槽内，这时平台就是保护带。也可以将数据记录在平台上，这时沟槽就是分离相邻两条轨道的保护带。通常，预刻槽的深度被设计成对读写激光束的径向位置变化具有最佳灵敏度。

就扇区预格式化码来讲，17 扇区与 31 扇区的格式完全一样，都分成扇段头和扇段数据区两部分。

3）**光盘的存储格式**

光盘和磁盘一样，信息是沿着轨道进行记录的，每一轨道已被划分为若干扇段，只不过光盘的道间距只有 1μm 左右，要远小于软磁盘的道间距（100μm）和硬磁盘的道间距（10μm）。光盘中信息记录的信道方式有两种：

（1）同心圆。在光盘的旋转过程中，光头停止不动，只有在每一转结束时，写入光束断开，将光头定位到下一个信道位置上，然后开始记录新的数据，这时形成的信道就是同心圆。

（2）连续螺旋线。在光盘的旋转过程中，光头如作均匀直线运动，这些记录信息即被记录在等节距螺旋线信道上，即信道为螺旋线。

在光盘上存储信息，有角速度恒定和线速度恒定两种方式，两者都是从最内侧信道开始记录。

一般的数字光盘采用角速度恒定的方式，或称为 CAV 方式。在这种方式中，光盘的旋转速度和数据率保持恒定而与半径无关，每道轨道均被划分为相同数目的扇段并存储相同的信息量。在电视录像盘中，每条信道刚好载有一幅电视画面。这种方式特别适用于电视录像盘的人机对话，如教育中的课程教授等。在交互播放角速度恒定的光盘时，可以利用激光电视播放机的许多特性，如可长时间观看一信道上的“静止图像”；可观看正向或反向的“慢动作”；可对图像进行快扫描和按画面号码自动查找图像等。

在线速度恒定的方式，或称为 CLV 方式中，驱动器随着光头所在的半径位置的变化，不断调节光盘的转速，以维持光头的线速度恒定。所以，在光盘表面的任何位置上，驱动器总是以恒定的速率和道密度将数据写入光盘或从光盘读出数据，即整个盘面的面密度恒定，存储容量得到了最佳利用。这意味着，外侧半径上的信道比内侧信道能容纳更大的信息量。在从内侧到外侧半径扫描信息的过程中，光盘的旋转频率减少，以便相对与读出光点保持恒定的信道速度。CD、CD－ROM 光盘就采用了此格式。标准的激光电视设备能播放角速度恒定和线速度恒定的两种电视录像盘。

在上述两种光盘存储格式的基础上，又提出了一种新的，称为区域角速度方式（或称为 ZCAV）来控制光盘的角速度。在此格式中，光盘上的数据记录区被划分为若干区域，根据光盘的径向位置，每隔一定数量的信道就改变一次光盘转速，即不同的区域具有不同的转速，使一条信道包括整个扇区，而线速度则几乎保持恒定。它增加了存储容量，并使得有可能安排一种易于存取的扇区布局。

就存储来说，ZCAV 格式具有与 CLV 同样的优点，因为整个盘面上的扇区长度实际上是相等的。另一方面，就存取控制和转速控制来说，它又具有 CAV 的优点，因为信道地址，一个信道圈中的扇区数量、光盘的角速度以及每个扇区的起始位置等都是由结构上决定的。

10.2.5 光存储器类型

光存储器类型是围绕着光盘类型来划分的。自美国ECD及IBM公司共同研制出第一片光盘以来，光盘的存储功能，经历了第一、二、三代的发展，目前已跨入第四代，其中进入商品阶段的有三类。

1) 只读存储光盘(ROM)

这种光盘只能用来重复读出已经记录在盘片上的信息，但不能修改和写入新的信息。目前市场上的视频录像盘、数字化声频唱片及数字音响唱盘属于此类。作为计算机外部设备用的存储器，称为CD－ROM，是一种海量存储系统，CD－ROM存储器比较简单，其内有使用半导体激光器的光学读出头，有用于伺服跟踪系统的信号检出和放大处理系统以及供寻址、检索用的控制器。

CD－ROM光盘起初是作为存储声视图像数据、文本和数字数据的记录介质用于电子出版领域，之后，又成为了计算机的外部存储设备，并出现了CD－ROM光盘软件，这种软件在一张光盘上十分密集地存储了10种以上广泛使用的参考文件，并符合现有的信息交换标准，可很容易地从任何一种计算机文字处理程序中提取。光盘软件的出现为CD－ROM开拓了更广阔的应用天地，也使得CD－ROM光盘驱动器的成本日益下降。现在已经成为个人计算机的标准设备。

近年来，又出现了高密度只读存储器——DVD－ROM。DVD最初是数字可视盘(Digital Video Disk)。它是在CD工艺的基础上形成的数字化消费用视盘。现在，DVD已被认为是多用的数字化光盘的一种制式，可以是只读式的，可记录式的，也可以是可擦写的。与CD－ROM相比，DVD－ROM的记录激光波长更短，信息记录点间距更小，因此，其存储密度要高8倍，数据传输速率也提高6倍，将成为新一代的只读存储光盘。

2) 一次写入多次读出光盘(WORM或WOAM)

WORM是利用聚焦激光照射记录层薄膜。使存储介质产生不可逆转的物理和化学变化以写入信息。由于照射微区与周围介质的反射率有差别，从而可用光学方法读出信息。这类光盘具有写、读两种功能，可用于文档存储和检索以及图像存储和处理。

只写一次式光盘存储器既可以用于存储图像、文件和档案资料，也可以用作计算机的外存储器，但是长期以来其存储介质几乎没有技术突破，一直采用价格昂贵的无机碲合金，因此严重影响了WORM光盘和驱动器的发展，近年来，出现了采用CD制式的以有机染料作为记录介质的一次写入光盘(CD－R)。CD－R与CD－ROM兼容，价格便宜，制备工艺简单，使用十分方便，因而得到了迅速发展和广泛应用。随着技术的发展，现在CD－R刻录机都支持CD－UDF格式，可以在DOS或Windows环境下，像软驱、硬盘一样的独立盘符或图标。用户无需使用刻录软件，就可像使用软驱一样直接对CD－R刻录机进行读写操作，大大简化了CD

—R 刻录机的操作和管理，使得 CD—R 已经成为价廉通用的桌面系统文件交换的工具。

3）**可擦重写光盘**（Erasable DRAW，**或者称** DRAW—E）

这类光盘除用来写、读信息外，还可将已经记录在盘上的信息擦除，然后再写入新的信息。根据擦、写是否能够同时进行，可擦重写光盘又分为先擦后写型（REWRITE）和直接重写型（OVERWRITE）。先擦后写需要两束激光、两次动作才能完成，即先用擦激光将某一信道上的信息擦除，然后再用写激光将新的信息写入；直接重写可用一束激光，一次动作录入信息，也就是在写入新信息的同时旧信息自动被擦除，无须两次动作。

从记录介质写、读、擦的机理来讲，目前主要分为两大类：

一类是主要用多元半导体元素配制成的记录介质。利用激光与介质薄膜相作用时，激光的热和光效应导致介质在晶态与玻璃态之间的可逆相变来实现反复写擦的要求。这是结构相变介质，用介质制成的光盘叫做相变盘。另一类是用稀土—过渡金属（RE—TM）合金制成的记录介质，这种合金具有垂直于薄膜表面的易磁化轴，利用光致退磁效应以及偏置磁场作用下磁化强度取向的正或负来区别二进制中的"0"或"1"。这是磁性相变介质，用这种介质制成的光盘称为磁光盘。

（1）相变光盘

相变光盘在光盘存储技术中占据着重要的位置。虽然第一代商品化相变光盘的问世比磁光盘要晚，但由于采用了直接重写和区域等角速度等技术，使它在数据传输速率和存储密度等方面都优于同期的磁光盘。

相变光盘有易于实现单光束直接重写、灵敏度高、驱动器结构简单、易于一次写入、光盘兼容、信噪比高、稳定性强、可写擦次数长，价格便宜等显著优点。为此，1995 年，日美欧各国的主要光盘生产厂商已取得一致意见，新一代数字化随机存取多用途光盘（DVD—RAM）将采用相变材料作为记录膜介质。

利用记录材料晶态和非晶态之间的相变作为可擦重写光盘由来已久。激光引起的材料相变与激光束功率和脉冲宽度有关。相变光盘用的介质薄膜一般先结晶成颗粒微小的多晶态。高功率和短脉宽激光束聚焦到薄膜上，介质吸热后迅速升至熔点、并在骤冷条件下形成非晶态，这就是写入过程。由于晶态和非晶态材料的折射率和反射率不同，因此记录点反射率与周围区域有明显反差，读出就是用功率激光束来检出此反射率差异。一般用较长脉宽和较低功率的激光束再作用于记录点，使该点温度上升到低于材料的熔点而高于非晶态的转变温度，使产生重结晶而恢复成多晶状态，这就是擦除过程。

从激光热效应导致可逆相变的角度来看，材料设计基于以下考虑：记录介质应满足光响应灵敏度高、热稳定性好、相变速率快以及反衬度高等要求。

当擦除激光脉宽和写入激光脉冲相当时（约 100ns），相变光盘可进行直接重写，从而大大缩短了数据的存取时间。这种有快速晶化介质材料组成的直接重写光盘由日本的松下公司于 1990 年首先推出产品，被认为是可擦重写光盘系统一大突破。

(2) 磁光盘

磁光记录由来已久，早在1957年美国贝尔实验室就用热笔在MnBi薄膜上记录，用法拉第效应读出。后来陆续发明了居里点记录和补偿点记录，直到1980年日本国际电报电话公司(KDD)在TbFe薄膜上，用半导体激光器实现了信息的存储，从而开拓了利用稀土一过渡金属(RE－TM)磁性非晶体薄膜实现磁光存储的新纪元。

目前磁光介质的记录方式有补偿点记录和居里点记录两类，前者以稀土一钴合金为主，后者多为稀土一铁合金。两者均基于热磁光(TMD)效应。其记录原理如下：

在信息写入前，用强磁场对介质进行初始磁化，使介质的磁畴具有相同的方向。磁光介质的必要条件是具有磁各向异性而产生垂直磁记录磁畴。在激光聚焦区域磁光介质吸收激光能量后，当温度升至补偿温度或升至居里温度以上时，净磁化强度为零(退磁)，此时通过光头中绕有线圈的磁场的反向磁化，在写入激光束很快离开聚焦点后产生磁化方向与周围相反的记录微区磁畴，这就是写入过程。信息读出是利用磁光克尔效应。当线偏振光束入射到磁性介质时，反射光束的偏振面会产生旋转，这个旋转角称克尔角。用读/写头中的检偏器测定反射光的克尔角，从而判断各磁畴的磁化方向。信息擦除过程与写入过程相同，把磁化方向又反转过来。所以，一般的磁光光盘需要两次操作，第一次是擦除原有轨迹上的信息，第二次是写入新信息。无论是居里点写入还是补偿点写入，都是利用材料的矫顽磁力随温度迅速下降来进行记录的。

目前市场上的磁光盘主要为非晶态的GdTbFeCo和TbFeCo合金膜，用磁控台溅射在聚碳酸酯的基盘上，采用一些相关技术后，目前已有10Gb的产品。Pt(Pd)/Co多层膜和MnBi合金膜体系也受到了科研人员的关注，这方面的实验和应用技术发展很快，不久将推出以这些材料为记录介质的第二代磁光盘系统。

这几年磁光盘存储在消费领域中最注目的发展为MD(Minidisk)光盘，它是2.5英寸(64mm)的磁光盘应用在音频存储上，一个存储面可以播放74分钟数字立体声音乐。1999年在日本销售500万台光盘机，超过1亿MD光盘片。MD可以代替手提式(如Walkman)磁带录音机，也可以用在数码相机上，高密度的MD将有广阔的应用前景。

10.3 半导体存储器

10.3.1 概述

半导体存储器是利用晶体管的电容效应来完成信息存储的，其信息的读取和写入则是依靠检测晶体管的电平及对其充放电来完成的。

在半导体存储器出现之前，计算机的内存储器一般用磁芯存储器。磁芯存储器的办法是把磁芯穿成板，配以晶体管的外围电路而成，为提高磁芯的速度和容量，采用磁芯的尺寸不断地缩小，使穿线越来越困难，穿线工艺的难度高及可靠性低，最终限制了磁芯存储器的速度和容量。为了取代磁芯存储器，人们开始研究新的存储器，由于计算机的运控系统及存储器的外围电路采用的是集成电路，因此，随着半导体集成电路技术的发展，大规模集成电路的出现，半导体存储器蓬勃发展。自20世纪60年代半导体存储器出现后，其性价比越来越高，到80年代初，计算机特别是微型机的主存几乎已全部采用半导体存储器。1999年，全球6家著名半导体生产商宣布，将联手开发新一代计算机内存的主要部件动态随机存取存储器(DRAM)，这种内存产品将在2004～2005年问世，取代即将推出的DDR－2内存结构；同时日本将以“官产学”联合攻关的形式研制下一代半导体存储芯片——容量为4千兆比特的动态随机存取存储器(DRAM)。双方营垒分明，一边是国际巨头大联合，试图确立新的技术标准；一边是半导体技术强国举国动员，“官产学”联合在加工技术上实施攻关，要把DRAM容量做得更大，大得不能想像。我国哈尔滨朗科科技有限公司已研制出一种高容量半导体存储器，无需驱动器，只需将一枚体积像普通打火机的存储器插到一般型号计算机的USB接口即可工作，存储量相当于800张软盘，速度是软盘的20倍。目前该产品已远销澳大利亚、加拿大、英国、新加坡等国家。

半导体存储器具有的优势有：存取速度快，功耗低；生产工艺简单，生产过程便于自动化；体积小，结构紧凑，价格低廉；可靠性高。其主要缺点是断电后会丢失信息，称为信息的易失性或挥发性；此外，其抗辐射性能也不如磁芯。

从半导体存储器的发展来看，按其所采用的元件类型，半导体存储器可分为三类。一类是金属－氧化物－半导体场效应管(Metal Oxide Semiconductor，MOS)存储器。它是以MOS晶体管为基本元件，MOS晶体管以源、漏、栅三部分构成，根据工艺不同又分为PMOS、NMOS和CMOS三种。它的优点是工艺简单、集成度高、功耗低，因而容量较大，价格便宜。缺点是工作速度低，驱动负载能力小。另一类是双极型(Bipolar)存储器。它以双极晶体管为基本有源元件，有N－P－N与P－N－P两种。存储电路主要有TTL(晶体管－晶体管－逻辑)、ECL(射极耦合)和I^2L(集成注入逻辑)三种形式。其主要优点是速度高、驱动能力强，通常用于高性能的计算机。缺点是工艺复杂，成本高，消耗功率大。还有一类是Bi－CMOS存储器，是将双极电路及CMOS电路两种工艺制造方法制作在同一芯片上，这是MOS工艺发展的一个新支，兼有双极型的高速度及MOS高集成度的优点。

按其信息存取方式，半导体存储器可分为随机访问存储器(RAM Random Access Memory)和只读存储器(ROM Read Only Memory)。RAM存储器的存储内容按需要可以随时读出和随时写入，它有静态随机访问存储器(SRAM)和动态随机访问存储器(DRAM)之分。由固定稳态及稳态的转换来记忆信息“1”和“0”的RAM存储器叫静态RAM。靠电容的存储电荷来表示所存内容的RAM存储器叫动态RAM。DRAM与SRAM相比，集成度高、功耗小、价格低、存取时间略短、需要进行刷新。只读存储器(ROM)所存的内容是预先给定的，在工作过程中，只能将其中所存的内容按地址单元读出，而不能写入新的内容。其所存的内容有固定的程序如监控程序、启动程序、磁盘引导程序,也存放微程序,应用于外用设备。这些存储的信息是用特殊方法写入,一经写入就可以长期保存,不受断电的影响。ROM 从功能上分为 4 种类型:掩膜 ROM(MROM)、可编程 ROM(PROM)、可擦除可编程 ROM(EPROM)和在系统可擦除可编程 ROM(包括电可改写 EPROM 和快闪存储器(Flash Memory))。

10.3.2 半导体存储器的基本结构

上述各类型的半导体存储器尽管性能各异,但构成存储器的基本组成部分是相同的。一个半导体存储器芯片内,除了由许多基本记忆电路构成的存储单元列阵外,还包括地址缓冲器,译读写电路,地址译码器、数据缓冲器和控制电路等。存储芯片通过地址总线、数据总线和控制总线与外部连接。

存储单元列阵是存储器的基础和核心,它是许多存储元的集合,每个存储元存储一位二进制信息,如果,一个存储单元为 n 位,就需要 n 个存储元,同一芯片里,存储单元越多,集成度就越高,存储容量也就越大。

中央处理器若要访问(写入或读出)某一存储单元,就在地址总线上输出此单元的地址信号,并存放于地址寄存器。地址译码器把来自地址寄存器的表示地址的二进制代码转换成输出端的高电位,用来驱动相应的读写电路,以便选择所要访问的存储单元。

地址译码有单译码方式和双译码方式。在双译码结构中,一条方向选择线要控制挂在其上的所有存储元电路,故其所带的电容负载很大。为此,需要在译码器输出后加驱动器,由驱动器输出去驱动所有的存储元电路。

I/O 电路处于数据总线和被选用的单元之间,用以控制被选中的单元读出或写入,并具有放大信息的作用。

一个完整的存储器是由一定数量的集成片按一定的方式连接后组成的。在地址选择时,首先要对某一集成片进行选择,通过地址译码器的输出和一些控制信号形成片选信号,片选信号有效选中某一片,此片所连的地址线有效,此片的存储元才能被读/写操作。

10.3.3 随机存取存储器

随机存取存储器有双极型和 MOS 型。由两种极性的载流子参与导电的晶体管称为双极晶体管,双极型随机存取存储器是由双极晶体管作为存储元构成存储体,再加外围电路构成。就其电路而言,样式繁多,代表性的有直耦合存储单元电路、二极管开关集电极阻抗存储单元电路和注入逻辑 I^2L 存储单元电路。它主要用来做高端机的主存储器,这里不做重点介绍。下面重点介绍 MOS 存储器。

如前所述,MOS RAM 种类较多,有静态和动态之分,从当前发展和应用情况看,动态略占优势,下面分别介绍。

1) **静态** MOS RAM

MOS 静态存储用触发器线路记忆与读写数据通常用 6 个 MOS 管组成存储一

位二进制信息的存储单元。MOS 管 T0 和 T4、T1 和 T5 组成一个反相器，两个反相器的输入、输出交叉耦合组成一位触发器，用于记忆一位二进制信息，如图 10.4 所示。例如 T0 通导，T1 截止，其输出端为低电平，表示为“1”，T0 截止，T1 通导则表示为“0”。MOS 管 T2 和 T3 用于完成对该存储单元的读写操作，两个 MOS 管的一个极分别与触发器的两个输出端连接，两个管的栅极和字线连接，两个管的另一个极分别与两条位线连接。两条位线用来传送读、写的数据信号，字线用来提供把触发器与位线连通或是断开的控制信号。

读操作时，先使二位线充电至高电平，当字线送来高电平时，MOS 管 T2 和 T3 将导通，使触发器的两个输出端与位线 1 和位线 2 连通。若触发器存储的是“1”，则位线 1 就会经过 MOS 管 T2 产生流向 T0 管的电流，从而在位线 1 上出现一个负脉冲，而位线 2 上不出现负脉冲；反之，若触发器存储的是“0”，则位线 2 就会经 MOS 管 T3 产生流向 T1 管的电流，从而在位线 2 上出现一个负脉冲，位线图 1 不会有负脉冲；这样，就可以通过检查哪一条位线上出现一个负脉冲来判断触发器状态，即区分读出信号“1”或“0”。

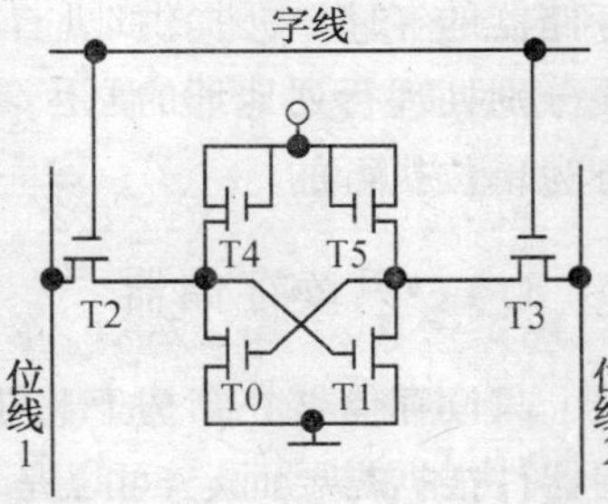

图 10.4　六管静态 MOS 存储电路图

写操作时，通过二条位线提供写入的数据信号。写入“1”时，在位线 1 送低电平信号，在位线 2 送高电平信号，当字送来高电平时，MOS 管 T2 和 T3 导通，使触发器状态保持不变，或使触发器状态翻转为“1”状态。若写入“0”，则需要在位线 1 送高电平信号，在位线 2 送低电平信号。

2）**动态** MOS RAM

动态 MOS 存储器存储单元经历了 6 管、4 管直至现在的单管存储单元，如图 10.5 所示。它是把信息存储在 MOS 管 T 的源极的寄生电容 C 中，若电容 C 有电荷表示“1”，无电荷则表示“0”。它的运行情况是：当字线为高电平时，MOS 管 T 导通，电源经电容与位线连通，依据位线上的电位是高还是低，以及电容 C 上有无电荷的不同组合情况，MOS 管 T 中会有电流流过或无电流流过两种不同状态；当字线为低电平时，MOS 管 T 截止，电容 C 上有无电荷的情况不会发生变化。

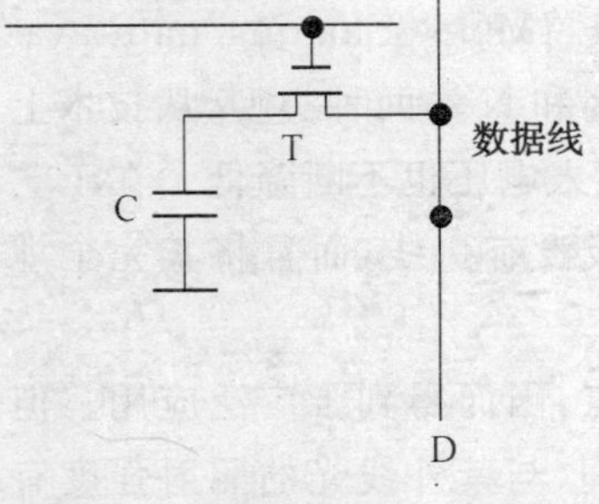

图 10.5　单管动态 MOS 存储器

写数据时，先使字线为高电平，则 T 管导通，若数据线为低电平（写“1”）且电容 C 中未存储电荷，则电源将向电容充电，使 C 中存储上一定数量的电荷，表示“1”已写入存储单元；若数据线为高电平（写“0”）且电容 C 中已存储有电荷，则会将使电容 C 完成放电，使电容 C 中无存储电贺，表示“0”已写入存储单元；如写入的数据与电容 C 中原存储信息相同，则电容 C 中原存储有无电荷的情形不会发生变化。

读数据时，先使数据线预充电至高电平，当字线的高电平到来后，则 T 管导通，若电容 C 中原存储有电荷(存储"1")，电容 C 就要放电，则会使数据线的电位由高变低；若电容 C 中未存储有电荷(存储"0")，数据线的电位不会变化。如果在数据线的一端接上一个高灵敏度的放大器，就可以检测出数据线上的这种不同的变化情况，从而区分出读出来的数据是"1"还是"0"。在读出过程中会使电容 C 中原存储的电荷(存储"1")丢失，这就是动态存储器的破坏性读出，为了保持原记忆内容，必须在读操作之后立刻跟随一次写回操作，称为预充电延迟。另外，向动态存储器的存储单元提供地址，是按先送行地址和再送列地址的次序分别完成，一定要分别处理行列地址的原因，就是对动态存储器必须定期刷新，这种刷新操作是以行为单位执行的。

10.3.4 只读存储器

只读存储器在结构上比随机存取存储器简单得多，单片存储容量也大得多，所用器件根据需要而定，可以是 MOS，也可以是双极型晶体管，还可采用电阻。如前所述，ROM 可以分为 4 种类型：

1) **掩码** ROM(Mask ROM——MROM)

在制作只读存储器时，根据使用要求，在制作掩膜版时，就把信息编排在掩膜版里，如双极工艺中去掉三极管一个极或者在 MOS 工艺中去掉晶体管的栅极等，用这种办法制作的存储器，它所存的信息和掩膜版是一致的，是不能改变的，故称为掩膜型 ROM。

这种掩膜型 ROM 适合于大批量生产，成本低，而对于专用小批量产品，成本则较高。要改变存储的内容就要重新设计掩膜版，制版是件很麻烦的事，工艺较复杂，生产周期长，所以掩膜型 ROM 适合作代码转换等标准产品。

2) **可编程** ROM(PROM)

在制作 ROM 时，都写成一样的全"1"(或全"0")信息，待用户使用时，可根据需要，可用电方法进行一次且仅一次改写，故又称为一次可编程 ROM。其窜出单元的基本结构有两种类型：熔断丝型和结击穿型。由于采用双极工艺制作，PROM 适合于大批量生产，通用性强。

3) **可擦除可编程** ROM(EPROM)

EPROM 采用电写入信息，紫外光擦除信息的方法。目前广泛使用的是采用浮动栅雪崩注入型 MOS 管构成的 EPROM，称为 FAMOS(Floating gate avalanche injection MOS)型 EPROM。FAMOS 管有 P 沟和 N 沟两种类型，从技术上看，EPROM 由 P 沟向 N 沟发展，并逐步 CMOS 化，写入电压也不断降低。在工艺上它类似于 MOS 管，两者的差别在于 FAMOS 的栅极没有引线，而且将其完全埋在 SiO_2 绝缘层中。

EPROM 具有非易失性，可现场编程和改写的特点，因而得到了广泛应用。但它也存在着两个问题：一是紫外线擦除信息需很长时间(与紫外线光的照射强度有关)；二是不能把芯片中个别需要改写的存储单元单独擦除和重写。

4) **电可改写** EPROM(Electrically Erasable PROM——EEPROM)

EPROM 的擦除只能借助于长时间暴露于紫外光,使用很不方便,不能满足高性能系统的要求,所以从 70 年代末期开始,EEPROM 越来越引起人们的重视,它的典型优点是非挥发性、可字节擦除、编程速度快。对 EEPROM 编程无需将 EEPROM 从系统中移出,从而使存储和刷新数据非常方便、有效、可行。EEPROM 还使得通过无线电或导线进行远距离编程成为可能,消除了 EPROM 的紫外光擦除窗口,封装成本低,而且测试简单。

EEPROM 的结构大致分为三大类:一类是金属—氧化物—半导体结构(MNOS),第二类为表面变形的结构式多晶硅单元;第三类是浮栅结构,第一和第二类结构为早期结构,现在很少采用。

浮动栅型存储单元由一个选择管与一个电子隧道浮动栅 MOS 管串接而成。栅极有两层多晶硅,第一层多晶硅作为浮动栅,第二层多晶硅作为控制栅。它通过薄氧化层(<10nm)隧道中电子对浮动栅进行充电或放电。

EEPROM 从问世至今只不过十几年的时间,但发展速度惊人,其发展是以 EEPROM 的单元结构的变革为基础的。良好的 EEPROM 单元结构应该具有以下特点:简化工艺,如何采用简化的工艺是进行 EEPROM 单元结构变革的首要考虑因素;减少单元面积,在保证性能的前提下,单元面积必须做得尽可能小,以提高集成度;提高可靠性,耐久性和保持特性是 EEPROM 的两个重要的可靠性参数。

10.3.5 快闪存储器(Flash Memory)

Flash Memory 是 1987 年提出来的,是 EEPROM 走向成熟和半导体技术发展到 1μm 技术以下及对大容量电可擦写存储器需求的产物。它采用了 EPROM 单管叠栅结构,加工工艺和编程方法也与 EPROM 类似,只是浮栅氧化层采用 EEPROM 的隧道氧化层。因此,它既具有 EPROM 的价格便宜,集成度高的优点,又具有 EEPROM 的电可擦除性和可重写性。而且它的访问时间短,擦除和重写速度快,单元面积小,存储容量大。它的缺点是只能整片擦除,不能像 EEPROM 那样逐个字节进行擦除、重写,而且允许擦除的次数有限。

Flash Memory 单元的编程方法主要有两种:沟道热电子注入(CHE)和 Fowler－Nordheim 隧道效应。

沟道热电子注入(CHE)是目前使用最为广泛的编程方法。控制栅接高电压,漏极接一个中等电压,形成从源极到漏极的电场,将电子加速。这就形成了“热”电子,热电子受控制栅极电势所形成的垂直电场的吸引,被拉向悬浮栅极。

Fowler－Nordheim 隧道效应是在一薄薄的氧化层两侧施加高电压,高电压形成很强的电场,在它作用下,电子越过氧化层而达到浮栅极。为了形成 Fowler－Nordheim 隧道效应,控制栅极的电势,而与漏极电势无关。在 CHE 编程方法中,所形成的水平电场会产生较大的电流。从另一方面看,CHE 的编程时间为微秒数量级,而 Fowler－Nordheim 编程时间则通常为毫秒数量级。

Flash Memory 与 EPROM 类似,在编程前要求全片擦除。但为了使擦除后每个单元开启电压比较一致，在擦除前所有的单元都要进行编程，否则对已擦除的单元就会出现过擦，开启电压甚至变负。除了擦前编程外还包括擦后的验证，也就是按字节读出，判断是否所有的单元都达到额定的开启电压。如果没有达到要求，在加一次擦除脉冲，直到所有的单元都满足要求为止。

Flash Memory 提出了一种全新的存储技术，它适合作为一个固态盘或者一个经济可靠的 DRAM 和以电池为后备的静态 RAM 的替代物，这是因为与其他存储器相比，Flash Memory 提供了以下功能：

(1) 固有不挥发性。不像静态 RAM，无需后备电池来保证数据不变。不同于 DRAM，Flash Memory 不需要盘来提供数据、程序、文件的后备存储。

(2) 经济实惠而高密度。随着对 Flash Memory 的广泛接受使得其产量上升，价格下降，现在 Flash Memory 的价格与 DRAM 一样，只是 SRAM 的 1/4。

(3) 固态性能。Flash Memory 用电极少，重量极轻，体积极小并比盘驱动器更抗冲击和更可靠。在笔记本电脑将不再耗费电池来运行盘驱动电机，也无需包括盘部件的多余体积和重量。

(4) 易于更新。不像其他不挥发存储技术——如 ROM 一旦生产就不能改变，EPROM 只能移出系统，在紫外光下被擦除——Flash Memory 在主系统中用电方式就可擦除和重编程。

(5) 直接访问。Flash Memory 还可以存放应用程序和数据文件，所存应用程序可以被直接访问和执行，数据文件可以直接被改写，因此它可以代替机械式硬盘驱动器，在小型便携式仪器和计算机设计中具有不可比拟的优势。

(6) 软件兼容性。有闪速文件系统软件和盘操作系统的 ROM 可执行版本，用户桌面系统和便携系统间的软件完全兼容性可以保证。

Flash Memory 最初是在 PC 中用作 BIOS 存储器，如今广泛应用于 GSM 电话，数码相机，CD－ROM，智能卡等产品。由于它能够以电写入的方式在现场更新存储内容，在需要经常更新软件以提供新服务的应用中颇受欢迎。现在最流行的应用就是闪盘。闪盘有许多种类型，从名称上看，有称为优盘的、有称为易盘或随盘的。从结构上主要发展了两种，一种叫 NOR(逻辑或)，另一种叫 NAND(逻辑与)，前者是 Intel1988 年发明的，后者是东芝 1999 年创造的。还有其他的如 AND、DiNOR 等，不过应用不是非常普遍。

NOR 与 NAND 的区别如下：存储少量代码，随机存储速度要求快，用 NOR 技术闪存，而 NAND 闪存则是高数据存储密度的理想解决方案。NOR 的特点是芯片内执行(XIP，eXecute In Place)，这样应用程序可以直接在 Flash 闪存内运行，不必再把代码读到系统 RAM 中。因此 NOR 的传输效率很高，在 1～4MB 的小容量时具有很高的成本效益，但是很低的写入和擦除速度大大影响了它的性能。NAND 结构能提供极高的单元密度，可以达到高存储密度，并且写入和擦除的速度也很快。应用 NAND 的困难在于 Flash 的管理和需要特殊的系统接口。NOR 型闪存像内存，存储程序代码为主，CPU 能直接处理，可以称之为 Code Flash；NAND 型闪存像硬盘，存储数据为主，容量大，称之为 Data Flash。鉴于 NAND 型闪存拥有大容量低成本高速度小体积的先天优势，成为闪盘的首选存储介质。

优盘的结构相对比较简单。主要由接口界面、控制电路、闪存模块三大部分以及外壳组成。结构图如图 10.6 所示。

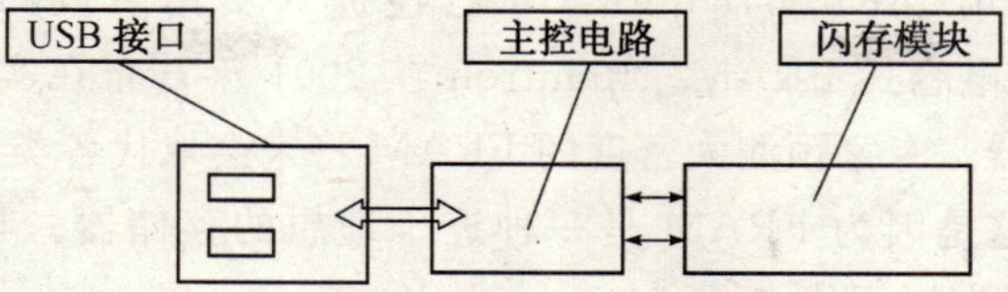

图 10.6　优盘结构图

主控制电路包括了 USB 接口控制芯片和提供基准频率的晶振。闪盘的读写速度、功能（比如启动、加密）全由这块 USB 接口控制芯片决定，它相当于整个闪存的神经中枢。常见的专业控制芯片厂商一般有 3S、CYPRESS、ICSI、OTI、PROLIFIC、ST 等等。其中最常见到的主控芯片是 OTI 和 PROLIFIC 的产品

闪存模块主要是存储芯片，它相当于闪存的大脑，专管“记忆”。目前有 Sumsung、Toshiba、Sandisk、Fugitsu 等少数几家厂商有能力大规模生产，尤以三星和东芝两家为甚。模块上还有一个 MOSFET 芯片，是作为电源转换用，相当于闪存的心脏，它具备 300mA 电流处理能力，输入 5V，输出 3.3V 或者 3.5V 供给 Flash 芯片进行电刷新。

USB 接口都镀过铬，确保坚固与耐磨性，有效延长闪盘寿命。USB 接口电路附近还有一个用以过滤杂讯的容阻，以避免数据传输上时受杂质信息的影响。

10.4　铁电存储器

10.4.1　概述

铁电存储器（FRAM）的核心技术是铁电晶体材料。这一特殊材料使得铁电存储产品同时拥有随机存取存储器（RAM）和非易失性存储产品的特性。

早在 20 世纪 50 年代，人们就提出过把铁电材料与半导体芯片集成的思想，但由于铁电单晶和快体陶瓷的工作电压太高不能适用于硅集成电路逻辑电平以及铁电薄膜沉积技术的限制，一直未取得实质性进展，加之当时磁存储技术的蓬勃发展，这样，铁电存储技术的研究工作一度搁置。到了 80 年代，低温沉积铁电薄膜已成为现实，铁电存储器的研究再度成为热门。

FRAM 技术的问世，为微电子技术、计算机技术的普及和发展开辟了许多新的可能性。1988 年，美国 Ramtron 公司率先推出第一批铁电薄膜存储器 FRAM 商品，该器件利用 1.5μm 集成电路工艺线，通过 PZT 薄膜与 Si-CMOS 器件的集成而制造。1989 年美国的电气与电子工程师协会 IEEE 的机关刊物“Spectrum”专门著文介绍 FRAM，称之为微电子技术与计算机技术的一次重大突破。1990 年，仅 FDRAM 的市场容量即达 80 亿美元，而 FRAM 甚至可能发展出更大的市场。美、

日、欧等国主要半导体公司看准这一发展势头，纷纷投入相关研究，如美国的Ramtron，Symetrix，Motorola、AT&T，日本的 NEC、松下、日立、Oeympus，荷兰的Philips，德国的 ITT、西门子及韩国的现代、三星等公司均在大力开展铁电集成器件的研究。1992 年 16Kb、64Kb FRAM 已经进入实用阶段，1994 年又推出了 256Kb 的单管/单电容式 FRAM。Ramtron 在 2001 年宣布在实验室研制出 1GB 密度的铁电存储器。专家预测大密度的 FRAM 将来会取代各类存储器，成为真正的超级存储器。这是因为 FRAM 是一种近于理想的存储器。与 EEPROM 存储器相比，FRAM 具有以下优点：

第一个优点是高速度。由于可以跟随总线速度写入，FRAM 在写入后无须任何等待时间，而 EEPROM 要等几毫秒才能写进下一次数据。第二大优点是近乎无限次写入。当 EEPROM 只能应付 10 万至 100 万次写入时，新一代的 FRAM 已达到 1 亿次的写入寿命。FRAM 的第三大优点是超低功耗。与 DRAM 相比，FRAM 不存在漏电问题，无需刷新，与 EEPROM 相比，则以低 2 500 倍的能量去写入每个字节。四是非挥发性，即使切断电源，记忆的内容也不会消失。五是强抗辐射，由于 FRAM 采用极化方式而不是电荷方式记录信息，故具有本征的抗辐射的特性。

10.4.2 铁电存储器的存储原理

铁电晶体材料的工作原理是：当把电场加到铁电晶体材料上，晶阵中的中心原子会沿着电场方向运动，到达稳定状态。晶阵中的每个自由浮动的中心原子只有两个稳定状态。一个用来记忆逻辑中的“0”，另一个记忆“1”。中心原子能在常温、没有电场的情况下停留在此状态达 100 年以上。铁电存储器不需要定时刷新，能在断电情况下保存数据。由于在整个物理过程中没有任何原子碰撞，FRAM 拥有高速读写、超低功耗和无限次写入等超级特性。

铁电晶体材料在外加电场撤除以后仍具有两个稳定的物理状态，这是因为铁电材料具有自发极化的特性，其饱和极化强度 P_s 与外电场呈电滞回线关系。当外电场为零时，对应正负两个极化值 $\pm P_r$，即剩余极化强度，也就是说正负两种极化状态都是稳定的物理状态，可以用来表示二进制的“0”和“1”。当读取数据时，在铁电电容的两极施加正向脉冲，若极化状态为 $+P_r$，此时回路的电流很弱或者没有电流通过，可以得到逻辑代码“0”，若极化状态为 $-P_r$，回路将会有较大的电流通过，可以得到逻辑代码“1”。这就是 FRAM 工作原理。

10.4.3 铁电存储器的结构

FRAM 有两种结构。一种是采用两个晶体管和两个铁电电容器，即 2T/2C 结构。两个铁电电容器和两个晶体管集成，成为一个存储单元。写入时，通过 PL(板线)使每一铁电电容处于相反的极化方向上，成为“0”或“1”态。读出时，把铁电电容器极化到同一方向，则逻辑“1”电容器的极化被转向，有相对大的电荷流入 BL 位线，而逻辑“0”电容器的极化没有被转向，输出相对较小。接在 BL 和 BL 上的读出放大器测出从两个单元中输出的电荷量之差，完成了“1”的读出。反之，把铁电电容器极化到另一方向，则可读出“0”；另一种是1T/1C结构。这种结构类似于标准的DRAM或EEPROM，只用一个铁电电容器。读出时，把电容器极化，输出的电荷与一个参考单元或另一个固定电平相比较，确定了储存在单元中是“1”或“0”。像DRAM，FRAM的这两种结构读出是破坏性的，即读出时改变了储存元件的状态，所以需要有一再生电路。2T/2C结构需要两个铁电元件、两个取出器件和两条位线，使进一步提高密度受到限制。因此，高密度FRAM将要采用1T/1C结构，芯片尺寸会缩小至接近于半导体快闪(FLASH)存储器。还有一类非易失性铁电存储器是利用金属－铁电－半导体场效应晶体管(MFSFET)结构，以铁电薄膜替代MOS管中的栅极二氧化硅层，利用铁电薄膜的极化变化来调制场效应晶体管的沟道电流。它的读出方法为非破坏性的。但迄今为止，MFSFET尚处于实验室研究阶段，还不能达到实用程度。

10.4.4 非易失性铁电存储器

铁电存储器有两种基本工作模式：一种是破坏性读出(DRO)；另一种是非破坏性读出(NDRO)。其中DRO铁电存储器是利用铁电薄膜的电容效应，以铁电薄膜电容取代常规的存储电荷的电容；而NDRO铁电存储器则是利用铁电薄膜的极化特性，以铁电薄膜取代常规MOS(Metal－Oxide－Semiconductor)场效应管中的栅介质层而构成的MFS(Metal－Ferroelectric－Semiconductor)结构铁电场效应晶体管作为存储单元。与这两种工作模式相对应，新型铁电薄膜存储器主要有如下几种类型。

1) FRAM

铁电随机存储器(FRAM)结构类似于现有的半导体动态随机存储器(DRAM)，是把铁电电容集成于现有CMOS电路之上，形成1T/1C的存储单元结构，其中开关型铁电薄膜电容器是其信息存储读取的核心部件，如图10.7所示。它是通过铁电薄膜电容器与Si或GaAs场效应器件相结合，利用铁电薄膜的极化反转来实现数据的写入与读取。在存储单元上施加高于矫顽场E_c的正向读取脉冲，处于$-P_r$状态(“0”)的存储单元发生反转，位移电流响应脉冲较高，而处于$+P_r$状态(“1”)的存储单元不反转，响应脉冲较低，这一区别约在20ns后便可明显区分。但是，这种读出是破坏性的，读出后需重新写入数据。所以FRAM在信息读取过程中伴随着大量的擦除/重写的操作。随着铁电存储单元不断地极化反转，开关电容的P_r和E_c逐渐降低，以致开关电流与非开关电流的差别越来越小，“0”、“1”两态也逐渐变得彼此接近以致难以区分。因此，DRO的工作状态是此类存储器发生疲劳失效的根源所在。实用的FRAM器件应能至少经受住10^{12}次开关循环，这正是目前制约FRAM性能进一步提高的关键之一。

FRAM是当前铁电存储器的主要研究开发方向，1989年256Kbit的FRAM实现了商用化，但FRAM研制中仍有一些尚待解决的问题：一是铁电薄膜材料的选择问题，由优值因子表达式$P_r/\varepsilon \cdot E_c$可见，优质铁电薄膜要求有大的剩余极化

P_r，低的矫顽场 E_c 和介电常数 ε，而目前 FRAM 器件中主要采用 PZT 铁电薄膜，它介电常数大，又是固溶体，微结构复杂，容易老化。这些致命的缺陷迫切需要新材料的出现。再就是器件的耐疲劳特性有待提高，这一问题正在从材料和电极的选择方面逐步解决。

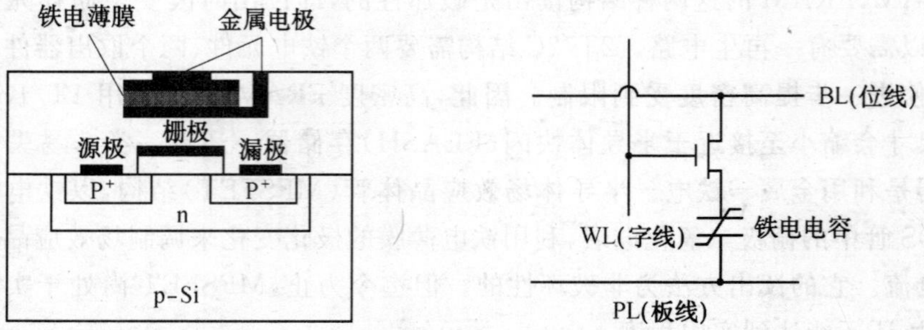

图 10.7 FRAM 存储单元示意图

(a) 剖面图　　(b) 1T1C 结构

2) FFET 和 FMD

铁电场效应晶体管(FFET)以金属－铁电－半导体(MFS)结构作为基本存储单元，如图 10.8 所示。它以铁电薄膜取代常规场效应晶体管中的栅介质层，通过栅极极化状态($\pm P_r$)实现对源－漏电流的调制，使沟道导通或关闭。当给栅极施加一写脉冲，铁电薄膜被极化，源极—漏极导通为“1”态，若再施加一反向脉冲，则沟道关闭为“0”态。读取信息时只需在源极—漏极之间施加一读脉冲，根据源极－漏极电流的大小即可读出所存储的信息(“1”或“0”)，而无需使栅极的极化状态反转，因而对所存储信息的读出是非破坏性的，无需刷新。这种非破坏性读出的工作状态非常适合于制造电可擦除的可编程只读存储器(EEPROM)，因为这种存储器在数年工作期间要求进行非常频繁的读出操作，如 10^{14} 次，而只要求少量的擦除/重写操作，如 10^3 次。可想而知，FFET 提供了一种近乎理想的存储方式。

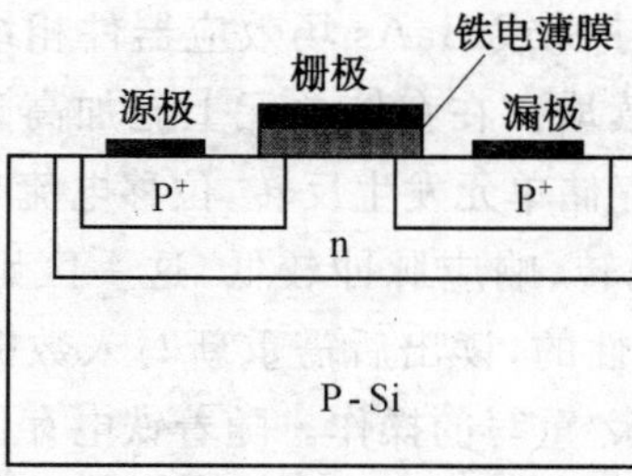

图 10.8 FFET 结构的存储单元

目前，淀积在半导体硅单晶衬底上的 $Bi_4Ti_3O_{12}$ 外延薄膜已集成于 FFET 存储器栅结构上。这种器件与其他记忆元件相比，具有较高的表面电荷密度、较高的跨导和增益、开关电场较低、场效应迁移率高等优点；无外场作用下能维持记忆、开关速度快、抗疲劳特性好。

铁电存储二极管(FMD)与 FFET 具有类似之处，即都属于 MFS 器件，同样能够实现非易失性存储、非破坏性读出，但它的结构设计和工艺制作更简单，不仅能获得 FFET 低的操作电压，而且其存储仅靠一个单管，不需要存储电容和浮置栅极，已引起铁电研究工作者的极大关注，是 MFS 结构器件极具研发前景的领域之一。

10.4.5 动态随机读取存储器(FDRAM)

DRAM 是目前计算机中用量最大的半导体存储器，现有的 DRAM 设计上限制存储密度的一个重要因素是存储单元中的一个用以存储电荷的电容器。目前这种电容以 SiO_2、Si_4N_3、Ta_2O_5 作介质，介电常数仅 4～10。为缩小电容器所占面积，需在电路设计方面作许多复杂调整。只有增大电容器的存储容量，才是提高存储密度的最佳选择。铁电动态随机存储器(FDRAM)是用铁电薄膜取代半导体 DRAM 中的非铁电电介质，于是铁电薄膜高介电常数的优势就显现出来了。这里利用的是铁电材料的高介电性，所以对铁电性并无要求，即工作在铁电态和顺电态均可，而仅要求高介电常数、低介电损耗、电压稳定性，以及工作在铁电态时电压不超过矫顽场(以防止使用过程中的极化反转)即可。

10.4.6 铁电存储器的应用

1) 在计算机方面的应用

铁电存储器能构成全新的计算机系统。现在的计算机以动态随机存取存储器(DRAM)作高密度系统存储器，SRAM 作高速缓存，EEPROM、只读存储器(ROM)和电池支持的 SRAM 作引导存储器和固件设备驱动器(BIOS)，这就导致计算机硬件与软件设计复杂性大大增加。而使用铁电存储器，只通过一个连接接口，就可以减少使用的存储器种类，使系统的软件、硬件系统大大优化，并降低总的系统成本。

FRAM 以标准的 SRAM 方式工作，因此，能代替需要非易失性的电路中以电池支持的 SRAM 和 EEPROM。随着铁电存储器存储容量的增加和价格的下降，还将取代磁盘和磁带存储器。

2) 在军事和空间科学领域的应用

铁电存储器在军事上的应用之一是改进导弹的制导系统，导弹在飞行过程中要克服强烈的电磁干扰，目前，军事上使用板状线减缓这种干扰，但这种存储器的 1bit 价格在 1～10 美元之间，使用铁电存储器可便宜 1000 倍。

3) 在空间科学领域的应用

空间卫星装载的计算机，一般采用磁芯存储器，如代之以铁电存储器，在重量、体积、运算速度以及供电设备等方面都会得到很大改善。

4) 其他方面的应用

铁电存储器不仅能用于计算机、军事和空间科学领域，还可用于改善通讯设备、消费电子系统、汽车电子系统等方面。比如，铁电存储器可以在电话的应答系统中存储声音信息；还可以制作智能信贷卡，以掌握用户的收支情况，并阻止超限额使用等。如果集成规模稍大些，在游戏机方面的应用也将随之扩大，即使切断游戏机电源，在第二天仍可以从中断的地方接着开始昨天的游戏。

习题 10

1. 名词解释：磁滞回线、磁泡、磁光盘、EEPROM、静态半导体存储器。
2. 试举几种磁存储的记录方式。
3. 试述各类型磁存储器的应用前景。
4. 对光盘存储介质有什么要求？
5. 什么是光盘的预格式化，它有什么作用？
6. 相变光盘的存储原理是什么？
7. 半导体存储器有几种类型？
8. 试述半导体存储器的基本结构。
9. Flash memory 有哪几种功能？
9. 铁电存储器有什么特点？
10. 试述铁电材料的类型。
11. 联系实际试述存储介质的发展趋势。

11 网络环境下的信息存储技术

● 直接连接存储　● 附网存储　● 存储区域网络

11.1 概述

随着信息社会的发展，越来越多的信息被数据化，尤其是伴随着因特网的发展，数据呈爆炸式增长，作为网络的驱动因素，信息数据正在成为网络的核心，数据的安全、高效存储和管理作为网络发展的基础，日益受到人们的重视。存储技术成为令人瞩目的一个市场。有人预测，2003 年，存储市场将达到 400 亿美元以上。在今后的几年内，存储服务市场将进入飞速发展期。基于因特网的应用比如电子商务、电子邮件和客户关系管理(CRM)等将成为存储服务的主要市场，因为它们都需要对大量数据的快速访问。从存储服务的发展趋势来看，一方面，对数据的存储量的需求越来越大；另一方面，对数据的有效管理提出了更高的要求。

数据存储和存储管理技术最早起源于 20 世纪 70 年代的终端/主机的计算模式，当时由于数据集中在主机上，因此，连接在主机上的硬盘和磁带是当时主要的存储和备份设备。20 世纪 80 年代以后，由于个人电脑的发展，尤其是客户机/服务器模式的出现，使得数据存储分布化。此时网络上文件服务器和数据库服务器往往是重要数据集中的地方，而客户机上也有一定量的数据，数据分布的分散性造成数据存储管理的复杂化。而 20 世纪 90 年代因特网的迅猛发展，也使得存储技术发生着革命性的变化。这种变化主要表现在三个方面：首先，存储容量的急剧膨胀，从而对于存储服务器提出了更高的需求。其次，数据保持时间增加。今天，因特网要保证每天 24 小时、每周 7 天、每年 365 天处于可获得状态。最后，对数据存储的管理提出了更高的要求。数据的多样化、地理上的分散性、对重要数据的保护等等都对数据管理提出了更高的要求。

从国际上看，以美国为首的发达国家都非常重视数据存储备份技术，而且将其充分利用，服务器与备份设备的连接已经达到 60%以上。对于一个企业来说，网络数据的安全性是极为重要的，一旦重要的数据被破坏或丢失，就会对企业日常生产造成重大的影响，甚至造成难以弥补的损失。根据 3M 公司的最新调查，对于市场营销部门来说，恢复数据至少需要 19 天，耗资 1.7 万美元；对于财务部门来说，这一过程至少需要 21 天，耗资 1.9 万美元；而对于工程部门来说，这一过程将延至 42 天，耗资达 9.8 万美元。而且在恢复过程中，整个部门实际上是处于瘫痪状态。在今天，长达 42 天的瘫痪足以导致任何一家公司破产！据美国劳工部的统计数据，93%的有严重数据丢失的公司在 5 年之内破产。威斯康星大学的统计结果也显示，43%的美国公司在遭遇数据灾难后关门；而 29%的公司在两年之内破产。这些统计数字表明，提供可靠的数据存储保证是至关重要的，而有效的保证手段是采取数据备份技术。当前，越来越多的企业用户对存储提出了更高的要求，特别是诸如电信、银行等大型服务性企业，因为用户数据对它们意味着市场和利润。

数据的安全高效存储只是实现数据管理的基础阶段，围绕存储，开发数据管理的各种功能，实现对数据的深层次发掘，使数据不只是简单的信息，而是高附加值的知识，代表了网络存储管理的发展方向。

因此，用户理想的数据存储不仅是一种安全、容量大的存储系统，而且是具有先进自动管理功能的网络存储系统，以此实现数据存储安全、高效、可管理的目标。其中，服务器数据存储是其中的关键技术。

随着数据在地理上越来越分散，异地间存储数据的同步处理和备份变得至关重要，因此异地服务器间需要专业的数据备份和同步技术来实现存储和管理数据的目的。NAS(网络连接存储)和SAN(存储区域网络)的出现适应了这种趋势。而传统的直接连接存储(DAS)的模式显得越来越力不从心。

11.2 直接连接存储DAS

11.2.1 DAS的概念与结构描述

DAS也可称为SAS(Server－Attached Storage，服务器附加存储)。DAS被定义为直接连接在各种服务器或客户端扩展接口下的数据存储设备。严格意义上，DAS不属于网络存储系统。服务器通过专用路径(典型的如SCSI)将存储设备连接起来，需要访问时，它发出I/O指令给存储设备，存储设备根据指令进行相应操作，将数据返回给服务器，或者将服务器的数据写入到磁盘。DAS的存储设备可以是磁盘驱动器，也可以是RAID子系统，或是其他存储设施。通常DAS与服务器之间提供块级接口，数据的传输以块为单位。这种方式的结构简单，成本比较低，但扩展性差，数据共享困难，只适合短距离传输。

DAS存储系统的结构图如图11.1所示。

DAS系统中服务器结构如同PC机架构，外部数据存储设备都采用了直接挂接在内部总线上的方式，数据存储是整个服务器结构的一部分，这种方案主要在早期的计算机和服务器上使用，由于当时对数据存储的需求并不大，单个服务器需要的存储能力远达不到目前对数据存储的需求程度，因此，服务器仅仅需要外接较低容量的存储设备，就可以满足数据存储的需求，在这个时期，往往是数据和操作系统未分离。

DAS安装方便、成本较低的特性使得DAS特别适合于对存储容量要求不高、服务器数量较少的中小型局域网。DAS将磁盘存储设备直接通过电缆线连接到服务器上，服务器和存储设备之间的访问请求是直接通过电缆传输进行的，目前高端DAS系统基本都是使用SCSI磁盘阵列。随着IDE硬盘性能的提高和容量的增加，现在一些中低端DAS系统也使用IDE硬盘阵列，不过IDE硬盘价格虽然便宜，但由于机理所限，内部传输速率瓶颈很难解决，外部传输速率和SCSI硬盘相比也有一定的差距，所以IDE DAS系统主要服务于中低端数据存储市场。

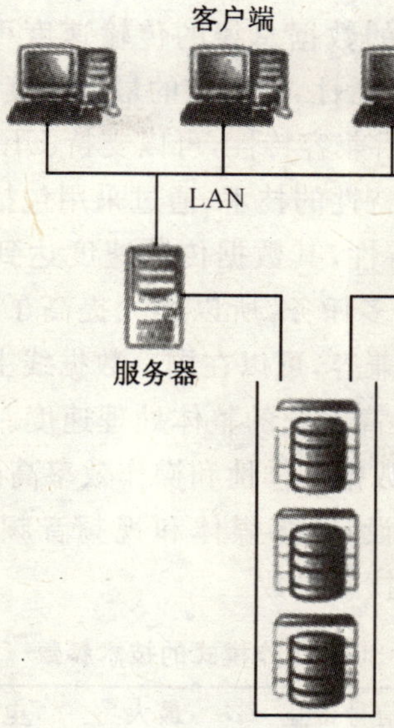

图 11.1 DAS 系统结构图

11.2.2 DAS 所采用的技术

DAS 一直和 SCSI(Small Computer System Interface 小型计算机系统接口)技术的发展紧密关联,一些厂商也推出了专有技术,如 IBM 的 SSA(Serial Storage Architecture)技术等,由于兼容性和升级能力不尽如人意,在市场上的影响都远不及 SCSI 技术广泛。Ultra 3 SCSI 技术和 RAID(Redundant Array of Inexpensive Disks)技术是当前直接连接存储的主流技术。

由于 SCSI 技术兼容性好,市场需求旺盛,因此新的 SCSI 技术几年来层出不穷。从最原始的 5MB/s 传输速度的 SCSI－1,一直发展到 2001 年 LVD 接口的 320MB/s 传输速度的 Ultra 320 SCSI。

RAID 技术目前也从原来主要支持价格较贵的 SCSI、SSA、FC(Fiber Channel)等设备扩展到支持廉价的 UDMA(IDE)设备。RAID 逐渐褪去“贵族”的外衣,“RAID Everywhere”也成为一些致力于存储的专业厂商的发展目标。

1) SCSI 技术

从 SCSI 技术的发展历史来看,SCSI 经历了从 SCSI 到 Ultra2 SCSI 直至现在的 Ultra1 60 SCSI 的不断发展。SCSI 协议的 Version 1 版本仅规定了 5MB/s 传输速度的 SCSI－1 的传输模式、总线类型、接口定义、电缆规格等技术标准。随着技术的发展,SCSI 协议的 Version 2 版本作了较大修订,SCSI－2 致力于实现不同 SCSI 厂家所提供的硬件的互操作,协议还支持 16 位数据带宽。SCSI－3 协议则增加了能满足特殊设备协议所需要的命令集,使得 SCSI 协议既适应传统的并行传输设备,又能适应最新出现的一些串行设备的通信需要,如光纤通道协议(FCP)、串行存储协议(SSP)、串行总线协议等。

Ultra2 SCSI是SCSI系列的一种,它采用了LVD(Low Voltage Differerntial低电压差)技术。Ultra2 SCSI设备的数据总线的传输速度可以提高到80MB/s。而且Ultra2 SCSI具有高度的设计灵活性,其电缆的最大长度可达到12米,能连接更多设备。它的另一个优点是具有后兼容特性,可以支持Ultra 160 SCSI的更新。

Ultra 160 SCSI是基于Ultra3特性的技术,通过采用包括域确认、双工传输时钟、CRC(循环冗余校验)等在内的特性,其数据传输速度达到了160MB/s。Ultra 160 SCSI还有个显著优势是它支持多任务,所以大大提高了系统性能。同时Ultra160 SCSI与Ultra2 SCSI的设备兼容,可以在同一数据线上连接这两种设备,这样可以发挥每种设备的最大速度,提高系统的整体处理速度。Ultra160 SCSI的所具有的管理方便,数据传输速度快,数据整体性和操作效率高的优点非常有利于服务器、工作站、Internet、计算机辅助设计、多媒体和视频音频传播等设备和环境。表11.1示出常见SCSI工作模式的技术参数。

表11.1　常见SCSI工作模式的技术参数

SCSI类型	主频(MHz)	信号带宽(bits)	最大设备数	电缆长度限制(m)	最大传输速度(MB/s)
SCSI－1	5	8	7	6	5
Wide SCSI	5	16	15	6	10
Fast SCSI	10	8	7	3	10
Fast Wide SCSI	10	16	15	3	20
Ultra SCSI	20	8	7	1.5	20
Ultra Wide SCSI	20	16	15	1.5	40
Ultra LVD SCSI	20	16	15	25	40
Ultra2 LVD SCSI	40	16	15	25	80
Ultra3 LVD SCSI	80	16	15	12	160

这里需要指出的是最大传输速度并不代表设备正常工作时所能达到的平均访问速度,也不意味着不同SCSI工作模式之间的访问速度存在着必然的“倍数”关系。SCSI控制器的实际访问速度与SCSI硬盘型号、技术参数,以及传输电缆长度、抗干扰能力等因素密切相关。提高SCSI总线效率必须关注SCSI设备端的配置和传输线缆的规范和质量。

随着传输速度的提高,信号传输过程中的信号衰减和干扰问题显得越来越突出,终结器(俗称堵头)在一定程度上可以起到降低信号波反射、改善信号质量的作用。同时,LVD技术的应用也越来越多。LVD工作模式是和SE(Single－Ended)模式相对应的,它可以很好地抵抗传输干扰,延长信号的传输距离。同时,Ultra 2 SCSI和Ultra 3 SCSI模式也通过采用专用的双绞型SCSI电缆来提高信号传输的质量。

2) RAID **技术**

RAID也就是独立磁盘冗余阵列,或简称磁盘阵列。简单地说,RAID是一种把多块独立的硬盘(物理硬盘)按不同方式组合起来形成一个硬盘组(逻辑硬盘),

从而提供比单个硬盘更高的存储性能和提供数据冗余的技术。数据冗余的功能是在用户数据一旦发生损坏后，利用冗余信息可以使损坏数据得以恢复，从而保障用户数据的安全性。

从 1984 年美国加州大学伯克利分校发表了第一篇关于廉价磁盘冗余阵列的论文至今，RAID 技术已经发展了近 20 个年。通常，RAID 技术主要应用在服务器、工作站等高端的产品上，实现对数据保护、存储容量的扩展和提升系统 I/O 性能。实现的方式有软件、硬件两种，其中硬件又分为基于总线的和外置控制器的两种。软件 RAID 因为占用 CPU 的资源，而且功能受到限制，使用的不多。目前在服务器和工作站上还是使用基于总线的 RAID 方式偏多，即直接安装 RAID 卡，连接服务器内置的磁盘模组（磁盘盒）或外接 JBOD 磁盘柜。

RAID 技术是一种工业标准，组成磁盘阵列的不同方式成为 RAID 级别（RAID Levels）。目前有 RAID0－7、10、53、0＋1 等级，其中获得业界广泛认同的级别只有 4 种：RAID 0、RAID 1、RAID 0＋1 和 RAID 5。每一个 RAID 级别都有自己的优缺点，其后边的数字与该型号的产品性能无关。

RAID 0 是无数据冗余的存储空间条带化，具有低成本、极高读写性能、高存储空间利用率的特点，适用于 Video / Audio 信号存储、临时文件的转储等对速度要求极其严格的特殊应用场合。但由于没有数据冗余，其安全性大大降低，构成阵列的任何一块硬盘损坏都将给数据带来灾难性的损失。因此 RAID 0 不可用于对数据要求高高的关键性应用领域。

RAID 1 通过数据镜像实现数据冗余，在两对分离的磁盘上产生互为备份的数据，安全性好，技术简单，管理方便，读写性能均好。但其无法扩展（单块硬盘容量），数据空间浪费大，严格意义上说，不应称之为“阵列”。

RAID 0＋1 综合了 RAID 0 和 RAID 1 的特点，独立磁盘配置成 RAID 0，两套完整的 RAID 0 互相镜像。它的读写性能出色，安全性高，但构建阵列的成本大，数据空间利用率低，不能称之为经济高效的方案。

RAID 3 使用单块磁盘存放奇偶校验信息。如果一块磁盘失效，奇偶盘及其他数据盘可以重新产生数据。如果奇偶盘失效，则不影响数据使用。RAID 3 对于大量的连续数据可提供很好的传输率，但对于随机数据，奇偶盘会成为写操作的瓶颈。

RAID 5 可以说是目前应用最广泛的 RAID 技术。各块独立硬盘进行条带化分割，相同的条带区进行奇偶校验（异或运算），校验数据平均分布在每块硬盘上。存储空间利用率非常高。任何一块硬盘上数据丢失，均可以通过校验数据推算出来。它和 RAID 3 最大的区别在于校验数据是否平均分布到各块硬盘上。RAID 5 具有数据安全、读写速度快、空间利用率高等优点，应用非常广泛；但不足之处是一块硬盘出现故障以后，整个系统的性能将大大降低。

各厂商还在不断推出各种 RAID 级别和标准。例如更高安全性的、从 RAID 控制器开始镜像的 RAID；更快读写速度的、为构成 RAID 的每块硬盘配置 CPU 和 Cache 的 RAID 等等。用 IDE 硬盘构建 RAID 的技术是一个技术方向，对市场影响也较大，其突出优点就是构建 RAID 阵列非常廉价。目前 IDE RAID 可以支持 RAID 0、RAID 1 和 RAID 0+1 三个级别，最多支持 4 块 IDE 硬盘。受 IDE 设备扩展性的限制，同时，IDE 设备也缺乏热可替换技术的支持，IDE RAID 的应用还不多。

作为一种高速、高可靠存储和检索数据的技术，RAID 不仅为 DAS 所采用，也是最能满足 NAS 和 SAN 存储需要的磁盘系统，是所有网络存储技术的基础。

11.2.3 DAS 的优缺点

DAS 的优点之一是价格相对比较便宜，DAS 是以服务器为中心，其数据存储设备直接挂接在各种服务器或客户端扩展接口下，其本身是硬件的堆叠，不带有任何存储操作系统，而应用服务器本身的操作系统及第三方应用软件挂接，使得 DAS 设备的价格相对比较便宜。优点之二是结构简单，模式固定，安装方便。在 DAS 中每个服务器或客户端连接自己的 DAS 设备，使得 DAS 设备在安装的时候不必考虑其他服务器或客户端对其的影响，网络架构有固定的模式可以套用，因此，至今以 DAS 为基础的数据存储系统仍被很多用户津津乐道。

网络技术的发展将数据存储作为一个重要的课题提了出来，人们发现 DAS 数据存储设备面对存储数据的激增显得越来越力不从心，不能适合管理部门希望将分散存储的数据集中起来统一管理的需求。

首先，DAS 存储系统不能提供不同操作系统下的文件共享。由于 DAS 自身没有操作系统，使得它只能服务于相应的服务器或客户端，对其他服务器或客户端的请求，DAS 无法予以理睬，其结果是具有相同文件格式的文件如果需要服务于不同操作系统也需要分别存储在不同平台下的 DAS 存储设备中，往往造成不必要的资源浪费。

其次，由于 DAS 设备与相应服务器或客户端靠 SCSI 接口连接，当存储容量不足时，想在网络中添加新的 DAS 设备的时候就会遇到麻烦，如对网络数据存储设备进行容量扩充时，如果相应服务器或客户端上供安装 SCSI 接口卡的槽位数量有限，而我们还想应用同一种操作系统，就必须再次采购另外的服务器或客户端机器，成本再次增加；又如向网络中添加新的 DAS 设备时必须停顿整个网络服务，这对 7×24 小时的全面服务体系是绝对不允许的。

第三，DAS 存储设备采用分散式管理，数据被存放在不同的地方，每做一次数据整理或设备维护，需要耗费大量的人力物力，有时结果却事倍功半。

第四，为了保证数据的完整、安全、可靠，我们往往采用数据备份来保护数据。备份设备与 DAS 分离，进行数据备份时数据由 DAS 设备到备份设备中需通过服务器，因此加重服务器负担。

最后，DAS 数据存储设备不是独立的存储系统，向 DAS 设备中存取数据时，数据必须通过相应的服务器或客户端，服务器在完成自身工作的同时，必须应付客户端对数据存储的请求，再加上网络带宽的限制，因此当并发用户数量增长的时候，服务器性能会急剧下降，甚至会造成服务器因为不堪重负而“罢工”。为了解决这个问题，以往的方法是再买一台服务器做双机容错，数据存储保障是当一个服务器宕机时另一个服务器即刻走马上任，但当两个服务器都出现问题或 DAS 设备的控制器出现问题时，我们同样不能进行数据存储。

11.3 附网存储 NAS

11.3.1 NAS 概念及结构描述

NAS 是英文 Network Attached Storage 的缩写，通常翻译为附网存储。它是一种特殊的、能完成单一或一组指定功能的基于网络的存储设备，它通过自带的网络接口把存储设备直接连入到网络中，实现海量数据的网络共享，把应用程序服务器从繁重的 I/O 负载中解脱出来，它是新兴的面向网络存储模式的标志性设备。

NAS 作为一种概念是 1996 年从美国硅谷提出的，其主要特征是把存储设备和网络接口集成在一起，直接通过网络存取数据。也就是说，把存储功能从通用文件服务器中分离出来，使其更加专门化，从而获得更高的存取效率，更低的存储成本。NAS 这个概念是与 DAS 相对应的，DAS 意为直接网络存储，也就是通过在普通服务器上安装硬盘，再安装操作系统，再启动相应的文件服务来实现。DAS 所在的服务器不是专门为存储所设计的，因此也可以作为其他用途使用。

而 NAS 服务器则不同，它是一种“瘦服务器”。具体地说，它是专门为存储所设计的，它的操作系统是内嵌在服务器中，用户只要把它连接到网络上，设置一个 IP 地址，甚至不用设置 IP 地址，也可以照常工作了（需要事先启动 DHCP 服务）。而且还可以在其他计算机上通过普通的浏览器来查看它的状态，进行管理操作。可以说，NAS 就是专门用于存储的功能性服务器。

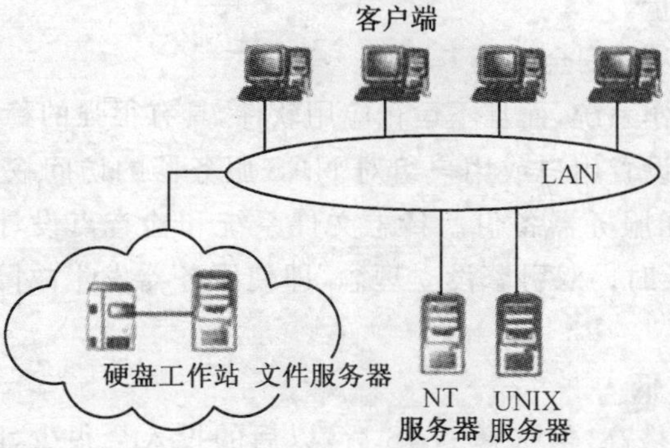

图 11.2 NAS 系统结构图

图 11.2 为 NAS 的系统结构图，从图中可以看出 NAS 通过通用的网络，将本地服务器与远程的 NAS 存储设备连接起来。其中远程的 NAS 存储设备包括文件服务器和存储设备。其中文件服务器上安装着一个优化的文件系统和瘦操作系统，该操作系统将本地文件系统以工业标准的网络文件系统（最常用的包括 NFS 和 CIFS）的方式提供给服务器，即对 NAS 设备的访问以文件为单位。服务器通过

将远程的文件系统安装到本地的文件系统层次上，透明地访问远程文件。NAS提供一种开放的数据访问方式。可以更好地支持多种操作系统平台和硬件平台。

11.3.2 NAS的特性

1）即插即用，易于安装管理

“Storage Over IP”技术使得NAS存储服务器可以直接挂接到网络上，所有的数据都封装到IP数据包里面传输。因此，NAS设备的安装非常简单，不需要任何其他专业操作就可以很容易集成到IP网络里面。只要将NAS服务器直接挂接在网络的交换机上，分配一个IP地址即可，10分钟内可完成安装并运行。

2）跨平台使用

NAS可以使用多种网络访问协议，可以支持Windows、Unix、Mac、Linux和NetWare等不同操作系统。

目前，NAS存储服务器的主流存储操作系统有两种：一种是采用Windows 2000 Advanced Server和Microsoft Embedded Server Application Kit的SAK嵌入型操作系统；另一种是采用定制的Linux内核的嵌入式专业操作系统。两种存储操作系统各有各的优势，SAK Windows内核在易用性、功能、性能方面表现不俗，但是目前不支持中文的操作界面，对Unix系统的支持相对逊色。而采用Linux嵌入式操作系统的存储服务器，在系统定制方面相对更加容易，支持几乎所有的系统平台，并且支持多种系统语言。同时，基于TCP/IP的数据传输使NAS存储操作系统支持多种网络文件系统，如：NFS、CIFS、NCP、AFP。

3）高速传输

NAS的数据传输速度可达到每秒几十兆比特，视具体硬盘速度而异，NAS的物理位置非常灵活，可放置在对其访问频率最高的地方，进一步缩短用户的访问时间并提高网络吞吐量。

4）系统稳定可靠，安全性高

采用嵌入式操作系统，而且不运行应用软件，具有很强的稳定性和可靠性。网络管理员可方便地设置用户或用户组对NAS服务器的访问权限。同时集成本地备份软件，可实现无服务器备份。日志文件系统和检查点设计，以求全面保护数据，恢复数据准确及时。双引擎设立理念，即使服务器发生故障，用户仍可进行数据存取。

5）总拥有成本低

单台设备的价格高，但选择NAS后，以后的投入会很少，降低用户的后续成本，从而使总拥有成本降低。而且可以与建立起的网络完全融合，充分保护用户原有投资。根据工业界著名的分析机构Gartner Group的分析，启用NAS服务器的机构由于可以灵活调整它们的存储系统，长远而言能为企业节省这方面的经费多达88%。

6）管理方便

客户不需安装任何额外软件，NAS服务器的设置、升级及管理均可通过Web

浏览器远程进行。自带支持多种协议的管理软件，功能多样，支持日志文件系统，并一般集成本地备份软件。

在一个本地网络中，当NAS设备比较少时，可以很好地发挥NAS的优势，但是当网络较大，部署的NAS设备比较多时，访问NAS将会占用本地网络的带宽，这将影响其他设备的数据传输。另外，NAS只是基于文件的访问，应用范围窄，NAS分散在网络中，不便于数据的集中、统一管理，因此随着容量的扩充，管理成本将会急剧增长。

11.3.3 NAS所采用的协议

NAS采用了NFS(Network File System Sun)沟通Unix阵营，NT与Unix间的沟通则是采用CIFS(Common Internet File System)，这也反映了NAS是基于操作系统的“文件级”读写操作，访问请求是根据“文件句柄＋偏移量”得出。句柄是比进程还要小的单元，通常用作进程之间通信、资源定位等。SAN中计算机和存储间的接口是底层的块协议，它按照协议头的“块地址＋偏移地址”来定位。从这点说，SAN天生具有存储异构整合的存储虚拟化功能。下面介绍NAS中文件共享的灵魂——NFS和CIFS。

1) NFS

NFS(网络文件系统)支持应用程序在客户端通过网络存取位于服务器磁盘中数据的一种文件系统协议。其目的是使网络用户可以通过网络连接来共享服务器上的文件和数据资源。通过网络文件系统，服务器导出(export)一个或多个本机上可供远程客户端共享的目录，客户端则通过登录(mount)服务器上的目录来实现对服务器文件资源的共享。客户端通过远程过程调用(RPC)对服务器提出服务请求，服务器根据请求作相应的操作并返回结果。

NFS是由SUN公司最早提出并实现的，1984年推出了NFS1.0。NFS2.0协议于1989年制定，1993年又制定了新的NFS3.0协议的标准。Sun公司将NFS设计成Client——Server应用模式，提供文件服务者为Server，申请、获得文件服务的机器为Client。Sun的网络文件系统在UNIX核心底层实现，基本上是在设备驱动一级实现，所以数据访问具有较高的效率。对服务器上数据的访问采用了Cache技术，最近访问的数据块都被缓存在客户机的一个缓冲区里面，客户端的数据请求首先在缓冲区内查找，如果Cache没有命中，才给服务器发送文件服务请求去进行真正的物理磁盘操作。通常情况下Cache的命中率比较高，所以大多数的数据访问都可以在缓冲区中找到，大大减少物理访问磁盘的时间，使得远程访问的效率大大提高。当然在缓冲区与物理盘上的数据发生不一致时，访问的效率肯定会下降。但是对于那些只读的光盘、光盘塔之类的存储设备访问效率不会受到一致性的影响。

NFS并不是解决所有文件传输的综合性协议，NFS的实现分成3个相对独立的部分：NFS协议本身，远过程调用(Remote Procedure Call，RPC)机制和外部数据表示(eXternal Data Representation，XDR)。如果将它们与ISO/OSI(国际标准化组织/开放系统互连)的推荐标准相对照的话,可以将 RPC 对应于会话层,XDR 对应于表示层,而 NFS 协议本身则对应于应用层。真正的 NFS 服务是建立在 XDR 和 RPC 所提供的服务功能上的。

在网络环境下,RPC 为运行在不同机器、不同操作之上的程序相互调用、传递参数及回送结果等提供了一规范的方法,比如,一个程序员可以把他的程序分解成为客户、服务器两部分,在客户方面,程序员设计了一些过程,如 REMOTE,并将 RPC 码插入到这些过程之中,而服务器方面,应用 RPC 的其他功能,实现了一些处理该种调用的过程。当一个运行中的客户程序发出远程调用时,RPC 软件自动对变元的值进行收集,并打成包发往远地服务器,启用调用过程,最后返回结果。整个调用过程如同调用本地过程一样。RPC 实际上是 ISO/OSI 会话层协议的具体实现,该机制将下层协议的细节掩盖了起来,使程序员可以抛开通信协议的具体过程设计出分布式程序。

XDR 是数据描述和编码的一种标准,是表示层的具体实现。它提供了在不同体系结构的计算机之间进行数据传输时,数据表示的规范方法。比如,对于 32 位的整数表示方法来说,各种机器并不相同,有的将整数的主要字节放在高位地址部分,有的则刚好相反,所以在网络上要使数据在这两种整数表示法的机器之间进行传送,就必须进行适当的转换,否则数值在传输后会发生变化,从而导致错误的产生。XDR 采用 ISO 推荐的抽象语法表示记法。

PRC 和 XDR 提供的这种网络服务为构造 NFS 这样的分布式数据处理系统奠定了基础。

2) CIFS

CIFS(Common Internet File System)是由微软开发的,用于连接 Windows 客户机和服务器。经过 Unix 服务器厂商的重新开发后,它可以用于连接 Windows 客户机和 Unix 服务器,执行文件共享和打印等任务。它最早的由来是 NetBIOS,这是微软开发的在局域网内实现基于 Windows 名称资源共享的 API(Application Programmer Interface)。之后,产生了基于 NetBIOS 的 NetBEUI 协议和 NBT(NetBIOS OVER TCP/IP)协议。NBT 协议进一步发展为 SMB(Server Message Block Potocol)。CIFS 可以看做是公共的或开放的 SMB 协议版本。其中,CIFS 用于 Windows 系统,而 SMB 广泛用于 Unix 和 Linux,两者可以互通。SMB 协议还被称作 LanManager 协议。CIFS 可籍由与支持 SMB 的服务器通信而实现共享。微软操作系统家族和几乎所有 Unix 服务器都支持 SMB 协议/SMBBA 软件包。CIFS 协议和 NFS 一样也是采用客户服务器模式,客户端和服务器之间通过请求与响应来进行交互,CIFS 的请求和响应具有固定的格式,每个请求和响应信息包都有定长的头信息,不同的是信息包所携带的参数和变量。使用 SMB/CIFS 可以将基于 Microsoft 服务器的网络和 Unix 网络集成起来,让 PC 能方便地访问 Unix 服务器,就如同访问 NT 服务器一样。CIFS 具有以下功能:访问服务器本地文件并读写这些文件;与其他用户一起共享一些文件块;在断线时自动恢复与网络的连接;使用西欧字符文件名。

CIFS 协议可以运行在多个协议上，它既可以运行在 TCP/ IP 上（实际上是在 TCP/ IP 上的 NetBios 协议层上），也可以运行在 NetBEUI 或者 IPX/ SPX 协议上。一旦客户机和服务器建立了连接，客户机就可以给服务器发送命令去读写服务器上的文件，共享服务器上的设备。对客户机来说，服务器上的文件系统、外围设备与在本地上一样，惟一的区别就是所有的事情都是通过网络来完成的。

由于 CIFS 可以运行在多种网络协议，所以客户端和服务器通信之前，需要选定一个双方都认可的网络协议，为此，每个客户机与服务器通信，首先必须给服务器发送一个 NEGPROL 命令给服务器，服务器接收到此命令以后，选定一个双方都能接收的协议，然后通过 NEGPROL 响应返回给客户机。一旦选定好协议之后，客户机就可以利用所选定的协议登录服务器，如果需要，客户机可以发送一个 SESSETUP X 命令给服务器，服务器对 SESSETUP X 提供的用户名、口令对用户进行身份验证，并把验证的结果通过 SESSETUP X 响应返回给客户机。通过身份验证以后客户机才能响应相应的共享资源。客户机登录上服务器以后，就可以通过 TCON X 命令告诉服务器它需要访问什么共享资源。如果服务器认证了客户机的访问，则返回给客户机一个 TID(Telenology Indentity)，客户机得到这个 TID 以后就可以对服务器上的文件进行读写操作，每个操作同样也有相应的请求命令和响应，比如打开、关闭、读写文件的请求等等。

11.4 存储区域网络 SAN

11.4.1 概念及其结构描述

SAN 是一种高速、专用网络，用于连接服务器和存储设备，基于这种网络技术的存储结构，具有很高的性能。在这种结构中，多台服务器连接到一个内部高速网络 SAN 上，多个存储设备也连接到这个网络上。支持服务器和存储之间任意的点到点的连接，SAN 集中体现了功能分拆的思想，提高了系统的灵活性和数据的安全性。SAN 以数据存储为中心，采用可伸缩的网络拓扑结构，提供 SAN 内部任意节点之间的多路可选择的数据交换，并且将数据存储管理集中在相对独立的存储区域网内。在多种光通道传输协议逐渐走向标准化并且跨平台群集文件系统投入使用后，SAN 最终将实现在多种操作系统下，最大限度地数据共享和数据优化管理，以及系统的无缝扩充。SAN 是独立出一个数据存储网络，网络内部的数据传输率很快，但操作系统仍停留在服务器端，用户不是在直接访问 SAN 的网络，因此这就造成 SAN 在异构环境下不能实现文件共享。为了很好地理解 SAN，我们可以通过下图 11.3 来看其结构。

SAN 的体系结构分为服务器、存储系统以及连接两者的基础结构。这三部分是相互独立的，用来实现特定的功能，使得网络存储成为可能，通过适当的配置，用户可以在任何网络中实现 SAN。由于目前最适合 SAN 的传输介质是光纤，用光纤通道构筑的 SAN 除存储设备外，其他关键部件就是网络连接部件——光纤交换机，与其密切相关的是“构造”。SAN 的“构造”就是用于交换式网络连接。“构造”是用于将不同的连接设备连接起来的物理部件。构造在功能上和接口非常相似，它们之间的区别在于接口连接的是设备和连接部件，而构造连接的是连接部件。交换式 SCSI、交换式 SSA 和纤维通道都属于 SAN 构造。

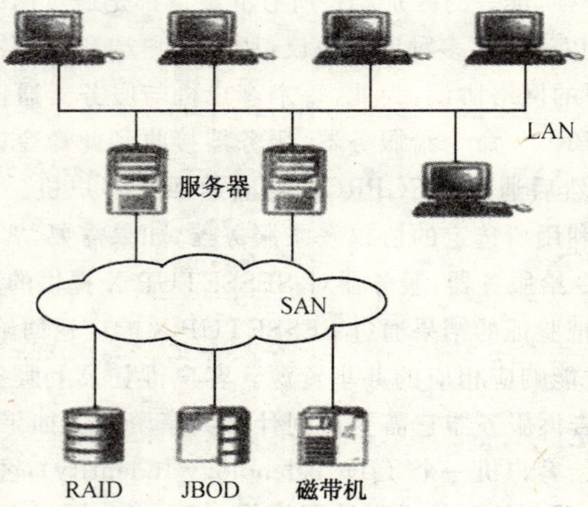

图 11.3　SAN 系统结构图

11.4.2　SAN 的特性

首先 SAN 具有无限的扩展能力，由于 SAN 采用了网络结构，服务器可以访问存储网络上的任何一个存储设备，因此用户可以自由增加磁盘阵列、带库和服务器等设备，使得整个系统的存储空间和处理能力得以按客户需求不断扩大。

SAN 的结构允许任何服务器连接到任何存储阵列，这样不管数据置放在那里，服务器都可直接存取所需的数据。因为采用了光纤接口，SAN 还具有更高的带宽。

因为 SAN 解决方案是从基本功能剥离出存储功能，所以运行备份操作就无需考虑它们对网络总体性能的影响。SAN 方案也使得管理及集中控制实现简化，特别是对于全部存储设备都集群在一起的时候。最后一点，光纤接口提供了 10 公里的连接长度，这使得实现物理上分离的、不在机房的存储变得非常容易。

另外，SAN 具有更高的连接速度和处理能力。SAN 采用了为大规模数据传输而专门设计的光纤通道技术，目前的传输速度为 100Mb/s，并会很快开发出传输速度为 200Mb/s 和 400Mb/s 的光纤通道交换机。

11.4.3　SAN 所采用的技术

SAN 采用的是专门的协议，为了维持对现有的 SAN 的兼容性，出现了几大存储技术，其中光纤通道 Fibre Channel(FC)是目前建立 SAN 架构的支撑技术，但是随着新技术和市场的双重作用，基于 TCP 传输、将数据驻留于 SCSI 设备的千兆以太网技术和 InfiniBand(IBA)技术也用来实现 SAN。

1) FC 技术

SAN 的支撑技术是 Fibre Channel(FC)技术，这是 ANSI 为网络和通道 I/O 接口建立的一个标准集成。支持 HIPPI，IPI，SCSI，IP，ATM 等多种高级协议，它的最大特性是将网络和设备的通讯协议与传输物理介质隔离开.这样多种协议可在同一个物理连接上同时传送，高性能存储体和宽带网络使用单 I/O 接口使得系统的成本和复杂程度大大降低。如通过 Switch 扩充至交换仲裁复用结构则可将用户扩至很多。FC 使用全双工串行通讯原理传输数据，传输速率高达1062.5 Mb/s，其数据传输速度为 100Mb/s，双环可达 200Mb/s，使用同轴线传输距离为 30 米，使用单模光纤传输距离可达 10 千米以上。FC 是一种分层结构，每个层次定义为一个功能级，分别定义为：物理媒介和传输速率、编码方式、帧协议和流控制、公共服务以及上级协议(ULP)接口。它支持多种拓扑结构，主要有：点到点(Links)、仲裁环(FC－AL)、交换式网络结构(FC－XS)。点对点方式的例子是一台主机与一台磁盘阵列透过光纤通道连接；其次为光纤通道仲裁环(FC－AL)，在 FC－AL 的装置可为主机或存储装置。第三种 FC－XS 交换式架构在主机和存储装置之间透过智能型的光纤通道交换器连接，使用交换架构需使用存储网络的管理软件。

FC 技术具有以下优越性：

(1) 既具有单通道的特点，又具有网络的特点，它是把设备连接到网络结构上的一种高速通道。而这种网络结构描述了连接两套设备的单条电缆以及连接许多设备的交换机产生网状结构。

(2) 光纤通道最大优点是速度快，它可以给计算机设备提供接近于设备处理速度的吞吐量。

(3) 协议无关性，它有很好的通用性，是一种通用传输机制。适用范围广，可提供多性价比的系统，从小系统到超大型系统，支持存在的多种指令集，如 IP、SCSI、IPI。

尽管光纤通道是一种占主导地位的 SAN 互联技术，但仍然存在一些问题。除了它运行成本高问题以外，其他问题一是距离有限。尽管光纤通道在理论上可达到 10km 的距离，但在光纤通道 SAN 中使用的单个多模式光纤链接可能实际上仅能达到 250 到 500m。随着存储系统的发展，大型组织通常将它们的系统分散到多个 SAN 孤岛中，通过地域上的冗余为部分灾难恢复做好准备。因此，即便能达到理论上的极限，也会逐渐变得不够用。另一个主要的问题在于 SAN 的管理。当前，大多数 SAN 管理解决方案都需要一个独立的以太网连接，这样才能传递管理指令。这种管理被称为“带外管理”。那些支持诸如“IP 光纤通道”或“带内管理”的解决方案最近才开始出现。IP 光纤通道在光纤通道 SAN 和 IP 网络之间通过新的网络接口进行连接。该网络接口将光纤通道框架封装进 IP 包，并将光纤通道框架域映射到 IP 地址。这样，SAN 可以扩展到 IP 网络，而且光纤通道架构和服务器、存储设备及软件不必进行任何转换。IP 光纤通道可以把光纤通道 SAN 集成到 IP 广域网中，保护用户现有的光纤通道 SAN 软硬件投资。

2) iSCSI

FC 光纤通道技术速度快、安装方便，但是其设备复杂、造价昂贵，特别是需要专门的光纤交换机，现有的计算机网络不能充分使用。因此，基于普通 IP 协议和以太网的 SAN 应运而生，其核心是 iSCSI 技术。iSCSI 是由 IBM 下属的两大研发机构——加利福尼亚 Almaden 和以色列 Haifa 研究中心共同开发的，是一个供硬件设备使用的可以在 IP 协议的上层运行的 SCSI 指令集，是因特网工程任务组(IETF)支持的一项开放系统标准。它将 SCSI 命令封装到 TCP/IP 包中，支持通过 IP 网络传输 I/O 数据块。在千兆以太网出现以前，要传输这种类型的块数据，LAN 的速度是无法胜任的；现在，随着千兆以太网的登台，iSCSI 可以用来构建基于 IP 的 SAN。这一简单而又强大的技术可以帮助 Web 站点、服务提供商、企业和其他组织提供一个高速、低成本、远距离的存储解决方案。

利用 iSCSI HBA，即存储 NIC，可以通过因特网连接存储资源。这样以来，管理员就可以利用现有的网络管理应用来管理核心传输层。iSCSI 协议的高层管理活动，例如许可、设备信息和配制，都可方便地建立在这些应用之上或是构建在这些应用之中。企业和组织可以使用多种方法部署 iSCSI，开始享用这一技术所带来的优势。一种是建立仅使用 iSCSI 的 SAN 或实现一个新的 iSCSI 的 SAN，利用两个 iSCSI HBA 和两个标准以太网 NIC，并通过一个连接到支持 iSCSI 的 RAID 阵列的千兆以太网交换机连接在一起。再一种是多个卡连接到一个 iSCSI 路由器。为将配置转换为使用光纤通道存储设备的 iSCSI SAN，管理员可以在多个服务器上使用 HBA，并通过千兆以太网交换机将它们联系在一起，这个交换机连接到一个带有光纤通道端口并支持 iSCSI 的路由器。然后将光纤通道设备直接连接到本地的光纤通道 RAID 阵列。第三种方法就是利用 iSCSI HBA 和光纤通道磁带备份。为利用现有的一个以太网基础设施来完成备份和恢复，组织可以使用一个 iSCSI HBA 和一个支持以太网的交换机，这个交换机连接到一个支持 iSCSI 的路由器，路由器的光纤通道端口连接到光纤通道磁带驱动器。

在千兆以太网上实现的 iSCSI 综合了 SCSI、以太网和 TCP/IP，具备众多关键优势，包括：

(1) SAN 的安装和维护成本较低：iSCSI 是基于 IP 协议的技术标准，实现了 SCSI 和 TCP/IP 协议的连接，对于以局域网为网络环境的用户，只需要不多的投资，就可以方便、快捷的对信息和数据进行交互式传输和管理。因为 iSCSI 使用 TCP/IP 套件，减少了对专业人员的需要。

(2) 互操作性：iSCSI 提供更高的互操作性，它减少了分散的网络和线缆的数量，而且使用以太网交换机替代了光纤通道。

(3) 距离更远：利用以太网，可以在全球的 IP 网络上传输数据，因此实际上没有距离上的限制。实际存在的惟一限制可能是传输网络的互连接技术所引起的延迟。

采用 iSCSI 标准的障碍之一是由于 IP 存储采用潜在不可靠的 IP 网络(如：因特网)传输数据，因而可靠性不高。互联网工程任务组要求 iSCSI 标准要包含允许对通信进行加密的 IP 协议安全层技术。由于 IP 环境不安全，iSCSI 存储要求采用多种安全措施以提高数据访问和数据存储的安全性。通常采用的安全方法主要有：KRBs、SPKM、SPR(远程安全密码)以及 CHAP(握手认证协议)等。

3) InfiniBand(IBA)

InfinBand 规范体系结构(IBA)是一种新的 I/O 体系结构，它将 I/O 系统与复杂的 CPU/MEM 分开，采用基于通道的高速串行链路和可扩展的光纤交换网络替代共享总线结构，提供了高带宽、低延迟、可扩展的 I/O 互连，克服了传统的共享 I/O 总线结构的种种弊端。IBA 是由 InfiniBand 贸易协会(ITA)所提出的。ITA 成立于 1998 年 8 月份。这是由一个 Intel、Microsoft、Sun、Compaq、IBM、HP 和 Dell 等业界巨头所发起的成员高达 202 个的工业组织。IBA 提出旨在让 I/O 总线体系结构从服务器和 PC 中"解脱"出来。IBA 将处理计算、存储 I/O、网络 I/O 等功能完全分开，这种设计真正体现了计算机体系结构的最终思想，即以网络为中心的架构。采用这种架构，可以非常灵活地根据用户的需要来定制系统，对于高性能计算，如果对计算能力要求非常高，那么就需要将处理节点的数目配置的非常高；对于网络服务器，如视频服务应用，对存储、网络带宽、内部数据交换能力要求很高，这时候系统就需要根据这种要求来定制。

IBA 包含一下重要核心内容：协议分层结构、面向多层的连接、基于包交换的通信、多播(组播)能力、包及单节点容错、子网管理能力、支持多种连接速度(单速，4 速，12 速)、提供 2.5Gb/s(单速)/10Gb/s(4 速)/30Gb/s(12 速)单向数据链路、PCB、电缆和光纤传输媒介、远程 DMA 访问的支持、QOS 问题的考虑。

IBA 体系结构内部的构架采用专用的通信网络和协议，对于处理节点，其通道适配器称为 HCA(Host Channel Adapter)，对于 I/O 节点，其通道适配器称为 TCA(Target Channel Adapter)，无论是 HCA 还是 TCA 都可以认为是一个 IBA 内部通信网络接口，IBA 网络是一个专门的使用专用协议的高速交换网络，这个网络的交换能力根据用户的需求来具体配置。

IBA 允许每个子网有 64 000 个节点通过高密度端口的 IBA 交换机相连。与千兆以太网技术相比，IBA 结构具有以下几个明显的优越性，特别是在物理层设备(PHY)模型的考虑上，IBA 指定了在每端口最小 0.25W 最大长度为 16m 的铜线上运行。千兆以太网定义在每端口最小 2 瓦最大长度为 100m 或更长的铜线上运行。考虑一个企业级的比较接近的系统，低功耗的 IBA 可实现更有效的低电流的 HUB 设计。

IBA 体系结构确实非常富有吸引力，目前还没有任何单一的在市场上大量应用的标准内容有 IBA 这么丰富。性能也是非常棒的，传输率可以达到 30Gb/s，同时系统通过双 CRC，虚信道，优先级控制，基于信用的流控制来维持较高的性能和可靠性。IBA 提供了内部和外部级别的互连的支持，如 PCB、铜线、光纤等传输媒质。

IBA 也是一种新的互连技术，它不仅可用于服务器内部的互连、服务器之间的互连、集群系统的互连，还可用于存储系统的互连，组建基于 IBA 的 SAN。IBA 采用基于包交换的高速交换网络技术，可采用光纤或铜线实现连接，单线传输速率为2.5Gb/s，可通过2、4或12线并行来扩展通道带宽，带宽高达2.5GB、10GB、30GB。IBA采用层次结构，将系统的构成与接入设备的功能定义分开，不同的主机可通过HCA、RAID等网络存储设备利用TCA接入IBA SAN。

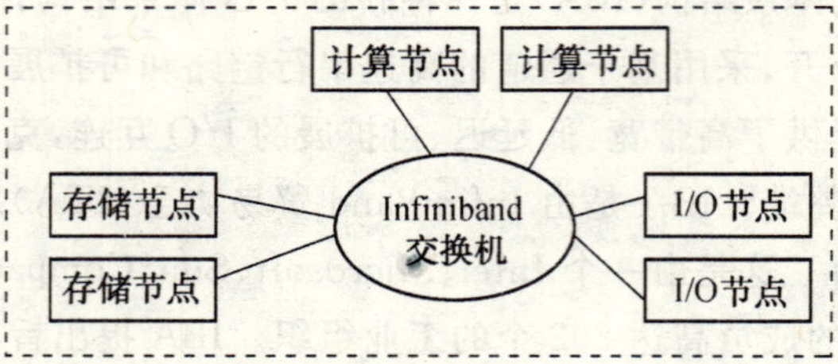

图 11.4 基于 Infiniband 的计算机体系结构

IBA架构的计算机通过对存储节点进行定制，就会成为海量存储专用系统，图11.4实际上可以认为是一个基于IBA的SAN结构。

IBA SAN的主要特点包括：可伸缩的Switched Fabric互连结构；由硬件实现的传输层互连高效、可靠；支持多个虚信道(Virtual Lanes)；硬件实现自动的路径变换(Path Migration)；总带宽可随IB－Switch规模成倍增长；支持SCSI远程DMA协议(SRP)，实现高速、低延迟的远程DMA传输，一次传输量多达4K Blocks；具有较高的容错性、抗毁性，高可靠性、可用性、可维护性(RAS)，同时支持热插拔。

有关软件对IBA支持，特别是操作系统级的支持是人们关心的问题，迈勒罗斯已经发布了应用于它们Linux操作系统IBA标准。Linux的开放源代码的特性允许人们任意修改。同时微软的Windows2000和未来的Whistler也提供了对IBA的支持。但专家认为，互连I/O应该有可以绕过操作系统进行工作的功能，以确保实时性和对时延很敏感的应用的QOS，Unix系统的支持也会很快。此外在价格方面，人们关心IBA是不是能在用户级价格实现。实际上IBA的发起者将其价格定位在千兆以太网和FC技术之间，如果这一估计是正确的，那么IBA很快就会在目前所有的互连结构标准中占据统治地位。

11.5 NAS和SAN的比较与融合

11.5.1 NAS与SAN的比较

通过以上对NAS和SAN的分析看出，就NAS和SAN的技术定义，人们有相当统一的共识。在这里我们从几个角度来分析比较NAS和SAN存储技术。

从数据传输协议来看，分成以文件为单位和以块为单位。NAS是一种以文件为传输协议，通过网络传输的技术；而SAN是以块为传输协议，现在主要通过Fibre Channel传输的技术。我们可以把NAS产品看做是专门为文件服务的设备，采用标准的TCP/IP协议来进行文件的访问和存储。NAS设备都采用专用的操作系统进行文件的处理，这些操作系统支持标准的网络协议。

从目前的普遍应用来看，SAN 占据的还是大型应用领域，NAS 集中于中小型的应用领域，但也正在进入主流行业。其实讨论 SAN 好还是 NAS 好，最终还是要看应用，看客户的需求。

从系统集成商的观点看，NAS 和 SAN 都有旺盛的生命力。比如有很多客户希望新的系统能跟传统系统的结构结合起来，让很多应用在不改变结构的前提下继续使用，NAS 就比较适合这种类型的需求。因为从系统的构建而言，NAS 方案可以利用用户原有的网络，而 SAN 方案往往要重新建立存储网络。

从对比 SAN 和 NAS 的实现方式来看，SAN 解决了 DAS 的一些难题。例如，实现存储集中、集中备份、容灾等。但是，通过 Fibre Channel 网络的方式连接存储系统，数据管理工作还是在服务器上进行。这是由于计算机和存储间的接口是底层的块协议，存储系统无文件系统等数据管理工具，所以要求每一个服务器都有一定的存储管理功能，即 SAN 中的每一个存储服务器都要安装存储服务。另外，SAN 的设备结构复杂，各个厂商标准不一致，容易带来兼容的问题，而且需要复杂的软件才能使用，使得 SAN 的存储方案投资成本居高不下。

在以网络为中心的计算结构中，越来越多的集中存储管理选择了利用 IP 构建存储网络，并且使存储网络更加智能化，这是 NAS 方案的发展方向。NAS 最大的优点就是简单，它不要求服务器额外安装软件，数据集中管理，软硬件可以集成，在网络上即插即用。作为存储系统，NAS 提供了比 SAN 更高的可实用性，这是因为 SAN 本身无法提供完整的数据可实用性，服务器、管理软件的失效、升级等都会影响 SAN 上数据的可实用性。随着网络速度的飞跃，通道优势已经从 Fibre Channel 转移到 IP，使得 NAS 在企业环境中应用的优势越来越明显。

11.5.2 NAS 与 SAN 融合

无论是 NAS 的文件服务功能，还是 SAN 的快速数据块传输，目前都已有了广泛的用户，NAS 和 SAN 都为用户提供了集中化的存储管理，极大地改善了数据的可靠性，同时使用户的数据备份方案更加丰富多彩。但已经采用了 NAS 或 SAN 的用户在享受种种新技术的同时，往往期望有更加完善的存储技术，NAS 用户常抱怨有限的局域网带宽，SAN 用户更是苦恼于不能实现异构环境下的文件共享。人们急于将 NAS 和 SAN 技术融合起来。当然，这种融合存在其合理性。SAN 提供速度，NAS 提供由文件处理带来的协作性，它们的结合非常令人心动。对 SAN 来说，点到点之间光纤通道的最大距离不得超过 10km 限度实在是一个缺陷，但这种缺陷可以被 NAS 的 IP 联结所弥补。这就是说，可以通过 IP 网络发送光纤通道命令(FC/IP)。(iSCSI 正是以同样的方式来处理 SCSI 命令)。借助于千兆以太网技术，人们希望拥有一个 SAN 为主要基础架构、NAS 补充的网络存储系统。

具体分析，SAN 和 NAS 融合的原因如下：

1) 扩展性

以光纤为接口的 SAN 提供一个高扩展性，高性能的网络存储结构，光纤交换机、光纤存储阵列为服务器提高性能(200Mb/s)和扩展更大空间提供可能，这是以SCSI为基础的系统所缺乏的。NAS则即使已经配置好的完整系统，也可追加数个乃至数十个TB的网络存储设备，由于NAS结构是基于目前的TCP/IP网络，增加远距离存储设备是完全可以实现。融合SAN和NAS的存储解决方案可全面获得应用光纤通道的能力，从而让用户获得更大的扩展性、提高网络存储性能，具备远程存储的优点。

2) **存储管理**

SAN存储网络提供一个存储系统、备份设备和服务器相互连接的架构。它们之间的数据不再在以太网络上流通，从而大大提高以太网络的性能。由于存储设备与服务器完全分离，用户获得一个与服务器分开的存储管理理念，可以对企业的数据和存储作特殊和专业的管理，不用再像以前把数据管理与服务器管理混为一谈。通过集中控制的手段进行复制、备份、恢复数据和安全的管理，加上把不同的存储池(Storage Pools)以网络方式连接，企业可以以任何需要的方式访问它们的数据，并获得更完整的数据。

3) **可用性**

SAN的高可用性是基于它的灾难恢复、在线备份能力，也来自与它对冗余存储系统和数据的时效切换能力。NAS应用成熟的网络结构提供快速存取文件的功能，并通过高可用性的应用和数据复制(在存储系统层面)来保护和提供稳固的文件级存储。融合SAN和NAS技术的存储解决方案全面提供一套在以块和文件I/O为基础的高效率平衡功能，从而全面增强数据的可用性。由于应用了光纤通道，整个存储方案提供对主机的多层面的存储连接，高性能、高价值、高可用和容易维护等优点，在一个网络结构中全具备。

4) **服务器的联合**

从SAN系统结构图中可以看到，服务器全连接到一个数据网络上。如果全面增加对一个企业共有存储阵列的连接，可以通过融合存储设备、提高磁盘使用率来实现高效率、低成本的存储分配。从NAS系统结构图则看到，通过一台NAS文件服务器，一方面通过以太网接口可以连接到目前或新的以太网络里，同时还可以访问企业的存储设备。在一个存储网络中，服务器的增长和存储的增长不一样，开放的服务器以数据处理作为组合和管理基础，而不随存储消长而消长。融合SAN和NAS的存储系统可以全面提高UNIX和Windows服务器对存储设备的使用率，达到75%或以上。

11.5.3 几种NAS与SAN融合方案

现在对NAS和SAN进行融合各大存储公司采用的方式不同，提供的解决方案也不同。如日立数据系统公司(HDS)提出的TrueNorth计划中的NAS与SAN融合方案，惠普提出了“NAS ON SAN”的理念，NetApp公司推出的统一存储(Unified Storage)概念等。

日立数据系统公司(HDS)的TrueNorth计划，是为了采用开放的标准，开发先进的存储技术。其中与NSS公司合作开发的SAN和NAS融合方案是其中的重要组成部分。NSS提供的NAS引擎把SAN和NAS技术融合从而提供一个容易集成的多协议的、后方为对这个NAS引擎提供专有存储资源的SAN结构的存储解决方案。这个融合SAN和NAS的综合网络存储解决方案同时让IT决策部门继续发展最好的存储系统以满足企业发展中所面对的挑战和需要。

惠普的"NAS ON SAN"理念,是将NAS构架在SAN上。根据用户的需求,两者将并行发展,并最终形成统一的架构,同一个存储系统中既可以实现SAN,又可以实现NAS。对于已经采用SAN的用户,只要有一个NAS引擎就可以在SAN的环境中实现NAS的功能,而对于NAS的用户来说,如果你的NAS产品提供了相应的扩展能力,那么只需把内置的硬盘移动到SAN中,存储系统就可以提供无限的扩展能力。惠普的NAS产品中,除了最低端的,都可以构架在SAN之上。据悉,惠普即将推出内置NAS功能的存储设备,通过不同的以太网接口或光纤接口,用户可以实现灵活多样的选择。可以预见,当iSCSI技术成熟后,NAS与SAN的差异将更不明显。

NetApp公司的统一存储概念,是指在同一个存储设备上,在同一个操作系统下,提供对多种不同协议的支持,既满足CIFS、NFS、DAFS的文件级访问,又支持FCP、iSCSI的块级访问。这样,用户在同一系统中不但可以实现NAS,也可以实现SAN。在统一存储下,NetApp将SAN和NAS合称为FAS(Fabric Attached Storage),就是系统通过光纤交换机支持企业级的SAN,同时,通过局域网为用户提供文件级数据访问的部门级NAS;另外,通过独立的千兆以太网交换机,可以满足企业中数据库服务器、E－mail服务器等对性能要求较高的应用需求,实现IP SAN。其现在推出新的存储平台FAS900系列是第一个能够支持多种存储结构的统一存储引擎。

11.6 网络存储的管理

11.6.1 网络存储管理的目的与方式

建立一个网络并保持连接越来越重要,为了保持连接,用户必须有可利用的网络资源,包括存储资源。当用户运行关键任务和存储关键数据时,安装冗余设备还不足以用来确保高可用性的,即使网络有一个高等级的冗余,用户还是不会知道什么时候一个驱动器或集线器不能工作。

如果没有有效的管理,网络存储的设计和实现将不是很有效的。当机构持续不断扩展时,组成存储设备的数量和种类将不断变化,其连接技术可能也不同。因此,用户需要一个能集成管理任务的管理工具。网络存储管理就是要确保有一个跨越不同设备的公共标准,使集中的管理成为可能,让用户真正拥有一个可以轻松管理异构存储的环境。无论是SAN还是NAS都是是网络中的存储环境。因此其管理是网络管理和存储管理的结合。

数据被认为是现代机构的财富，有效地使用数据可以为公司获得利益，这并不意味着出售数据，而是正确地管理和研究数据来增值机构的财富。因此，正如本章概述中所说，网络存储管理不仅意味着网络安全的管理，而且包括对存储数据的管理，使需要的数据可以得到有效分析，能对不同的格式、不同来源的存储数据进行比较，致使数据分析软件能访问所有的有效数据。

要实现上述三个网络存储管理目的，则从以下两方面考虑：

1）数据组织

数据组织，是为了在处理实用性和关键性任务中更好地应用数据。数据管理不仅是修正错误，而且是增加已有网络存储配置的价值。如果存储的数据组织得很好，用户自然不需要对不必要的文件进行太多的冗余备份。

在一个机构中，存在两个规划数据组织的角度，以网络中的工作站角度（随着客户端/服务器应用的出现）看，大量的关键数据是在跨平台应用过程中生成的，现在希望用户的文件服务器和数据库服务器创建大量的备份是很正常的。在企业级角度，对分散的信息岛进行集中存储变得越来越普及，这种普及意味着跨平台异地数据将不得不合并——这是主要的任务。另外，数据的异地组织必须确保数据的可靠性和访问容易度与在传统数据中心一样高。

确保数据得到一致性组织的关键点是保证存在一致的、可靠的数据保护。数据存储的结构必须具有高度可扩展性，一个分级的存储系统能确保数据是有组织的和可跟踪的，用户怎样最终地组织数据存储依赖于以下因素：

（1）存储策略：用户应有维护一个分布式存储结构的策略，这样可以根据存储源的位置来决定数据存储的最大范围。

（2）基于应用的存储：在有大量的应用以及由不同的应用生成的存储和备份需求的情况下，用户能根据数据应用来源给存储分类。

（3）危险程度：用户能将数据归类存储到不同的部分，并根据重要程度在不同的设备中保存它。

2）数据质量

数据质量是改善数据管理的一个关键因素。数据的质量不是指数据包含什么，而是指数据既安全又精确。在一个企业的网络配置中，多个用户可能都具有更新保留在集中存储设备中的数据的权限，当多个用户尝试访问和修改数据时，数据错误可能发生。管理系统必须保证数据的写操作是以某种可控制方式进行，以保证数据完整性得到维护。数据错误也可能因不同平台的相互作用而发生，管理工具通过配置不同的协议来保证跨平台的数据的一致性，并有效地控制数据更新。

数据输入过程必须是线形的，以避免不必要的纠错。另外，数据管理方法也有助于保证数据质量和网络安全。数据可以分配给所有者，所有者负责把正确的数据保存到网络存储设备中，数据所有者的作用仅仅是保存需要的数据到存储设备。另一组人，通常是管理员则负责对各种保存的数据进行处理，根据机构的存储策略进行分类和管理。

11.6.2 网络存储管理的层次

网络存储正逐渐转变为异构存储，不同设备间的互操作成为一个问题，存储区域网络工业协会（SNIA）建立了一个网络工作组来为存储区域网络管理创建一个开放标准。存储区域网络管理工作组（SNMWG）制订了一个保证数据传输、数据管理可靠性的标准。

根据这个标准，存储管理系统的任务包括5个部分。

1）操作管理

一个企业网络有多种可能运行于不同平台的操作系统。操作管理与这些操作系统的实用性能有关，即使设备出现了故障，但如果操作系统能正常工作，则认为没有问题，然而，数据只有位于正确的位置才能使操作系统能正常工作。

操作管理控制台的作用是允许用户通过集成的图形接口来监控和管理网络中的操作。所采用的网络存储管理软件能让用户组织相关的操作，然后在来自这些操作管理信息的基础上进行决策。

2）数据管理

数据是存储管理存在的理由，显而易见，它必须被管理以保证它的最优使用。数据管理包括保证传输和保存的数据的质量；保证数据能有效的跨网络访问；还要保证数据存储的方式是安全的和数据恢复是平稳的。

所有数据的移动和管理都是从数据管理层开始的，该层能使不同的存储设备结合起来进行具体的运作，例如备份和HSM，而且可以实现LAN无关的和服务器无关的备份。

数据管理层可以在某个预先确定的标准基础上自动进行数据管理。基于策略的数据管理系统使用户可以预先确定可能存储的数据的关键等级，决定怎样分布数据，由此，数据管理软件根据设备的可靠性和实用性等级把数据保存到不同的设备中。

一些数据管理员非常聪明，它们分析那些不再访问的老数据，并把它转移到更便宜的存储设备中。这就是分级存储管理（HSM）。

3）资源管理

资源管理是按照所用资源最优利用的方式来管理不同的设备。一个网络可能存在很多交互连接设备和其他资源，这些资源附带有面板显示器，以便给用户显示一些关于设备状态的基本信息。然而，设备分散在网络中，因此用户需要一个可以用来集中管理资源的系统。

资源管理器映射网络中的所有资源，并提供给用户不同设备以及网络整体性能的信息，这些信息可以以图形和图表的形式形象显示。通过资源管理控制台，用户可以监测网络中的所有设备。

资源管理层让用户跨越不同操作系统来共享设备。通过一个公共的控制台上放置不同的设备，资源管理层可以让用户减少管理不同平台设备的工作。一些高级的资源管理器还允许创建磁盘LUN和主机系统间的安全连接。

4）**网络管理**

网络变得越来越普及，如果网络不能连接，则企业将不能运作。通过企业网络，所有的事情相互关联以至隔离问题变得越来越困难，为确保维修停工期保持最短，用户必须使用网络管理工具。

同样的管理理念也体现在网络存储中，用户必须使用某个网络管理工具来保证存储总是有效的。网络管理层作用包括映射网络存储的物理部件和显示网络存储拓扑结构的视图以便用户管理整个存储网络。

网络管理层对所有连到网络存储的设备执行带内和带外的监测和管理，从而构造网络存储的拓扑结构。

网络管理和其他管理层的不同在于，网络管理确保网络存储是 7×24 小时有效的（如果需要的话）。网络管理的重点是对拓扑结构级别的资源优化，例如，假设用户在网络上有一对交换机作为网络存储的交互连接设备，资源管理将关注设备是否工作，网络管理将关注最优地利用资源。这意味着，如果一个交换机的负载多于另一个交换机，则网络管理将试图平衡负载。

5）**元件管理**

网络存储中的元件包括磁盘子系统、可移除的介质以及交换机、集线器之类的交互连接设备。这些部件的提供商提供了单独的专用管理控制台，但这些管理控制台仅提供了关于特定设备的管理信息。对于 SAN 来说，还存在对连接交互连接设备的“结构”管理问题。交互连接设备没有给出关于“结构”的信息，“结构”管理是元件管理的主要任务之一。两个基本的技术用来管理“结构”：带内管理和带外管理。

（1）带内管理

带内管理是指设备和管理软件之间直接传输管理信息。它使用称为 SCSI Enclosure Services 的协议跨越纤维通道进行传输。带内管理是在存储设备和交换机之间进行，通过带内管理，交换机获得关键的基于拓扑结构的信息，再以智能的方式路由信息和需求。带内管理的缺点是，如果纤维通道连接失败就没有办法获得管理信息。没有信息，对出问题的局部网络隔离本身就成为问题，而且还会失去对设备的访问。最简单的解决办法是在设备和交换机之间配置冗余的线路。

带内管理可以让用户查询特殊的基于属性的信息，一方面可以为特定的错误来规划错误修正方案，另一方面可以分析不同属性的相互依赖关系。带内管理通过 SAN 进行，因此不需要任何额外的配置，不需要与 LAN 通信。

（2）带外管理

带外管理是通过基于 TCP/IP 的连接来收集管理信息。SNMP 是用来实现管理设备间的通信协议。带外管理能让用户在完全不需要依赖“结构”拓扑结构的情况下获得管理信息。然而，带外管理的问题是它不能自动地生成 SAN 拓扑结构映射，用户需要使用额外的 MIB 来确保带外管理信息可以被监测。

实现带外管理的问题是设备不能直接连接到 LAN。然而，尽管具有这些缺陷，使用带外管理和带内管理仍是可取的，这保证了用户总能获得所需的管理信息来确保网络得到持续的监测。

11.6.3 网络存储的管理阶段

网络存储管理过程开始于网络存储真正实现之前，并且只要存储在网络中存在就一直持续下去。设备安装和配置网络应该是存储管理的第一步，因为设备的配置决定了要采用的管理策略，所以安装过程可以说是网络存储管理的一部分。

网络存储管理像其他现代化管理系统一样，要保证自身不过时，这是因为电子设备总是处在不断研发中，管理系统要对还不存在的设备可能的故障和停工期进行一定的前期预测，以保证对设备的持续监测。

一个稳定的网络存储管理策略可以持续地监控组成网络存储的设备。下面是管理策略要经历的几个阶段：

（1）资源管理，即监测和管理网络存储中的不同设备。

（2）问题发现，即监测设备故障。

（3）问题隔离，即识别问题的真正起因，预备一个临时的修理方案。

（4）问题诊断，即对导致问题的因素进行详细研究并解决它。

（5）预报和防护，即监测网络中可能出现的属性异常。这是一种预防性的管理。

11.6.4 网络存储的分级管理

网络存储管理是保证用户最优利用数据资源的重要因素，这意味着用户不仅需要管理数据存储的不同进程，例如备份、数据移动和数据共享，而且还需要管理组成存储的设备，设备的管理可以分为存储级管理、网络级管理和企业级管理。

1) 存储级管理

网络存储管理涉及存储资源的管理，各个管理级别的目标是保证对存储资源的最优利用。存储级管理主要是对存储子系统、主机的连接和交互连接设备的连接的优化。

网络存储可以进行高度扩展，这意味着用户可以在网络中增加设备来扩展存储的容量，然而，当用户增加设备时，网络不能自动识别它。通常，当用户增加一个新的设备时，系统承认额外的存储容量得到增加，但文件系统不承认存储空间附加字节的有效性。尽管客户端和操作系统承认额外的存储空间，但它们却无能为力。为了使文件系统承认增加的存储空间，用户仍需要使用一个卷和文件管理系统。通过卷和文件管理系统，用户能够对存储空间根据存储系统中不同操作系统予以分段。用户每增加一个新的设备，都把该设备分区或分段以服务于不同的操作系统环境。

用户能在逻辑上分割存储设备以满足网络中的不同网段。分区（Zoning）不是存储区域网络物理上的分割，而是基于软件的分割。分区是一个软件特性，它是通过配置可访问设备的端口来管理存储网络中的设备。

进行分区的主要原因是为了存储系统的安全和管理的方便，使得网络存储设备中的数据是高效的。这是因为分区为用户真正提供了一个异构但仍然安全的存储环境，通过一个有效的系统来管理和控制对数据的访问，避免网络中的所有设备访问所有存储设备中的所有数据。达到让用户在操作系统平台的基础上组织设备和存储空间的目的。

一个分区(Zones)是一组能通过端到端连接互相访问的设备。当用户用一定数量的设备创建一个分区时，仅仅这些设备才允许互相通信，这意味着一个非分区成员的设备不能访问属于分区的设备。

如果用户已经计划好了怎样配置网络和设备分区，就可以选择软件分区或硬件分区进行识别分区。

软件分区通过一个称之为实用命名服务器的数据库在控制器或交换机上配置端口或 WWN(网络全局名称)，这个过程也称为命名服务分区。它可以混合使用设备识别方法。软件分区的惟一的问题(或主要的问题)是一些 HBA 不支持它，这些 HBA 不能容忍分区的限制，这将导致问题的出现。

在这种情况下，用户必须使用硬件分区。硬件分区是用一个路由表来规定包含在分区中 WWN。在硬件分区中，路由表位于控制器或交换机上，所有的设备必须在路由表中引用，并且必须经过路由表，以便让控制器或交换机来使分区生效，以控制数据传输。硬件分区的问题是它不提供用户替换设备的灵活性。它只接受 WWN，而且不能通过它们的端口号引用设备。

分区的好处：分区能让用户通过配置端口或逻辑路由来调整对设备的访问。除了创建分区来限制对特定设备的访问外，用户还可以使用分区来防止非成员访问分区中的设备。分区还能用于创建用户子群，授予其特殊的访问权限，访问特定的分区或多个分区，有权使用和修改(如果允许的话)分区存储设备上的数据。

分区还用于对存储空间分段以适合网络中的不同平台，这样在一个真正异构的环境中，Windows NT 系统不会改变以 UNIX 文件系统格式存储的任何信息。最简单的系统将分割不同的存储设备，并分配给基于不同网络平台的各分区。然而用户可能有太多的设备，用户更可能有一个或两个大块的存储子系统(可能是基于 RAID 的系统)。在这种情况下，分区能帮助用户分离存储区域到每个分区，这个特性与 LUN 结合在一起可以创建一个安全系统来隔离子系统中的存储。但是，每一种基于网络平台的分区都要配置一个相应的控制器。

2) 网络级管理

在小型网络中，通常仅有单个提供商的设备，用户既不可能花太多的时间来纠正网络存储中的错误，也不可能奢望有单独的一组专业人员来管理网络存储配置。在这种情况下，用户将以这样的方式配置网络存储，即把管理网络存储的困难降到最小。

使网络管理相对容易的方法是使用通常用于标准网络(LAN)的协议和管理系统。在大多数 LAN 中，TCP/IP 协议用于通信，而 SNMP(TCP/IP 协议组的一部分)用于网络管理。

(1) 简单网络通信

简单网络管理协议(SNMP)是一个基于 IP 的协议,它使网络设备彼此之间可以交换管理信息,使网络管理员能够获得设备的状态信息、参数信息,管理网络的性能,定位和解决网络故障,进行网络规划。SNMP 的网络管理是由三个关键元素组成:被管理的设备(网元)、代理(agent)、网络管理系统(NMS,Network－Management System)。

网元是管理网中包括一个 SNMP 代理的网络节点,它可以是路由器、接入服务器、交换机、网桥、hub、主机、打印机等网络设备。网元负责收集和存储管理信息,使其为 NMS 可用。代理是位于网元中的一个网络管理软件模块,它掌握本地的网络管理信息,并将此信息转换为 SNMP 兼容的形式,在 NMS 发出请求时做出响应。NMS 监控和管理网元,提供网络管理所需的处理和存储资源。广义的网络管理系统应该包括一个管理网中的所有软硬件设备以及管理信息库和网络管理协议,而这里的 NMS 实际上是指网络管理员与网络管理系统的接口。一个管理网中可以存在多个 NMS。

目前 SNMP 已成为网络管理领域中事实上的工业标准,大多数网络存储设备都支持 SNMP,大多数网络管理系统和平台都是基于 SNMP 的。

(2) 网络数据管理协议

网络存储是为了提供一个安全的和有效的方法来存储和管理网络中的信息。为了保证管理得到简化,用户对这些信息要集中控制和处理,目前是通过一个独立于操作系统的解决方案来实现的。

网络数据管理协议(NDMP)是基于网络的协议,能让用户为执行集中的备份在不依赖于操作系统的情况下进行通信。通过独立于操作系统的限制,NDMP 能让用户在企业级中集中备份,因此创建了一个真正异构的存储环境。

NDMP 提供了一个公共的接口来在备份过程中控制数据流。在通常的备份结构中,备份软件用来控制正在备份的数据和维护数据目录。为实现这个结构,不同的提供商使用了不同的协议来控制数据流。通过 NDMP,软件和硬件提供商为网络存储设备建立一致的客户端接口,而且接口可跨越平台使用,这降低了总费用。

3) 企业级管理

从一个真正实用的角度出发,用户仅需要研究和使用用来帮助管理网络存储的管理软件就可以。一个典型的网络存储环境有大量的设备在不同的位置上展开,当试图管理一个企业的网络存储拓扑结构时,企业管理工具应该以用户容易理解的方式提供数据。

一个企业的网络存储拓扑结构有多个网络存储设备,都提供状态数据和其他管理数据给集中的管理应用程序。不同的设备可能来自不同的提供商,并且有自己的管理应用程序,用户要在网络中配置的企业管理系统必须能从每个管理系统或直接从设备来收集管理数据,并分析消化这些数据。

企业管理系统不仅要管理实际的真实数据,而且对各个网络中的管理信息也要管理,两者同样重要。网络中的管理信息以不同的形式存在,并来自不同的设备,消化这些分类的信息可以帮助管理系统解释获得的数据。公共接口模型(CIM)能帮助管理系统从不同的管理应用程序综合数据,它让用户拥有分布式的管理系统和网络。

使用一个企业管理系统的好处是降低了设备费用和管理费用。它让用户的大多数管理任务实现自动化,从而减轻管理的负担。它还能让用户在企业网络中集成备份平台,企业管理系统的最重要特性是超越不同的操作系统,提供了一个真正的独立于平台的统一管理系统,实现用户跨平台备份的标准化,可以合并操作和集中控制。

除了扩展性外,很多组织采用网络存储的第二个原因是保证数据的安全。一个网络存储系统是一个允许很多用户访问存储设备中的数据的网络,作为一个异构的存储环境,数据安全性的威胁是存在的。

如果网络存储不允许客户端直接访问,那么对来自网络客户端系统的攻击是能很好的防止的,只要网络存储的服务器不被破坏,网络存储就是安全的,但是如果安全等级不高,服务器例如应用服务器或文件服务器可能被破坏。

网络存储还通过确保网络中的所有系统被正确地备份来帮助保护用户的网络。传统的备份工具是在操作系统共享访问的基础上备份数据。在大多数现代企业管理系统中,客户端软件能用来进行完整的和可靠的数据备份。在传统的系统中,仅仅一般的数据可以备份,关键的系统和安全性数据不能备份。当用户在系统破坏之后想要恢复系统时,就会产生问题。客户端软件确保用户能备份整个系统,并有效地创建一个系统的镜像,让用户能快速地恢复数据。

习题 11

1. 名词解释:DAS,NAS,SAN。
2. 试举 RAID 技术的几个级别并说明其特点。
3. 试述 NAS 的特性。
4. NAS 采用了哪几种协议?试述之。
5. 试述 FC,iSCSI,InfiniBand(IBA)在 SAN 中的应用。
6. 试对 NAS 和 SAN 进行比较,并对两者的融合说说自己的认识。
7. 试述网络存储管理的重要性。
8. 网络存储管理的任务是什么?

附录：标记语言简介

● 标准通用标记语言 ● 超文本标记语言
● 可扩展标记语言 ● 标记语言家族一览

1 认识标记语言

数字化信息资源的组织必须按照某种格式和标准进行，这就需要对信息描述语言进行标准化，因为只有描述语言的标准化，才能实现用户和系统以及系统和系统之间的有效沟通。标记语言(Markup Language)就是在这种需求下产生的一种有效的数字化信息资源描述语言，它不同于一般的控制流程序设计语言，基本上可以被视为是一种数据流的文档结构描述语言。在计算机处理过程中，标记语言的标记既可以作为数据，也可以作为控制语句来使用。

认识标记语言的前提，是理解“标记”(mark up)二字的含义。“标记”的一个精确定义是：就数据本身的信息对数据进行编码的方法。这是一个比较抽象化的定义，但是在现实生活中，“标记”却一点儿也不抽象，我们只须看看下面这个例子就明白了。

读书时，我们常常会对课本上的某些句子做出标记，如在下面划线来突出这些内容的重要性。这样在复习时，只要跟着这些标记，就可以迅速地把全书的重要内容一览无遗。其实，这就是一个通过标记这些内容，将课本中重要内容“标记”的过程。

从这个例子中我们可以得到两点启示：当我们需要通过标记将有用的信息告知一组用户时，首先，必须有一个标准，用它来描述什么是有效的标记。在上面的例子中，标记被定义为在文字下面划线；其次，还要有一个标准描述每个标记的具体含义。上面例子中的下面划线的含义是指这些句子很重要。

同样，“标记”的应用在计算机世界中也甚为广泛。文字编辑器借助标记来定义格式与外观，通信程序依靠标记来理解线路上所传输的信息的语意，数据库通过标记来将数据字段与一定的含义相连，并表明字段之间的关系，多媒体应用中标记则用来标示什么是图像和声音的源数据。当这些数据被传送给计算机或应用程序时，它必须自身携带一些必要的信息，以表明这些数据的含义，以及接收者应该如何处理这些数据。可以想像，到了考试期间，如果你的课本上没有任何重点标记，你只能对着它望洋兴叹。同样，如果数据中不带有任何背景信息，应用程序也只能对它望洋兴叹！这就是标记语言存在的重要意义。

2 标准通用标记语言简介

2.1 什么是标准通用标记语言

1969 年，IBM 设计了一种文档系统，通过在文档中附加一种标签，标识文档中的每种元素，用来解决不同系统中文档格式不同的问题，它在各文档间共享一些类似的属性（诸如字体大小和版面），允许文本编辑、检索与格式化等子系统共享文档。不过，文档的显示和打印会或多或少地依赖特殊的硬件，需要不同的计算机系统提供专门的软件来显示和打印文档。IBM 把自己这种标识语言称作通用标记语言（Generalized Markup Language），即 GML。GML 是 IBM 许多文档系统的基础，包括 Script 和 Bookmaster。当时 IBM 并没在 GML 上做太多工作，直到 1986 年国际标准化组织（ISO）认为 IBM 提出的概念很好，并发布了为生成标准化文档而定义的标记语言标准（ISO 8879），称为新的语言 SGML，即标准通用标记语言（Standard Generalized Markup Language，简称 SGML）。

从字面上看，标准通用标记语言是一种适合书目、文献全文、电子文献及多媒体信息描述的标准。它是一种通用的文档结构描述标记语言，主要用来定义文献模型的逻辑和物理类结构。具体而言，SGML 通过利用通用方式和元标识（描述其他数据的数据）语言对文献内容和结构进行标记，实现对各类文献结构和内容的系统化、标准化描述，从而建立起通用数字信息。SGML 作为通用地描述各种电子文件的结构及内容的国际标准，为创建结构化、可交换的电子文献数据库提供了依据。同时，SGML 也可用于创建成千上万的标记语言（如超文本标记语言 HTML、可扩展标记语言 XML 等），它为语法标记提供了异常强大的工具。此外，SGML 具有极好的扩展性，因此在分类和索引数据中非常有用。

2.2 SGML 程序的组成

一个 SGML 语言程序，要由三部分组成，即语法定义、文档类型定义（Document Type Definition，简称 DTD）和文件实例。语法定义，定义了文档类型和文件实例的语法结构；文档类型定义，定义了文件实例的结构和组成结构的元素类型。文件实例是 SGML 语言程序的主体部分。

语法定义是说明 DTD 和文件实例所使用的语法，其中包括文件和语法元素使用的字符集、定界符和命名规则、名字字符的使用、保留名的替换、可选的特征，如是否允许标记省略或子文件出现。另外，此声明还指出系统的一些数量特征，称为容量集，例如名字允许的最大长度。SGML 这部分体现了“抽象语法”的思想，即对于不同的系统环境、民族习惯及键盘设置，SGML 的语法是可以改变的；DTD 的主要作用是定义一类文件的结构。在 DTD 中说明此类文件中有哪些元素、元素类型（Element Type）、属性（Attributes）、实体（Entities）和符号（Notations）的定义等等；文件实例是文件实际要表达的信息，是由文件数据内容和描述结构的标记组成。

也就是说，我们在编写一个 SGML 程序时，首先要进行 SGML 语法定义，但对于只由一个系统处理的 SGML 文件也可隐含 SGML 语法定义。通常，一个 SGML 语法定义也代表着一个 SGML 处理系统的特征与性能。在具有相同的 SGML 语法定义的情况下，可定义不同的 DTD，每个 DTD 定义的是一类 SGML 文件实例。而 XML 文件就不同了，它对语法定义大大地进行了简化，许多 SGML 语法定义中的内容都已作为 XML 标准的一部分内容被固定下来，但 XML 还是有充分的灵活性定义 DTD。而对于 HTML 来说，DTD 则已经是固定的了。图附.1 说明了 SGML、HTML 和 XML 文件组成的不同。

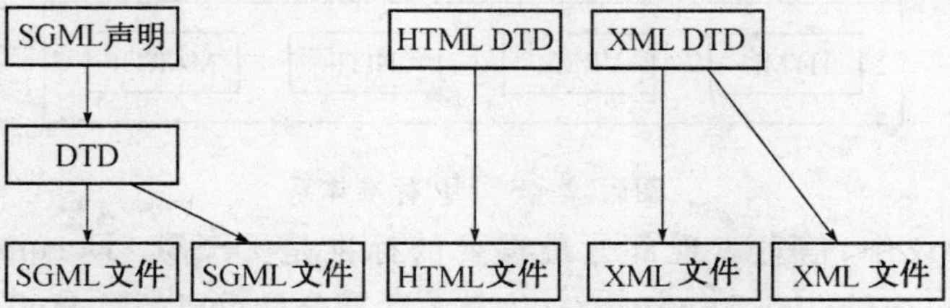

图附.1　SGML、HTML 和 XML 文件组成

2.3　SGML 标准体系简介

SGML 标准的体系可分为三个层次：第一层次是元语言标准——SGML 标准；第二层次是基础标准，如：文档样式语义与规范语言标准(DSSSL)等，是该体系的基本标准；第三层次是具体的应用标准，如：Internet 上已广泛应用的 HTML 等标准。也就是说，在 XML 标准出现之前，SGML 标准已经形成了完善的体系，并有许多建立于其上的应用系统与应用标准。如图附.2 所示。

在此，我们重点介绍一下居于中间层的基础标准，这些基础标准可分为三类：信息描述标准、信息表现标准和信息关联标准。

(1) 信息描述标准：这一类标准是与 SGML 标准本身直接相关的标准，如：SGML 公共标识符注册标准(ISO 9070)、SGML 技术报告(ISO TR 9573)、SGML 一致性测试系统标准(ISO/IEC 13673)、文档处理 APIs 标准等等。

(2) 信息表现标准：这一类标准是关于组合文档、超媒体文档的描述与处理的标准。如：文档处理框架与逻辑文档格式化、多语种字体信息、信息交换与服务等等。具体标准包括：文档样式语义与规范语言标准 DSSSL(ISO/IEC 10179)、标准页面描述语言 SPDL(ISO/IEC 10180)、字体标准 Fonts(ISO/IEC 9541)、字体注册标准 Font Registration(ISO/IEC 10036)等等。

(3) 信息关联标准：这一类标准是关于基于 SGML 进行信息管理与交换的标准，如：信息的链接与定位、基于时间的信息管理、知识结构与索引的表示法、交互式文档中的动作管理。具体的标准包括：超媒体/基于时间的结构化语言标准 HyTime(ISO/IEC 10744)、基于主题的地图导航标准(ISO/IEC 13250)、可更改交互文档交换标准 ISMID。

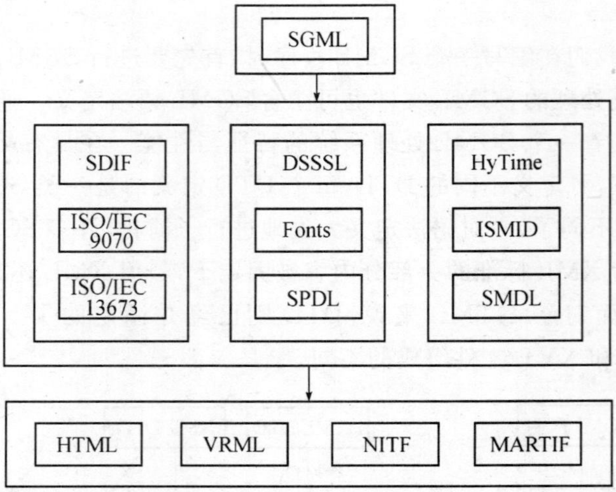

图附.2　SGML 标准体系

在这些协议中，信息表现部分最重要的标准是 DSSSL(Document Style Semantics and Specification Language)，信息关联部分最重要的是 HyTime(Information processing — Hypermedia/Time—based Structuring Language — 2d edition)。这两个标准也是对 XML 标准体系中影响最为深刻的两个。其中前者是一种与平台无关的进行 SGML 文件处理的语言，主要包括转换语言、样式语言、表达式语言和标准文档查询语言(SDQL)，XML 相关标准中有很多内容是从 DSSSL 中继承过来的。后者则定义了一个元素类型的集合，以便使用者可以利用这些类型，以一种标准的方式，在已有的 SGML 文档中提供超链及其他功能。在 XML 相关标准中对此也做了继承。

2.4　SGML 的不足之处

SGML 在其开发之初，是以作为一种规范性的标准为出发点的，因而重视详尽性，而忽视实用性成了它的致命弱点，可以这样说，SGML 从来没有在网络上广泛应用过。具体而言，第一、SGML 是一个严格而完整的系统，方便软件应用并不是它的首要任务，所以 SGML 非常复杂，其复杂程度对于网络上的日常应用简直不可思议；第二、SGML 十分庞大，既不容易学 ，又不容易使用，在计算机上实现十分困难；第三、在 SGML 中有许多语法语义标准，它们既不方便而且消耗昂贵，这导致开发 SGML 软件非常昂贵。目前比较便宜的 SGML 软件之一是 Adobe FrameMaker，其标准版本价格为 850 美元，而 Adobe FrameMaker＋SGML 是以 1995 美元售出的；第四，种种不足，导致了几个主要的浏览器厂商都明确拒绝支持 SGML，这无疑造成了 SGML 在网上传播的最大障碍。

鉴于以上因素，SGML 已明显不适用于网络社会的需要，“如何使 SGML 能成功地运用于网络?”，这一问题已自然而然地提上了议程。1996 年 8 月，GCA(图形通信协会)召集 SGML 开发者们举行了一次会议，与会者明确表示 SGML 在某些方面已经落伍了，这些种种不足已经成为了它广泛传播的障碍，讨论的结果认为有必要考虑怎样修补 SGML。

3　超文本标记语言简介

3.1　什么是超文本标记语言

网络技术发展到今天,已经渗透到社会生活的每一个角落。而令网络如此平易近人,为大众所接受,单靠 TCP/IP 是远远不够的,由此在 1989 年 HTML(Hyper Text Markup Language,超文本标记语言)便应运而生,并以其简单精练的语法、极易掌握的通用性与易学性,使 Web 网页可以接近每一个普通人,互联网也才得以普及发展以至今日的辉煌。HTML 是一种用来制作超文本文档的简单标记语言,其目的在于运用标记(tag)使文件达到预期的显示效果。它描述了一系列标签,每个标签表明了一定的显示格式。被标记后的文件(即同时包含了纯文本和关于文本显示格式的标签的文件)由一个 HTML 处理工具(如一个浏览器)进行读取,然后再根据上述标记规则来加以显示。

用 HTML 编写的超文本文档称为 HTML 文档,HTML 文档(即 Homepage 的源文件)是一个放置了标记的 ASCII 文本文件,通常它带有. html 或. htm 的文件扩展名,HTML 的格式非常简单,只是由文字及标记组合而成,在编辑方面,任何文字编辑器都可以,只要能将文档存为文本格式即可,用专门的网页编辑工具当然更好。一般来讲,生成一个 HTML 文档主要有以下三种途径:①手工直接编写(例如用 ASCII 文本编辑器或其他 HTML 的编辑工具);②通过某些格式转换工具将现有的其他格式文档(如 WORD 文档)转换成 HTML 文档;③由 Web 服务器(或称 HTTP 服务器)一方实时动态地生成。

而 HTML 是专为 Web 上发布超文本而设计的标记语言,它是用 SGML 定义标记语言的一个典型例子。HTML 语言免费、简单,在世界范围内得到了广泛的应用。自 1990 年以来,HTML 就一直被用作 World Wide Web 上的信息表示语言,用于描述 Homepage 的格式设计和它与 WWW 上其他 Homepage 的联结信息。它侧重于主页表现形式的描述,大大丰富了主页的视觉、听觉效果,为推动 WWW 的蓬勃发展、推动信息和知识的网上交流发挥了不可取代的作用。可是,HTML 也有几个致命的弱点,这些弱点逐渐成为 HTML 继续发展应用的障碍。

3.2　超文本标记语言的缺陷

HTML 只使用 SGML 中很少一部分标记,例如 HTML 3.2 定义了 70 种标记。为了便于在计算机上实现,HTML 规定的标记是固定的,即 HTML 语法是不可扩展的,它不需包含 DTD。HTML 这种固定的语法使它易学易用,在计算机上开发 HTML 的浏览器也十分容易。正是由于 HTML 的简单性,使 Web 技术从计算机界走向全社会,走向千家万户,Web 的发展如日中天。但是随着 Web 应用的越来越广泛,HTML 过于简单的弱点也越来越明显了,已经不能满足用户的要求了。具体表现如下：

(1) 链路丢失后不能自动纠正：由于许多页面的 URL 地址经常变化，当你浏览这些页面时就会遇到烦人的 URL 地址未找到信息。所以你不得不手工一个个地更改链接相关页面的 URL 地址，这大大加重了 Web 页面的维护工作量。

(2) 动态内容需要下载的部件太多：HTML 建立的页面目前还不能对其页面的外观属性，例如色彩、字体、背景等实现更新，你只能重新下载一个新的页面或 Java 部件。但 Java 保存的数据搜索引擎是无法访问的，所以在 HTML 页面中使用 Java 来显示动态内容也不是灵丹妙药。

(3) 搜索时间长：由于 HTML 页面没有类似于数据库的结构，在这样的文档资料中搜索目标时需要对全部页面的所有内容扫描，往往检索出一大堆与主题词无关的内容，这是因为 HTML 无法区分信息与元信息而造成的。而且 HTML 不支持信息嵌套体系结构，因而限制了全文检索功能。

(4) HTML 缺乏对双字节或多国文字的支持，或者说支持不够。例如中文信息页面在不同的平台下会出现格式不齐等问题。

(5) HTML 对表现形式的描述能力实际上也还非常不够，它无法描述矢量图形、科技符号和一些其他的特殊显示效果，如科学家无法用 HTML 书写数学公式、化学方程式以及分子晶体结构。

(6) HTML 可扩展性差：HTML 是一种预定义标记语言，它的 tag 的集合是固定的，它只认识诸如<html>、<p>等已经定义的标记，对于用户自己定义的标记是不认识的，也即是用户不能根据自己的需要新增 tag。

(7) 虽然 HTML 语言描述了文档的结构格式，但并不能精确地定义文档信息必须如何显示和排列，而只是建议 Web 浏览器(如 Mosiac，Netscape 等)应该如何显示和排列这些信息，最终在用户面前的显示结果取决于 Web 浏览器本身的显示风格及其对标记的解释能力。这就是为什么同一文档在不同的浏览器中展示的效果会不一样的原因。

(8) 以 HTML 作为数据标准，网络上的应用程序依赖服务器上的 CGI(公共网关接口)脚本来处理网页上的数据。这样的结构是非常清晰的，但 HTML 却使在服务器的一端要处理的数据量过大，这使得网络速度降低，效率不高。

(9) HTML 只是一种表达的技术，它并不一定能揭示。HTML tag 中说揭示的含义，举一个最简单的例子：<h2>Apple</h2>这句话在网络浏览器中有特定的表现，但是 HTML 却并没有告诉我们它到底是什么。Apple 只是一个英文单词罢了，它在不同的环境之下可能会有不同的意义：是一个计算机公司，一个水果，还是一个姓氏。HTML 并没有告诉我们 Apple 具体的内容。

(10) HTML 是专门为描述主页的表现形式而设计的，它疏于对信息语义及其内部结构的描述，不能适应日益增多的信息检索要求和存档要求。

(11) 为满足网络发展的需要，HTML 的标记集日益臃肿，而其松散的语法要求使得文档结构混乱而缺乏条理，导致浏览器的设计越来越复杂，降低了浏览的时间效率与空间效率。

正因为如此，1996 年人们开始致力于描述一个标记语言，它既具有 SGML 的强大功能和可扩展性，同时又具有 HTML 的简单性。

4　可扩展标记语言简介

4.1　可扩展标记语言的产生

随着 Web 的应用越来越广泛深入，人们渐渐觉得 HTML 不够用了，HTML 过于简单的语法严重地阻碍了用它来表现复杂的形式。尽管 HTML 推出了一个又一个新版本，已经有了脚本、表格、帧等表达功能，但始终满足不了不断增长的需求。另一方面，这几年来计算机技术的发展也十分迅速，已经可以实现比当初发明创造 HTML 时复杂得多的 Web 浏览器，所以开发一种新的 Web 页面语言既是必要的，也是可能的。

有人建议直接使用 SGML 作为 Web 语言，这固然能解决 HTML 遇到的困难。但是 SGML 太庞大了，用户学用不方便尚且不说，要全面实现 SGML 的浏览器就非常困难，于是自然会想到仅使用 SGML 的子集，使新的语言既方便使用又容易实现。正是在这种形势下，国际互联网联盟 W3C(World Wide Web Consortium)建议使用一种精简的 SGML 版本，使它既具有 SGML 的强大功能和可扩展性，同时又具有 HTML 的简单性。

于是，1996 年 7 月由一些 SGML 结构信息专家向 W3C 提出了"网络上的 SGML 计划"，考虑将 SGML 移植到 Web 上，并命名为"可扩展标识语言(Extensible Markup Language，简称 XML)"。对 XML 制定具体目标如下：

① XML 应该可以在互联网上直接使用(就像 HTML 那样好用)；

② XML 应该支持各种不同的应用方式(不但包括浏览，还包括对内容的分析)；

③ XML 应该与 SGML 兼容；

④ 处理 XML 文件的应用程序应该容易编写；

⑤ XML 中的可选特性的数量应该减到最小，最好减至没有(可选特性经常造成混淆)；

⑥ XML 文件应该具有良好的可读性，并且比较清晰(不要像 HTML 那样，如果不借助浏览器，要想读它需要很大的耐心)；

⑦ 用 XML 设计新的标记语言应该方便快捷(不必再去经历标准制定的繁琐程序)；

⑧ XML 设计的标记语言应该正式、简洁；

⑨ XML 文件应该容易编制；

⑩ XML 标记的简洁性并不重要(不必再去费尽心机减少标记)。

1996 年 11 月提出 XML 草案标准，它删除了 SGML 中所有非核心的、未被使用的和含义模糊的部分，对于 XML 的描述只有 26 页，而当初的 SGML 的描述却长达500页之多。尽管篇幅只是SGML的1/20，但SGML中所有的精华都被保留了下来。1998年10月XML1.0版本被W3C联盟正式批准并公布实施，至此，XML应运而生了。从这一发展过程来讲，我们也可以称SGML和HTML为可扩展标记语言(XML)的先驱。

4.2 认识可扩展标记语言

像SGML和HTML一样，可扩展标记语言XML也是一种标记语言，它通过在数据中加入附加信息的方式来描述结构化数据。不过，XML并非像HTML那样，只提供一组事先已经定义好的标记。准确地说，它是一种元标记语言，根据它提供的标准，你可以根据实际需要定义自己的新的标记语言，并为你的这个标记语言规定它特有的一套标记。

在XML中，标记的语法是通过文档类型定义DTD(Document Type Definition)来描述的。也就是说，通过DTD来描述什么是有效的标记，并进一步定义标记语言的结构。除了定义标记的语法外，为了明确各个标记的含义，XML还使用与之相连的样式单(style sheet)来向应用程序(如浏览器)提供如何处理显示的指示说明。一言以蔽之，XML是通过数据文档、DTD、样式单三个分离的部分来描述数据的。另外，你也可以将URL地址定义在DTD文件中，当Web主页地址发生变化时，你只需改动DTD文件中的定义即可，而不必一一在HTML文档中改变URL地址，从而使Web的维护更方便，用户也不会遇到URL地址找不到的信息，这样一来，Web的应用更稳定。并不是所有的DTD文件都要下载到客户端，已经制订成为标准的协议，是不需要DTD文件的。

除了DTD外，XML的另一个突出之处，就是其样式单(Style Sheet)，它是一种专门描述结构文档表现方式的文档，它既可以描述这些文档如何在屏幕上显示，也可以描述它们的打印效果，甚至声音效果。样式单一般不包含在XML文档内部，而以独立的文档方式存在。

与HTML描述数据显示方式的传统方法相比，样式单有许多突出的优点：①表达效果丰富。目前，样式单可以支持文字和图像的精确定位、三维层技术以及交互操作等，对于文档的表现力远远超过HTML中的标记。更重要的是，样式单的标准规范独立于其他结构文档的规范，当需要实现更丰富的表达效果时，仅需修改样式单规范即可，不会牵涉到原始的XML文档内容。② 文档体积小。在实际应用中，常常给相同名称标记下的内容定义相同的表现方式，使用传统的方法需要在每个标记中予以描述，造成大量的重复定义。而在样式单中，对于同一个标记只需进行一次描述就足够了，大大缩小需要传输的文件的体积，可提高传输速度，并节约带宽。③ 便于信息检索。样式单可以实现非常复杂的显示效果，但由于样式描述与数据描述相分离，显示细节的描述并不影响文档中数据的内在结构。因此，网络搜索引擎对文档进行搜索时，不会被种种显示描述标记所迷惑。④ 可读性好。样式单对各种标记的显示进行集中定义，且定义方式直观易读。这使得它易学易用，可读性、可维护性都比较好。同时XML文档也相对简洁、清晰，突出对内容本身的描述功能。

正是由于样式单的这种种优点，W3C 大力提倡使用样式单描述结构文档的显示效果。与之相应，XML 关于文档浏览的基本思想是将数据与数据的显示分别定义。这样一来，XML 格式文档不会重蹈某些 HTML 文档结构混杂、内容繁乱的覆辙，XML 的编写者也可以集中精力于数据本身，而不受显示方式的细枝末节的影响。不仅如此，样式单还带来另一个好处，即定义不同的样式表可以使相同的数据呈现出不同的显示外观，从而适合于不同应用，甚至能够在不同的显示设备上显示。这样，XML 数据就可以得到最大程度上的重用性，满足不同的应用需求。

此外，为了使 XML 易学易用，XML 精简了一大批 SGML 难得用一次的功能。正如几十万汉字中常用的只不过 8 千，SGML 常用的部分只占 20%，XML 抛弃了 SGML 中不常用的部分，使它一下就精简了 80%。同时，XML 设计中也考虑了它的易用性，易用性来自两个方面：一方面用户编写 Web 页面方便，另一方面设计人员实现 XML 浏览器也不太困难。

由以上分析可以看出，XML 是一个精简的 SGML，它将 SGML 的丰富功能与 HTML 的易用性结合到 Web 的应用中。XML 保留了 SGML 的可扩展功能，这使 XML 从根本上有别于 HTML。XML 要比 HTML 强大得多，它不再是固定的标记，而是允许定义数量不限的标记来描述文档中的资料，允许嵌套的信息结构。HTML 只是 Web 显示数据的通用方法，而 XML 提供了一个直接处理 Web 数据的通用方法。HTML 着重描述 Web 页面的显示格式，而 XML 着重描述的是 Web 页面的内容。

4.3 可扩展标记语言的特点

在结合考虑 SGML 和 HTML 的基础上诞生的 XML，对前面两者做了优化继承，这点在前面的分析中不难看出，因而 XML 具备的优点也就十分显而易见。

(1) 良好的可扩展性。正如 Java 让使用者声明它们自己的类，XML 让使用者创建和使用它们自己的标记，而不是像 HTML 那样，使用有限词汇表。具备了这样的可扩展性，XML 就能允许各个不同的行业根据自己独特的需要制定自己的一套标记，甚至特定的行业一起来定义该领域的特殊的标记语言，作为该领域信息共享与数据交换的基础。同时，它并不要求所有浏览器都能处理这成千上万个标记，同样也不要求一个标记语言能够适合各个行业、各个领域的应用，这种具体问题具体分析的方法更有助于标记语言的发展。

(2) 良好的自描述性。XML 文档通常包含一个文档类型定义(DTD)，因而 XML 文档是自描述的。不仅人能读懂 XML 文档，计算机也能处理。XML 文档中的数据可以被任何能够对 XML 数据进行解析的应用所提取、分析、处理，并以所需格式显示。XML 表示数据的方式真正做到了独立于应用系统，因而它适合于开放式的信息管理系统。XML 中信息的显示方式已经从信息本身中抽取出来，放在了“样式单”中。这样内容与形式的分离，便于信息表现方式的修改，便于数据的搜索，也使得 XML 具有能够描述信息本身的含义甚至它们之间的关系。因为它的自描述性，文档里的数据可以由 XML 根据应用的需要，来创建、查询和更新，跟处理传统的关系型数据库、面向对象数据库里的数据类似。XML 甚至还能用来表示那些以前不被看做文档，但是对传统的数据库来说又过于复杂而难以处理的数据。所以，XML 文档被看做是文档的数据库化和数据的文档化。

(3) 遵循严格的语法要求。XML 它不但要求标记配对、嵌套，而且还要求严格遵守 DTD 的规定。如果语法有丝毫差错，分析器都会停止对它的进一步处理，相应地，除了错误提示外，你看不到任何的显示信息。但 HTML 就不同了，它的语法要求并不严格，浏览器可以显示有文法错误的 HTML 文件。举例来说，对于任何一个 XML 文件，处理指示都是必须的。而如果一个 HTML 文件没有开始标记〈HTML〉，在大多数浏览器中仍能通过。因为浏览器通常具备一个内置的修改功能去猜测 HTML 文件中漏掉了什么，并试图修改这个有误的文件。XML 分析器，无论是内嵌于浏览器还是作为独立的处理器，绝对不允许修改。就像我们编译一个程序一样，一个 XML 文件或者被判别为“正确”而被接受，或者被判别为“错误”不予运行。这看上去可能有些武断，不过想想 XML 的宗旨在于通过非标准的标记传递结构化的数据，一个分析器无法像处理一个已有了一套固定 DTD 的 HTML 文件那样猜出到底有什么，又缺什么。这从另一个方面，也增加了网页文档的可读性和可维护性，也大大减轻了浏览器开发人员的负担，提高了浏览器的时间空间效率。

(4) 便于不同系统之间信息的传输。当今的计算机世界中，不同企业、不同部门中存在着许多不同的系统。操作系统有 NT、UNIX，数据库系统有 SQL Server、Oracle 等等，要想在这些不同的平台、不同的数据库软件之间传输信息，不得不使用一些特殊的软件，非常之不便。而不同的显示界面，从工作站、个人微机到手机，使这些信息的个性化显示也变得很困难。现在有了 XML，它不但简单易读，而且可以标注各种文字、图像甚至二进制文件，只要各种不同的系统之间，采用 XML 作为交流媒介，就可以轻松地读取并利用这些数据，所以说，XML 是一种非常理想的网际语言。

(5) 具有较好的保值性。XML 的保值性来自它的先驱之一——SGML 语言。SGML 是一套有着十几年历史的国际标准，它最初设计的一大目标就是要为文件提供 50 年以上的寿命。不要小看文件的寿命问题，想想我们之所以知道我们祖先的悠久而辉煌的历史，靠的是流传至今的大量历史文献；同样，我们的后代也要靠我们留下的文字资料来了解我们。可是现在大部分资料都是电子文档的形式了，是要靠一定的设备和相应的软件来读取的，假定 50 年以后，我们的子孙面对留下的一大堆用 Word98 写的文档，苦于没有软件工具能够打开(我们现在已经很难打开当初用 WordStar1.0 写的文件了)，那么它们如何了解今天的历史？因而，可以说是良好的保值性确保了 XML 文档的有效寿命。

(6) XML 具有简明性。许多在 SGML 语法定义中的内容，在 XML 中做了极大地简化，被直接以固定的取值形式写入 XML 标准之中。但这并不影响 XML 的灵活性与可扩展性，因为 XML 已经有其明确的应用对象与应用背景，而恰恰是这种简化，大大降低了其复杂性，从而适应了 WWW 的应用要求，具体表现在，XML 只有 SGML 约 20％的复杂性，但具有 SGML 功能的约 80％。同完整的 SGML 相比，XML 简单得多，易学、易用并且易实现。另外，XML 的诞生也吸收了人们多年来在 Web 上使用 HTML 的经验。值得注意的是，XML 采用 Unicode 字符编码系统，从而支持世界上几乎所有的主要语言，并且不同语言的文本可以在同一文档中混合使用，XML 使软件能处理所有这些语言的任何组合。所有这一切将使 XML 成为数据表示的一个开放标准，这种数据表示独立于机器平台、提供商和编程语言。它将为网络计算注入新的活力，并为信息技术带来新的机遇。

(7) XML 具有灵活性。HTML 很难发展，因为它是格式、超文本和图形用户界面语义的混合，要同时发展这些混合在一起的功能是很困难的。而 XML 提供了一种结构化的数据表示方式，使得用户界面与结构化数据分离。在 XML 中，可以使用样式表，如 XSL(Extensible Stylesheet Language，可扩展样式表语言)和 CSS2(CascadingStyle Sheets Level 2，层叠样式表第 2 进阶)，将数据呈现到浏览器中。另外，XML 文档之间的超链接功能由独立的 XLink(Extensible Linking Language，可扩展链接语言)来支持。所有这些方面都可以互相独立地改进并发展。所以，Web 用户所追求的许多先进功能在 XML 环境下更容易实现。

正是基于这些优点，国际标准化组织——万维网联盟 W3C(World Wide Web Consortium)推荐 XML 作为第二代网页发布语言。

4.4 XML 与 HTML 比较

XML 是在 SGML 和 HTML 的基础上发展起来的，除了对两者做了继承之外，更重要的是根据实际需要和网络技术的发展，做了很大的改进，特别是针对两者的不足给予了很好的弥补。SGML 主要是一个完善的标准体系，并未推广应用，而 HTML 和 XML 都是在网络上被广泛使用的。所以，为了更加清楚地认识 XML，我们用列表的形式，详细列举 XML 与 HTML 有什么不同，具体如表附.1 所示。

表附.1　HTML 与 XML 的比较

比较内容	HTML	XML
可扩展性	不具有扩展性	是元标记语言，可用于定义新的标记语言
侧重点	侧重于如何表现信息	侧重于如何结构化地描述信息
语法要求	不要求标记的嵌套、配对等，不要求标记之间具有一定的顺序	严格要求嵌套、配对，和遵循 DTD 的树形结构
可读性及可维护性	难于阅读、维护	结构清晰，便于阅读、维护

续上表

比较内容	HTML	XML
数据和显示的关系	内容描述与显示方式整合为一体	内容描述与显示方式相分离
保值性	不具有保值性	具有保值性
编辑及浏览工具	已有大量的编辑、浏览工具	编辑、浏览工具尚不成熟

5 标记语言家族一览

从 GML 到 XML 的发展,可以这样归结它们的关系:SGML 是以 GML 为蓝本发展起来的;HTML 是 SGML 用于标记超文本文档的一种应用;XML 是在弥补 HTML 不足的基础上,发展出的 SGML 的一个精简版本。由此,可以看出每种标记语言的产生,都从某种方面对已存在标记语言的某些特性进行改进与完善,在满足人们各方面需求的同时,也促进了标记语言的发展,和新的标记语言的产生。

自从 XML 诞生以来,又有一大批用 XML 定义的新的标记语言随之诞生,它们有的仍处在草案阶段,还有一些已经由 W3C 推荐成为正式标准,开始在各个领域发挥着它们的作用,同时也是 XML 的巨大优势。这其中包括:

(1) 使用 XML 重新定义的可扩展超文本标记语言(Extensible Hypertext Markup Language,简称 XHTML)。XHTML 最早叫做"HTML in XML",是一种基于 XML 的超文本标记语言。也就是说,将以前用 SGML 定义的 HTML 改为用 XML 重新定义。从这个意义上讲,XHTML 实际上是 XML 的一种应用。表面上看,在 XHTML 中,其标记仍旧沿用以往的 HTML 的标记,各元素和属性的名称和用法也几乎不变,只不过由于改为用 XML 定义,就必须严格按照 XML 语言规范来处理了。

(2) 用于显示矢量图形的可伸缩矢量图形(Scalable Vector Graphics 简称 SVG)。SVG 是一种基于 XML 的,用来描述 2D 的矢量图形和矢量/栅格混合的语言。SVG 是一种基于开放标准的可扩展语言,能够满足 Web 开发者对动态、可缩放与平台无关的 Web 内容表现和交互手段日益增长的需求。SVG 最大的魅力在于易于使用,和 HTML、XML 一样,SVG 也是由被元素和属性等标记标注的文本组成的。SVG 本身的语言结构并没有什么新鲜的东西,SVG 的易用性主要得益于它的描述图形形状、图像和文本的词汇表。此外,也得益于与 XML1.0 推荐标准、HTML4 和 XHTML 的兼容以及与 CSS 二级规范、XSLT1.0 等规范的匹配。

(3) 用于表现多媒体效果的同步多媒体集成语言(Synchronized Multimedia Integration Language,简称 SMIL)。SMIL 提供基于 XML 的方法来控制多媒体元素的定时和表示,用于描述多媒体演示文档,允许将一批独立的多媒体对象,包括视频、音频、图像、文字等等，在时间和空间轴上集成为一个同步的多媒体演示文档。这个规范继承了 XML 跨平台的优点，而且将所有资源都以统一资源标识符(Uniform Resource Identifier，简称 URI)的形式存在网络中，无须编译即可使用。也可以说，SMIL 的出现使网络更接近于电视，所以它的推出得到了众多厂商的支持。

(4) 用于手机上网的无线标记语言(Wireless Markup Language，简称 WML)和手持设备标记语言(Handheld Device Markup Language，简称 HDML)。WML 是一种类似于 HTML 的浏览语言，可以提供浏览支持、数据输入、超级链接、文本和图像表现以及表格交互等，是应用于“无线应用软件”环境下的网页语言。专为解决 HTML 的 WEB 页不能在移动设备上显示的问题，是为无线应用协议(Wireless Application Protocol，简称 WAP)所包括的一种标记协议语言。运用 WML 设计的页面可在移动电话的微型浏览器上产生图示、按钮及超级链接的功能，简化了网页的复杂程度。HDML 是 HTML 为支持无线寻呼机、蜂窝电话和其他手持设备获取网页信息设计的专用版本，这种语言能够使 WEB 应用于移动通信设备，例如人们可以使用移动电话、寻呼机以及其他微型设备来浏览网页。当然，由于手持设备屏幕较小的特点(4 行，每行 12 个字符)，因此这种语言以及相应的浏览器主要用于小规模的交易领域，如查询股票信息、体育赛事比分等。

(5) 用于电子书的 OEB(Open eBook)，它规定了 eBook 的文件格式和结构，保证了 eBook 文档可以正确显示在任何阅读系统中。它的使用群体是作家、编辑、出版商、eBook 文档创建者、电子书出版系统及阅读机厂商。OEB 文档基于 HTML 和 XML 语言，是标准的 XML 文档。OEB 出版物就是一系列 OEB 文档的组合，另外还配有一个外部描述文件，主要记录 eBook 的创建信息，包括创建者、创建日期、出版者、版权声明等。

此外，还有面向电子商务的商务可扩展标记语言(Commerce XML，简称 cXML)，等等。并且，至今标记语言的家族仍在继续发展壮大，最后，让我们来看看标记语言这个大家族的家谱表(如图附.3 所示)。

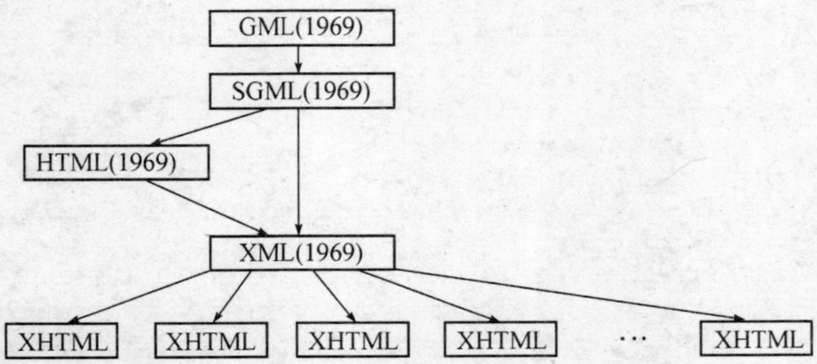

图附.3 标记语言大家族

习题(附录部分)

1. 什么是标准通用标记语言,SGML 程序由哪三部分组成?
2. 简述 SGML 的标准体系,试析 SGML 的不足之处。
3. 分析超文本标记语言的缺陷,简述可扩展标记语言的特点。
4. 什么是可扩展超文本标记语言(XHTML)?
5. 什么是可伸缩矢量图形(SVG)?什么是同步多媒体集成语言(SMIL)?
6. 什么是无线标记语言(WML)?什么是 OEB(Open eBook)?

参考文献

1 臧国全.论网络信息组织.图书情报知识,2002(3)

2 邓婉芬.CNMARC格式编目技术探讨.高校文献信息研究,2000(1)

3 张丽娟,聂延平.USMARC格式剖析.冶金信息导刊,2002(5)

4 施 蓓.浅谈对MARC格式的认识.图书馆论坛,1999(5)

5 李 培.汉语自动标引方法述评.津图学刊,2000(1)

6 肖 明,沈 英.自动分类研究进展.现代图书情报技术,2000(5)

7 邹 涛,孙 赛.文档自动分类技术及其实现.计算机系统应用,1999(4)

8 刘 挺,吴 岩,王开铸.自动文摘综述.情报科学,1998(1)

9 刘 挺,王开铸.自动文摘的四种主要方法.情报学报,1999(2)

10 关飞霞.从信息组织模型的角度看数据库技术的发展.图书情报工作,1999(7)

11 苗雪兰等著.数据库系统原理及应用教程.北京:机械工业出版社,2001

12 林海青.数字图书馆的信息组织.中国图书馆学报,2000(1)

13 吴高魁,高 非.论数字图书馆的信息组织原则.情报杂志,2002(7)

14 唐世渭,杨冬青,王 军.数字图书馆的体系结构.计算机世界,2000(6)

15 张旭萍.信息存储技术.北京:电子工业出版社,2001

16 于宗光,郝 跃.电可改写非挥发存储器.北京:国防工业出版社,2002

17 向 宇.国外磁记录材料发展概况.磁记录材料,1999(1)

18 黄 寅,徐子亮.铁电存储器技术.半导体技术,2000,3(25)

19 任天令等.硅基铁电信息存储技术.电子科技导报,1999(9)

20 王 华,任鸣放.铁电存储器及研究进展.桂林电子工业学院学报,2000,3(1)

21 周志刚等.铁电存储器研究进展.信息记录材料,2002,1(3)

22 NIIT著,周兆确,叶 青译.存储区域网概念与应用.北京:人民邮电出版社,2002

23 聂 华.直接连接存储技术.计算机世界报,2000(49)

24 胡风华.DAS,SAN和NAS.中国计算机报,2002(37)

25 韩德志.网络存储数据访问技术的探讨.微型电脑应用,2000(8)

26 程 鸿.SAN的实战选择.计算机世界报,2003(10)

27 高龙华.网络存储技术的分析与比较.通信世界,2002(12)

28 秦保社.网络存储技术的发展.微机发展,2002(1)

29 陶以政等.存储区域网络技术的应用.电信快报,2002(3)

30 熊剑平等.数据存储的网络化:现状和趋势.世界电信,2002(2)
31 刘　建,张建国.两种网络存储技术的对比.电子科技,2002(5)
32 周　宁.信息组织.武汉:武汉大学出版社,2001
33 马张华.信息组织.北京:清华大学出版社,2001
34 张　敏,张晓林.标准通用标记语言 SGML 及相关应用.情报科学,1999(3)
35 袁　琳,李秉严.SGML,HTML,XML 的比较.四川图书馆学报,2001(3)
36 傅海英,李　晖等.XML 概述.通信技术,2003(1)
37 肖　菁,商卫东.XML——新一代 Web 标记语言.电脑与信息技术,1999(3)
38 毛　勇,陈　奇.XML:一种广泛应用的数据格式描述语言.计算机应用研究,1999(9)
39 叶文川.构造未来 Web 页面的工具语言——XML.电脑技术,1998(8)
40 沈达凡.XML:新一代 Web 页面标记语言.电子计算机,2000(3)
41 刘德贵.XML 发展综述.微型机与应用,2000(5)
42 许春杰,邹乐君等.SVG,GML 在 WebGIS 中的应用.遥感信息,2002(3)
43 王　仲.XHTML——一种可扩展的超文本标记语言.计算机科学,2000(10)
44 陈俊华.标记语言构筑互联网应用的现在与未来——从 HTML,XML 到 XHTML.情报杂志,2001(6)